suhrkamp taschenbuch
wissenschaft 1830

Ist das Spurenlesen archaischer Restbestand eines ›wilden Wissens‹ oder lässt es sich in allen entfalteten Zeichen-, Erkenntnis- und Interpretationstechniken aufspüren? Wie kann das Spurenlesen vom Textlesen und vom Interpretieren sprachlicher und bildlicher Zeichen abgegrenzt werden? Bilden Spuren die Nahtstelle der Entstehung von Sinn aus Nichtsinn? Verbinden sie unsere Zeichenpraktiken mit der Dinghaftigkeit, Körperlichkeit und Materialität der Welt? Werden Spuren entdeckt oder werden sie im Akt des Spurenlesens überhaupt erst hervorgebracht? Das sind Fragen, auf die der Band Antworten sucht. Seine Leitidee ist, dass das Spurenlesen eine Orientierungstechnik und eine Wissenskunst verkörpert, die nicht nur in der Philosophie und den Geisteswissenschaften, sondern auch in den Naturwissenschaften wirksam wird.

Gernot Grube und Werner Kogge sind wissenschaftliche Mitarbeiter am Institut für Philosophie der Freien Universität Berlin und des Helmholtz-Zentrums für Kulturtechnik an der Humboldt-Universität Berlin. Sybille Krämer ist Professorin für Philosophie an der Freien Universität Berlin und permanent fellow am Wissenschaftskolleg Berlin. Von ihr sind zuletzt erschienen: *Sprache, Sprechakt, Kommunikation. Sprachtheoretische Positionen des 20. Jahrhunderts* (stw 1531) und *Stimme. Annäherung an ein Phänomen* (hg. mit Doris Kolesch, stw 1789)

Spur

Spurenlesen als Orientierungstechnik und Wissenskunst

Herausgegeben von
Sybille Krämer,
Werner Kogge und
Gernot Grube

Suhrkamp

Bibliografische Information der Deutschen Nationalbibliothek
Die Deutsche Nationalbibliothek verzeichnet diese Publikation in der Deutschen Nationalbibliografie;
detaillierte bibliografische Daten sind im Internet über ⟨http://dnb.d-nb.de⟩ abrufbar.

suhrkamp taschenbuch wissenschaft 1830
Erste Auflage 2007

Satz: Fotosatz Reinhard Amann, Aichstetten
Druck: Druckhaus Nomos, Sinzheim
Printed in Germany
Umschlag nach Entwürfen von Willy Fleckhaus und Rolf Staudt
ISBN 978-3-518-29430-7

1 2 3 4 5 6 – 12 11 10 09 08 07

Inhalt

Einleitung

Sybille Krämer
Was also ist eine Spur?
Und worin besteht ihre epistemologische Rolle?
Eine Bestandsaufnahme 11

I. Spuren, Indices, Zeichen: Grundsatzfragen

Helmut Pape
Fußabdrücke und Eigennamen:
Peirces Theorie des relationalen Kerns der Bedeutung
indexikalischer Zeichen 37

Uwe Wirth
Zwischen genuiner und degenerierter Indexikalität:
Eine Peircesche Perspektive auf Derridas und
Freuds Spurbegriff 55

Werner Stegmaier
Anhaltspunkte. Spuren zur Orientierung 82

Peter Geimer
Das Bild als Spur.
Mutmaßung über ein untotes Paradigma 95

Mirjam Schaub
Die Kunst des Spurenlegens und -verfolgens.
Sophie Calles, Francis Alÿs' und Janet Cardiffs Beitrag
zu einem philosophischen Spurenbegriff 121

II. Metaphysik und Epistemologie der Spur

Ze'ev Levy
Die Rolle der Spur in der Philosophie
von Emmanuel Levinas und Jacques Derrida 145

Sybille Krämer
Immanenz und Transzendenz der Spur:
Über das epistemologische Doppelleben der Spur 155

Werner Kogge
Spurenlesen als epistemologischer Grundbegriff:
Das Beispiel der Molekularbiologie 182

Gernot Grube
›abfährten‹ – ›arbeiten‹.
Investigative Erkenntnistheorie 222

III. Spurenlesen als Wissenskunst:
Weiterungen und Revisionen des Indizienparadigmas

Carlo Ginzburg
Spuren einer Paradigmengabelung:
Machiavelli, Galilei und die Zensur
der Gegenreformation 257

Wolfram Hogrebe
Orientierungstechniken: Mantik 281

Hans-Jörg Rheinberger
Spurenlesen im Experimentalsystem 293

Jo Reichertz
Die Spur des Fahnders oder:
Wie Polizisten Spuren finden 309

Cornelius Holtorf
Vom Kern der Dinge keine Spur.
Spurenlesen aus archäologischer Sicht 333

Auswahlbibliographie 353
Abbildungsnachweise 359
Zu den Autoren 361

Vorwort

Ein Gutteil der Beiträge dieses Bandes ist hervorgegangen aus der internationalen Tagung ›Spurenlesen. Zur Genealogie von Kulturtechniken‹ vom 10. bis 12. Februar 2005 am Helmholtz-Zentrum für Kulturtechnik, Humboldt-Universität Berlin, die wir im Rahmen des Projektes ›Von der Schrift zur Spur‹, finanziert von der Deutschen Forschungsgemeinschaft, durchgeführt haben.

Wir danken Heike Guthoff für die gründliche editorische Arbeit an diesem Band.

Sybille Krämer, Werner Kogge, Gernot Grube
Freie Universität Berlin, im Oktober 2006

Einleitung

Sybille Krämer

Was also ist eine Spur? Und worin besteht ihre epistemologische Rolle? Eine Bestandsaufnahme

1. Fragen über Fragen

Kann es sein, dass das Spurenlesen nicht nur archaischer Restbestand eines ›wilden Wissens‹, Kinderstube der Metaphysik, textloses Stadium einer Hermeneutik und instinkthafte Frühform symbolischer Grammatiken ist, sondern sich in *allen* entfalteten Zeichen-, Erkenntnis- und Interpretationspraktiken aufspüren lässt? Ist das Spurenlesen eine Wissenskunst, die nicht nur in den Geistes-, sondern auch in den Naturwissenschaften wirksam wird und überdies ein Beispiel ist, wie Alltagspraktiken und wissenschaftliche Verfahren ineinandergreifen?

Wie aber kann das Lesen einer Spur unterschieden werden vom Lesen eines Textes? Wie grenzt es sich ab vom Interpretieren sprachlicher und bildlicher Zeichen?

Können wir Spuren zur Klasse der Anzeichen, Indices oder Symptome zählen oder gibt es etwas, das die Asche als Spur des Feuers vom Rauch als Anzeichen des Feuers unterscheidet? Ist es möglich, das Spurenlesen aus seiner Reduktion auf einen Steigbügelhalter ›höherer‹ Formen des Zeichen- und Symbolgebrauches zu lösen und – in umgekehrter Blickrichtung – das, was ein Zeichen ist, dann am Vorbild von Spuren zu gewinnen? Aber bilden konventionelle Zeichen und unwillkürliche Spuren überhaupt verschiedene Klassen von Gegenständen oder akzentuieren diese nicht eher zwei unterschiedliche Perspektiven, in denen *jedes* semiotische Vorkommnis zu betrachten ist?

Verdanken Spuren sich der ›blinden Schrift der Kausalität‹, sind sie also unwillkürlich und unabsichtlich hinterlassen oder gibt es – zum Beispiel in wissenschaftlichen Experimentalzusammenhängen, aber auch in künstlerischen Performances – ›inszenierte Spuren‹? Werden Spuren entdeckt oder werden sie im Akt des Spurenlesens allererst hervorgebracht? Fließen in das Spurenlesen Konventionen und kulturelle Gepflogenheiten ein? Sind Spuren also soziale Tatsachen, wie etwa ein gerichtsverwertbares Indiz, das als Beweis anerkannt werden muss, oder gehören sie der stummen Welt der Dinge an?

Das sind viele Fragen; und sie markieren ein Feld, in dem dieser Band zumindest einige Antworten finden möchte.

2. Warum jetzt eine Debatte über die Spur und das Spurenlesen?

Die traditionelle Auffassung von Repräsentation als aliquid stat pro aliquo gewinnt in der Moderne eine neue Signatur: Saussures Annahme, dass der Wert eines Zeichens allein in seiner Beziehung zu anderen Zeichen verwurzelt ist,[1] und Cassirers Überzeugung, dass wir Wirklichkeit als Varietät symbolischer Formen zu begreifen haben, kraft derer alles Gegebene zu einem Interpretationskonstrukt wird,[2] bilden Wegmarken der Einsicht, dass wir keinen zeichenfreien und interpretationsunabhängigen Zugang zu Welt und Wirklichkeit (mehr) haben. Das jedenfalls ist eine Leitidee der Moderne.

Dieser arbeitet die zeitgenössische Technikentwicklung auf bemerkenswerte Weise zu: Die Digitalisierung suggeriert, dass alles Körperliche in eine Datenstruktur transformierbar sei, insofern das Binäralphabet sich als ›Atom‹ einer universellen Zeichensprache erweist, in der das Gegebene entweder ›anschreibbar‹ oder – wie im Falle der Erbinformation – immer schon angeschrieben ist. Die Beschwörung einer Referenzlosigkeit der Zeichen und einer lückenlosen Textverfasstheit der Welt im so genannten postmodernen Denken erscheint daher nur konsequent: Dematerialisierung, Derealisierung, Entkörperung, Informatisierung, Virtualisierung, Simulationseuphorie – das sind nur unterschiedliche Ausdrücke für die Tendenz, die Zeichen von aller Verbindung mit dem Nichtzeichenhaften freizusetzen und damit die Zeichennatur der Welt absolut zu setzen. *Damit aber verschwinden die Dinge.*

Kann es nun sein, dass die Beschäftigung mit dem Spurkonzept deshalb fruchtbar und an der Zeit ist, weil sie dem unbekümmerten

1 Ferdinand de Saussure, *Grundfragen der allgemeinen Sprachwissenschaft*, S. 136 f.

2 Ernst Cassirer, *Philosophie der Symbolischen Formen.*

und referenzlosen Flotieren der Zeichen etwas entgegenzuhalten vermag, das seine Erdung in einer Art ›Dingsemantik‹ findet?[3] Tatsächlich gewinnen Tätigkeiten wie ›Repräsentieren‹,[4] ›Lesen‹, ›Interpretieren‹ im Kontext des Spurenlesens eine Bedeutung, welche in der Selbstgenügsamkeit von Zeichensystemen nicht aufgeht. Im Nachdenken über die Spur knüpfen wir nun einerseits an den semiologisch-repräsentationalen Diskurs an, doch halten wir mit dem Spurenlesen zugleich einen Ariadnefaden in der Hand, der uns aus der ›reinen‹ Zeichenwelt hinausführt und mit der Dinghaftigkeit, Körperlichkeit und Materialität der Welt verbindet, welche die conditio sine qua non der Genese und der Deutbarkeit von Spuren ist. Sind Spuren also die Nahtstelle der Entstehung von Sinn aus Nichtsinn? Was aber ist eine Spur?

3. Wortbedeutungen von ›Spur‹

Setzen wir etymologisch ein. ›Spur‹ (lat. ›vestigium‹) kommt vom althochdeutschen ›spor‹ und meint ursprünglich den Fußabdruck. Wortgeschichtlich steht ›Spüren‹,[5] also die mit Spürkraft ausgeübte Handlung des Aufnehmens und Folgens einer Fährte (›Spürnase‹!), damit in engem Zusammenhang.[6] Das Objekt (Spur) und eine Tätigkeit (Spüren) gehen eine elementare Beziehung ein, aber nicht so, dass diese Tätigkeit sich – wie es doch naheläge – auf das ›Machen‹ von Spuren bezieht, vielmehr auf ihre Deutung und Verfolgung. Nicht also die Entstehung einer Spur, sondern der ihrer Genese *nachträgliche* Gebrauch ist die zur Spur scheinbar ›passende‹ Tätigkeitsform. Ist hier schon angelegt, dass erst der Gebrauch als Spur etwas zu einer Spur macht?

Nicht nur knüpft die Alltagsbedeutung von ›Spur‹ als »Aufeinanderfolge von Abdrücken oder Eindrücken, die jemand oder etwas

3 Zur Rehabilitierung von Dingen: Lorraine Daston, *Things that talk. Object Lessons from Art and Science.*

4 Wie schwierig bei Spuren die Abgrenzung des Verhältnisses von Repräsentieren und Präsentieren ist, zeigt Peter Geimer am Beispiel der Fotografie als Spur des Realen in diesem Band.

5 Bevor also ›Spüren‹ den Sinn von ›Empfinden‹ und ›Merken‹ annimmt, bedeutet es, eine Fährte aufzunehmen: Jacob und Wilhelm Grimm, Eintrag »Spüren«, Sp. 243.

6 Dies wird betont in: Jacob und Wilhelm Grimm, Eintrag »Spur«, Sp. 239.

bei der Fortbewegung im Boden hinterlassen hat«,[7] an die Urszene des Fußabdrucks an. Selbst in den technischen Verwendungsweisen des Begriffs zeigt sich ein Nachhall des ›Fährteverfolgens‹: Wenn ›Spur‹ sich auf den Anteil eines Magnetbandes bezieht, wenn eine Busspur reserviert und damit für Autofahrer gesperrt ist, wenn Spielzeugeisenbahnen verschiedene Spurweiten haben oder ein Auto beim Bremsen aus der Spur bricht – in all diesen Fällen ist ›Spur‹ konnotiert mit dem Einhalten einer bestimmten, wohl definierten Richtung. ›In der Spur bleiben‹ heißt dann, einem vorgegebenen Kurs zu folgen, so wie der Zug den Gleisen oder die Seilbahn ihren Tragseilen folgt. Aus der forschend erkundenden Handlung der Fährtensuche ist eine reglementierte Operation bzw. – in der Spurweite – eine Norm geworden!

Eine letzte Facette des Wortsinns ist erwähnenswert: Schon sehr früh wird ›Spur‹ auch im Sinne einer winzigen Menge, einer Kleinigkeit benutzt, als das nur als ›Spurenelement‹ Bemerk- und Spürbare und nicht selten das bezeichnend, was gerade nicht vorhanden ist: So fehlt der Suppe eine Spur Salz oder zeigt der Lehrer keine Spur didaktischen Geschicks oder fällt keine Spur von Verdacht auf den Nachbarn. Dem Spurbegriff ist also nicht nur das deutlich Wahrnehmbare und auch normativ zu Befolgende eingeschrieben, sondern ebenso das kaum Wahrnehmbare – situiert am Rande einer Unmerklichkeit.

Doch wir wollen uns in den folgenden Ausführungen auf das auch etymologisch verbürgte Elementarverständnis der Spur als Fußabdruck und Fährte konzentrieren. Überlegen wir nun ein Stück weit genauer, welches die Attribute sind, die unser Verständnis der Spur charakterisieren.

4. Attribute der Spur

1. *Abwesenheit.* In der Hohlform des Abdrucks, mit der eine Bewegung in der Zeit sich zur Konfiguration im Raum auskristallisiert, zeigt sich das Vorbeigegangensein von jemandem oder von etwas. Die Anwesenheit der Spur zeugt von der Abwesenheit dessen, was sie hervorgerufen hat. In der Sichtbarkeit der Spur bleibt dasjenige,

7 *Duden. Das große Wörterbuch der deutschen Sprache*, Bd. 6, Eintrag »Spur«, S. 2464.

was sie erzeugte, gerade entzogen und unsichtbar: Zwar lässt die Fährte Rückschlüsse zu, doch kann diese Rekonstruktion niemals etwas anderes sein als ein Abbild, eine Darstellung, deren Bildcharakter die Unverfügbarkeit des Abgebildeten stets eingeschrieben bleibt. Ein auf Kontakt beruhender Abdruck erlaubt keine zweifelsfreie Identifikation dessen, was sich abdrückte.[8] Die Spur macht das Abwesende niemals präsent, sondern vergegenwärtigt seine Nichtpräsenz; Spuren zeigen nicht das Abwesende, sondern vielmehr dessen Abwesen*heit*. »Der Strich, der sich im Sand abzeichnet, ist nicht Element eines Pfades, sondern gerade die Leere selbst des Vorübergehens.«[9] Bildet das Spurenlesen also eine Art ›Metaphysik des Alltags‹?

2. *Orientierungsleistung*: Denen, die Spuren lesen, geht es immer um eine Orientierung für das eigene praktische oder theoretische *Handeln*. Spurenlesen wird nötig unter Bedingungen von Ungewissheit, Unsicherheit und vielleicht auch von Angst, dort also, wo eine Situation entstanden ist, in der wir uns nicht (mehr) auskennen.[10] Ein Problemdruck – praktischer oder theoretischer Art – steht am Anfang der Spurenlese. Spurenleser haben Interessen und sie verfolgen Zwecke. Die Aufmerksamkeit, die beim Lesen der zunächst immer unmerklichen Spuren erforderlich ist, ist daher eine *›gerichtete Aufmerksamkeit‹*.

3. *Materialität*: Spuren treten gegenständlich vor Augen; ohne physische Signatur auch keine Spur. Spuren entstehen durch Berührung, also durchaus ›stofflich‹: Sie zeigen sich im und am Material. Spuren gehören der Welt der Dinge an. Nur kraft eines Kontinuums in der Materialität, Körperlichkeit und Sinnlichkeit der Welt ist das Spurenhinterlassen und Spurenlesen also möglich.[11] Der Zusammenhang zwischen Urheberschaft und Spur ist nach Art einer Ursache-Wirkungs-Relation zu denken; er beruht weder auf Ähnlich-

8 »Ein Kontakt hat stattgefunden. Doch Kontakt mit wem, mit was, mit welchem ursprünglichen Objekt?« fragt Georges Didi-Huberman in der Beschreibung der Paradoxie des Abdrucks (ders., *Ähnlichkeit und Berührung. Archäologie, Anachronismus und Modernität des Abdrucks*, S. 36).

9 Emmanuel Levinas, *Die Spur des Anderen*, S. 209 ff.

10 Vgl. dazu Werner Stegmaier in diesem Band.

11 Darauf verweist mit Nachdruck Helmut Pape in diesem Band.

keit (wie im Abbild) noch auf Konventionalität (wie im Symbol). Die Materialität der Spur – anders als beim Zeichen – subordiniert sich nicht der Repräsentation. Spuren repräsentieren nicht, sondern präsentieren. Und überdies: Wie alle Dinge zeigen sie nur und reden nicht.

4. *Störung*: Auffällig können Spuren nur werden, wenn eine Ordnung gestört ist, wenn im gewohnten Terrain das Unvertraute auffällt oder das Erwartete ausbleibt. Erst Abweichungen lassen Spuren sinnenfällig werden. »Die authentische Spur stört die Ordnung der Welt.«[12] Dem, was sich in der Spur zeigt, muss überdies eine Form von Gewaltsamkeit eigen sein, die Kraft, sich einzuschreiben, einzudrücken, aufzuprägen. Spuren treten nur hervor, sofern eine bestehende Form durch ›Überschreibung‹ aufgelöst und neu konfiguriert wird. Spuren hinterlässt, wer fremd ist in dem Raum, in dem er sich bewegt. Fische hinterlassen keine Spuren. Spuren sind der Einbruch eines fremden Jenseitigen in das wohl vertraute Diesseits.

5. *Unmotiviertheit.* Spuren werden nicht gemacht, sondern unabsichtlich hinterlassen. Auch das Löschen der Spur hinterlässt Spuren. Und umgekehrt: Wo etwas als Spur bewusst gelegt und inszeniert wird, da handelt es sich gerade nicht mehr um eine Spur. Das Nicht-Intentionale, Unbeabsichtigte, Unkontrollierte, Unwillkürliche allein hinterlässt jene Gravuren und Brechungen, die dann als Fährte zu lesen sind. Im Unterschied zum Zeichen, das wir erzeugen, ist das Bedeuten der Spur bar jeder Intention seitens desjenigen, der sie verursacht. Gerade das an unserem Tun prägt als Spur sich ein, was nicht unserer Aufmerksamkeit, Kontrolle und Steuerung unterliegt: Es ist nicht das Bewusstsein, es ist die ›Schwere‹ und Materialität des Seins, welche Spuren erzeugt.

6. *Beobachter- und Handlungsabhängigkeit*: Etwas *ist* nicht Spur, sondern wird als Spur gelesen. Es ist der Kontext gerichteter Interessen und selektiver Wahrnehmung, welcher aus ›bloßen‹ Dingen Spuren macht. Wir sind beim Spurenlesen involviert.[13] Und: Spu-

12 Levinas, *Die Spur des Anderen*, S. 231.

13 Die Involviertheit des Spurenlesens hat Werner Kogge in diesem Band klar herausgearbeitet.

ren entstehen im Auge des Betrachters. Spur ist nur das, was als Spur betrachtet und verfolgt wird. Macht dies Spuren zu sozialen Tatsachen, deren Sein auf ihrem Anerkanntsein beruht?

Der Unmotiviertheit der Spurbildung entspricht jedenfalls die Motiviertheit seitens der Spurenleser. Die Unaufmerksamkeit desjenigen, der die Spuren hinterlässt, und die Aufmerksamkeit des Spurenlesers, der die Spuren auffindet und identifiziert, sind Vorder- und Rückseite der Spur. Es gibt allerdings Situationen, wo ein Interesse daran besteht, augenfällige Spuren gerade nicht wahrzunehmen.

7. *Interpretativität, Narrativität und Polysemie*: Obwohl Spuren sich dem ›blinden Zwang‹ aufeinander einwirkender Körper verdanken, werden sie nicht vorgefunden, sondern durch Interpretation hervorgebracht. Eine Spur zu lesen heißt, die gestörte Ordnung, der sich die Spurbildung verdankt, in eine neue Ordnung zu integrieren und zu überführen; dies geschieht, indem das spurbildende Geschehen als eine Erzählung rekonstruiert wird. Die Semantik der Spur entfaltet sich nur innerhalb einer ›Logik‹ der Narration, in der die Spur ihren ›erzählten Ort‹ bekommt. Doch es gibt stets eine Vielzahl solcher Erzählungen. Daher sind Spuren polysemisch: Diese Vieldeutigkeit der Spur ist konstitutiv, also unhintergehbar. Etwas, das nur *eine* (Be-)Deutung hat und haben kann, ist keine Spur, vielmehr ein Anzeichen.

8. *Zeitenbruch*: Die Spur zeigt etwas an, was zum Zeitpunkt des Spurenlesens irreversibel vergangen ist. Das ›Sein‹ der Spur ist ihr ›Gewordensein‹. Daher können Spuren verwittern und zerfallen. Anders als beim Index, der immer Gleichzeitiges, wenn vielleicht auch nicht zugleich Sichtbares anzeigt, gibt es immer eine Zeitverschiebung zwischen dem Spurenhinterlassen und dem Spurenlesen: Die Ungleichzeitigkeit beider bildet die Ordnungsform der Spur. Zwei Zeitregime kreuzen sich in der Spur. Diese Kreuzung gilt nicht nur für das Verhältnis von Vergangenheit und Gegenwart, sondern auch für das zwischen Gegenwart und Zukunft. Die Wahrsagekunst, die Mantik,[14] kann als Inversion des Spurenlesens gedeutet werden.

14 Vgl. Wolfram Hogrebe in diesem Band.

9. *Eindimensionalität und Unumkehrbarkeit.* Die Asymmetrie des Zeitenbruchs findet ihr Echo in der Eindimensionalität des ›Mitteilungsgeschehens‹, in seiner Unumkehrbarkeit und fehlenden Reziprozität. Spuren sind und bleiben stumm. Sofern die Spur durch narrative Deutung zum ›Reden gebracht wird‹, handelt es sich um eine ganz und gar einseitige Kommunikation, bei der ausgeschlossen ist, dass ›Sender‹ und ›Empfänger‹ je ihre Rollen tauschen.

10. *Medialität, Heteronomie, Passivität.* Spuren sind heteronom. Diese Fremdbestimmung und radikale Exteriorität teilen sie mit allen Medien, die wir in der Funktion von ›Boten‹ gebrauchen. Boten sprechen stets mit fremder Stimme. Die Determiniertheit durch ein Außen kommt hier zum Zuge, die eine für Spuren konstitutive Struktur der Passivität enthüllt. In trivialer Hinsicht gilt das für die Empfänglichkeit eines Materials, das ›weich‹, also von hinreichend schwacher Eigenstruktur sein muss, um Spurbildung überhaupt zu ermöglichen:[15] Auf fest gefrorenem Sand bleiben keine Fußabdrücke. Weitreichender zeigt sich die Passivität der Spur darin, dass diese nicht selbsttätig ist, sondern durch ›äußerliche Aktivität‹ entsteht (und vergeht). Nicht nur im Sinne ihres unbewussten Hinterlassenwerdens, sondern auch, weil erst Spurenleser aus Dingen und Markierungen Spuren hervorgehen lassen.

5. Spurenlesen

Bereits der etymologische Zusammenhang von ›Spur‹ mit dem Spurenverfolgen erinnerte daran, dass ›eine Spur zu sein‹ und ›als Spur gelesen zu werden‹ nahezu zusammenfallen. Wenn Spuren (erst) im Akt des Spuren*lesens* erzeugt werden, dann gehört das Lesen, um das es hier geht, allerdings der *Vorgeschichte* des Textlesens an: Denn bevor ›Lesen‹ die Wahrnehmungs- und Verarbeitungsform von Schrift bedeutet, meint es einfach nur das Aufsammeln, Zusammenlesen, Heraussuchen, Ordnen und Zurechtlegen. ›Spurenlese‹ ist ein mühevoller, komplizierter Vorgang, der seinen Gegenstand nicht einfach vorfinden und ihn ablesen kann, sondern durch Selektion zwischen dem, was in einem Wahrnehmungsfeld als Spur (wahrscheinlich)

15 Fritz Heider, *Ding und Medium*, S. 115 ff.

deutbar ist, und dem, was (wahrscheinlich) keine Spur ist, allererst hervorbringen muss.[16] Spuren zu identifizieren heißt, in einem Terrain die Unterscheidung zwischen Spur und Nicht-Spur treffen zu können.[17] Die Kreativität dieser Grenzziehung besteht darin, augenfällige Abweichungen und Störungen im Vertrauten in das kohärente Bild einer narrativierbaren Spur zu transformieren.[18] Spuren müssen sich, Bruchstücken ähnlich, zu einer Gestalt zusammenfügen lassen. Das wird umso besser gelingen, je mehr Spuren sich finden. Der Abdruck eines einzelnen rechten Fußes am Strand, ohne linkes Gegenstück, ohne Vorläufer oder Nachfolger, irritiert. Wir können die im Spurenlesen erzeugte Ordnung auch als ›Netzwerk‹ charakterisieren: Es ist meist mehreres, das sich zur Spur (zusammen)fügt. Überdies kommt die Spurensicherung selten ohne Rückgriff auf konventionelle Zeichen und Abbilder aus: Eine beweiskräftige Täterspur ist der Fingerabdruck nur im Kontext von Personendateien, Benennungen und weiteren Fingerabdrücken.[19]

Spuren sind also der Ort, an dem stumme Dinge durch unseren Spürsinn ›zum Reden gebracht werden‹. ›Spürsinn‹ aber bedeutet: Nur insoweit als wir Eigenleben und Eigengesetz des materiellen Zusammenhangs der Welt kennen, anerkennen und berücksichtigen, können wir wahrnehmbare Bruchstücke dieser Welt in Interpretationskonstrukte verwandeln, die Zeugnis von dem ablegen, was uns unsichtbar und entzogen bleibt. Im Spurenlesen erweist sich die Materialität als Bedingung von Immaterialität, die Immanenz als Bedingung von Transzendenz.

16 Die Methode des Spurenlesens hat Gernot Grube in diesem Band präzisiert.

17 Der technische Sinn der Spur als definierter Teilbereich eines Areals (Fahrbahnspuren) klingt hier an.

18 In seinem Beitrag veranschlagt Jo Reichertz diese Kreativität so hoch, dass er nicht mehr vom Lesen, sondern vom »Konstruieren von Spuren« spricht (in diesem Band).

19 Auf diese Interferenzen verweist Uwe Wirth in diesem Band.

6. Spurensicherung als Kunst und als ästhetische Erfahrung

Das Spurenlesen ist ein Können und in diesem Sinne auch eine Kunst. Es wundert nicht, dass die Methode der Spurensicherung, ehe sie Ende der 70er-Jahre als eine epistemologische Praktik in Wissenschaftsgeschichte, Kulturwissenschaft und Philosophie zur Reflexion gelangte, erst einmal als künstlerische Technik im Zusammenhang der arte povera auftrat.[20] 1974 fasste eine Hamburger Ausstellung unter dem Titel *Spurensicherung. Archäologie und Erinnerung* die Arbeiten einer Reihe von Künstlern zusammen, die unabhängig voneinander das Zusammensammeln, pseudowissenschaftliche Bearbeiten und quasi museale Ausstellen von winzigen, privaten, nebensächlichen und zufälligen Fundstücken als Zeugen anthropologischer Erkundung menschlicher Existenz arrangierten.[21] Diese ästhetischen Inszenierungen zielten nicht darauf, die Spurensicherung als eine objektivierbare Methodologie auszuweisen, mithin sich als Vorreiter einer ›Indizienwissenschaft‹ zu empfehlen. Vielmehr ging es darum, gerade die Fragwürdigkeiten, Interpretationsnöte und Ungewissheiten zu thematisieren, die jedem Spurenlesen eigen sind, und den Bruch vorstellig zu machen – zwischen dem Anwesenden und Abwesenden, zwischen persönlicher Erinnerung und verdinglichter Botschaft, zwischen einer Vergangenheit, in der ein Relikt noch Gebrauchsgegenstand war, und einer ›nachträglichen‹ Gegenwart der ästhetischen Erfahrung, in der es nur noch als Spur wahrgenommen wird.[22] Doch paradoxerweise hat diese sich durchaus subversiv mit dem Thema Spur auseinandersetzende Kunstrichtung *Spurensicherung* eine Avantgarderolle für die Rehabilitierung des Spurenlesens als einer wissenschaftlichen Methodologie bekommen. Damit aber sind wir beim Spurenlesen als Wissenspraktik.

20 Dazu gehören u.a. die Künstler Nikolaus Lang, Christian Boltanski, Anne und Patrick Poirier, Jochen Gerz.

21 Günter Metken, *Spurensicherung. Kunst als Anthropologie und Selbsterforschung; fiktive Wissenschaften in der heutigen Kunst*, und ders., *Spurensicherung. Eine Revision; Texte 1977-1995*.

22 Mirjam Schaub hat in diesem Band gezeigt, dass dies auch für andere Spuren inszenierende und legende Kunstrichtungen gilt.

7. Wissenskünste des Spurenlesens

Spurenlesen ist ein *knowing how*, es ist die »Kunst des (intelligenten) Vermutens«,[23] ein Können also, das unter bestimmten Umständen zu neuem Wissen führt – uns aber auch dessen Grenzen spüren lässt. Mindestens fünf Traditionen und Felder kognitiver Bedeutsamkeit der Spur und epistemischer Kreativität des Spurenlesens lassen sich unterscheiden.[24]

1. *Spürsinn als elementare Orientierungstechnik*: Das Spurenlesen ist eine alltägliche Wissenskunst des Umgangs mit Situationen von Ungewissheit, wo aus dem Sichtbaren Unsichtbares erschlossen und für unsere Lebensvollzüge orientierend wirksam gemacht wird. Es ist das auf Augenmaß, Spürsinn, Intuition und viel Erfahrung fußende ›wilde Wissen‹ der Jäger, Hirten und Nomaden, der weisen Frauen, Priester und Medizinmänner, die aus spinnwebfeinen Spuren eine vergangene Realität rekonstruieren oder eine zu erwartende Zukunft projektieren können.[25] Das Spurenlesen verdankt sich einem instinktnahen Spürsinn, welcher der ›Witterung‹ der Tiere, ihren das Überleben sichernden Instinkten durchaus nahe steht. Auch das Wahrsagen sowie die ›Mantik‹ als Deutungskunst in »sichtschwachen Situationen«[26] sind Modalitäten spürenden Orientierungsverhaltens. Der Spürsinn nutzt Erfahrungen über das gemeinsame Auftreten von Ereignissen, ohne Einsicht in deren kausale Verknüpfung haben zu müssen: So diagnostiziert der Arzt anhand von Symptomen eine Krankheit, so kann aus der Wolkenform auf eine zu erwartende Wetterlage geschlossen werden, so ermittelt der Kommissar Täterspuren.

Charles Sanders Peirce hat als dritte logische Schlussform neben Deduktion und Induktion die Abduktion (lat.: abductio – Wegführung) eingeführt und kennzeichnet diese als den einzig wirklich in-

23 Albert Spitznagel, »Auf der Spur der Spuren«, S. 259.

24 Sybille Krämer spitzt in diesem Band die Rolle der Ausdeutung der Spur auf eine Bifurkation zwischen dem Indizienparadigma als positiver Wissenskunst einerseits und der Metaphysik der Spur als negativer Grenz- und Entzugserfahrung andererseits zu.

25 Carlo Ginzburg, »Spurensicherung. Der Jäger entziffert die Fährte, Sherlock Holmes nimmt die Lupe, Freud liest Morelli – die Wissenschaft auf der Suche nach sich selbst«, S. 15.

26 Vgl. Wolfram Hogrebe in diesem Band, S. 289.

novativen Schluss, da hier eine neue Idee eingeführt werde. Abduktionen gehören dem Entdeckungszusammenhang, der ›logic of discovery‹ an. Obwohl Peirce den ›logischen Charakter‹ abduktiver Wissensgenerierung betont,[27] gesteht er zugleich zu, dass die Abduktion nur vermutet, was der Fall sein kann,[28] also dem Raten ähnelt und in ihrer blitzartigen Einsicht auch gar nicht begründbar ist.[29] Peirce hält die Abduktion (auch) für ein Resultat der Evolution, gesteht ihr also ein biologisches Fundament zu und betont überdies, dass sie nicht nur kognitiver Natur sei, sondern vielmehr von einer gefühlsmäßigen Erregung und auch körperlichen Befriedigung begleitet werde.[30] Ist also das Spurenlesen als archaische Wissenskunst und elementare Orientierungstechnik dem abduktiven Schlussfolgern verwandt?[31]

2. *Spur der Erinnerung*: Die Spurbildung wird zum Erklärungsmodell der Funktionsweise des Gedächtnisses.[32] Schon Platon verknüpfte das Thema der Gedächtnisbildung nachhaltig mit dem der Spurenbildung.[33] Für ihn prägen sich Wahrnehmungen als Abdrücke in die wächserne Knetmasse der Seele – übrigens ein Geschenk der Mnemosyne – ein. Die Leerform des Abdrucks wird dann im Erinnerungsvermögen durch Wiedererkennen aufgefüllt, sobald der Inhalt eines äußeren Gegenstandes mit der inneren Form des seelischen Abdrucks übereinstimmt. Diese engrammatische Erklä-

27 In dem Sinne, dass von einem ›Resultat‹ unter Zugrundelegung eines ›generellen Satzes‹, auf die Spezifikation einer erklärenden Hypothese geschlossen werde.

28 Charles Sanders Peirce, *Vorlesungen über Pragmatismus*, S. 400.

29 Uwe Wirth situiert die Abduktion bei Peirce zwischen Psychologie und Logik (in: ders., »Abduktion und ihre Anwendungen. Ein Forschungsbericht«, S. 408).

30 Darauf machen vor allem Thomas A. Sebeok und Jean Umiker-Sebeok in *›Du kennst meine Methode.‹ Charles S. Peirce und Sherlock Holmes*, S. 38 sowie Jo Reichertz in »Von Haaren und Nägeln. Zur impliziten Anthropologie von Ch. S. Peirce«, S. 297 aufmerksam.

31 Siehe hierzu auch William James' psychologisches Konzept der ›sagacity‹, der Scharfsichtigkeit in: ders., *Principles of Psychology*, 2 Vols., New York 1890, zit. nach Spitznagel, »Auf der Spur der Spuren«, S. 259.

32 Einen guten Überblick über die Spurentheorie des Gedächtnisses gibt: Bronislaw Gomulicki, »The Development and Present Status of the Trace Theory of Memory«; zur philosophischen Tradition der Engramm-Theorie: Hans-Jürgen Gawoll, »Spur: Gedächtnis und Andersheit. Teil I: Geschichte des Aufbewahrens«.

33 Platon, *Theaitetos*, 191d ff.

rung des Gedächtnisses durch Einschreibung von Spuren verallgemeinert Leibniz zum Prinzip aller Substanz und aller Repräsentation. Jede Monade bildet die Welt in einer nur ihr eigentümlichen, individuellen Perspektive ab, die sich aus den Spuren der Vergangenheit, aber auch aus den Zügen der Zukunft zusammensetzt.[34] Doch anders als bei Platon, für den das Gedächtnis an bewusstes Erinnerungsvermögen geknüpft ist, bleiben für Leibniz die meisten Spuren unmerklich, denn die Perzeptionen der Monaden sind häufig klein, verworren, undeutlich. Nur wenn die latent bleibenden Spurbildungen zum Gegenstand von Apperzeption und Reflexion werden, kommen sie zu Bewusstsein und werden als Erinnerungsgehalt manifest.[35] Erst nachträglich kann für Leibniz also »die unauslöschbare Präsenz des Unmerklichen« zu Bewusstsein gebracht werden.[36]

Radikaler noch argumentiert dann Sigmund Freud, für den sich Gedächtnis und Bewusstsein ausschließen. Die Speicherfähigkeit und die Wirksamkeit des Unbewussten erläutert er anhand des ›Wunderblocks‹, eines Schreibapparates, bei dem jede Inschrift wieder gelöscht werden kann. Die Außenweltreize gravieren sich als schriftanaloge Dauerspuren in der Tiefe des unbewusst bleibenden Gedächtnisses ein, während die Oberfläche durch Erfahrungen unbegrenzt neu ›beschreibbar‹ ist.[37]

3. *Metaphysik der Spur*: Seit mehr als 2000 Jahren bildet die Spur einen Kristallisationspunkt philosophischer Konzepte, die im Endlichen den Verweis auf das Unendliche, im Sichtbaren den Verweis auf das Unsichtbare aufsuchen und deuten. Die Spurbildung ist hierbei von ontologischem wie epistemologischem Gewicht. Für Plotin ist alles Wirkliche zugleich Spur und bildet daher einen universellen Verweisungszusammenhang.[38] Zwischen den materiellen Körpern als unterster Schicht und dem göttlichen Einen als höchster Sphäre erstreckt sich eine Welt der Abstufungen, bei denen jede Stufe durch die nächsthöhere verursacht ist und also deren Spuren trägt, die dann wiederum als Jakobsleiter des Erkenntnisaufstieges

34 Gottfried Wilhelm Leibniz, »Monadologie«, S. 448.
35 Ebd., S. 440.
36 Gawoll, »Spur: Gedächtnis und Andersheit. Teil I«, S. 52.
37 Sigmund Freud, »Notiz über den Wunderblock«, S. 3 ff.
38 Zu Plotin: Hans-Jürgen Gawoll, Artikel »Spur«, Sp. 1550 f.

dienen können. Die sichtbare Körperwelt wird zur Spur des entfernten Gottes – das ist die durch Plotin in die neuplatonische Philosophie eingeführte Grundidee, der auch Augustinus folgt, wenn er die »unitatis vestigium«,[39] die Spur des Einen, im Gewand einer trinitätstheologischen Spekulation der gesamten kreatürlichen Welt aufgeprägt sieht. Das schon bei Plotin angelegte Moment, dass die Spur der Erkenntnis den Weg weise, wird bei Bonaventura und später dann bei Nikolaus von Kues und Giordano Bruno nicht nur als positive Explikation unserer Erkenntnismöglichkeiten, sondern auch als negative Exposition der Grenzen des Erkennens gedeutet.

Im 20. Jahrhundert sind es vor allem Heidegger, Levinas und Derrida, die – allerdings im Rahmen einer Kritik und Dekonstruktion von Metaphysik – dem Spurthema eine neue Wendung geben, und zwar als Ort der Differenz und der Andersheit.[40] Der instrumentellen Zweckrationalität der Technik setzt Heidegger die von der Dichtung gestaltete vortheoretische Wirklichkeitserfahrung entgegen, die sich als Spur einer – und zwar prinzipiellen – Abwesenheit des Göttlichen dem Gestus begrifflicher Identifikation und technischer Verfügbarkeit verweigert und das Bewusstsein unserer Daseinsdürftigkeit wachhält.[41] Für Levinas markiert das Spurkonzept die Grenzen der Interpretier- und Verstehbarkeit des Anderen, der uns gerade nicht zum ausdeutbaren Zeichen werden darf. Nicht der technologischen Rationalität, vielmehr der semiologisch-hermeneutischen Vereinnahmung des Anderen, der der Egologik eigener Subjektivität subordiniert wird, tritt Levinas im Namen des Spurcharakters des Anderen entgegen.[42] Derrida wiederum verbindet Semiologie und Spur, indem für ihn jedes Zeichen zur Spur der mit ihm differentiell verbundenen und zugleich ausgeschlossenen anderen Zeichen wird. Damit liegt die Spur am Grund unseres zeichenhaften Weltverhältnisses; diesen ›Grund‹ nennt Derrida auch ›différance‹ und markiert damit die unabschließbare Bewegung eines

39 Zit. n. ebd.

40 Vgl. außerdem: Gianni Vattimo, »Die Spur der Spur«.

41 Martin Heidegger, *Hölderlins Hymnen ›Germanien‹ und ›Der Rhein‹* (Vorlesung WS 1934/35), S. 188. Zu Heidegger: Hans-Jürgen Gawoll, »Spur: Gedächtnis und Andersheit. Teil II: Das Sein und die Differenzen – Heidegger, Levinas und Derrida«; Otto Pöggeler, *Neue Wege mit Heidegger.*

42 Levinas, *Die Spur des Anderen*, S. 209 ff.

Verschiebens und Unterscheidens, die gerade unterminiert, dass wir je zu einem letztgültigen Anfang oder Ende im Denken gelangen können.[43]

4. *Indizienparadigma.* In der Perspektive semiologischer Methoden wird die Indexikalität als eine humanwissenschaftliche Analysemöglichkeit praktiziert. Carlo Ginzburg entdeckte,[44] dass sich zwischen 1870 und 1880 ein neues epistemologisches Verfahren in den Humanwissenschaften herauskristallisierte, dessen historische Wurzeln zu den Techniken des Spurenlesens im Zusammenhang von Jagd und Wahrsagerei zurückreichen.[45] In seiner kasuistischen Orientierung auf den lokalen Einzelfall verkörpert dieses ›Indizienparadigma‹ eine Art Gegenentwurf zum galileischen Typus abstrahierender und generalisierender (Natur-)Wissenschaft. Psychoanalyse, Kunstgeschichte und Detektivroman bilden für Ginzburg das Dreigestirn des Indizienparadigmas. So interpretiert der Psychoanalytiker Freud die Äußerungen seiner Patienten als Symptome, als unbewusst bleibende Spuren vergangener Traumata, und begründet damit die Psychoanalyse. So kann der Kunsthistoriker Giovanni Morelli anhand nebensächlicher malerischer Details, welche den Künstlern zumeist unbewusst bleiben, die ›individuelle Handschrift‹ von Malern so treffsicher identifizieren, dass ihm damit spektakuläre Enthüllungen von Kunstfälschungen gelingen. Und so rekonstruiert die literarische Figur Sherlock Holmes mit überraschender Intuition und fuchsartigem Spürsinn aus winzigen unbeabsichtigten Hinterlassenschaften den Ablauf krimineller Taten.

Die Wirkungskraft des Indizienparadigmas ist bis in unsere Gegenwart ungebrochen. So hat Ginzburg selbst als Begründer[46] der ›microstoria‹ das nicht verschriftete Wissen der bäuerlichen Volkskultur aus deren Spuren in den Inquisitionsprotokollen er-

43 Jacques Derrida, *Grammatologie* und ders., »Signatur Ereignis Kontext«. Zur Auseinandersetzung mit dem Spurkonzept bei Levinas und Derrida: Robert Bernasconi, »The Trace of Levinas in Derrida«; Gawoll, »Spur: Gedächtnis und Andersheit. Teil II«; Werner Stegmaier, »Die Zeit und die Schrift. Berührungen zwischen Levinas und Derrida« sowie Ze'ev Levy in diesem Band.

44 Carlo Ginzburg verfeinert seine Bestimmung des Indizienparadigmas in diesem Band.

45 Ginzburg, »Spurensicherung«, S. 15.

46 Zusammen mit dem Historiker Giovanni Levi.

schlossen und in Form von Erzählungen expliziert.[47] Die Archäologie hat sich selbst als »Indizienparadigma am Werk«[48] gedeutet, indem sie aus kleinsten, zumeist nebensächlichen Spuren ein einstmaliges Geschehen und seine Strukturen erschließt und darin auch ihre Verwandtschaft mit der Kriminalis-tik offen gelegt:[49] »Suche, Sicherung und die Deutung von Spuren machen das gemeinsame Wesen der Archäologie und Kriminalistik aus.«[50]

5. *Wissenschaftliche Visualisierung.* Obwohl Ginzburg das Indizienparadigma als Alternativmodell zum galileischen Typus naturwissenschaftlicher Theoriebildung entwarf,[51] wirft die praxeologische Wende der *science studies* in den letzten dreißig Jahren ein neues Licht auf die Arbeit der Naturwissenschaftler.[52] In vielfältigen Mikrostudien zum Laboralltag des Forschens gewinnt dabei eine ›Wissenschaft im Machen‹ Kontur, die in ihren intervenierenden und ihre Objekte inszenierenden Zügen an eine oftmals fragmentarisch arbeitende Suchmaschine zur Erzeugung von Spuren meist unsichtbarer Objekte gemahnt. So werden in der experimentellen Technik der Radiomarkierung etwa Spuren erzeugt, deren Besonderheit darin besteht, im Augenblick ihrer Erzeugung zu zerfallen[53] und damit sichtbar zu machen, was (schon) gar nicht mehr existiert. Im Zusammenhang der naturwissenschaftlichen Spurensicherung bekommt die wissenschaftliche Visualisierung, die Veranschaulichung von Messdaten, Simulationsergebnissen und theoretischen Annahmen eine nicht nur erkenntnisillustrierende, sondern auch eine erkenntniskonstituierende Rolle.[54] Das, was die wissenschaftlichen Visualisierungen zeigen, sind gerade keine Abbilder ihrer Objekte,

47 Carlo Ginzburg, *Der Käse und die Würmer* und ders., *Die Benandanti. Feldkulte und Hexenwesen im 16. und 17. Jahrhundert.*

48 Christoph Kümmel, »Wie weit trägt ein Indizienbeweis? Zur archäologischen Überführung von Grabräubern«, S. 143.

49 Hierzu kritisch der Beitrag Cornelius Holtorfs in diesem Band.

50 Gabriele Mante, »Spuren lesen: Die Relevanz kriminalistischer Methoden für die archäologische Wissenschaft«, S. 157 ff.

51 Siehe dazu auch den Beitrag von Carlo Ginzburg in diesem Band.

52 Beispielhaft dafür: Timothy Lenoir (Hg.), *Inscribing Science. Scientific Texts and the Materiality of Communication.*

53 Hans-Jörg Rheinberger in diesem Band.

54 Vgl. dazu: Bettina Heintz und Jörg Huber (Hg.), *Mit dem Auge denken. Strategien der Sichtbarmachung in wissenschaftlichen und virtuellen Welten.*

denn die Primärdaten dieser Objekte verdanken sich meist nicht optischen Aufzeichnungen – auf das, was etwa die Rastersondenmikroskopie aufzeichnet, fällt kein Licht –, sondern kinetischen (›taktilen‹) und metrischen Informationen, die erst im letzten Schritt in Bilder übersetzt werden.[55] Wissenschaftliche Bilder zeigen nicht vorgegebene Objekte, vielmehr aus experimentell erzeugten Spuren rekonstruierte und graphisch verdichtete *Annahmen* über diese Objekte.

8. Zum Inhalt der Beiträge

Sektion 1: Spuren, Indices, Zeichen: Grundsatzfragen

Helmut Pape entfaltet ein Verständnis von Spuren und vom Spurenlesen im Zusammenhang einer Theorie indexikalischer Zeichen im Anschluss an Charles Sanders Peirce. Indices beruhen darauf, dass es eine direkte Verknüpfung zwischen Zeichen und Gegenstand gibt und dass diese Verknüpfung von Personen, die an der Aufdeckung von Spuren interessiert sind, wahrnehmbar ist. Räumlichen Konfigurationen der ›Nachbarschaft‹ kommt dabei besondere Bedeutung zu. Im Spurenlesen lassen wir uns auf die Konfrontation des eigenen Körpers mit dem Körper der Welt ein: Diese Materialität und Körperlichkeit bildet den harten relationalen Kern des Verständnisses der Spur als ›Index‹.

Uwe Wirth setzt bei der Merkwürdigkeit an, dass Derridas Reflexion der Spur und der Schrift ohne Rekurs auf das Anzeichen auskommt. Er zeigt, dass diese Exklusion der Indices einer unhaltbaren Auffassung von Anzeichen geschuldet ist, denn Derrida identifiziert diese mit ›natürlichen Zeichen‹. Nun lässt sich mit Bezug auf Peirce eine Unterscheidung zwischen genuinen (kausalen, unwillkürlichen) und degenerierten (konventionellen, absichtvollen) Indices treffen. Hier sind Spuren nun immer als Interferenzgeschehen zwischen genuinen und degenerierten Indices zu verstehen; überdies interferieren bei Spuren indexikalische, symbolische und ikonische Zeichenaspekte.

Werner Stegmaier trägt zur philosophischen Aufklärung über

55 Jochen Hennig, »Die Versinnlichung des Unzugänglichen – Oberflächendarstellungen in der zeitgenössischen Mikroskopie«; vgl. dazu Gernot Grube in diesem Band.

Spurphänomene dadurch bei, dass er diese zu Anhaltspunkten der Orientierung in ein Verhältnis setzt. Anhaltspunkte bilden die Voraussetzungen allen Erkennens und Wissens und ohne sie ist auch kein Verständnis des Spurenlesens möglich. Spuren erweisen sich dann als besonders attraktive Anhaltspunkte, die man als Zeichen bereits erkennt, ehe man sie versteht. So eröffnen Spuren neue Deutungsspielräume der Zeichen und neue Handlungsspielräume der Orientierung und faszinieren dadurch ebenso, wie sie beunruhigen.

Peter Geimer setzt sich mit dem allgegenwärtigen Anspruch auseinander, dass das fotografische Bild eine Spur des Realen liefere. Die epistemischen und ästhetischen Bestimmungen dieses Leitbildes der Fotografie als Spur an Beispielen auslotend, zeigt er, dass die Frage, wie das Übertragungsgeschehen durch Fotografie zu deuten sei, ob also die fotografische Spur einen Gegenstand repräsentiert oder präsentiert, durchaus unbeantwortet bleibt. Gleichwohl erinnern uns etwa zeitgenössische ›Schockbilder‹ daran, dass das Paradigma der Spur unter den Bedingungen elektronischer Manipulierbarkeit von Fotografien, anders als es aufgeklärte Medientheorien nahe legen, keineswegs ausgedient hat.

Mirjam Schaub wendet sich drei künstlerischen Arbeiten zu (Sophie Calle, Francis Alys, Janet Cardiff), die aus Praktiken des Gehens im öffentlichen Raum entstanden und als konkrete Techniken des Spurenlegens und Spurenlesens deutbar sind. Sie werfen ein Licht auf den allgemeinen Zusammenhang von Kunstwerk und Spurbegriff, vor allem aber können diese Inszenierungen von Spuren als Auseinandersetzung mit dem Indizienparadigma und als Kommentierung der Fallstricke des Spurenlesens begriffen werden, sodass die philosophische Reflexion der Spur in der ästhetischen Erfahrung dieser Kunst weittragende Impulse findet.

Sektion 2: Metaphysik und Epistemologie der Spur

Ze'ev Levy betrachtet die Idee der Spur als eine Gelenkstelle, an der sich Unterschiede, aber auch Verbindungen in der Philosophie von Levinas und Derrida zeigen: Levinas' Reflexion ist inspiriert von den ›Spuren Gottes‹, als Hinweis auf eine Abwesenheit, die niemals Gegenwart wird, und doch führt ihn diese Spur zum Menschen und wird zur Grundlage einer Ethik. Derrida säkularisiert von Anbeginn den Spurbegriff und dekonstruiert damit vor allem die Hermeneutik. Gleichwohl gibt es Berührungspunkte und überdies reale Wechselwirkungen in den Texten beider Denker: Nicht nur hat Derrida rezipierend wie kritisierend auf Levinas reagiert, sondern Levinas reagiert auch umgekehrt auf Derrida: Das Denken beider zeigt Spuren der Auseinandersetzung mit dem jeweils anderen Spurkonzept.

Für *Sybille Krämer* führen Spuren und das Spurenlesen ein epistemologisches Doppelleben zwischen positiver Wissenskunst (Indizienparadigma) und negativer Entzugserfahrung einer prinzipiellen Unzugänglichkeit von etwas. Semiologie (Immanenz) und Metaphysik (Transzendenz) erweisen sich damit als Geisteshaltungen, die beide als radikale Stilisierungen des Spurenlesens zu rekonstruieren sind. Doch die genauere Analyse zweier Proponenten dieser Einstellungen – Ginzburg für das Indizienparadigma und Levinas für die Metaphysik – zeigt, dass das Spannungsfeld von Immanenz und Transzendenz, von Orientierungsleistung und Unverfügbarkeitserfahrung sich bei *beiden* Autoren verschränkt und wieder finden lässt.

Werner Kogge untersucht Spurenlesen als einen epistemologischen Grundbegriff und zeigt am Beispiel der Molekularbiologie, warum Wissensgewinnung generell und wissenschaftliches Forschen im Besonderen stets im Paradigma des Spurenlesens verlaufen. Im Gegensatz zu herkömmlichen Auffassungen ›realistischer‹ oder ›konstruktivistischer‹ Erkenntnistheorien, die sich im Paradigma des dem Erkennenden gegenüberstehenden Bildes oder Textes bewegen, zeigt sich Spurenlesen als eine epistemische Praxis, die nicht im Rahmen einer begrenzten Fläche definierte Entitäten wahrnimmt oder entziffert, sondern in einem unübersichtlichen Feld überhaupt erst Entitäten gestalthaft hervortreten lässt. Die Molekularbiologie ist ein besonders interessanter Fall für die Demonstration dieser Überlegungen, da sie bis vor kurzem ihren Gegenstand als lesbaren Text konzipierte, diese Vorstellung nun aber revidieren musste. Die aktuelle Situation in der Molekularbiologie dokumentiert, warum auch da, wo sich die Wissenschaft mit einer textförmigen, notationalen Struktur konfrontiert sieht, ihre tatsächlichen Problemstellungen ein spurenlesendes Forschen erfordern.

Gernot Grube versucht, ausgehend von den Defiziten der Leitmetapher der Abbildung, unter deren Voreinstellungen erkenntnistheoretische Modelle konzipiert worden sind, die Skizze eines Alternativmodells zu erstellen. Diese Alternative ist weniger ein Gegenmodell als vielmehr eine Komplexion, die über den drei »Phasen« des Spurenlesens, dem *Auffinden*, *Zuordnen* und *Sichern*, entfaltet wird. Ein entscheidender Zug des Modells ist die »Polysemie«, die konstitutive Vieldeutigkeit der Spur, durch die es Erkenntnis grundsätzlich als etwas *Dynamisches* und *Offenes* beschreibt. Die Perspektive ist außerdem Carlo Ginzburgs »Indizienparadigma« verpflichtet, zugleich aber auch der Versuch, alle wissenschaftlichen Erkenntnisformen, somit auch die »galileischen Wissenschaften«, mit zu umgreifen.

Sektion 3: Spurenlesen als Wissenskunst: Weiterungen und Revisionen des Indizienparadigmas

Carlo Ginzburg verband mit seiner Entdeckung des Indizienparadigmas die Vermutung, dass dieses das individualisierende Gegenmodell zum universellen galileischen Wissenschaftsparadigma bilde. Im vorliegenden Aufsatz spürt er den »Geburtsort« dieser Paradigmen in einem Brief Galileis an Christina von Lothringen auf und zeigt in Auswertung von Dokumenten, die im Umkreis von Machiavelli und Galilei unter den Bedingungen der Gegenreformation entstanden, wie sich die Unterscheidung zwischen kategorischem, beweisendem, universellem, absolutem Wissen einerseits und hypothetischem, wahrscheinlichem, kasuistischem, lokalem Wissen andererseits konsolidierte.

Wolfram Hogrebe verweist auf die Tradition von Orientierungstechniken im Geflecht von Zeichen und Spuren, die der Sicherung von Bewegungsspielräumen in kontingenzdurchsetzten Milieus dienten und im tierischen Verhalten ihre Vorläufer finden. In allen Kulturen gibt es die Kunst, vorausdeutende Anzeichen zu interpretieren und orientierend zu nutzen, ohne dass die zugrunde liegenden Kausalitäten bekannt sind. Die Griechen nannten diese Deutungskunst ›Mantik‹, die Kunst des ›Sehers‹. Obwohl diese schon in klassischer Zeit zum Aberglauben verkam, ist sie nicht irrational, vielmehr die beste Methode, antizipatives Naturwissen zu gewinnen.

Hans-Jörg Rheinberger untersucht die Spurenwirklichkeit im Experiment als Ort der Erkenntnisproduktion. Das, was experimentelle Anordnungen primär hervorbringen, sind Spuren, deren Konfigurationen dann die epistemischen Dinge bilden. Was das bedeutet, wird an der Technologie der radioaktiven Spurenerzeugung im Labor untersucht. Das Paradox der radioaktiven Spur besteht darin, dass der Produzent der Spur im Augenblick ihrer Erzeugung unwiderruflich zerfällt. So verkörpert das Radiogramm exemplarisch, was eine Spur zur Spur macht: der gleichzeitige Verweis auf die Referenz und ihre Abwesenheit.

Jo Reichertz wendet sich der Sicherung von Spuren im Rahmen der Aufklärung von Verbrechen zu und zeigt, dass Spuren nicht einfach gelesen, sondern konstruiert werden. Die Spur kann kein Modell eines vergangenen Ereignisses sein, sondern steht zwischen diesem Ereignis und seiner symbolischen Deutung. Was als Tatspur ›entdeckt‹ wird, hängt von Erfahrung, Gedächtnis und Phantasie der Fahnder ab: Es ist also die mit weit reichenden Annahmen und Unterstellungen jonglierende gedankliche Arbeit der Fahnder, die Spuren überhaupt erst von Nichtspuren trennt und Spuren als Gestalten in bestimmten Handlungskontexten und aufgrund von bestimmten Handlungsrelevanzen erschafft.

Cornelius Holtorf fragt nach der Semantik der Dinge aus der Innenperspektive der Archäologie und entwickelt eine Kritik des Indizienparadigmas und der archäologischen Metapher des Spurenlesens im Sinne einer kriminalistisch inspirierten Kulturtechnik zur Rekonstruktion der Vergangenheit. Er zeigt auf, dass Spuren keineswegs das Vergangene von selbst ›zum Sprechen bringen‹, also zum ›Kern der Dinge‹ vordringen. Spurenlesen ist vielmehr ein kreativer Akt des Interpretierens, der weitgehend intellektuellen, körperlichen und diskursiven Konventionen der Archäologie folgt. Archäologische Spuren sind immer auch ›soziale Tatsachen‹: Die gelesene Spur wird zur Spur des Spurenlesers.

Literatur

Bernasconi, Robert, »The Trace of Levinas in Derrida«, in: *Derrida and Différance*, hg. v. Robert Bernasconi und David Wood, Evanston/Ill. 1988, S. 13-29.

Cassirer, Ernst, *Philosophie der Symbolischen Formen. Teil I bis III*, Darmstadt 1964-1982.

Daston, Lorraine, *Things that talk. Object Lessons from Art and Science*, New York 2004.

Derrida, Jacques, *Grammatologie*, Frankfurt/M. 1974.
–, »Signatur Ereignis Kontext«, in: ders., *Randgänge der Philosophie*, Wien 1988, S. 291-314.
–, *Die Schrift und die Differenz*, Frankfurt/M. 1976.
Didi-Huberman, Georges, *Ähnlichkeit und Berührung. Archäologie, Anachronismus und Modernität des Abdrucks*, Köln 1999.
Duden. Das große Wörterbuch der deutschen Sprache, Bd. 6, Eintrag »Spur«.
Fehrmann, Gisela, Erika Linz und Cornelia Epping-Jäger (Hg.), *Spuren – Lektüren. Praktiken des Symbolischen*, München 2004.
Freud, Sigmund, »Notiz über den Wunderblock«, in: *Gesammelte Werke*, Bd. XIV, Frankfurt/M. 1999, S. 1-8.
Gawoll, Hans-Jürgen, »Spur: Gedächtnis und Andersheit. Teil I: Geschichte des Aufbewahrens«, in: *Archiv für Begriffsgeschichte*, Jg. 30, 1986/87, S. 44-69.
–, »Spur: Gedächtnis und Andersheit. Teil II: Das Sein und die Differenzen – Heidegger, Levinas und Derrida«, in: *Archiv für Begriffsgeschichte*, Jg. 32, 1989, S. 269-296.
–, »Spur«, in: *Historisches Wörterbuch der Philosophie*, hg. v. Joachim Ritter und Karlfried Gründer, Bd. 9, Basel 1995, Sp. 1550-1558.
Ginzburg, Carlo, *Der Käse und die Würmer*, Berlin 1990.
–, *Die Benandanti. Feldkulte und Hexenwesen im 16. und 17. Jahrhundert*, Hamburg 1993.
–, »Spurensicherung. Der Jäger entziffert die Fährte, Sherlock Holmes nimmt die Lupe, Freud liest Morelli – die Wissenschaft auf der Suche nach sich selbst«, in: ders., *Spurensicherung. Die Wissenschaft auf der Suche nach sich selbst*, Berlin 1995, S. 7-44.
–, *Spurensicherung. Die Wissenschaft auf der Suche nach sich selbst*, Berlin 1995.
Gomulicki, Bronislaw, »The Development and Present Status of the Trace Theory of Memory«, in: *British Journal of Psychology*, Supplement Nr. 29, Cambridge 1953, S. 1-94.
Grimm, Jacob und Wilhelm Grimm, Einträge »Spüren« und »Spur«, in: *Deutsches Wörterbuch*, 16 Bde. (in 32 Teilbänden), Bd. 17, Leipzig 1854-1960.
Heidegger, Martin, *Hölderlins Hymnen ›Germanien‹ und ›Der Rhein‹* (Vorlesung WS 1934/35), in: ders., *Gesamtausgabe*, Bd. 39, Frankfurt/M. 1980.
Heider, Fritz, *Ding und Medium*, Berlin 1927.
Heintz, Bettina und Jörg Huber (Hg.), *Mit dem Auge denken. Strategien der Sichtbarmachung in wissenschaftlichen und virtuellen Welten*, Zürich 2001.
Hennig, Jochen, »Die Versinnlichung des Unzugänglichen – Oberflächendarstellungen in der zeitgenössischen Mikroskopie«, in: *Konstruierte*

Sichtbarkeiten. Wissenschafts- und Technikbilder seit der Frühen Neuzeit, hg. v. Martina Heßler, München 2006, S. 99-116.
James, William, *Principles of Psychology*, 2 Vol., New York 1890.
Kienlin, Tobias L., Ulrich Veit und Christoph Kümmel (Hg.), *Spuren und Botschaften. Interpretationen materieller Kultur*, Münster 2003, S. 545-556.
Kümmel, Christoph, »Wie weit trägt ein Indizienbeweis? Zur archäologischen Überführung von Grabräubern«, in: *Spuren und Botschaften. Interpretationen materieller Kultur*, hg. v. Ulrich Veit, Tobias L. Kienlin, Christoph Kümmel und Sascha Schmidt, Münster 2003, S. 135-156.
Leibniz, Gottfried Wilhelm, »Monadologie«, in: ders.: *Hauptschriften zur Grundlegung der Philosophie*, übers. v. Artur Buchenau, eing. u. m. Anm. hg. v. Ernst Cassirer, Bd. II, Hamburg 1966, 435-456.
Lenoir, Timothy (Hg.), *Inscribing Science. Scientific Texts and the Materiality of Communication*, Stanford/Ca. 1998.
Levinas, Emmanuel, *Die Spur des Anderen*, Freiburg, München 1983.
Mante, Gabriele, »Spuren lesen: Die Relevanz kriminalistischer Methoden für die archäologische Wissenschaft«, in: *Spuren und Botschaften. Interpretationen materieller Kultur*, hg. v. Ulrich Veit, Tobias L. Kienlin, Christoph Kümmel und Sascha Schmidt, Münster 2003, S. 157-172.
Metken, Günter, *Spurensicherung. Kunst als Anthropologie und Selbsterforschung; fiktive Wissenschaften in der heutigen Kunst*, Köln 1977.
–, *Spurensicherung. Eine Revision; Texte 1977-1995*, Dresden 1996.
Peirce, Charles Sanders, *Vorlesungen über Pragmatismus*, Hamburg 1991.
Reichertz, Jo, »Von Haaren und Nägeln. Zur impliziten Anthropologie von Ch. S. Peirce«, in: *Kodikas/Code*, Heft 3/4, Jg. 23, 1998, S. 287-304.
Pöggeler, Otto, *Neue Wege mit Heidegger*, Freiburg im Breisgau u. a. 1992.
Saussure, Ferdinand de, *Grundfragen der allgemeinen Sprachwissenschaft*, hg. v. Charles Balley und Albert Sechhaye, 2. Aufl., Berlin 1967.
Sebeok, Thomas A. und Jean Umiker-Sebeok, ›*Du kennst meine Methode.*‹ *Charles S. Peirce und Sherlock Holmes*, Frankfurt/M. 1982.
Spitznagel, Albert, »Auf der Spur der Spuren«, in: ›*Wunderliche Figuren*‹. *Über die Lesbarkeit von Chiffrenschriften*, hg. v. Hans-Georg von Arburg, Michael Gamper und Ulrich Stadler, München 2001, S. 239-259.
Stegmaier, Werner, »Die Zeit und die Schrift. Berührungen zwischen Levinas und Derrida«, *Allgemeine Zeitschrift für Philosophie*, Heft 1, Jg. 21, 1996, S. 3-24.
Vattimo, Gianni, »Die Spur der Spur«, in: *Die Religion*, hg. v. Jacques Derrida und Gianni Vattimo, Frankfurt/M. 2001.
Wirth, Uwe, »Abduktion und ihre Anwendungen. Ein Forschungsbericht«, in: *Zeitschrift für Semiotik*, Heft 3/4, Jg. 17, 1995, S. 405-424.

I. Spuren, Indices, Zeichen: Grundsatzfragen

Helmut Pape

Fußabdrücke und Eigennamen: Peirces Theorie des relationalen Kerns der Bedeutung indexikalischer Zeichen*

Vorbemerkung: Benötigen wir eine allgemeine Theorie indexikalischer Zeichen und Spuren?

Ist Peirces Theorie der indexikalischen Zeichen ein geeigneter theoretischer Rahmen, in dem sich eine Theorie der Spur und des Spurenlesens finden oder entwickeln lässt? Sicher, auch Spuren sind Indices. Fraglich ist aber, ob eine einzige, maximal allgemeine Theorie der in den menschlichen Kulturen praktizierten Umgangsweisen mit natürlichen Zeichen und Spuren überhaupt Sinn macht. Es wäre einem differenzierten Verständnis des Phänomens der Spur eher abträglich, die Allein- und Überbietungsansprüche von »Groß-Theorien« aus der Tradition des metaphysischen Denkens unter den Vorzeichen einer philosophischen Semiotik zu erneuern. Die Leistung philosophisch-semiotischer Theorien ist eine andere: Es bedarf der Interpretationen und Theorien von unterschiedlicher Allgemeinheit und inhaltlicher Ausrichtung, um einen Problembereich angemessen erschließen und um Grenzen, Übergänge und Erklärungsspielräume verschiedener, ja widersprüchlicher Konzepte von Index und Spur markieren zu können. Eine umfassende Theorie des Index wäre das Gegenmodell zu einer solchen offenen Vielfalt theoretischer Perspektiven und Zugänge zu unterschiedlichen Phänomenen; denn in einer plural konzipierten Wirklichkeit sind verschiedene Theorien auf unterschiedlichen Ebenen miteinander konsistent und können auch zusammen wahr sein – ohne aufeinander zurückführbar sein zu müssen. Dies ist ein Merkmal gut erschlossener und durchgearbeiteter Erfahrungsbestände: die Verschiedenheit

* Diesen Vortrag habe ich während meiner Zeit als Fellow für praktische Philosophie am Forschungsinstitut für Philosophie Hannover vom 1. Oktober 2004 bis 31. Juli 2005 geschrieben. Dem Forschungsinstitut, seinem Direktor Prof. Dr. Gerhard Kruip und allen Kolleginnen und Kollegen möchte ich für die Unterstützung und viele hilfreiche Diskussionen danken.

und Irreduzibilität der aufgewiesenen Sachverhalte, die sich – anders als in der formalen Logik – nicht schon deshalb wechselseitig implizieren und ableiten lassen, weil sie gemeinsam wahr sind.

Welchen Sinn hat dann noch eine formal, orientiert an Relationenlogik und Phänomenologie, angelegte Allgemeinheit *einer* Theorie von Indexikalität und Spur, wie sie die Semiotik von Charles S. Peirce liefert?[1] Die durch eine allgemeine Theorie ermöglichte und eher distanzierte und abstrakte Darstellung einer Thematik hat eine orientierende und abstrahierende Funktion. Sie ergänzt spezielle Untersuchungen nicht einfach additiv, sondern vermag sie anzuregen, zu strukturieren und Verbindungen zwischen den Eigenschaften der Phänomene aufzuzeigen, die leicht übersehen werden. Sie könnte auch auf blinde Flecken der speziellen Zugänge aufmerksam machen. Aus dem nötigen Abstand betrachtet, treten Ähnlichkeiten, aber auch Auslassungen und Unterschiede hervor, die sonst nicht erkennbar sein würden.

1. Die Evidenz der Spur, das Spüren und ihr Raum

›Spur‹ ist ein Begriff der alltagssprachlichen Welt- und Selbstauslegungspraxis, der auch dazu dienen kann, über diese Praxis zu reflektieren. ›Spuren‹ gibt es nicht ohne Menschen, die nach ihnen suchen, sie aufspüren, verstehen, über sie sprechen wollen, auf sie hinweisen, sich an sie halten und orientiert an Spuren handeln. In einigen Situationen kommen wir mit unseren Plänen nicht voran, können uns nicht verständigen, ohne dass wir die für uns relevanten Spuren ausfindig machen. Die Rede von der Spur macht keinen Sinn, wenn mit ihr nicht auch der Prozess des wahrnehmenden Erkennens gemeint ist. ›Spuren‹ sind nicht nur materiale Substrate. Die Semantik des Begriffs »Spur« ist bezogen auf die Praxis des urteilenden, reflektierenden Wahrnehmens der Beziehung zwischen Veränderungen in der Welt und ihrer Erfahrbarkeit für uns.

Der Begriff der Spur, so könnte man vielleicht verkürzend sagen, hat eine aristotelische Semantik: Das Finden einer Spur ist ein Wahrnehmungs- und Erkenntnisprozess, der ohne expliziten Bezug auf intentional verstandene geistige Prozesse auskommt, die wir

1 Einen Überblick über den Aufbau der Peirceschen Semiotik liefert das Kapitel zu diesem Thema in Helmut Pape, *Charles S. Peirce zur Einführung*.

dringend von extern-materiellen Prozessen und Dingen unterscheiden müssten. Diese aristotelische Ausrichtung des Begriffs der Spur hängt mit der Eigenart des Spurbegriffs zusammen – damit, dass ›Spüren‹ meistens ein Aufspüren von etwas an einer räumlichen Position ist, die in Beziehung zu anderen Positionen und zeitlich vorausgegangenen Prozessen erfasst wird.[2] Peirces Theorie der Indexikalität bezieht diese Raum-Zeit-Bezogenheit der Indices in seinen Ansatz ein: Indices hängen von Beziehungen der Nachbarschaft, nicht der Ähnlichkeit ab.

Warum ist dieses Merkmal der Nachbarschaft für die Semiotik des Index so wichtig? Weil nur durch die Funktion des Indexikalischen und der Spur das Zusammenspiel von faktischer Sprachverwendung, kulturell tradierter symbolischer Ausdrucksform und performativer Welthaltigkeit erfasst und mit dem Informationsgehalt unserer Überzeugungen verbunden wird.

Betrachten wir beispielsweise das mehrdeutige Verb ›spüren‹. Gibt es nicht etliche Beispiele für das Erfahren von Spuren, die jedenfalls nicht eindeutig bestimmten Raum-Zeit-Positionen zuzuordnen sind? Der Erfolg bei der Spurensuche – die gefundene neue Spur – ist meistens jenes unbekannte Segment, das durch das Ereignis des Auffindens des als Spur aufgewiesenen Substrats erfahrbar wird. Das Auffinden der Spur beendet den Prozess des Aufspürens, weil es selbst einen raumzeitlichen Verlauf nehmen muss, dessen Erfolg weitgehend unabhängig vom subjektiven Erlebnis des Spürens ist. Der richtige räumliche und zeitliche Suchverlauf, der zu einer relevanten Spur führt, hat öffentlich identifizierbare Bezugspunkte – auch für den Suchenden selbst. Es bedarf eines öffentlichen Raumes, in dem die eine Spur neben anderen Spuren stehen kann und in dem sie als Residuum eines vergangenen Prozesses ihre Position hat. Die räumliche Materialität der Spur zwingt den Verlauf des Aufspürens und der Spurenbeschreibung zu einer Konkretheit, die verlässliche Wahrnehmungen erfordert, die darstellbar und nachvollziehbar sind.

2 Dies gilt selbst noch dann, wenn es z. B. um die Magnetisierungsspur auf einer Festplatte (*track*) geht, auf der Daten gespeichert werden. Die ›FAT‹ einer Festplatte, die so genannte ›File Allocation Table‹, weist den zu speichernden Daten einen definierten – einen so genannten ›logischen‹ – Ort zu, der auch zu jedem Zeitpunkt genau einem physischen Ort entsprechen muss. Ohne eine Aufteilung des Speichermediums in solche logischen Orte – *Formatierung* genannt –, ist die Festplatte ort- und spurlos.

Eine Spur gibt es in der Regel dort, wo eine öffentlich zugängliche Tatsache einen räumlich positionierten Zusammenhang, ein Ding oder einen Sachverhalt durch gezieltes Suchen, eben durch das Aufspüren, auffindbar macht. Eine Spur ist, so gesehen, ein nicht nur individuell wahrnehmbarer und interpretierbarer partikularer Sachverhalt in einem Raum vergangener und künftiger Verläufe: zur Spur führt ein Netz von Beziehungen hin; Spuren sind erst durch unser Suchinteresse aufspürbar geworden.

Stellen wir uns vor, dass wir dieses Angewiesensein der Existenz einer Spur auf ihre Interpretation konstruktivistisch deuten. Dann würden wir die völlige Interpretationsabhängigkeit von Spuren behaupten: Wir würden dann aber ignorieren, was Spuren von anderen Arten konventioneller, formaler oder begrifflicher Zeichentypen unterscheidet.[3]

Etliches an diesen Vorüberlegungen musste vage bleiben. Was heißt es z. B. genau, dass durch die Räumlichkeit und Materialität vieler Spuren die Prozesse ihres Aufspürens, des Empfindens und Wahrnehmens von Spuren, unter räumlichen, zeitlichen und kausalen Bedingungen der Herstellbarkeit unabhängiger Erfahrungen stehen? Welche Stärke der Anordnung von welchen materiellen Sedimenten – von Prozessen, Dingen, Ereignissen, Teilen – ist hinreichend, um einen eigenen Raum der Spuren begründen zu können?

Denn jede aufgewiesene Spur »partikularisiert« und bündelt semiotisch eine Auswahl von raumzeitlichen und kausalen Beziehungen, die an, um und in ihr verkörpert sind oder durch sie manifest werden.

Deshalb ist auch die kontingente Unabhängigkeit der Tatsache, dass eine Spur tatsächlich gefunden wurde, vom Zufall untrennbar: Empirische Kontingenz und Zufall verleihen dem Auffinden der Spur ihre Evidenz und spannungsvolle Relevanz, um die sich Kriminalisten bemühen.

3 Die Evidenz einer Spur hat deshalb Gewicht und die besondere Leistung des Findens der Spur besteht eben darin, dass weder die Raum-Zeit, in der die Spur aufgewiesen wird, noch die Spur selbst erst durch ihr Lesen erzeugt werden. Die Tatsachen, die für uns zu Spuren werden, existieren unabhängig von ihrer Deutung als Spuren. Die erkenntnistheoretische Bedeutung und die konkrete Ästhetik der Spuren werden durch diese Balance zwischen Unabhängigkeit und interpretativer Bestimmtheit erst möglich. Die harte Materialität der Diskurse, von der Foucault spricht, wird durch den Begriff der Spur singulär, auf die individuelle Konkretheit der Welt hin ausgelesen: Anhand der Spuren erspüren wir die Wirkung der Welt auf unser Verstehen.

Im Folgenden will ich untersuchen, worin der harte begriffliche Kern von Peirces Konzeption des Indexikalischen besteht und was deren weitausgezogene Ränder mit dem Kern verbindet. Außerdem werde ich beschreiben, in welchem Sinn man sagen kann, dass Spuren Indices sind.

2. Peirces weite Konzeption von Indexikalität

Hatte Peirce eine konsistente und einheitlich aufgebaute Theorie der Indexikalität? Peirce hat in seiner Semiotik natürliche Zeichen, Spuren, Symptome, Pronomen und viele verschiedene andere Zeichen allgemein als Indices klassifiziert. Diese Heterogenität ist nur zum Teil Ausdruck eines sich verändernden Nachdenkens über das Phänomen der Indexikalität. Vielmehr war der Begriff des Index von Anfang an auf eine große Zahl von Phänomenen hin ausgelegt. Peirce behauptet sogar, dass alle Zeichen einen indexikalischen Aspekt aufweisen. Werfen wir einen Blick auf diese bunte Gruppe von Zeichen, die als Indices gelten sollen:

- die *dunklen Wolken*, die den Regen anzeigen, der Schrei eines Vogels, der unsere Aufmerksamkeit lenkt, das Denkmal, das auf den Ort einer Schlacht hinweist, das Donnergrollen, das das aufziehende Gewitter ankündigt.
- Generell klassifiziert Peirce alle natürlichen Zeichen, die sich auf individuelle Objekte oder Ereignisse beziehen, als Indices.
- *Verkehrszeichen, Land- und Grenzmarkierungen, die anpreisenden Rufe der Händler/Innen auf einem Wochenmarkt und alle graphischen Zeichen (Karten, Übersichten, Diagramme)*, die in dem Gelände oder Raum aufgestellt sind, den sie darstellen, oder nur dann verständlich sind, wenn der Lesende sowohl seinen Standpunkt als auch einen Punkt auf der Karte identifizieren kann.
- *Blicke, Gesten und die Intonation der Sprechstimme*, die anzeigen, welche Art von Diskursuniversum gemeint ist (ob es real oder fiktiv ist, eine humorvolle Äußerung eines Scherzes, Ironie, die Bekundung von Gefühl oder der Bericht über reale Sachverhalte). In diesem Sinne kann man sagen, dass Schreie, Pronomen keine rein sprachlichen Zeichen mehr sind: Es ist vor allem ihre situative Verwendung, die ihre Bedeutung bestimmt. So schreibt Peirce beispielsweise um 1901: »Signs have two degrees of De-

generacy. A Sign degenerate in the lesser degree, is an Obsistent Sign, or Index, which is a Sign whose significance of its Object is due to its having a genuine Relation to that Object, irrespective of the Interpretant. Such, for example, is the exclamation ›Hi!‹ as indicative of present danger, or a rap at the door as indicative of a visitor.« (2.92)[4]

- Die *Personal- und Demonstrativpronomen*, die den Sprecher oder eine Gruppe, zu der der Sprecher gehört, oder die den Gegenstand der Rede direkt, d. h. unabhängig vom Zutreffen expliziter Beschreibungen, bezeichnen, sind sprachlich primär bezugnehmende Ausdrücke. Ihre indikatorische Bezeichnungsweise ist für die Funktion von Eigennamen grundlegend.
- *Eigennamen*, die reale oder fiktive Einzeldinge direkt bezeichnen, sind zwar keine reinen Indices. Doch ihre referentielle Beziehung basiert nach Peirce auf der Bezugnahme durch Personal- und Demonstrativpronomina. Eigennamen werden nur in seltenen Fällen, nämlich in Gegenwart des bezeichneten Gegenstands, indexikalisch verwendet.
- Die *Abfolge der Wörter* – die Token von Symbolen sind – *im geäußerten oder geschriebenen Satz* liefert uns eine indexikalische Anordnung der materiellen Zeichen und ihrer Interpretation: Die materialen Wörter selbst stehen – als Zeichenereignisse, als Token symbolischer Typs betrachtet – im Satz vor- oder hintereinander. Auch Begriffe und andere symbolischen Ausdrucksformen können indexikalisch verwendet werden. Der späte Peirce verwendet für eine solche sekundär aufgebrachte indexikalische Bedeutung eines symbolischen Zeichens den Ausdruck »Quasi-Index«.
- Die quantifizierenden Ausdrücke natürlicher und formaler Sprachen wie ›alle‹, ›einige‹, ›ein‹, ›wenige‹ usw. und ihre Entsprechungen in der formalen Logik, die Quantoren, sind ein spezieller Fall von Indices eines höheren Typs. Peirce nennt Quantoren auch »prescriptions«. Sie bezeichnen eine Ordnung in der indexikalischen Abfolge der interpretierenden Erfahrungen (im Grenzfall eine Abfolge von Zeichen).

Diese Liste der als Indices klassifizierten Zeichen ist nicht vollständig. Sie veranschaulicht aber einen wichtigen Punkt: Die unterschiedlichen Konzeptionen von dem, was ein Index ist, dienen auch

4 Zur Zitierweise der Schriften von Peirce siehe die Angaben im Literaturverzeichnis.

dazu, unterschiedliche Eigenschaften der Beispiele abzudecken und mit einem Grundmodell zu verknüpfen, wobei auch dieses Grundmodell variiert. Bei dem Ringen um phänomenale Angemessenheit und semiotische Allgemeinheit wird die Verschiedenheit der Eigenarten der Beispiele auf unterschiedliche Weise auf ein Grundmodell bezogen. Es ist das Modell der direkten Verknüpfung zwischen Zeichen und Gegenstand. In den Quantoren, dem letzten Beispiel, wird diese direkte indexikalische Beziehung nur noch durch eine Vorschrift der Erfahrungserzeugung als herstellbar behauptet. Doch ich will die Bedeutung der unterschiedlichen Beispiele und die Veränderungen des Grundmodells hier nicht diskutieren. Wichtig ist vielmehr, dass bei aller Variation der Beispiele sich in der voll entwickelten Peirceschen Semiotik um 1903 ein Begriff des Index stabilisiert, der eine große Vielfalt von Beispielen abdeckt. Als Index bestimmt Peirce ein Zeichen, »das sich auf sein Objekt bezieht nicht wegen einer Ähnlichkeit oder Analogie mit ihm, auch nicht deswegen, weil es mit den allgemeinen Merkmalen verknüpft wird, die das Objekt aufweist, sondern weil es in einer dynamischen (einschließlich räumlichen) Verbindung sowohl einerseits mit dem Einzelding als auch andererseits mit den Sinnen und dem Gedächtnis derjenigen Person steht, für die es als ein Zeichen dient.« (2.305)

Warum kann diese Definition des Index einen großen Teil der Phänomene – vom natürlichen Zeichen der Regenwolken, dem Fußabdruck im Sand, der als Spur einer Person gelesen wird, bis zu Eigennamen und den Quantoren der formalen Logik – erfolgreich abdecken? Die Antwort auf diese Frage ergibt sich aus den zwei wichtigsten Merkmalen der Definition, die das charakterisieren, was ich den »relationalen Kern der Semantik« indexikalischer Zeichen nennen werde.

Was ist damit gemeint? Zum einen sagt diese Definition, dass es eine besondere Art von Relation geben muss, die in einer »dynamischen (einschließlich räumlichen) Verbindung« zwischen einem Einzelding und einer Person besteht. Dass diese Verbindung nicht mit der Person schlechthin, sondern »mit den Sinnen und dem Gedächtnis derjenigen Person [be]steht, für die es als ein Zeichen dient«, beschreibt das zweite semantische Merkmal, dessen Erläuterung wir zurückstellen wollen.

3. Verbindungen als starke Relationen und die Rolle der Wahrnehmungsdynamik der Indices

Wenden wir uns der ersten semantischen Komponente zu: Was ist eine »dynamische Verbindung«, die sogar Räumliches einschließt? ›Verbindungen‹ sind Relationen, die zwischen Dingen oder Personen, Positionen und Ereignissen bestehen. Es können z. B. auch Zeichenereignisse, die einzelnen Verwendungen von Worten, räumlich verbunden sein. Das gilt für alle gedruckten Wörter auf einer Seite.

Relationen zwischen Einzeldingen sind zweistellige Relationen. Diese hat Peirce wie wir heute formal in der »logic of relations«, der Relationenlogik, als Paradigma von Relationen überhaupt beschrieben. Doch zweistellige Relationen haben gegenüber allen höherstelligen Relationen eine interessante ontologische Eigenschaft: Sie existieren nur, wenn ihre beiden Relata existieren. Das unterscheidet sie von den höherstufigen, nämlich drei- und mehrstelligen Relationen, die sich z. B. hinter Verben verbergen, die wie ›meinen‹, ›träumen‹, ›planen‹ oder ›denken‹ eine geistige Aktivität und damit komplexere Relation bezeichnen. In diesem Fall gilt: Ich kann an Einstein auch dann *denken* (von ihm *träumen*, etwas über ihn *meinen*), wenn er gegenwärtig nicht existiert und nicht für mich erfahrbar ist – vielleicht gerade dann. Die Form der existenzabhängigen Relationen der Verbindung ist also stets zweistellig oder dyadisch: A ist mit B verbunden. Die echten Relationen zwischen allen As und Bs bestehen nur in den durch die Relationen erzeugten Paare: Die Menge aller Verbindungen ist die Menge alle Paare. Betrachten wir einige Beispiele existentieller Relationen: A ist die Ortschaft, die neben B liegt; A versetzt B einen Faustschlag.

Was macht zweistellige Relationen zu echten Relationen, die eine Verbindung zwischen Dingen effektiv herstellen? Damit A neben B liegen kann oder damit A B einen Faustschlag versetzen kann, müssen beide nicht nur ›irgendwie‹ existieren. Die Existenz der beiden Relationsgegenstände darf nicht irgendwo, in einer möglichen Welt vorliegen. Ihre Existenz muss in genau dem Bereich gegeben sein, in dem die Verbindung als Relation eine Veränderung an beiden relationierten Gegenständen herbeiführt: deshalb ist sie in den für uns interessanten Bereichen eine dynamische Relation. Das Bestehen dieser dynamischen Relation ist eine Tatsache über die Welt der kontingenten, empirischen Ereignisse, die Einzeldingen widerfahren können.[5]

Auch der Index existiert – individuell in einer kontingenten Relation. Was bedeutet in diesem Zusammenhang das Adjektiv »dynamisch«? In der Physik ist die Dynamik die Theorie der Bewegungsänderung von Körpern. In der Alltagssprache verwenden wir ›dynamisch‹ allgemein als Eigenschaft, welche die Veränderung aufgrund der Wirksamkeit einer Kraft oder auch eines Einflusses bezeichnet. Wenn Peirce nun annimmt, dass der Index auf einer »dynamischen Verbindung« basiert, die den Raum einschließt, so verwendet er diesen weiten Begriff von Dynamik: Die Wirkung des Index-Zeichens auf die Sinne des Hörers fokussiert die Aufmerksamkeit auf die relevanten Markierungen von Nähe, Gleichzeitigkeit und des Ereignisses, die das Ziel des jeweiligen Interesses bilden, das den Zeichenaustausch leitet. Die Dynamik in einem physikalischen Sinne, also die Ursache-Wirkungsbeziehung zwischen Körpern, z. B. materiellen Partikeln, wird von diesem Modell der *Wahrnehmungsdynamik* nicht abgedeckt. Es geht vielmehr um die Dynamik des Austauschs mit einer Umgebung, in der Sprecher, Hörer und Objekt bereits sind. Die indexikalische Leistung des Ausrufs »Feuer!« macht nur Sinn, wenn wir damit normalerweise den Bezug auf ein passendes Ereignis erfolgreich herstellen können.[6]

Was leistet die erste Komponente der Definition des Index? Die Eigenschaft der Relationalität und das Modell der *Wahrnehmungs-*

5 Peirce schreibt deshalb: »Ein Index erfordert [...], daß sein Objekt und er selbst individuelle Existenz besitzen müssen. Er wird zu einem Zeichen aufgrund des Zufalls, daß er so aufgefaßt wird, ein Umstand, der die Eigenschaft, die ihn erst zu einem Zeichen macht, nicht berührt. [...] Ein Krankheitssymptom ist ein Index.« (Charles Sanders Peirce, *Phänomen und Logik der Zeichen*, S. 65)

6 Das hat Konsequenzen: Die einen Index tragende zielgeleitete Dynamik der kommunikativen Nähe bestimmt, welche räumlichen Beziehungen für das Erfassen eines Index, z. B. einer Spur, wichtig sind. Dabei verweist der Index in jeder gegenwärtigen Umgebung auf relativ Fern- oder Naheliegendes, z. B. mit ›woanders‹ oder ›dort‹, auf etwas Vergangenes oder erst künftig Geschehenes, z. B. mit ›damals‹ oder ›später‹. Dies geschieht zum einen abhängig von der gegenwärtigen Umgebung (›ich-hier-jetzt‹), die als immanenter Bezugspunkt dient, aber andererseits bezieht der Index sich damit implizit auch auf einen Raum möglicher indexikalisch unterscheidbarer Positionen, von denen her und zu denen hin die durch den Index angezeigte Verbindung zu erfassen ist.

dynamik des Index ist für den Umfang der kontextuell genauen (bzw. auch ungenauen) Darstellungsleistungen des Index verantwortlich. Dabei geht es nicht um eine indexikalische ›Darstellung‹ eines Objekts. Es geht vielmehr um Einzeldinge nur insofern, als sie in einem oder mehreren Kontexten und Situationen erfahrbar und aufweisbar dynamisch relational erfassbar sind.[7] Ich meine, dass man statt von Darstellungsbedingungen des Index auch von ›Weltbezugsbedingungen‹ des Index sprechen könnte: Raum und Zeit werden zu einer Funktion von Nähebeziehungen zum Sprecher und Interpreten. Alle Welt- und Raumbeziehungen des Index sind nur performativ durch ihre epistemische Aktivierung in der Situation seiner Verwendung bestimmt.

4. Indexikalisches Verstehen und Auffinden: Mit den Sinnen und der Erinnerung spüren wir die Welt

Die letzte Beobachtung leitet bereits zum zweiten Merkmal der Definition des Index über. Die Schwierigkeit ist dabei, dass beide Bedingungen nicht nur eng zusammenhängen, sondern ineinander übergehen. Dies ist Peirces logischer Phänomenalismus: Logische Eigenschaften wie die scharfe Existenzbedingung für zweistellige Relationen sind zugleich Erfahrungsbedingungen von Zeichen, nämlich der Indices. Das ist ein wichtiger Punkt, den viele Theorien indexikalischer Zeichen nicht berücksichtigen: Im Grundmodell liegt die semiotische Index-Beziehung zwischen Hörer und Sprecher in derselben Situation als existentielle Relation verkörpert vor – d. h., sie ist am Zeichenkörper erfahrbar –, in der auch die Beziehung des Zeichens zum Objekt besteht, die der Hörer/Interpret des Index erfassen soll. Kurzum: Die Erkennbarkeit des indexikalischen Objekts ist an die Bedingung seiner Existenz gebunden und muss mit ihr zusammenfallen können.[8]

7 Dabei gehen wir in der Regel davon aus, dass diese Objekte unter geeigneten Bedingungen mit ihren materiellen Gegenstücken identisch sind.

8 Ein Sonderfall ergibt sich, wenn existentielle Relationen erst durch die *Wahrnehmungsdynamik* hergestellt werden. Doch selbst für diesen Sonderfall gilt: Ein anderer Teil, wie die Beziehungen der räumlichen Nähe und Gleichzeitigkeit, der kausalen Verknüpfung z. B. zwischen Feuer und Rauch, muss unabhängig von seiner Wahrnehmung bereits bestehen.

Wir wenden uns nun dem klaren Fall des zweiten semantischen Merkmals zu: der Relation des Index, die von der *Interpretation* der durch ihn geforderten kognitiven Leistungen aktiviert wird. Denn die Verbindung, die der Index darstellt, besteht zu »den Sinnen und dem Gedächtnis derjenigen Person [...], für die er als ein Zeichen dient« (2.305). Der Vorgang des *Erfassens* eines Index muss manchmal ein Prozess des zielgerichteten, suchenden Handelns sein. Dies ist dann gleichzeitig ein epistemisch komplexer Prozess der Abfolge eng verknüpfter und dicht geschichteter Akte des Wahrnehmens, Verstehens und Kommunizierens. Für diesen Prozess sind Indices nicht nur Auslöser, sondern sie sind in ihn eingebettet: Er wird durch sie ausgelöst und in seinem Verlauf durch sie strukturiert. In der sprachlichen Kommunikation ist es oft die Äußerung des Tokens eines sprachlichen Types eines Index, der dies Ineinandergreifen von Verstehen, Wahrnehmung und Handeln in Gang bringt. In einer großen Zahl überaus alltäglicher Äußerungen wie »Schau mal, wer *da* kommt!«, »Den Hammer musst du mehr *dort drüben* suchen« können die sprachlichen Indices ihre Weltfindungs- und Orientierungsleistung dadurch wirkungsvoll entfalten, dass sie von nichtsprachlichen Indices, z. B. Gesten und Blicken, begleitet werden.[9]

Die sprachlich manifesten Indices, z. B. die Personal- und Demonstrativpronomen, sind sprachlich symbolisierte und typisierte Darstellungsformen für Beziehungen zwischen Personen, Ereignissen und Raum-Zeit-Verhältnissen. Ihre Äußerung und Interpretation verwendet einen bekannten sprachlichen Typ, dem in der jeweiligen Verwendungssituation eine situative Interpretation nur dann zugewiesen wird, wenn der Interpret wahrnimmt, was gemeint sein kann. Beim Spurenfinden sind Aufmerksamkeit, Wahrnehmung und Erinnerung für die Entstehung eines Zeichens als Spur entscheidend und konstitutiv. An erster Stelle vollzieht sich die relationierende Wahrnehmungsdynamik, die zu dem führt, was oben als Weltfindungs- und Kommunikationsprozess beschrieben wurde. Man könnte nun sagen: Das Aufspüren eines veränderlichen

9 Peirce schreibt deshalb: »Es stimmt, daß keine Sprache [...] über eine besondere Sprachform verfügt, um anzuzeigen, daß von der realen Welt die Rede ist. Doch dies ist nicht nötig, da Betonungen und Blicke ausreichen, um anzuzeigen, wann es der Sprecher ernst meint. Diese Betonungen und Blicke wirken dynamisch auf den Hörer und veranlassen ihn, sich den Realitäten zuzuwenden. Sie sind deshalb die Indizes der realen Welt.« (Charles Sanders Peirce, *Semiotische Schriften*, Bd. 1, S. 246.)

Fragments der Welt in seiner Verbindung zu einem anderen Teil dieser Welt ist das Entstehen eines Zeichens als Spur.

Folglich ist das Spurenfinden die Individuation eines Materials als Spur im Lichte eines Ziels, einer Suche, eines Interesses. Im indexikalischen Sprechen wird das Primat des aufspürenden Weltkontakts durch den Interpreten der Äußerung des Index nachgeordnet. In allen diesen Fällen gilt, dass folgende wahrnehmungsdynamische Bedingungen des Index erfüllt sind:

1. Obwohl das Zeichen keinerlei *Ähnlichkeit* mit dem bezeichneten Bezugsobjekt aufweist, steht es in einer *existentiellen Relation* zu ihm.

2. Es ist die tatsächlich bestehende, blinde – nämlich ohne bewusste oder gar argumentative Anstrengung – reaktiv uns zwingende Relation zum Bezugsobjekt, die die Aufmerksamkeit auf dieses lenkt. (Cf. 2.306)

Dass im indexikalischen Sprechen der epistemische Aktivierungs- und Kommunikationsprozess vom Äußerungs- oder Leseereignis des sprachlichen Index ausgeht und ihm nachgeordnet ist, lässt sich auch daran festmachen, dass durch den Austausch indexikalischer Aussagen allererst das Auffinden des indizierten Objekts herbeigeführt werden soll. Gehen wir beim Erfassen der indexikalischen Bedeutung von sprachlichen Indices aus, so besteht Verstehen darin, das ausfindig zu machen, was uns sprachlich aufgewiesen worden ist. Dies ist Peirces Beispiel:

Keine Tatsache kann ohne die Verwendung eines Zeichens dargestellt werden, das als ein Index dient. Wenn A zu B sagt, »Es gibt ein Feuer«, so wird B fragen »Wo?« Woraufhin A gezwungen ist, einen Index zu verwenden, selbst wenn er nur sagen will, irgendwo im wirklichen Universum, in Vergangenheit oder Zukunft. Ansonsten hat er nur gesagt, daß es eine solche Idee wie Feuer gibt, was keine Information liefert, denn wenn das Wort »Feuer« nicht bekannt wäre, würde es unverständlich sein. [...] Wenn A mit einem Finger auf das Feuer zeigt, ist sein Finger dynamisch mit dem Feuer verbunden, etwa so als ob ein automatischer Feuermelder ihn in diese Richtung gedreht hätte, wobei er auch Bs Augen nötigt, sich in diese Richtung zu wenden, seine Aufmerksamkeit dahin auszurichten und Bs Verstand nötigt anzuerkennen, daß seine Frage beantwortet worden ist. (2.305)

Peirces Theorie der Indices ist am Paradigma des Erkenntnis- und Wahrheitsgewinns orientiert. Genauer gesagt, was Peirce hier als Vermittlung von Information durch den Index charakterisiert, ist stets das indexikalische Erfassen eines einzelnen, in einer Aussage darstellbaren Sachverhalts. Diese Aussage kann, dank der durch den Index erschlossenen Erfahrung, als wahr oder falsch beurteilt werden.

Das relationale Grundmodell der Peirceschen Index-Konzeption lässt sich also in den folgenden Thesen zusammenfassen:

a) Indices bezeichnen das, was in echten (existentiellen) Relationen zueinander steht – oder als so bestehend dargestellt wird.
b) Indices richten uns kognitiv auf die jeweilige Umgebung aus, die für die Beurteilung des indexikalischen Sachverhalts relevant ist.
c) Alle Indices werden als auf die Wirklichkeit hin orientierte, relationierende Zeichen verstanden, die unser wahrnehmungsgestütztes Handeln leiten.
d) Alle Aussagen über einzelne Sachverhalte enthalten implizite oder explizite Indices, durch die die harten Tatsachen der Welt im Sprechen über einzelne Situationen und Sachverhalte in die Verwendung der Sprache direkt eingebunden und beurteilt werden können.

5. Die materiale Spur: Die Welt, die wir finden, bleibt unaussagbar

> Nun ist die Realität gänzlich dynamisch, nicht qualitativ. Sie besteht in ihrer Wirksamkeit. Nichts anderes als ein dynamisches Zeichen kann sie von der Fiktion unterscheiden. (Charles S. Peirce)[10]

Zwei Fragen bleiben noch offen, für die ich abschließend eine Antwort zumindest andeuten will: 1. Warum kann Peirces relationale Semantik der Indices eine so große Zahl von indexikalischen Zeichenformen berücksichtigen? 2. Welcher Art oder welchen Arten von Indices sind Spuren zuzurechnen? Diese beiden Fragen lassen sich, obwohl sie prima facie sehr unterschiedlich aussehen, weitgehend zusammen beantworten.

Beginnen wir mit der zweiten Frage. Versuchen wir provisorisch, die Gruppe der Spuren von den sprachlichen Indices zu unterschei-

10 Ebd.

den, die ja Symbolisierungen der echten Index-Relation sind und sich nur als einzelne Verwendungsereignisse – als Token – dem relationalen Kern wieder annähern.

Aus der Definition des Index folgt, dass irgendeine sensorische oder auch materielle Konfiguration dann als Spur oder natürliches Zeichen individuiert ist, wenn allein sensorische Aufmerksamkeit oder unser Interpretationsverhalten die Verbindung einer materiellen oder sensorischen Konfiguration mit einem einzelnem Objekt im jeweiligen Kontext erfasst. Obwohl auch Spuren zu kulturellen Typen werden können, gründet sich z. B. der Anspruch, eine Spur gefunden zu haben, darauf, dass anhand eines materiellen Fragments eine bedeutsame Verbindung dieses Fragments mit einem Objekt, Ereignis oder einer Person aufgefunden wurde.[11]

Dort, wo Peirce den Fall einer Spur diskutiert, nämlich den Fußabdruck im Sand, auf den Robinson am Strand seiner Insel stößt, tut er dies, um auf eine besondere Eigenart von Indices aufmerksam zu machen. Er will zeigen, dass Indices eine doppelte semiotische Funktion haben können, ja, dass dies sogar für die meisten Indices der Fall ist. Sie präsentieren uns nicht nur Relationen, sondern stets auch konkret geformte, symbolisch interpretierbare Eigenschaften. »Indices«, schreibt Peirce, »liefern eine positive Bestätigung der Wirklichkeit und Nähe ihrer Objekte. Aber mit der Bestätigung geht keinerlei Einsicht in die Beschaffenheit jener Objekte einher. Dasselbe Wahrnehmbare kann jedoch in doppelter Hinsicht als ein Zeichen dienen. Jener Fußabdruck, auf den Robinson im Sand stieß und der in den Granit des Ruhms eingegraben worden ist, war für ihn ein Index, dass ein Geschöpf auf seiner Insel lebt, und gleichzeitig rief er als ein Symbol die Idee eines Menschen in ihm wach.« (4.531)

Es ist der Index des Abdrucks eines Fußes im Sand, der zum dynamischen Auslöser der Ausbildung einer Symbolisierung wird.

11 Voraussetzung dieses Findens ist irgendeine Zielperspektive der Suche. Sie erfolgt z. B., um einen Mord aufzuklären oder um die Existenz einer vergangenen Kultur zu beweisen. Damit wäre eine im Raum möglicher Spuren ausgeführte Suche erfolgreich beendet worden. Doch häufig sind für die Spurensuche bzw. das Spurenlesen die spezifischen Ziele – in gewissen Grenzen – auswechselbar: Der Kriminalkommissar, der bei der Untersuchung eines Mordes die Spuren einer unbekannten prähistorischen Zivilisation entdeckt, wird sagen, dass er etwas Wichtiges gefunden habe. Der Archäologe hat auch dann einen Fund gemacht, wenn er bei seinen Ausgrabungen auf die Tatwaffe eines Mordes stößt.

Damit führt uns dieses Beispiel zu der allgemeineren Frage, wie sich unterschiedliche Zeichenformen – also z. B. Spuren mit Symbolen – verbinden lassen und welche Folgen dies für ihre Darstellungsleistung hat. Ein Index kann ein anderes Zeichen, wie etwa ein Bild oder ein anderes, qualitativ basiertes Zeichen einschließen. Dies geschieht etwa dadurch, dass das Bild einer Ware, z. B. einer Schokolade, auf der Packung abgebildet wird, in der sie sich befindet. Das Bild der Schokolade ist natürlich nicht die Spur der Schokolade. Aber das Bild ist ein Ikon – und es ist indexikalisch durch direkte Nähe mit seinem Objekt, der innen liegenden Schokolode, verbunden. Ebenso ist der Begriff ›GLAS‹, den wir auf eine Kiste schreiben, zwar ein sprachliches Symbol – allerdings wird es indexikalisch verwendet. Wenn wir das sprachliche Symbol, den Begriff ›Glas‹, indexikalisch verwenden, beziehen wir ihn dadurch auf das individuelle Glas in der Kiste.

Die Spur des Mordes z. B. ist nur dann relevant, wenn sie den Kommissar zur Person des Mörders führt, von dem der Kommissar bisher nur eine abstrakt-symbolische Darstellung aufgrund einiger weniger Merkmale besaß. Wichtig für den Index ist seine semiotische Anschlussfähigkeit: Andere Zeichentypen können durch Indices komplementiert werden oder sie schließen sich an den aufgewiesenen Index an. Andererseits können sprachliche Symbole auch indexikalisch verwendet werden – wenn wir eine von ihnen symbolisierte Eigenschaft indexikalisch verkörpert aufgewiesen haben. Natürlich gibt es für Angehörige einer Sprachgemeinschaft niemals absolut reine Indices. Ohne symbolisch oder ikonisch vermittelte Bezüge, die in der Erinnerung des Sprechers und Hörers räumlich situierte Erinnerungen, Diskurse und Wahrnehmungen mobilisieren, kommen wir beim Spurenlesen nicht weiter.[12]

Trotzdem können wir verschiedene Arten und Formen von Indices danach unterscheiden, was mit der existentiellen Relation gemacht wird: Ist sie extern mit der sprachlichen Darstellung verknüpft oder symbolisieren und beschreiben wir einen indexikalischen Zusammenhang? Z. B. kann die existentielle Relation eines Index explizit symbolisch dargestellt, also beschrieben werden. Sie kann aber

12 »But it would be difficult if not impossible, to instance an absolutely pure index, or to find any sign absolutely devoid of the indexical quality. Psychologically, the action of indices depends upon association by contiguity, and not upon association by resemblance or upon intellectual operations.« (2.306)

auch in eine Sprachkonvention oder -regel umgesetzt werden. Direkt verwendete Indices sind durch solche Beschreibungen in ihrer Rolle, eine Verbindung zum Gegenstand herzustellen und die Wahrnehmungsdynamik der Interpreten zu leiten, nicht vollständig ersetzbar. Und doch können wir durch Anweisungen und Vorschriften (»erst 100 m rechts gehen, dann dort sofort links abbiegen und 1 km geradeaus«) die jeweils in einer Situationsabfolge erforderliche Verwendung von Indices auch explizit sprachlich, d. h. symbolisch abbilden. So kann z. B. auch in einem Science-Fiction-Roman ein kompliziertes Verweisungsgefüge von Personal- und Ortsindikatoren wie ›ich‹, ›wir‹, ›hier‹, ›ihr dort drüben‹ usw. kohärent aufgebaut werden – ohne dass die in diesem Roman vorkommenden Indices auf etwas anderes verweisen als auf die Beziehungen zwischen Indices und anderen Bezugnahmen im Roman.

Wohin und wie weit führt uns die symbolische Darstellung der Indices? Diese Frage ist schwer zu beantworten. Sicher aber ist: Der nächste Schritt in dem Bemühen um eine symbolisch-formale Darstellung der Indices und der sie fundierenden Relationen ist ihre Formalisierung in einer Logik. Der finnische Logiker und Philosoph Georg Henrik von Wright hat in einem Aufsatz[13] gezeigt, dass man die drei durcheinander definierbaren Ortsindikatoren ›hier‹, ›dort‹ und ›woanders‹ formal mittels einer Logik des Raums in einer Logik modaler Präfixe von Aussagen formal darstellen kann. Von Wright hat damit den existentiellen Relationen, die durch diese Ortsindikatoren symbolisiert werden, eine explizit logische Form zuordnen können. Die beste Darstellung des logischen Zusammenhangs zwischen Indikatoren und der logischen Struktur der Erfahrung hat Harald Pilot in Form einer Modallogik von Raum- und Zeitadverbien bereits 1978 vorgelegt.[14] Aber wie auch immer wir den Rahmen für die Symbolisierung der dyadischen Relationen der Indices wählen: Eine jede solche Transposition überträgt den relationalen Kern der indexikalischen Beziehung, jener zweistellig existentiellen Relation, auf die Ebene einer anders gearteten Weise der Darstellung. Doch dann bildet die Syntax der Token der Abfolge der Wörter in den Sätzen jenes textimmanente Gefüge indexikali-

13 Georg Henrik von Wright, »Somewhere else – A Modal Logic of Place«.

14 So Harald Pilot im ersten Kapitel von *Prolegomena einer reinen Theorie der Erfahrung*.

scher Verweise, das wir wahrnehmen, um dem Raum der Fiktion oder Theorie eine indexikalische Struktur geben zu können. Das Schema der dyadischen Relation zwischen Objekt und Zeichen kann aber durchaus auf unterschiedlichen Ebenen, z. B. auch als formale Struktur, mathematisch oder logisch abgebildet werden. Gerade wenn man diese Möglichkeit zulässt, ist es wichtig, zugleich zu betonen:

Echte, nicht formalisierte Indices durchbrechen alle Kontexte, denen sie sprachlich scheinbar untergeordnet sind.

Die Erfüllung der Bedeutung in der Verwendung eines Index bleibt deshalb, weil es sich um eine situative und aktuale Relationierung in der Verwendung einer sprachlichen Ausdrucksform handelt, der Sprache als symbolisches System äußerlich. Denn nur weil die sprachexternen Zeichenfunktionen die allgemeine symbolisierende Sprache zur gegenwärtigen Erfahrung in Bezug setzen und damit die Struktur der Beschreibungen performativ aufbrechen, können sprachliche Darstellungen sich eindeutig auf ein individuelles Ereignis, Objekt oder eine individuelle Person beziehen.

Dies folgt letztlich auch aus Wittgensteins semantischem Pragmatismus (also der These, dass die Bedeutung eines Wortes seine Verwendung in einer Sprache ist). Nur können wir mittels der Peirceschen Semiotik den semantischen Pragmatismus auch von der anderen Seite her verständlich machen: Ein Reden, das sich vom Verwendungskontext eines jeden indexikalisch aufweisbaren Bezugs lösen würde, ist nicht nur bedeutungs-, sondern gegenstandslos geworden. Peirces Semiotik der Indices schließt die These ein, dass die individuellen Objekte unseres Sprechens nur indexikalisch, nämlich mittels der Spur der auf uns wirkenden Kräfte zu erfassen sind, dass dies aber immer schon auf eine Praxis angewiesen ist, die über die Sprache hinaus in die Wirklichkeit des menschlichen Handelns führt. Trennen wir das Indexikalische von sprachlichen Symbolisierungen ab, so gibt es keine Wirklichkeit mehr, über die wir etwas sagen könnten.[15]

15 »Es wäre sicherlich in einem Sinne übertrieben zu behaupten, daß wir niemals sagen können, worüber wir reden. Doch in einem anderen Sinne ist es völlig wahr. Die Bedeutungen der Wörter hängen normalerweise von unserer Neigung ab, Qualitäten miteinander zu verknüpfen und von unserer Fähigkeit, Ähnlichkeiten zu erkennen [...]. Hingegen wird die Erfahrung zusammengehalten und ist nur erkennbar aufgrund von Kräften, die auf uns einwirken« (3.419).

Jede Spur aber ist ein Zeugnis jener existentiell relationierenden Kräfte, die nicht nur auf uns als Wahrnehmende, sondern auf unseren Körper und unsere materielle und soziale Umgebung einwirken. Das Suchen und Lesen von Spuren führt deshalb stets über symbolisch vermittelte Beziehungen hinaus – auch wenn es immer wieder in sie zurückführt. Wir lassen uns ein auf die Konfrontation des eigenen Körpers mit dem Körper der Welt: Nicht nur der angenehme Klang und Duft, sondern auch alles, was uns hart, schnell und dreckig begegnet, kann für uns zur Spur werden. Eben diese Materialität und Körperlichkeit der Welt in den Spuren ist ihr harter relationaler Kern.

Literatur

Pape, Helmut, *Charles S. Peirce zur Einführung*, Hamburg 2004.

Peirce, Charles Sanders, *Collected Papers of Charles Sanders Peirce*, Bände I-VI, hg. v. Charles Hartshorne und Paul Weiss, Cambridge/Mass. 1931-35, Bände VII und VIII, hg. v. Arthur W. Burks, 2. Auflage, Cambridge/Mass. 1958. [*Zitiert in Dezimalnotation: 2.92 steht für den 2. Band und den 92. Abschnitt.*]

–, *Phänomen und Logik der Zeichen*, hg. v. Helmut Pape, Frankfurt/M. 1983.

–, *Semiotische Schriften*, Bd. 1, hg. u. übers. v. Christian Kloesel und Helmut Pape, Frankfurt/M. 1986.

Pilot, Harald, *Prolegomena einer reinen Theorie der Erfahrung*, unveröffentlichte Dissertation, Hamburg 1978.

Wright, Georg Henrik von, »Somewhere else – A Modal Logic of Place«, in: *The Philosophy of Nicholas Rescher: Discussion and Replies*, hg. v. Ernest Sosa, Dordrecht 1979, S. 65-73.

Uwe Wirth

Zwischen genuiner und degenerierter Indexikalität: Eine Peircesche Perspektive auf Derridas und Freuds Spurbegriff

»Die Spur, von der wir sprechen«, so Derrida in der *Grammatologie*, ist »so wenig natürlich (sie ist nicht das Merkmal, das *natürliche* Zeichen oder das Indiz im Husserlschen Sinne) wie kulturell, so wenig physisch wie psychisch, so wenig biologisch wie geistig«.[1] Wie ist aber dann die Spur, von der Derrida hier spricht, zu denken? Und vor allem: Warum soll die Spur nicht an die Begriffe des Merkmals, des natürlichen Zeichens oder des Indices anschließbar sein?

Wenn ich es recht sehe, liegt der Grund darin, dass Derrida die Spur als dynamische Metapher für einen allgemeinen Schriftbegriff ins Spiel bringen möchte. Danach ist Schrift nicht mehr als ein Instrument zu begreifen, das dazu dient, gesprochene Sprache aufzuzeichnen,[2] vielmehr soll Schrift zum Modell für Sprache überhaupt werden, und zwar als *trace instituée*, als vereinbarte Spur, die »indefinit ihr eigenes Unmotiviert-Werden«[3] darstellt.

Derrida fasst dieses Unmotiviert-Werden der Spur im Anschluss an Peirce als infinite »Bezeichnungsbewegung« auf,[4] die das vermeintlich transzendentale Signifikat der Saussureschen Semiologie zu einem differentiellen »Spiel der Schrift« werden lässt.[5] Der Bezug zu Peirce wird deutlich, wenn Derrida feststellt:

»In seinem Entwurf einer Semiotik scheint Peirce diesem irreduziblen Unmotiviert-Werden mehr Aufmerksamkeit gewidmet zu haben als Saussure. Peirces Terminologie zufolge muß man von einem Unmotiviert-Werden des Symbols sprechen.«[6]

Was heißt das? In der Peirceschen Zeichentheorie, die zwischen Symbol, Index und Icon unterscheidet, steht das Symbol in funk-

1 Jacques Derrida, *Grammatologie*, S. 83.
2 Ferdinand de Saussure, *Grundfragen der allgemeinen Sprachwissenschaft*, S. 28.
3 Derrida, *Grammatologie*, S. 83.
4 Ebd., S. 85 f.
5 Ebd., S. 87.
6 Ebd., S. 83.

tionaler Analogie zum Saussureschen *signe*. Das Symbol ist Peirce zufolge ein »allgemeines Zeichen«,[7] das von einer Konvention (*convention*), einer Gewohnheit (*habit*) oder einer natürlichen Regularität (*a natural disposition*) abhängt.[8] Als Beispiele für symbolische Zeichen nennt Peirce ein Wort, ein Satz, ein Buch oder ein Argument.[9]

Im Gegensatz zum Symbol hat das Indexzeichen eine »real connection with its object«,[10] ja, es bezeichnet sein Objekt einzig »by virtue of being really connected with it« – und eben deshalb haben für Peirce »all natural signs and physical symptoms«[11] den Charakter von Indexzeichen: Ein beschleunigter Puls ist »a probable symptom of fever« und die Ausdehnung des Metalls in einem Thermometer ist »an indication, or, to use the technical term, is an index, of an increase of atmospheric temperature«.[12]

Der Index stellt in jedem dieser Fälle eine Verbindung zwischen zwei individuellen Ereignissen her, das heißt, das Indexzeichen »marks the junction between two portions of experience«[13] und eröffnet dadurch einen Wirklichkeitsbezug. An anderer Stelle wird diese Verbindung als referentielle ausgezeichnet: Indices »refer to individuals« und richten dabei die Aufmerksamkeit auf den Referenten aus: »they direct the attention to their objects«,[14] zum Beispiel der »deutende Zeigefinger«.[15]

Anders als beim Index muss das Objekt, auf das sich ein Icon bezieht, nicht tatsächlich vorhanden sein. Ein Icon kann ein Abbild oder ein Diagramm sein, es kann mit seinem Gegenstand aber auch nur über eine Ähnlichkeit verbunden sein.[16]

Angesichts der gerade gegebenen Definitionen stellt sich die Frage, warum Derrida vom »Unmotiviert-Werden des Symbols«[17]

7 Charles Sanders Peirce, *Phänomen und Logik der Zeichen*, S. 66.

8 Ders., *Collected Papers of Charles Sanders Peirce*. Zitiert wird in Dezimalnotation: 8.335.

9 Ebd., 5.73.

10 Ebd., 5.75.

11 Ebd., 3.361.

12 Ebd., 5.473.

13 Ebd., 2.285.

14 Ebd., 2.306.

15 Ders., *Phänomen und Logik der Zeichen*, S. 65.

16 Ebd., S. 64.

17 Derrida, *Grammatologie*, S. 83.

spricht, wo dieses doch bereits als konventionales und insofern als nicht-motiviertes Zeichen definiert ist. Die Antwort lautet: Weil Peirce das Symbol als ein Zeichen auffasst, das sich entwickelt. So zitiert Derrida in der *Grammatologie* eine Passage der *Collected Papers*, in der Peirce die symbolischen und ikonischen Zeichen in ein prozessuales Verhältnis setzt:

»Symbols grow. They come into being by development out of other signs, particularly from icons, or from mixed signs partaking of the nature of icons and symbols.«[18]

Dieses Zitat hat zwei entscheidende Konsequenzen für Derridas Spur- respektive Schriftbegriff: Zum einen legt es nahe, Schrift befinde sich als Prozess des Unmotiviert-Werdens im Übergang von ikonischen zu symbolisch-arbiträren Zeichen. Zum anderen scheint diese Stelle den von Derrida vorgenommenen Ausschluss des Anzeichens zu rechtfertigen, da hier von Indexzeichen nicht die Rede ist.

Es ist müßig, über die Gründe zu spekulieren, die zu Derridas Widerstand gegen den Index im Peirceschen wie im Husserlschen Sinne geführt haben – dennoch seien zwei Punkte erwähnt, die mir merkwürdig erscheinen. Während Derrida in der *Grammatologie* versucht, den Spurbegriff ohne Rekurs auf das Anzeichen zu denken, betont er in *Die Stimme und das Phänomen* die Unhintergehbarkeit des Anzeichens, wenn er – als Kritik an Husserl – schreibt, »daß die Totalität des Diskurses nur vom Wesen der Anzeige her verständlich ist.«[19] Auf die Frage »Was ist ein anzeigendes Zeichen?« antwortet Derrida, Husserl paraphrasierend:

»Es kann ebensowohl *natürlicher* Art [sein] (so *zeigen* die Marskanäle die mögliche Präsenz intelligenter Wesen an) wie *künstlicher* Art (das Ankreiden, das Einbrennen des Stigma [...]).«[20]

Indes sucht man die Differenzierung zwischen natürlichen und künstlichen Anzeichen bei Husserl vergeblich. Sie stammt offensichtlich von Derrida selbst. Husserl spricht überhaupt nicht von »natürlichen Zeichen« – sein Interesse gilt ausschließlich den »willkürlich und in anzeigender Absicht gebildeten Zeichen.«[21] Ein zweiter Einwand richtet sich gegen die Auffassung Derridas, man

18 Peirce, *Collected Papers*, 2.302.

19 Jacques Derrida, *Die Stimme und das Phänomen*, S. 83.

20 Ebd., S. 79.

21 Edmund Husserl, *Logische Untersuchungen*, Bd. 2, S. 24.

könne Icon und Symbol in Dienst nehmen und gleichzeitig das Indexzeichen ausschließen. Dies ist in meinen Augen nicht möglich. Folglich stellt sich die Frage, ob es einen Weg gibt, Derridas Konzept der Spur mit dem Peirceschen Begriff des Indexzeichens zu koppeln.

Zwei Probleme mit Derridas Konzept der Spur

»Symbols grow« – dieser Gedanke von Peirce wird von Derrida angeführt, um das Unmotiviert-Werden der Spur als Unmotiviert-Werden des Symbols zu reformulieren, nämlich als Bewegung von ikonischen zu symbolischen Zeichen. Bemerkenswerterweise beendet Derrida sein Peirce-Zitat kurz bevor Peirce die Art und Weise erläutert, wie das Symbol wächst: »In use and in experience, its meaning grows.«[22] Der Umstand, dass die Bedeutung eines Symbols durch Gebrauch und Erfahrung wächst, impliziert jedoch, dass dieses Wachstum nicht durch das ikonische Zeichen allein erfolgen kann, sondern nur in Verbindung mit Indexzeichen. Es ist das Indexzeichen, durch das Erfahrungen Eingang in den Zeichenprozess finden, denn Indices markieren die Verknüpfung zwischen zwei »portions of experience«.[23]

Oft wird übersehen, dass im Rahmen der Peirceschen Zeichentheorie die meisten Zeichen »mixed signs« sind. Anstatt von ikonischen, indexikalischen und symbolischen Zeichen wäre es angemessener, von interferierenden Zeichenaspekten zu sprechen.[24] Diese Interferenz von Zeichenaspekten wird etwa dann deutlich, wenn Peirce den Fußabdruck analysiert, den Robinson Crusoe im Sand findet. Dieser Abdruck ist für Robinson ein Indexzeichen dafür,

22 Peirce, *Collected Papers*, 2.302.

23 Ebd., 2.285.

24 Der Begriff der Interferenz wird hier im Sinne der »Überlagerung« und der »Überschneidung« verwendet, und zwar sowohl im physikalischen, sprachlichen wie im biologischen Sinne. Im physikalischen Sinne heißt »Interferenz« die Überlagerung von Wellen. Interferenz im biologischen Sinne bezieht sich auf die Hemmung eines biologischen Vorgangs durch einen gleichartigen anderen. Der Interferenzbegriff hat auch epistemologische Implikationen. So fasst Michel Serres Interferenz als Form der Vernetzung von Wissen auf (Michel Serres, *Interferenz.*, S. 13). Zugleich steht für Serres Interferenz als epistemologisches Denkmodell in Konkurrenz zum Modell der Referenz. Ihm zufolge muss man »Interferenz als Inter-Referenz lesen« (ebd., S. 205).

dass »some creature was on his island«. Zugleich evoziert der Abdruck jedoch »as a Symbol [...] the idea of a man«.[25] Mit anderen Worten: Der Fußabdruck im Sand muss zugleich als Symbol und Index gedeutet werden.

Peirce zufolge wäre es schwierig, wenn nicht unmöglich, einen »absolutely pure index« zu finden, ebenso wie es unmöglich wäre, irgendein Zeichen zu finden »absolutely devoid of the indexical quality«.[26] Zu den »mixed signs« gehört auch das Diagramm, das »in the main an Icon of the forms of relations« ist, das aber dennoch auch symbolische Aspekte aufweist, »as well as features approaching the nature of Indices«.[27] Denken wir an eine Landkarte – der Inbegriff einer diagrammatischen Repräsentation: Die Maßstabsangabe und die Projektionsmethode sind symbolisch; die Relationen zwischen den einzelnen Straßen und Städten sind ikonisch, die namentliche Kennzeichnung der Straßen und Städte ist indexikalisch.[28] Da die Relationen den Raum zwischen zwei Punkten (d. h. im Falle einer Landkarte: zwischen zwei Punkten, die Städte lokalisieren) zum Ausdruck bringen, kann ein Diagramm nur im Zusammenspiel mit Indices zu einem Icon von Relationen werden. Das heißt, auch bei Diagrammen kommt es zu einer Interferenz von Zeichenaspekten, wobei man einräumen kann, dass ein Zeichenaspekt, nämlich der ikonische, dominant ist. Dieser Aspekt kann sich indes »in use and experience« verschieben, etwa dann, wenn man die Landkarte dazu benutzt, um sich zu orientieren. In diesem Fall muss man sich als Zeichendeuter zu der Karte und zur Realität in ein ›existentielles‹ indexikalisches Verhältnis setzen, um den Standpunkt zu lokalisieren, an dem man sich befindet.

In jedem Fall findet die Interpretation einer Karte in einem symbolischen »Deutungsrahmen«[29] statt, nämlich im Rahmen von abduktiven, deduktiven und induktiven Inferenzen.[30] Die Interferenz von Zeichenaspekten ist also ihrerseits Teil eines inferentiellen Pro-

25 Peirce, *Collected Papers*, 4.531.

26 Ebd., 2.306.

27 Ebd., 4.531.

28 Ebd., 8.119.

29 Vgl. Aleida Assmann, »Im Dickicht der Zeichen. Hodegetik – Hermeneutik – Dekonstruktion«, S. 537.

30 Zum Problem der Abduktion vgl. Uwe Wirth, »Die Phantasie des Neuen als Abduktion«, sowie ders., »Zwischen Zeichen und Hypothese. Die abduktive Wende der Sprachphilosophie«.

zesses, der das Wachstum unseres Wissens bewirkt: ein Wissen, das in symbolischen Formen gespeichert bzw. zwischengespeichert wird, etwa als Buch oder als digitale Datei, um bei Gelegenheit inferentiell mit neuen »portions of experience« verknüpft zu werden. Hieraus folgt auch, dass die Bedeutung von Symbolen nur im Wechselspiel mit ikonischen und indexikalischen Zeichenaspekten wächst – ein Umstand, den Derrida offensichtlich unberücksichtigt lässt.

Es gibt noch ein zweites Problem bei Derridas Ausschluss des Indexzeichens: ein Problem, das in der Formulierung »Unmotiviert-Werden« selbst liegt. Wenn der Übergang vom Icon zum Symbol als Prozess des Unmotiviert-Werdens gefasst werden soll, dann setzt dies voraus, dass das Icon ein motiviertes Zeichen ist. Aber ist es das? Wofür steht Motiviertheit?

Derrida zufolge führt Husserl die Einheit der Anzeigefunktion »auf eine bestimmte ›Motivierung‹ zurück«.[31] Husserl schreibt, allen Anzeichen sei gemeinsam, »daß irgendwelche Gegenstände oder Sachverhalte, von deren Bestand jemand aktuelle Kenntnis hat, ihm den Bestand gewisser anderer Gegenstände oder Sachverhalte in dem Sinne anzeigen, daß die Überzeugung von dem Sein der einen von ihm als Motiv (und zwar als ein nichteinsichtiges Motiv) erlebt wird für die Überzeugung oder Vermutung vom Sein der anderen.«[32]

Im Anschluss an diese Stelle lassen sich zwei Feststellungen treffen. *Erstens*: Husserl spricht nicht von »Motivierung«, sondern von »Motiv« – ein Umstand, der insofern bedeutsam ist, als die Motiviertheit eines Zeichens die natürliche Verknüpfung mit dem Gegenstand meint, während der Begriff des Motivs, wie ihn Husserl verwendet, eher die psychische Rahmung einer assoziativen Verknüpfung meint. *Zweitens:* Husserls Definition der Anzeige stimmt im Wesentlichen mit der Peirceschen Idee überein, wonach das Indexzeichen die Verbindung zwischen »two portions of experience« markiert.[33] Allerdings wertet Husserl die Verbindung zwischen den zwei Sachverhalten nicht als »real connection«,[34] sondern als »Überzeugung oder Vermutung«. Hierin könnte ein grundlegender Unterschied zu Peirce bestehen, wenngleich auch Peirce nicht davon ausgeht, dass die »real connection« zwischen Zeichen und Objekt

31 Derrida, *Die Stimme und das Phänomen*, S. 80.

32 Husserl, *Logische Untersuchungen*, S. 25.

33 Peirce, *Collected Papers*, 2.285.

34 Ebd., 5.75.

eine beobachtbare Tatsache ist, sondern das Resultat eines interpretativen Aktes, durch den eine Kontiguitätsassoziation innerhalb der eigenen Erfahrungswelt als objektive, auch außerhalb der eigenen Erfahrungswelt bestehende, gedeutet wird.

Die Motivierung des Indexzeichens beruht für Peirce in der Annahme einer »existential relation«[35] zwischen Zeichen und Objekt. Existentielle Relationen sind entweder Kausalitätsrelationen, die auf korrespondierenden Fakten,[36] oder aber Kontiguitätsrelationen, die auf Assoziationen gründen.[37] So wird das Symptom als Wirkung einer unsichtbaren Ursache interpretiert, die jedoch inferentiell, durch einen abduktiven Rückschluss, rekonstruiert werden kann. Motiviertheit im Sinne existentieller Relationalität kommt nur indexikalischen Zeichen, nicht aber ikonischen Zeichen zu. Anders gewendet: Ein ikonisches Zeichen kann nur dann als motiviertes Zeichen gedeutet werden, wenn es seinerseits in Verbindung mit einem Index auftritt.

Hieraus folgt, dass man nur dann sinnvoller Weise von einem Prozess des Unmotiviert-Werdens sprechen kann, wenn man motivierte Zeichen – also Indices – in diesen Prozess mit einbezieht. So besehen hat Derridas Spurbegriff das Peircesche Indexzeichen dringend nötig.

Doch wie verhält sich das Indexzeichen zu Derridas dynamischem Spurbegriff? Wie kann, mit anderen Worten, das Peircesche Indexzeichen indefinit sein eigenes Unmotiviert-Werden darstellen? An dieser Stelle kommt die Unterscheidung zwischen *genuiner* und *degenerierter* Indexikalität ins Spiel.

Unterscheidung zwischen genuiner und degenerierter Indexikalität

In seinen 1903 gehaltenen *Lectures on Pragmatism* betont Peirce den »dual character« des Indexzeichens.[38] Zwar ist jedes Indexzeichen durch seine »real connection with its object« bestimmt, doch ist diese »real connection« im Falle eines kausal motivierten, unwillkürlichen Symptoms anders geartet als im Fall einer hinweisenden

35 Ebd., 2.283.
36 Ebd., 1.558.
37 Ebd., 2.306.
38 Ebd., 5.75.

Geste.[39] Und eben hierin besteht der Unterschied zwischen genuiner und degenerierter Indexikalität: Genuine Indices sind Teil einer »existential relation«,[40] die durch Kausalität oder »natürliche Kontiguität« motiviert ist.[41] Die epistemologische Pointe genuiner Indices besteht in der doppelten Unterstellung, dass sie Bestandteil einer sowohl kausal motivierten als auch nicht-intentionalen Relation sind. Die existentielle Relation zu einem Objekt ist die Voraussetzung dafür, dass man das Symptom als ›natürliches Anzeichen‹ deutet. Diese Bestimmung genuiner Indices koinzidiert mit der von Husserl in den *Logischen Untersuchungen* gegebenen Definition des »Anzeichens« als einem Zeichen ohne konventionale Bedeutung. So sind die »fossilen Knochen«, die Husserl als Beispiel für Anzeichen erwähnt,[42] genuine Indices. In einer entscheidenden Hinsicht geht der Begriff genuiner Indexikalität jedoch über Husserls Bestimmung des Anzeichens ohne Bedeutung hinaus: Für Peirce sind auch unsere Wahrnehmungsprozesse durch symptomatische Relationen determiniert. Die Wahrnehmungsurteile (*perceptual judgments*) repräsentieren das Wahrgenommene (*percept*) als »true symptom, just as a weather-cock indicates the direction of the wind or a thermometer the temperature«.[43]

Im Gegensatz zum genuinen Index ist der degenerierte Index nicht kausal motiviert. Ein degenerierter Index ist ein referentieller Zeiger: »[A] proper name without signification, a pointing finger«,[44] ein nicht-propositionaler Hinweis also, der nichts anderes sagt als »dort!«.[45] Der Ausdruck ›degenerate‹ verweist darauf, dass sich bei deiktischen Referenzhinweisen die Verweisstruktur genuiner Indexikalität durch den Einfluss einer bezugnehmenden Intentionalität umkehrt. Ein degenerierter Index ist nicht mehr die motivierte Wirkung einer abwesenden Ursache, sondern der Ausgangspunkt einer hinweisenden Bezugnahme, eines referentiellen Aktes der »Indikation«.[46]

39 Ebd.
40 Ebd., 2.283.
41 Ebd., 2.306 und 8.335.
42 Vgl. Husserl, *Logische Untersuchungen*, S. 24.
43 Peirce, *Collected Papers*, 7.635.
44 Ebd., 5.75.
45 Ebd., 3.361.
46 Vgl. hierzu Michel Foucault, *Die Ordnung der Dinge*, S. 99.

Zur Klasse degenerierter Indices gehören nicht nur die von Husserl erwähnten »Merkzeichen« wie »Denkmäler«,[47] auch alle deiktischen Gesten und Ausdrücke sind als degenerierte Indices aufzufassen und ebenso alle Arten von Signalen. Um nur einige zu nennen, die in der *Encyclopédie* unter dem Lemma »Signal« zu finden sind: der Glockenschlag einer Kirche, die Leuchtfeuer der Küstenseefahrt, aber auch die Flaggen eines Schiffs, die anzeigen, welchem Hoheitsrecht das Schiff untersteht.[48] Hier wird deutlich, dass sich degenerierte Indices bereits auf halbem Wege zu konventionalen, symbolischen Zeichen befinden. Und das heißt, degenerierte Indices stehen für eine bestimmte Form des Unmotiviert-Werdens, für eine Bezeichnungsbewegung vom Indexikalischen zum Symbolischen.

Halten wir kurz fest: Der Unterschied zwischen genuinen und degenerierten Indices offenbart den *dual character* der Indexikalität. Dieser Doppelcharakter gründet in einer Differenz der Motivierungen. Genuine Indices sind in einem starken, kausalen Sinne motiviert, degenerierte Indices dagegen allenfalls in einem schwachen Sinne. Ihre indexikalische Kraft verdankt sich einer Übereinkunft – sie sind *vereinbarte Spuren*. Damit ergibt sich ein Motivationsgefälle zwischen genuinen und degenerierten Indices, das ebenso als Unmotiviert-Werden gedeutet werden kann wie der Übergang zwischen degenerierten Indices und symbolischen Zeichen.

Mein Vorschlag wäre nun, das *Unmotiviert-Werden der Spur* als *doppelte Interferenz* zwischen genuinen und degenerierten Indices respektive zwischen degenerierten Indices und symbolischen Zeichen zu fassen. Dabei legt der Begriff der ›Interferenz‹ nahe, dass es sich nicht um einen einsinnigen, gleichsam genealogischen Prozess handelt, sondern um reversible Übergänge, ja, um Überblendungen. Das heißt, dass man sowohl das Unmotiviert-Werden als auch das Motiviert-Werden der Spur zu untersuchen hat.

Ich möchte dies kurz an dem oben erwähnten Beispiel des Wetterhahns erläutern. Ein Wetterhahn ist nach Peirce »an index of the direction of the wind«, denn es besteht »a real connection« zwischen ihm und der Kraft des Windes, die ihn in eine bestimmte Richtung bewegt.[49] Insofern ist der Wetterhahn ein genuiner Index. Zugleich

47 Husserl, *Logische Untersuchungen*, S. 24.

48 Vgl. Denis Diderot und Jean Le Rond d'Alembert (Hg.), *Encyclopédie*, Bd. 15; Stichwort »Signal«, S. 183 f.

49 Peirce, *Collected Papers*, 2.286

hat der Wetterhahn auch einen ikonischen Zeichenaspekt, da er dem Wind »in Bezug auf die Richtung, die dieser nimmt«, ähnlich ist.[50] Zu einem Werkzeug der Orientierung über die vorherrschende Windrichtung wird der Wetterhahn indes erst dadurch, dass es einen symbolischen Rahmen gibt, der anzeigt, wo Norden ist. In dem Moment, in dem die Windrichtung innerhalb dieses symbolischen Rahmens angezeigt wird, kommt es zu einer Interferenz von genuiner und degenerierter Indexikalität.

Dies wird an der von Peirce gewählten Formulierung deutlich, »just as a weather-cock indicates the direction of the wind«[51] – »indication« steht hier nämlich für eine Interferenz von genuiner und degenerierter Indexikalität: Der Wetterhahn wird durch die Kraft (*force*) des Windes kausal motiviert. Damit diese genuin indexikalische Relation vom Interpreten als Information gedeutet werden kann, muss es einen degeneriert indexikalischen Referenzpunkt geben, nämlich eine Anzeige, wo Norden ist. Das heißt, der Konstrukteur des Wetterhahns muss auf ein komplexes System symbolischer Formen und Überlieferungen zurückgreifen, um den Zeiger so zu installieren, dass er nach Norden weist. Dergestalt wird das ›Zeichenverbundsystem Wetterhahn‹[52] durch eine Interferenz verschiedener indexikalischer und symbolischer Relationen konfiguriert: eine Interferenz, die als Unmotiviert-Werden von Spuren und als Ensemble von Umschriften zu deuten ist, die jeweils einen »modulierenden Rahmenwechsel« implizieren.[53]

Iterabilität Aufpfropfung Signatur

Die Figur der Interferenz lässt sich nicht nur als Überblendung verschiedener Zeichenaspekte denken, sondern auch als *hybrid blend* verschiedener Teile. Ein Interferenzmodell dieser Art führt Derrida in seinem Aufsatz »Signatur Ereignis Kontext« ein, wenn er auf den Begriff der Aufpfropfung rekurriert.

50 Peirce, *Phänomen und Logik der Zeichen*, S. 65.

51 Peirce, *Collected Papers*, 7.635.

52 Vgl. hierzu auch Uwe Wirth, »Hypertextualität als Gegenstand einer ›intermedialen Literaturwissenschaft‹«.

53 Vgl. Erving Goffman, *Rahmen-Analyse. Ein Versuch über die Organisation von Alltagserfahrungen*, S. 55 f.

Während Derrida in der *Grammatologie* das Unmotiviert-Werden der Spur zum Ausgangspunkt seiner Auseinandersetzung mit der Schrift wählt, ist es in »Signatur Ereignis Kontext« die Wiederholbarkeit, die *Iterabilité*. Wie beim Unmotiviert-Werden der Spur handelt es sich bei der *Iterabilité* um eine Dynamik, die an der Schrift exemplarisch vorgeführt wird, zugleich aber allen Zeichen – geschriebenen und gesprochenen – unterstellt werden kann. Die Iterabilität des Zeichens wird daran sichtbar, dass jedes Zeichen »zitiert – in Anführungszeichen gesetzt – werden« kann.[54] Nach Derrida gehört es zur »Struktur des Geschriebenen selbst«, dass jedes geschriebene Zeichen »eine Kraft zum Bruch mit seinem Kontext« besitzt.[55] Diese Kraft zum Bruch macht die »wesensmäßige Iterabilität« des schriftlichen Zeichens aus:

> Aufgrund seiner wesensmäßigen Iterabilität kann man ein schriftliches Syntagma immer aus der Verkettung, in der es gefaßt oder gegeben ist, herausnehmen, ohne daß es dabei alle Möglichkeiten des Funktionierens und genau genommen alle Möglichkeiten der ›Kommunikation‹ verliert. Man kann ihm eventuell andere zuerkennen, indem man es in andere Ketten einschreibt oder es ihnen aufpfropft. Kein Kontext kann es abschließen. Noch irgendein Code [...].[56]

Das bedeutet zum einen, dass die »Möglichkeit des Herausnehmens und des zitathaften Aufpfropfens« – der *greffe citationelle,* wie es auf französisch heißt – »zur Struktur jedes gesprochenen oder geschriebenen Zeichens [*marque*] gehört«.[57] Zum anderen expliziert der Aufpfropfungsbegriff, was mit der »Kraft zum Bruch« gemeint sein könnte: Das »Herausnehmen« eines schriftlichen Syntagmas ist als metaphorisches Herausbrechen eines Zweiges aus einem Baum zu verstehen, der auf einen anderen Stamm gepfropft und damit in einen anderen Kontext bewegt wird. Um diesen Vorgang etwas näher kennenzulernen, sei an dieser Stelle aus dem für die Derrida-Lektüre recht nützlichen Garten-Ratgeber *Pfropfen und Beschneiden* zitiert. Dort heißt es: »Im Grunde besteht jeder Pfropfvorgang darin, daß man Teile von zwei Pflanzen verletzt und dann so zusam-

54 Jacques Derrida, »Signatur Ereignis Kontext«, S. 32.
55 Ebd., S. 27.
56 Ebd. Im Original: »Signature Événement Contexte«, S. 377. Vgl. hierzu Uwe Wirth, »Original und Kopie im Spannungsfeld von Iteration und Aufpfropfung«.
57 Derrida, »Signatur Ereignis Kontext«, S. 32, im Original S. 381.

menfügt, daß sie miteinander verheilen. Der eine Teil wird als Unterlage bezeichnet. Er ist eine Art Gastgeber, der im Boden wurzelt und den anderen Teil, das Reis, mit Nährstoffen versorgt.«[58]

Bemerkenswerterweise erlaubt der französische Ausdruck »greffe« eine semantische Verknüpfung zwischen der Aufpfropfung im botanischen Sinne und dem Schreiben, die im Deutschen nicht möglich ist, denn *greffe* ist auch die Bezeichnung für eine Schreibkanzlei. Der *Greffier* ist, wie in der *Encyclopédie* ausgeführt wird, ein Schreiber, der Schriftstücke kopiert, registriert und archiviert.[59] Wenn Derrida also behauptet: »Écrire veut dire greffer. C'est le même mot«,[60] dann ist dies nicht nur metaphorisch, sondern durchaus auch wörtlich zu nehmen.

Worin besteht nun der Zusammenhang zwischen Aufpfropfung und Iterabilität? Die Antwort lautet meines Erachtens: In einer Interferenz von degenerierter und genuiner Indexikalität.

Die Spuren, die als Folge der allgemeinen Iterabilität der Schrift beziehungsweise der *greffe citationelle* im Text zurückbleiben, haben den Status eines genuinen Index. Ihren sichtbarsten Ausdruck finden die Spuren dieser Rekontextualisierungsbewegung in den Anführungszeichen.

Die Funktion des Anführungszeichens besteht darin, »Anfang und Ende einer Anführung zu rahmen«.[61] Im Kontext der von Searle vertretenen Gebrauchstheorie des Zitierens sind die Anführungszeichen »Signale« dafür, dass der Satz »nicht in seinem normalen Sinne verwendet wird, sondern als Gegenstand der Diskussion anzusehen ist«.[62] Als Rahmungshinweis ist das Anführungszeichen insofern »ein degenerierter Index seiner eigenen Eigenschaften«.[63] Das heißt, die Anführungszeichen fungieren als degeneriert indexikalische Signale dafür, dass die illokutionäre Funktion der Äußerung außer Kraft gesetzt wurde.[64] Die Indexikalität der Anführungszei-

58 Oliver Allen, *Pfropfen und Beschneiden*, S. 62.

59 Vgl. d'Alembert und Diderot (Hg.), *Encyclopédie*, Bd. 7, Stichworte »Greffe« und »Greffier«, S. 924.

60 Jacques Derrida, *La Dissémination*, S. 431.

61 Sibylle Benninghoff-Lühl, *»Figuren des Zitats«. Eine Untersuchung zur Funktionsweise übertragener Rede*, S. 104 f.

62 John Searle, *Sprechakte*, S. 118.

63 Vgl. Peirce, *Phänomen und Logik der Zeichen*, S. 157.

64 Vgl. Searle, *Sprechakte*, S. 119, sowie Arnold Günther, »Der logische Status des Anführungszeichens«, S. 133.

chen ist jedoch auch noch in anderer Hinsicht ein Rahmungshinweis: Anführungszeichen verweisen auf die institutionellen performativen Rahmenbedingungen der »travail de la citation«, nämlich insbesondere auf die »*Notwendigkeit* der Indizierung des Eigennamens« und auf die »›Schuld‹ gegenüber dem Gesetz, das zur Rahmensetzung verpflichtet«.[65] Diese, mit der Verwendung von Anführungszeichen implizierte Zuschreibungsfunktion markiert jene Stelle, an der die genuin indexikalische, *unbeabsichtigte Spur* zur degeneriert indexikalischen, *vereinbarten Spur* im Sinne der *trace institué* moduliert wird: Das Anführungszeichen zeigt an, dass der zitierte Text nach wie vor mit dem Ort seiner Entnahme – und damit auch mit seinem Urheber – in einer existentiellen Beziehung steht. Dergestalt lässt sich das Anführungszeichen zugleich degeneriert indexikalisch, als Verweis auf die Institution des *Copyright*, und genuin indexikalisch, als Wulst interpretieren, der die Veredelungsstelle einer Aufpfropfung markiert.

Ein anderer Schauplatz der Interferenz von Schrift und Spur ist die Signatur. Die Unterschrift ist eine schriftliche Spur, die auf das »Anwesend-Gewesen-Sein«[66] eines Unterschreibenden als »Äußerungs-Ursprung«[67] zurückverweist.

Die Pointe der Unterschrift besteht indes darin, dass es hier zu einer doppelten Interferenz zwischen symbolischen und indexikalischen Zeichenaspekten einerseits sowie zwischen genuiner und degenerierter Indexikalität andererseits kommt. Der Eigenname, mit dem unterschrieben wird, referiert als sprachlich-symbolischer Wort-Type und als degeneriert indexikalische Demonstrativgeste auf eben das Individuum, das eigenhändig das Replica-Token dieses Wort-Types erzeugt. Die Schreibspur, die der Akt des Unterschreibens hinterlässt, hat dagegen den semiotischen Status eines genuinen Index. Warum? Weil die Unterschrift, genau wie ein Symptom, auf ein singuläres Ereignis, nämlich den einmaligen Moment des eigenhändigen Schreibens zu einem bestimmten Zeitpunkt, an einem bestimmten Ort, verweist. Der entscheidende Punkt ist nicht die »absolute Einmaligkeit« des Unterschriftereignisses,[68] sondern der Umstand, dass mit dem Akt des eigenhändigen Unterschrei-

65 Ulrike Dünkelsbühler, *Kritik der Rahmen-Vernunft*, S. 74.

66 Derrida, »Signatur Ereignis Kontext«, S. 43.

67 Vgl. John L. Austin, *Zur Theorie der Sprechakte*, S. 81.

68 Derrida, »Signatur Ereignis Kontext«, S. 43.

bens, genauer gesagt, mit der Geste der »Scription«[69] eine »existential relation«[70] zwischen dem Unterschreibenden als Äußerungs-Ursprung und dem von ihm erzeugten Schriftzug hergestellt wird.

Jede Signatur gewinnt dadurch den Charakter eines sprachlichen Symptoms – eine Formulierung, die erläuterungsbedürftig ist, denn bei Unterschriften handelt es sich um beabsichtigte Zeichenereignisse – und Intentionalität soll bei Symptomen ja gerade keine Rolle spielen. Zu fragen ist also: Kann es so etwas wie beabsichtigte sprachliche Symptome geben? Die Antwort auf diese Frage hängt wesentlich davon ab, auf welcher Seite man die Beabsichtigung vermutet. Stellt man als Äußerungs-Ursprung absichtlich ein sprachliches Symptom her, so handelt es sich offensichtlich um ein mit oder ohne Täuschungsabsicht produziertes inszeniertes Symptom. Stellt man als Interpret absichtlich ein sprachliches Symptom her, so liest man in ein symbolisches Zeichenereignis einen indexikalischen Aspekt hinein.

Nun gibt es aber auch Zeichenereignisse, und die Signatur gehört meines Erachtens dazu, bei denen symbolische und indexikalische Zeichenaspekte von Anfang an interferieren. So wird bei Signaturen eine existentielle, genuin indexikalische Relation durch eine Schreibgeste erzeugt, die intentional und institutionell gerahmt ist. Die Unterschrift ist die genuin indexikalische Spur einer willentlichen Entscheidung des Unterschreibenden, und sie verweist als degeneriert indexikalische *trace institué* auf eine juristische Beglaubigungspraxis, die im Rahmen der *Greffe* vollzogen wird. *Greffe* meint nun die Schreibkanzlei, in der die »signature authentique«[71] vor den Augen des Notars vollzogen wird, der gewissermaßen als Augenzeuge der Schrift auftritt.

Die Möglichkeit derartiger sprachlicher Symptome wirft auch ein neues Licht auf das Unmotiviert-Werden der Spur, denn es kommt hier zu einer Interferenz zwischen kausalen und intentionalen Motivationen. Sprachliche Symptome sind nicht einfach ›da‹, sondern werden auf spezifische Weise vom Interpreten im Rahmen des In-

69 Vgl. Roland Barthes, »Variation sur l'écriture«, S. 1535, zit. nach Martin Stingelin, »›Unser Schreibzeug arbeitet mit an unseren Gedanken‹. Die poetologische Reflexion der Schreibwerkzeuge bei Georg Christoph Lichtenberg und Friedrich Nietzsche«, S. 82 f.

70 Peirce, *Collected Papers*, 2.283.

71 Vgl. d'Alembert und Diderot, *Encyclopédie*, Bd. 15, Artikel »Signature«, S. 187.

terpretationsprozesses ›hergestellt‹, nämlich durch eine Aufmerksamkeitsverschiebung respektive einen Wechsel des Deutungsrahmens.

Eine historische Urkunde kann als symbolisches Dokument aufgefasst werden, das etwas Bestimmtes sagen will, oder aber als indexikalisches Monument, das erst durch die Fragestellung des Historikers zum Sprechen gebracht wird. Diese »monumentale Betrachtung«[72] ist mit der psychoanalytischen Betrachtungsweise vergleichbar, die eine Traumerzählung nicht mehr primär als Narrativ, sondern als Symptom für das unterschwellige Wirken eines Zensurapparats deutet. Im Fall des Historikers wie im Fall des Analytikers werden unbeabsichtigte sprachliche Symptome durch einen absichtlichen Wechsel des Deutungsrahmens hergestellt. Damit komme ich noch einmal zur Figur der *greffe citationelle* zurück.

In »Signatur Ereignis Kontext« betont Derrida, gewisse Aussagen könnten auch dann noch einen Sinn haben, wenn sie »einer *objektiven Bedeutung* [*signification*] beraubt sind«.[73] So lasse sich der semantisch sinnlose Satz »Das Grün ist oder« durch einen Akt des Zitierens refunktionalisieren, nämlich wenn er als Beispiel für »Agrammatismus« dient.[74] Dadurch wird der Satz »Das Grün ist oder« zu einem »Anzeichen«[75] im Sinne Husserls, weil er im Rahmen eines grammatischen Diskurses *zitiert*, mithin auf diesen Diskurs aufgepfropft wird.

Der Verlust der illokutionären Funktion, der mit dem Erwähnen im Rahmen eines Zitats einhergeht, wird dadurch kompensiert, dass die Aussage eine indexikalische Funktion erhält. Eben hierin besteht die Pointe dessen, was ich als *interpretative Aufpfropfung* bezeichnen möchte: Interpretative Aufpfropfungen nehmen Aufmerksamkeitsverschiebungen vor, sodass Äußerungen nicht mehr nur unter dem Aspekt ihrer illokutionären Funktion, sondern unter dem Aspekt ihrer indexikalischen Deutbarkeit betrachtet werden. Im Fokus des Interesses steht nun nicht mehr das, was gesagt wird, sondern das, was sich am Gesagten zeigt. Das heißt, im Rahmen einer interpretativen Aufpfropfung wird der semantisch-symbolische Sinn als mit einem »symptomatischen Sinn«[76] interferierend gedacht.

72 Vgl. Foucault, *Die Archäologie des Wissens*, S. 149.
73 Derrida, »Signatur Ereignis Kontext«, S. 30.
74 Ebd., S. 31.
75 Ebd.
76 Vgl. Eric Hirsch, *Prinzipien der Interpretation*, S. 75.

Ein zweiter wichtiger Aspekt bei interpretativen Aufpfropfungen betrifft den Umstand, dass die Aufmerksamkeitsverschiebung vom semantisch-symbolischen zum symptomatischen Sinn aufgrund einer Entscheidung des Interpreten vollzogen wird, die im Prinzip willkürlich erfolgen kann, völlig unabhängig von den Intentionen des Sprechers oder Schreibers. Dadurch wird es dem Interpreten möglich, im Rahmen von interpretativen Aufpfropfungen *absichtlich* unbeabsichtigte sprachliche Symptome herzustellen, und zwar durch einen intentional vollzogenen Perspektivenwechsel, der den Blick für das öffnet, was Luhmann als »Latenzbeobachtungen« bezeichnet: eine Beobachtung, die eine »unsichtbare Bedingung des natürlichen Sehens«[77] oder aber eine bislang unbemerkt gebliebene »signifikante Struktur«[78] erfasst.

Die interpretative Aufpfropfung ist also ein Verfahren, um durch eine Aufmerksamkeitsverschiebung verschiedene Deutungsrahmen in ein Verhältnis der Interferenz zu bringen – und diese Interferenz zu deuten.

Die Radikalisierung des Denkens der Spur bei Freud

Möglicherweise ist das, was ich hier als interpretative Aufpfropfung zu fassen versuche, auch der Schlüssel für jene spezifische Interpretationsbewegung der Dekonstruktion, die auf eine »Radikalisierung des *Denkens der Spur*«[79] setzt: eine Forderung, die Derrida in der Auseinandersetzung mit dem Freudschen Spurbegriff formuliert, wenn er in dem zentralen Kapitel »Freud oder der Schauplatz der Schrift« aus *Die Schrift und die Differenz* feststellt, dass das von Freud in »Entwurf einer Psychologie« (1895) entfaltete Konzept der Spur als »Bahnung«[80] in der »Notiz über den Wunderblock« (1925) durch ein Schriftkonzept abgelöst wird: »Aus der Spur wird das Schriftzeichen«.[81] In dieser Entwicklung von Freuds Denken könnte man eine Antizipation von Derridas Idee des Unmotiviert-Werdens der Spur sehen – wenn es denn solch eine Entwicklung gäbe.

77 Niklas Luhmann, *Die Kunst der Gesellschaft*, S. 140.
78 Derrida, *Grammatologie*, S. 273.
79 Ebd. S. 349. Vgl. auch ders., *Vergessen wir nicht – die Psychoanalyse*, S. 163.
80 Vgl. Sigmund Freud, »Entwurf einer Psychologie«, S. 456.
81 Jacques Derrida, *Die Schrift und die Differenz*, S. 315.

Im Folgenden möchte ich die bis jetzt angeführten Argumente für eine Deutung des Unmotiviert-Werdens der Spur als doppelte Interferenz von indexikalischen und symbolischen Zeichen einerseits sowie genuinen Indices und degenerierten Indices andererseits an Freuds Symptom-Begriff erproben.

Um es vorweg zu nehmen: Ich glaube nicht, dass Derrida Recht hat, wenn er zwischen Freuds »Entwurf zur Psychologie« und der »Notiz über den Wunderblock« eine Entwicklung von der Spur zur Schrift zu erkennen glaubt. Denn *erstens* wird die Schriftmetapher von Freud nicht erst mit der »Notiz« eingeführt, sondern schon ein Jahr nach dem »Entwurf« in »Zur Ätiologie der Hysterie« (1896). *Zweitens* lässt sich an der »Notiz über den Wunderblock« zeigen, dass hier nicht die Schrift die Spur ablöst, sondern dass Schrift und Spur als miteinander interferierende Zeichenereignisse gedacht werden. Daher möchte ich im Folgenden die These stark machen, dass der Unterschied zwischen dem ›frühen Freud‹ und dem ›späten Freud‹ darin besteht, *wie* die Interferenz von Spur und Schrift gedacht wird.

In den zeitgleich mit dem »Entwurf« erscheinenden »Studien über Hysterie« berichtet Freud vom Fall einer Patientin, die mit einem »kaum vierundzwanzig Stunden alten Symptom« – ein »unangenehmes Prickeln in den Fingerspitzen, das seit gestern alle paar Stunden auftrete und sie nötige, ganz besondere, schnelle Bewegungen mit den Fingern zu machen« – bei ihm erschien.[82] Freud versucht zunächst »der Begründung des Symptoms (eigentlich des kleinen hysterischen Anfalls) durch hypnotische Analyse *auf die Spur* zu kommen«.[83] Tatsächlich erzählt die Kranke »eine ganze Reihe von Szenen, in früher Kindheit beginnend, denen etwas gemeinsam war, daß sie ein Unrecht ohne Abwehr geduldet hatte«.[84] Die Frage ist nun, in welcher Relation das Symptom zu seiner Begründung – der Erzählung der Patientin – steht und wie diese Begründung vom Analytiker weiter verarbeitet wird.[85] Freud zufolge handelt es sich

82 Freud, »Studien über Hysterie«, S. 240.

83 Ebd. (Meine Hervorhebung.)

84 Ebd.

85 Zu den epistemologischen Implikationen dieses Begründungsverhältnisses vgl. Matthias Kettner, »Peirce, Grünbaum und Freud«, S. 309. Zum Problem des Spurenlesens siehe Carlo Ginzburg, »Indizien: Morelli, Freud und Sherlock Holmes«, sowie Sigrid Weigel, »Von der Topographie zur Schrift – Zur Genese von Benjamins Gedächtniskonzept«.

nicht um eine einfache kausale Beziehung, sondern das Symptom verkörpert ein »wiederkehrendes Erinnerungssymbol«.[86] Doch was heißt das?

Die Symptome, von denen die Patientin berichtet, treten nicht als unmittelbare Folge der erlebten Szenen, sondern erst später auf. Aus diesem Grund stellt Freud die Hypothese auf, dass das jüngste Erlebnis der Patientin »zunächst die Erinnerung an frühere ähnlichen Inhaltes geweckt, und daß dann die Bildung eines Erinnerungssymbols der ganzen Gruppe von Erinnerungen gegolten hatte«.[87] Das heißt, das hysterische Symptom ist nicht als Wirkung *einer* Ursache zu werten, sondern als Erinnerung an eine Reihe sich wiederholender Ursachen. Mehr noch: Die Wiederholung impliziert eine symbolische Überformung des Symptoms. Freud zufolge lässt sich in manchen Fällen feststellen, »daß das betreffende Symptom schon nach dem ersten Trauma für kurze Zeit erschienen war, um dann zurückzutreten, bis es durch ein nächstes Trauma neuerdings hervorgerufen und stabilisiert wurde«.[88] Die existentielle Relation des hysterischen Symptoms wird offenbar erst durch seine Wiederholung hervorgerufen respektive stabilisiert. Insofern befindet sich das Symptom im Sinne von Freud bereits auf halbem Wege zum Symbol im Peirceschen Sinne: Es ist die Verkörperung eines Symbols (nämlich in Form eines Replica-Token) und hat zugleich die Natur eines genuinen Index.

Unter semiotischen Vorzeichen betrachtet könnte man das von Freud behauptete Verhältnis von Symptom und Symbol auch als Hypothese über die Entstehungsgeschichte von Symbolen im Allgemeinen lesen: Symbole entstehen mit der Wiederholung von symptomatischen Eindrücken – sei es durch wiederholtes Erleben, sei es durch wiederholtes Erinnern. Die Wiederholung und die Bildung einer »ganzen Gruppe von Erinnerungen« etablieren ein *modèle itérable*, das eine Typisierung impliziert. Vor dem Hintergrund dieser Überlegungen lässt sich die Peircesche Behauptung, *symbols grow*, dahingehend interpretieren, dass Symbole in der Erfahrung und in der Erinnerung auf der Grundlage von Symptomen wachsen. Dies könnte zum einen bedeuten, dass die Konversion von Symptomen zu Symbolen ein Unmotiviert-Werden der Spur ist. Es

86 Freud, »Studien über Hysterie«, S. 240.

87 Ebd., S. 241.

88 Ebd.

könnte aber auch darauf hindeuten, dass das Verhältnis zwischen hysterischem Symptom und Erinnerungssymbol als Interferenz gedacht werden muss, das heißt nicht als Entwicklungsprozess, sondern als Überlagerungsprozess.

Ich halte die zweite Alternative für plausibler.

Stimmt meine Leseweise, dann tritt das hysterische Symptom als Replica-Token eines Erinnerungssymbols auf, das sich auf der Grundlage einer »Summation der Traumen« und der »erstweiligen Latenz der Symptome« etabliert hat.[89] Dabei fungiert das Symbol nicht einfach nur als abstrakter Gruppenbegriff für eine Reihe wiederholt auftretender Symptome, sondern ein physischer rheumatischer Schmerz kann als Erinnerungssymbol einer »schmerzlichen psychischen Erregung« figurieren.[90] Der Unterschied besteht darin, dass sich die schmerzliche psychische Erregung gleichsam willkürlich einen physischen Schmerz als symptomatisches Ausdrucksmedium sucht. So wird der rheumatische Schmerz im oben angeführten Fall der Hysterie-Patientin deshalb zu einem Erinnerungssymbol für ihre schmerzlichen psychischen Erregungen, »weil er ungefähr gleichzeitig mit jenen Erregungen im Bewußtsein vorhanden war« und darüber hinaus »mit dem Vorstellungsinhalte jener Zeit in mehrfacher Weise verknüpft war oder verknüpft sein konnte«.[91] Das hysterische Symptom entsteht im Rahmen einer kontingenten Kontiguitätsassoziation. Sobald die Kontiguitätsassoziation durch ihr wiederholtes Auftreten eine Gewohnheit etabliert, gewinnt sie symbolischen Charakter. Auch hierbei handelt es sich jedoch nicht um ein Unmotiviert-Werden, sondern um eine Interferenz. Nach Freud zeichnet sich das Verhältnis von Erinnerungssymbol und Symptom nämlich dadurch aus, dass hysterische Symptome überhaupt erst »durch Symbolisierung vermittels des sprachlichen Ausdrucks« *entstehen*.[92] Das heißt, dass im Falle der Hysterie-Symptome die genuinen Indices nicht durch ein individuelles Ereignis, sondern durch Symbole determiniert werden.

Diese Form der Interferenz von indexikalischen und symbolischen Zeichenaspekten erfährt im Rahmen der analytischen Situa-

89 Ebd., S. 242.
90 Ebd., S. 243.
91 Ebd.
92 Ebd., S. 249. Vgl. hierzu auch Jacques Lacans Überlegungen zum Verhältnis zwischen dem Symptom und der Tätigkeit des Analytikers in »Le symptôme«, S. 149.

tion noch eine Steigerung. Indem der Analytiker den Symbolisierungsprozess als Konversionsprozess zu rekonstruieren versucht, werden ihm die genuin indexikalischen Symptome des physischen Schmerzes zu degeneriert indexikalischen *Merkzeichen*: »So ergab sich also als Aufklärung«, schreibt Freud mit Bezug auf das obige Beispiel, »daß diese Neuralgie auf dem gewöhnlichen Wege der Konversion zum Merkzeichen einer bestimmten psychischen Erregung geworden war«.[93] Allerdings ist der Patientin zunächst noch gar nicht klar, dass das Symptom ein Merkzeichen ist und worauf dieses Merkzeichen referiert. Beides erfährt sie erst unter der Anleitung des Analytikers.

Die epistemologische Frage ist nun, wie es dem Analytiker gelingt, die Konversion zum Merkzeichen zu rekonstruieren. In »Zur Ätiologie der Hysterie« (1896) geht Freud von der Hypothese aus, dass die Symptome einer Hysterie »als Zeugen für die Entstehungsgeschichte der Krankheit« gedeutet werden können.[94] Um diese Entstehungsgeschichte zu rekonstruieren, zielt der Analytiker darauf ab, »die Aufmerksamkeit des Kranken vom Symptom aus auf die Szene zurückzuleiten, in welcher und durch welche das Symptom entstanden ist [...]«.[95] Dabei fußt die von Freud vorgeschlagene Methode auf einer doppelten interpretativen Aufpfropfung. Zum einen verschiebt sich die Aufmerksamkeit des Analytikers von dem, was gesagt wird, auf das, was sich am Gesagten zeigt. Zum anderen lenkt der Analytiker die Aufmerksamkeit des Analysanden auf die Relation zwischen dem Symptom und der traumatischen Entstehungsszene. Epistemologisch brisant ist hierbei, dass das, was es zu rekonstruieren gilt, erst in der analytischen Situation sozusagen als Co-Produktion von Analytiker und Analysand konstruiert wird. Freud erläutert diese Situation durch den Vergleich mit einer archäologischen Grabung:

Nehmen Sie an, ein reisender Forscher käme in eine wenig bekannte Gegend, in welcher ein Trümmerfeld mit Mauerresten, Bruchstücken von Säulen, von Tafeln mit verwischten und unlesbaren Schriftzeichen sein Interesse weckte. Er kann sich damit begnügen zu beschauen, was frei zutage liegt, dann die in der Nähe hausenden, etwa halbbarbarischen Einwohner

93 Freud, »Studien über Hysterie«, S. 248

94 Sigmund Freud, »Zur Ätiologie der Hysterie«, S. 427.

95 Ebd.

ausfragen, was ihnen die Tradition über die Geschichte und Bedeutung jener monumentalen Reste kundgegeben hat, ihre Auskünfte aufzeichnen und – weiterreisen. Er kann aber auch anders vorgehen; er kann Hacken und Schaufeln und Spaten mitgebracht haben, die Anwohner für die Arbeit mit diesen Werkzeugen bestimmen, mit ihnen das Trümmerfeld in Angriff nehmen, den Schutt wegschaffen und von den sichtbaren Resten aus das Vergrabene aufdecken. Lohnt der Erfolg seiner Arbeit, so erläutern die Funde sich selbst; die Mauerreste gehören zur Umwallung eines Palastes oder Schatzhauses, aus den Säulentrümmern ergänzt sich ein Tempel, die zahlreich gefundenen, im glücklichen Falle bilinguen Inschriften enthüllen ein Alphabet und eine Sprache, und deren Entzifferung und Übersetzung ergibt ungeahnte Aufschlüsse über die Ereignisse der Vorzeit, zu deren Gedächtnis jene Monumente erbaut worden sind. *Saxa loquentur*![96]

Freud entfaltet hier im Rahmen eines archäologischen Interferenz-Modells zwei alternative Heuristiken: Im ersten Fall überlässt der Archäologe die Deutungshoheit den »halbbarbarischen Einwohnern«, die ihn über die »Bedeutung jener monumentalen Reste« aufklären sollen; im zweiten Fall nimmt der Archäologe die Aufklärungsarbeit selbst in die Hand. Die Einwohner agieren nur noch als Hilfsarbeiter unter der Anleitung des Archäologen. Die Schlüsselfunktion, die der Archäologe bei der Deutung der monumentalen Reste hat, wird indes durch die einigermaßen rätselhafte Formulierung, dass die Funde »sich selbst« erläutern, überdeckt. Freud macht nicht explizit, dass es der Archäologe ist, der die Steine zum Reden bringt,[97] indem er aus den Inschriften ein Alphabet erschließt und so zu »ungeahnten Aufschlüssen« gelangt.

Semiotisch betrachtet hat es der Archäologe in beiden Fällen mit einem Gemenge aus symbolischen und indexikalischen Zeichen zu tun. Sowohl bei den »verwischten und unlesbaren Schriftzeichen« als auch bei den mündlichen Erläuterungen der halbbarbarischen Einwohner handelt es sich um symbolische Zeichen. Gleiches gilt für die »bilinguen Inschriften«, die – wie beim Stein von Rosette – den Schlüssel zu ihrer »Entzifferung und Übersetzung« gleich mitliefern. Die monumentalen Reste, um deren Deutung es in beiden

96 Ebd., S. 426 f. Vgl. in diesem Zusammenhang auch Walter Benjamins Indienstnahme des Archäologiemodells, um die Erinnerungstätigkeit zu erläutern: Walter Benjamin, »Berliner Chronik«, S. 486 f.

97 Vgl. Lacan, »Le symptôme«, wo es mit Bezug auf die Rolle des Analytikers heißt: »Le symptôme lui aussi dit quelque chose«, S. 46.

Fällen geht, haben indexikalischen Charakter. Allerdings ist nicht klar, ob es sich in beiden Fällen auch tatsächlich um die gleiche Form von Indexikalität handelt.

Das Monument wird im Rahmen der Geschichtswissenschaften als »denkwürdiger Überrest« gefasst, der »unmittelbar von der Begebenheit übriggeblieben ist«[98] und durch Tradition übermittelt und wiedergegeben wurde. Mit anderen Worten, das Monument ist ein Zeichen der Vergangenheit, das in einer existentiellen Relation zu dem historischen Ereignis steht, auf das es verweist. Zugleich ist es unabhängig von jeder intentionalen Motivation. Das Monument ist eine »unwillkürliche Quelle«,[99] deren Aussagekraft gerade in ihrer unmittelbaren Nichtintentionalität besteht.[100] Aus diesem Grund hat das Monument den semiotischen Status eines genuinen Index. Indes gibt es auch noch einen zweiten Begriff des Monuments: Das Monument als Denkmal, das als Erinnerungszeichen errichtet wurde und das mithin als degenerierter Index aufzufassen ist, der die intentionale Dynamik eines hinweisenden Zeigefingers besitzt.[101]

Nun kann man beobachten, dass sich in Freuds Gleichnis der Status des Monuments mit dem Übergang von der ersten zur zweiten Alternative unter der Hand ändert. Während die monumentalen Reste im ersten Fall den Status genuiner Indices haben, die durch die Erläuterungen der halbbarbarischen Einwohner in ihre historischen Kontexte gebracht werden, sind die Monumente im zweiten Fall dezidiert zum Andenken an Ereignisse der Vorzeit erbaut worden, das heißt, es handelt sich um Denkmale, die den Charakter degenerierter Indices haben. Diese Interferenz zweier Bestimmungen des Monumentalen ist der blinde Fleck in Freuds archäologischer Allegorie. Freud scheint in »Zur Ätiologie der Hysterie« noch nicht in der Lage gewesen zu sein, das Monument als genuin indexikalisches *und* degeneriert indexikalisches Zeichen zugleich zu denken – und eben hierin liegt meines Erachtens die Innovation von Freuds ›Wunderblock-Modell‹ gegenüber seinem ›Ausgrabungs-Modell‹.

Ging das Ausgrabungs-Modell der »Ätiologie« von der Frage aus, in welcher Form der Analytiker als Archäologe monumentale Spuren deuten soll, so steht beim Wunderblock-Modell der »Notiz« die

98 Ahasver von Brandt, *Werkzeug des Historikers*, S. 52.

99 Ebd., S. 57.

100 Vgl. ebd., S. 53.

101 Vgl. Peirce, *Collected Papers*, 5.75.

Frage im Vordergrund, wie die Spuren, die der Analytiker zu deuten hat, entstehen. Der Wunderblock ist Freuds Modell für die Funktionsweise des Gedächtnisses: Im Anschluss an klassische Gedächtnismetaphern geht Freud zunächst der Frage nach, ob das Gedächtnis mit einer Schreibtafel oder einem Blatt Papier zu vergleichen sei. Diese Frage wird von Freud im Rekurs auf den Wunderblock mit ›sowohl-als-auch‹ beantwortet. Der Wunderblock ist nämlich ein Aufzeichnungsapparat, der »in unbegrenzter Weise aufnahmefähig für immer neue Wahrnehmungen« ist und zugleich »dauerhafte – wenn auch nicht unveränderliche Erinnerungsspuren von ihnen [schafft]«.[102] Diese Erinnerungsspuren sind Schreibspuren. Der Wunderblock ist eine Tafel, die aus einer Harz- oder Wachsmasse besteht, über die »ein dünnes, durchscheinendes Blatt gelegt ist«, das aus zwei Schichten besteht:

»Die obere Schicht ist eine durchsichtige Zelluloidplatte, die untere ein dünnes, also durchscheinendes Wachspapier. Wenn der Apparat nicht gebraucht wird, klebt die untere Fläche des Wachspapiers der oberen Fläche der Wachstafel leicht an.«[103]

Anders als beim Ausgrabungs-Modell ist die Schrift im Rahmen des Wunderblocks nicht mehr nur ein aufschlussreiches Beiwerk monumentaler Spuren, sondern erhält eine zentrale, die ganze Szene beherrschende Funktion. Das Schreiben auf den Wunderblock impliziert Freud zufolge »eine Rückkehr zur Art, wie die Alten auf Ton- oder Wachstäfelchen schrieben. Ein spitzer Stilus ritzt die Oberfläche, deren Vertiefungen die ›Schrift‹ ergeben«.[104] Dass Freud die »›Schrift‹« in Anführungszeichen setzt, markiert zunächst eine Differenz zwischen der Schrift als symbolischer *trace institué* und der ›Schrift‹ als symptomatischer *Erinnerungsspur*. Darüber hinaus verweisen die Anführungszeichen aber auch darauf, dass die ›Schrift‹ im Rahmen des Wunderblocks zugleich Inschrift ist, denn der Stilus drückt »an den von ihm berührten Stellen die Unterfläche des Wachspapiers an die Wachstafel an, und diese Furchen werden an der sonst glatten weißlichgrauen Oberfläche des Zelluloids als dunkle Schrift sichtbar«.[105]

Auch wenn die Schrift an der Oberfläche des Wunderblocks ver-

102 Sigmund Freud, »Notiz über den Wunderblock«, S. 4.
103 Ebd., S. 5.
104 Ebd.
105 Ebd., S. 6.

schwindet, sobald man das Deckblatt anhebt, bleiben auf der darunterliegenden Wachsschicht die »Furchen« des Schreibaktes als genuin indexikalische Spuren zurück. Die Pointe des Wunderblock-Modells besteht also darin, dass Schrift als *écriture*, nämlich als symbolisch gerahmte *trace institué*, thematisiert wird und als *scription*, nämlich als »muskulärer Akt des Schreibens«.[106] Dadurch lassen sich die Inschriften, die im Ausgrabungs-Modell bloß *qua* Kontiguität an die monumentalen Reste gekoppelt waren, im Rahmen des Wunderblock-Modells als Schrift denken, die mit einer von ihr selbst verursachten Spur interferiert.

Vor dem Hintergrund dieser Überlegungen möchte ich abschließend die Behauptung aufstellen, dass es mit dem Wunderblock-Modell gar nicht zu einer »Radikalisierung des *Denkens der Spur*«[107] kommt, wie Derrida behauptet, sondern umgekehrt zu einer Radikalisierung des *Denkens der Schrift*. Aus der Spur wird nicht das Schriftzeichen, sondern durch den Akt der *scription* entsteht mit den symbolischen Schriftzeichen (die natürlich auch ikonischen Charakter haben) im Rahmen des Wunderblocks eine genuin indexikalische Spur. Damit eröffnet das Wunderblock-Modell die Möglichkeit, die Interferenz von Schrift und Spur auf eine neue Art zu denken, nämlich *als Motiviert-Werden der Spur durch die Schrift*. Die bewusste Schrift der Wahrnehmung erzeugt unbewusste Erinnerungsspuren, die für den Analytiker zu Schreibspuren werden.

Die Lesbarkeit dieser ›Schrift‹ hängt davon ab, dass es dem Analytiker gelingt, das Verhältnis von Schrift und Spur zum Gegenstand einer »monumentalen Betrachtung«[108] zu machen, das heißt, eine interpretative Aufpfropfung zu vollziehen. Der Analytiker agiert gewissermaßen als Archäologe monumentaler Schreibreste: »Es ist aber leicht festzustellen«, bemerkt Freud, »daß die Dauerspur des Geschriebenen auf der Wachstafel selbst erhalten bleibt und bei geeigneter Belichtung lesbar ist«.[109] Damit der Analytiker zum Leser der Schriftspuren auf der Wachstafel des Gedächtnisses werden kann, muss er also über die Fähigkeit verfügen, die Spuren nicht nur ans Licht zu bringen, sondern sie in eine »geeignete Belichtung«

106 Barthes, »Variation sur l'écriture«, S. 1535.
107 Derrida, *Grammatologie*, S. 349.
108 Vgl. Foucault, *Die Archäologie des Wissens*, S. 149.
109 Freud, »Notiz über den Wunderblock«, S. 6.

zu rücken. In dieser Geste manifestiert sich die interpretative Aufpfropfung, denn mit dem ›Ins-rechte-Licht-Rücken‹ vollzieht sich ein Wechsel des Deutungsrahmens, der die genuin indexikalischen Schreibspuren in den Augen des Analytikers zu degeneriert indexikalischen Merkzeichen werden lässt. Der Analytiker muss den Ort und die Stelle, an denen er die Erinnerungsspuren gefunden hat, als degeneriert indexikalische Koordinaten einer signifikanten Struktur betrachten, die erst im Rahmen seiner Analyse entsteht. Seine Aufgabe ist es, die gleichermaßen assoziative wie existentielle Relation zwischen der verloschenen Wahrnehmungsschrift an der Oberfläche des Bewusstseins und der monumentalen Erinnerungsspur unter Mitwirkung des Analysanden zu rekonstruieren.

Die Funktion des Analytikers ist dabei die eines *Greffiers*, der die Patientenrede im Zuge einer nachträglichen Niederschrift so originalgetreu wie möglich notiert, zugleich aber auch unentwegt interpretative Aufpfropfungen vornimmt, da ihn ja gar nicht mehr primär das interessiert, was der Patient mitteilend sagt, sondern das, was sich an der Patientenrede symptomatisch zeigt. Mit dieser Aufmerksamkeitsverschiebung steht der Psychoanalytiker in funktionaler Analogie zum dekonstruktiv verfahrenden Textanalytiker. Das Verfahren der Dekonstruktion ist die »analytische Zerlegung«,[110] wobei der interpretativen Aufpfropfung die Funktion zukommt, den Wechsel der Deutungsrahmen zu initiieren. Zugleich etablieren interpretative Aufpfropfungen jenen symbolischen Rahmen, in dem die Interferenz von motivierten Spuren und ›unmotiviert-werdenden‹ Spuren zur Darstellung kommt.

Literatur

Allen, Oliver, *Pfropfen und Beschneiden*, Amsterdam 1980.

Assmann, Aleida, »Im Dickicht der Zeichen. Hodegetik – Hermeneutik – Dekonstruktion«, in: *Deutsche Vierteljahrsschrift für Literaturwissenschaft und Geistesgeschichte*, Bd. 70, 1996, S. 535-551.

Austin, John L., *Zur Theorie der Sprechakte*, Stuttgart 1979.

Barthes, Roland, »Variation sur l'écriture« (1973), in: ders., *Œuvres complètes. Tome II: 1966-1973*, hg. v. Éric Marty, Paris 1994, S. 1535-1574.

110 Ebd., S. 163.

Benninghoff-Lühl, Sibylle, *»Figuren des Zitats«. Eine Untersuchung zur Funktionsweise übertragener Rede*, Stuttgart 1998.
Brandt, Ahasver von, *Werkzeug des Historikers*, Stuttgart 1983.
Compagnon, Antoine, *La seconde main ou le traivail de la citation*, Paris 1979.
Derrida, Jacques, *La Dissémination*, Paris 1972. [Dt.: Derrida, Jacques, *Disseminationen*, Wien 1995.]
–, »Signature Événement Contexte«, in: ders., *Marges de la philosophie*, Paris 1972, S. 365-393. [Dt.: Derrida, Jacques, »Signatur, Ereignis, Kontext«, in: ders., *Randgänge der Philosophie*, Wien 1988, S. 291-314.]
–, *Die Stimme und das Phänomen*, Frankfurt/M. 1979.
–, *Grammatologie*, Frankfurt/M. 1983.
–, *Die Schrift und die Differenz*, Frankfurt/M. 1985.
–, *Vergessen wir nicht – die Psychoanalyse*, Frankfurt/M. 1998.
–, »Signatur Ereignis Kontext«, in: ders., *Limited Inc*, Wien 2001, S. 15-45.
Diderot, Denis, und Jean Le Rond d'Alembert (Hg.), *Encyclopédie*, Paris 1765.
Dünkelsbühler, Ulrike, *Kritik der Rahmen-Vernunft*, München 1991.
Foucault, Michel, *Die Ordnung der Dinge*, Frankfurt/M. 1974.
–, *Die Archäologie des Wissens*, Frankfurt/M. 1981.
Freud, Sigmund, »Entwurf einer Psychologie«, in: *Gesammelte Werke. Nachtragsband, Texte aus den Jahren 1885-1938*, Frankfurt/M. 1999, S. 373-486.
–, »Studien über Hysterie«, in: *Gesammelte Werke*, Bd. I, Frankfurt/M. 1999, S. 75-312.
–, »Zur Ätiologie der Hysterie«, in: *Gesammelte Werke*, Bd. I Frankfurt/M. 1999, S. 423-459.
–, »Notiz über den Wunderblock«, in: *Gesammelte Werke*, Bd. XIV, Frankfurt/M. 1999, S. 1-8.
Ginzburg, Carlo, »Indizien: Morelli, Freud und Sherlock Holmes«, in: *Der Zirkel oder im Zeichen der Drei: Dupin, Holmes, Peirce*, hg. v. Umberto Eco und Thomas A. Sebeok, München 1985, S. 125-179.
Goffman, Erving, *Rahmen-Analyse. Ein Versuch über die Organisation von Alltagserfahrungen*, Frankfurt/M. 1996.
Günther, Arnold, »Der logische Status des Anführungszeichens«, in: *Zeitschrift für Semiotik*, Bd. 14, Heft 1-2, 1992, S. 123-140.
Hirsch, Eric, *Prinzipien der Interpretation*, München 1972.
Husserl, Edmund, *Logische Untersuchungen*, Bd. 2, Tübingen 1968.
Kettner, Matthias, »Peirce, Grünbaum und Freud«, in: *Die Welt als Zeichen und Hypothese. Perspektiven der Peirceschen Zeichentheorie*, hg. v. Uwe Wirth, Frankfurt/M. 2000, S. 293-318.
Krämer, Sybille, »Sprache – Stimme – Schrift: Sieben Thesen über Performativität als Medialität«, in: *Kulturen des Performativen, Sonderband*

Paragrana, Internationale Zeitschrift für Historische Anthropologie, Bd. 7, Heft 1, Berlin 1998, S. 33-57.
Lacan, Jacques, »Le symptôme«, in: *Scilicet*, 6/7, Paris 1976, S. 42-52.
Luhmann, Niklas, *Die Kunst der Gesellschaft*, Frankfurt/M. 1999.
Peirce, Charles Sanders, *Collected Papers of Charles Sanders Peirce*, Bd. I-VI, hg. v. Charles Harsthorne und Paul Weiss, Bd. VII und VIII, hg. v. Arthur W. Burks, Cambridge/Mass. 1931-1958.
–, *Phänomen und Logik der Zeichen*, Frankfurt/M. 1983.
Saussure, Ferdinand de, *Grundfragen der allgemeinen Sprachwissenschaft*, Berlin 1967.
Searle, John, *Sprechakte*, Frankfurt/M. 1971.
Serres, Michel, *Interferenz*, (1972), Berlin 1992.
Stingelin, Martin, »›Unser Schreibzeug arbeitet mit an unseren Gedanken‹. Die poetologische Reflexion der Schreibwerkzeuge bei Georg Christoph Lichtenberg und Friedrich Nietzsche«, in: *Lichtenberg-Jahrbuch 1999*, hg. v. Walter Promies und Ulrich Joost, Saarbrücken 2000, S. 81-98.
Wehde, Susanne, *Typographische Kultur*, Tübingen 2002.
Weigel, Sigrid, »Von der Topographie zur Schrift – Zur Genese von Benjamins Gedächtniskonzept«, in: *Zwischen Erinnern und Vergessen. Kunstforum*, Bd. 128, 1994, S. ?
Wirth, Uwe, »Der Performanzbegriff im Spannungsfeld von Illokution, Iteration und Indexikalität«, in: *Performanz. Von der Sprachphilosophie zu den Kulturwissenschaften*, hg. v. Uwe Wirth, Frankfurt/M. 2002, S. 9-60.
–, »Die Phantasie des Neuen als Abduktion«, in: *DVjs*, 77 Heft 4, 2003.
–, »Zwischen Zeichen und Hypothese. Die abduktive Wende der Sprachphilosophie«, in: *Die Welt als Zeichen und Hypothese*, hg. v. ders., Frankfurt/M. 2000, S. 133-157.
–, »Hypertextualität als Gegenstand einer ›intermedialen Literaturwissenschaft‹«, in: *Grenzen der Germanistik*, hg. v. Walter Erhart, Stuttgart, Weimar 2004, S. 410-430.
–, »Original und Kopie im Spannungsfeld von Iteration und Aufpfropfung«, in: *Original-Kopie*, hg. v. Gisela Fehrmann, Eckhard Schumacher, Erika Linz, Brigitte Weingart, Köln 2004, S. 18-33.

Werner Stegmaier

Anhaltspunkte

Spuren zur Orientierung

Spuren machen einen Anfang. Sie zeigen an, dass es etwas zu finden gibt, lassen aber noch nicht erkennen, was, wo und wie. Sie deuten Wege an, lassen aber offen, ob sie weiterführen. Darum hält man sie zunächst fest, lässt aber seinerseits offen, ob man sich an sie halten will. Ob man sich an sie halten will, hängt davon ab, ob man etwas Bestimmtes sucht. Spuren führen zu schon Dagewesenem, Vergangenem, das man wiederfinden und wiedererkennen will. Sie fallen umso mehr auf, je intensiver man nach dem schon Dagewesenen sucht, und sie besagen umso mehr, je mehr man schon weiß, was man sucht. Um aber suchen und wissen zu können, was man sucht, muss man schon orientiert sein. Durch Spuren-Suchen, -Finden und -Lesen gewinnt man einerseits an Orientierung, andererseits geht ihm schon Orientierung voraus. Und auch diese Orientierung steht nicht ohne weiteres zur Verfügung, sondern muss ihrerseits erst gesucht und gefunden werden. Man findet Orientierung über Anhaltspunkte, *an* denen man sich orientiert. Solche Anhaltspunkte helfen, sich in einer gegebenen Situation, also im Da*seienden*, Gegenwärtigen, zurechtzufinden. Sie ergeben sich dadurch, dass sie in irgendeiner Weise auffallen, sich von anderem abheben. Man hält sie nicht fest, man behält sie nur im Blick. Sie weisen nicht schon irgendwohin, lassen aber Spielraum für weitere Anhaltspunkte. Sie lassen nicht nur die Wege, sondern auch die Ziele offen. Man hält sich an Anhaltspunkte auch, wenn man nichts sucht, und aus Anhaltspunkten, auf die man stößt, können sich Ziele ergeben, an die man zunächst gar nicht gedacht hat. Man kann auf sie zurückkommen, ohne dabei etwas wiederzufinden. Die Orientierung hält sich so an sie, dass sie bei ihnen anhält, sich aber auf Distanz zu ihnen hält und nur mit Vorbehalt an ihnen festhält, um erst auszumachen, ob sie zu weiteren Anhaltspunkten passen und dadurch an Haltbarkeit gewinnen. Verdichten sich die Passungen hinreichend, kann man auf sie hin handeln, Wege einschlagen, Ziele setzen, Spuren verfolgen und, soweit man es beabsichtigt, zu Wissen kommen. Anhaltspunkte sind so Voraussetzungen allen Erkennens und Wissens und allen Spuren-Lesens, das dorthin führt. Aus ihnen ergibt sich nicht nur, was man erkennen und wissen kann, sondern auch, ob man es erkennen und wissen will. Sie sind Anfänge auch für Spuren, auf die sie ›bringen‹, und darum vielleicht auch Anfänge, von denen her sich Spuren als Spuren, also philosophisch, verstehen lassen.

Ich versuche in sechs Punkten, Spuren zu Anhaltspunkten der Orientierung ins Verhältnis zu setzen und dabei zur philosophischen Aufklärung beider beizusteuern. Ich gehe dabei 1) von einem möglichen Begriff der Orientierung aus und kehre schrittweise zu den Spuren zurück. Die Schritte sind 2) der Begriff der Übersicht, 3) der unterschiedliche Bedarf einerseits an Verdeutlichung, andererseits 4) an bleibenden Deutungsspielräumen und schließlich eine nähere Erkundung dessen, was 5) Anhaltspunkte und 6) Spuren ausmacht. Dabei werde ich mich zugleich am Vorgehen der Orientierung und an dessen Erschließung in der Sprache orientieren. Bedarfe der Orientierung schlagen sich, so ist anzunehmen, mit der Zeit in der Sprache nieder, Sprachroutinen folgen Orientierungsroutinen und Orientierungsroutinen wieder Sprachroutinen, und jede einzelne Orientierung und jeder einzelne Sprechakt trägt dazu bei.

1. Orientierung

Orientierung ist die Fähigkeit, sich in einer neuen Situation zurechtzufinden und Handlungsmöglichkeiten in ihr zu erschließen.[1] Die nächstliegende ist die geographische Orientierung: Man sucht sich in einem unbekannten Gelände, in unübersichtlichen Städten oder auf hoher See so zurechtzufinden, dass man Wege bzw. einen Kurs einschlagen kann, die zu Zielen führen, die man schon hat oder erst wählt. Das Ziel der Orientierung selbst ist, wie man sagt, ›Übersicht‹ über die Situation zu gewinnen, in der man sich befindet und die nötigt, etwas zu tun. Eine Orientierungssituation ist eine nicht ›haltbare‹ Situation, die nach einer ›haltbaren‹ Orientierung verlangt. Haltbare Orientierungen sind nicht nur in geogra-

1 Vgl. Werner Stegmaier, Artikel »Orientierung«, ders., Artikel »Weltorientierung, Orientierung«, ders. (Hg.), *Orientierung. Philosophische Perspektiven.*

phischen Kontexten notwendig, aus denen sich das Wort herleitet,[2] sondern in allen Lebenskontexten, sofern man, wie man sagt, nie einfach irgendwo ›stehen bleiben‹ kann, solange ›das Leben weitergeht‹. Leben, ebenso als biologisches wie als soziales Leben, setzt stets unter Handlungs- und Zeitdruck, nötigt, weil sich anderswo dauernd etwas tut, auch selbst dauernd etwas zu tun, sei es gleich oder später, sei es willig, unwillig oder willenlos. Das gilt auch noch für scheinbar lebensenthobene Kontexte wie die wissenschaftlichen. Auch hier steht man unter Handlungs- und Zeitdruck, auch hier hat man, als Forscher, über den ›Stand‹ der Forschung hinauszugehen und muss sich darum laufend neu über ihn orientieren. An wissenschaftlichen Kontexten kann man zugleich beobachten, wie und wieweit man Orientierung organisieren kann. Man schreibt Einführungen und Handbücher zur Orientierung und stellt für solche Orientierungen wieder Orientierungshilfen in Gestalt von Übersichten und Inhaltsverzeichnissen bereit. Aber auch in diesen Übersichten und Inhaltsverzeichnissen muss man sich dann erst wieder orientieren, und im Zug dieses Sich-Orientierens prüft man, ob ein näheres Studium der Orientierungshilfen überhaupt weiterhelfen wird, ob es die jeweils geeigneten Hilfen sind. So entscheidet man laufend, wie man in seiner Orientierung weiter vorgehen wird, und entscheidet dabei naturgemäß ohne hinreichende Kenntnis der Sache, also unter Ungewissheit. Man entscheidet zwar im Bewusstsein, nur vorläufig zu entscheiden. Doch je mehr man dem einen nachgeht, verliert man anderes aus dem Blick, auf das man dann vielleicht nicht mehr ›zurückkommt‹. Und in der Zeit, in der man sich orientiert und sich, gerade in den Wissenschaften, mühevoll in angebotene Orientierungen einarbeitet, kann anderes geschehen

2 Vgl. Johann Heinrich Zedler, *Grosses vollständiges Universal Lexicon aller Wissenschaften und Künste, [...]*, Bd. 25, Sp. 1888: »ORIENTER, heisset bey denen Frantzosen so viel, als auf einem Riße durch Einzeichnung eines Compaßes, oder auch nur einer Magnet-Nadel bemercken, wie der Platz gegen die Gegenden der Welt, als Morgen, Mittag, Abend und Mitternacht lieget. – ORIENTER UNE CARTE, heisset in der Geographie, eine Land-Karte mit ihren Theilen nach der Welt-Gegend richtig abtheilen. – ORIENTER UN PLAN, heisset die Situation eines Rißes nach den vier Haupt-Theilen der Welt bemercken«, und noch Immanuel Kant, »Was heißt: Sich im Denken orientieren?«, *Akad.-Ausg.* VIII, 134: »Sich *orientiren* heißt in der eigentlichen Bedeutung des Worts: aus einer gegebenen Weltgegend (in deren vier wir den Horizont eintheilen) die übrigen, namentlich den *Aufgang* zu finden.«

und erscheinen, das diese Orientierungen schon wieder belanglos macht. Und sucht man darum, in den Wissenschaften wie im Alltag, Orientierung in Gesprächen mit Leuten, die sie vielleicht schon haben, muss man sich auch in diesen Gesprächen wieder orientieren, muss in *seiner* Situation zu verstehen suchen, was *sie* womit meinen, warum sie über dies, aber nicht über jenes sprechen, wie sie von einem Punkt auf einen andern kommen, wieso sie mir das und anderen etwas anderes erklären oder nicht erklären.

2. Übersicht

Man muss in der Orientierung, sei es einer geographischen, einer kommunikativen oder einer szientifischen, zunächst Übersicht darüber gewinnen, was in einer Situation für das eigene Handeln jeweils von Belang ist, bevor man irgendetwas näher ›ins Auge fasst‹. Die deutsche Sprache, an die ich mich hier halte, hat ein weites Wortfeld des Sichtens ausgebildet, von der ersten Hinsicht und Ansicht über die erklärte Absicht und notwendige Rücksicht auf andere Hinsichten, Ansichten und Absichten und ihre Absicherung in Umsicht, Vorsicht, Aussicht, Weitsicht, Aufsicht und Einsicht bis zu ihrer ethischen Reflexion in einer dann ethischen Rücksicht, Nachsicht und Zuversicht. Sie alle aber beginnen in der Orientierung mit der Übersicht, und diese Übersicht ist doppelsinnig und paradox. Denn in einer Übersicht über eine Situation übersieht man alles, was in ihr von Belang ist, man sieht alles, sieht alles aber zugleich auch nicht, übersieht, übergeht alles Einzelne (die berühmten Bäume), um das Ganze (den berühmten Wald) zu sehen. Dieses Zugleich-Sehen-und-Nicht-Sehen im Übersehen ist logisch paradox, alltäglich aber problemlos. Es vollzieht sich als Oszillation zwischen Hinsehen auf … und Absehen von … Man sieht den Wald, indem man wechselnd auf die einzelnen Bäume hin- und von ihnen absieht, und man übersieht das Gelände, indem man wechselnd auf den Wald, den Hügel, die Kirchturmspitze hin- und wieder von ihnen absieht und im Weg dieser Oszillation entscheidet, was man für die weitere Orientierung berücksichtigen will.

3. Verdeutlichung

So geht es in der Orientierung nicht um vollständiges Wissen, sondern um die Wahl oder besser, sofern sie weitgehend unmerklich geschieht, um die Selektion geeigneter Sichten und ihre Ausrichtung. Die zweite, wiederum weitgehend unmerkliche Selektion ist die Abstufung der Deutlichkeit. Auch das, ›worauf‹ man vorläufig nicht ›näher eingeht‹, ›sich‹ nicht ›näher einlässt‹, könnte im Folgenden doch von Belang sein, und so ›behält‹ man es vorläufig ›im Blick‹, verfolgt es ›am Rande‹ weiter. Alle menschlichen Sinne, aber auch unsere intellektuellen Leistungen unterscheiden auf diese Weise Zentren und Peripherien der Aufmerksamkeit und Deutlichkeit. Orientierung in dieser Hinsicht ist die Leistung abgestufter Verdeutlichung. Das Ideal vollständiger Aufklärung aller Sachverhalte zu vollständiger Deutlichkeit hat Wissenschaftler(innen) leicht übersehen lassen, dass die alltägliche Orientierung, von der auch alle Wissenschaft ausgeht, sich mit einer jeweils hinreichenden Verdeutlichung begnügt. Das durch unsere modernen Medien vertrauteste und darum plausibelste Beispiel dafür ist die Lösung von Kriminalfällen mithilfe von Spuren. Spuren führen hier oder jedenfalls in Kriminalromanen oder -filmen auf etwas hin, das schon geschehen, aber noch nicht bekannt und erkannt ist und dann als hinreichend erkannt gilt, wenn sein Verursacher fraglos identifiziert ist. Dies ist wiederum dann erreicht, wenn die gefundenen und festgehaltenen Spuren kohärent werden, also die eine konsequent zur nächsten führt und alle miteinander konsistent sind. Die Aufklärung ist dann logisch und als solche gerichtsverwertbar, und jede verwertbare Spur ist dabei ein Indiz der Logizität des Indizienbeweises im Ganzen. Aber wo in der Orientierung die Logik beginnt, kann sie auch schon enden. Denn sofern sich die ›Logik‹ eines Falls aus seinen jeweiligen Spuren ergibt, hat jeder Fall, wie man dann zu Recht sagt, zum einen seine ›eigene Logik‹; zum andern aber ist mit der Identifikation des Täters nicht schon das Geschehen als Ganzes mit all seinen Motiven und Verläufen aufgeklärt, die nun jedoch, *nach* der Identifikation des Täters, kaum mehr interessieren. Zum dritten *kann* eine logische Verdeutlichung des fraglichen Geschehens, die in Kriminalromanen und -filmen fast immer gelingt, im Polizei- und Gerichtsalltag wohl gelingen, *muss* aber nicht, und jenseits des Polizei- und Gerichtsalltags *kann* man sie, *muss* sie aber nicht wollen. In der alltäglichen Orientierung braucht und will man sie größtenteils gar nicht. Es muss erst, wie bei – im Alltag eher seltenen – Kriminalfällen, ein besonderer Bedarf dazu vorliegen, und solche Bedarfe nach exakter Spurensicherung und vollständiger Aufklärung pflegt man, wenn es sich z. B. nicht um Einbrüche von Einbrechern, die man in der Regel nicht schätzt, sondern um Ehebrüche von Ehebrechern handelt, die man vielleicht dennoch liebt, sehr sorgsam abzuwägen. In der alltäglichen Orientierung kommt es nicht nur auf die Selektion geeigneter Sichten und Abstufung der Verdeutlichung, sondern auch auf Abwägung des Bedarfs an ihr an. Man kann es sich im Alltag nur selten leisten, etwas logisch deutlich zu machen. Denn hier kann die Aufklärung nicht nur rasch peinlich werden, sie kostet meist auch zu viel Zeit, die wohl rüstige ältere Damen wie Miss Marple haben mögen, andere jedoch kaum.

4. Deutungsspielräume

Verdeutlichung ist in der Orientierung nicht erst hinreichend, wenn sie nach angebbaren Kriterien logisch ist. Sie ist hinreichend, wenn sie in der jeweiligen Situation hinreichend erfolgreiches Handeln ermöglicht, und hinreichend erfolgreiches Handeln kann unterschiedlichen Kriterien folgen, die wiederum unterschiedlich gewichtet werden können. Das Kriterium, nach dem wiederum die Erfolgskriterien gewichtet werden, ist der Handlungs- und Zeitdruck bzw. das, was ihn erleichtert und beruhigt. Dabei können vielfache Deutungsspielräume offen bleiben und sofern Deutungsspielräume auch Handlungsspielräume sind, hält man sie sich in der Orientierung auch möglichst offen. Das gilt für Spuren nicht nur, *bevor* sie nicht kohärent, konsequent und konsistent gedeutet sind, sondern auch *danach*: sofern sich immer noch neue Spuren, neue Indizien für eine vielleicht dann andere Logik herausstellen können. Die Deutungsspielräume von Spuren sind das Beunruhigende, aber auch das Faszinierende an ihnen, sie ›beschäftigen‹ die Orientierung. Aber Spuren grenzen auch Deutungsspielräume ab: Man kann sie nicht *beliebig* anders deuten, und man kann sich auch nicht beliebig über sie hinwegsetzen. Eben darum spricht man von ›Spielräumen‹, von ›Räumen‹, in denen sich Deutungen ›bewegen‹ können. Sich Spielräume zu schaffen und routiniert mit ihnen umzugehen ist ein Grundzug der Orientierung. Aber auch ein Spielraum ist wieder ein logisches Paradoxon: ein geregelter Raum ungeregelten Verhaltens. Der ursprünglich militärische Gebrauch des Wortes als Raum, den man im Geschützrohr einem Geschoss lassen muss, damit es das Geschützrohr verlassen kann – man nannte ihn auch ›Luftraum‹, ›Windspiel‹ oder ›Spielung‹ –, macht das unmittelbar deutlich.[3] Der Spielraum muss, wenn der Schuss ins Ziel treffen oder die Tür in den Rahmen oder das Rad in das Lager passen soll, genau bemessen sein, ist aber nur begrenzt zu berechnen. Sein Optimum stellt sich, erst recht bei den Spielräumen, die Eltern ihren Kindern, Vorgesetzte ihren Mitarbeitern, Regierende den Regierten lassen müssen, zumeist durch Probieren heraus und kann sich mit der Zeit verändern.[4] Darum ist, was in der Orientierung völlig gängig ist, begrifflich wiederum schwer zu fassen. ›Raum‹ und ›Spiel‹, die im Begriff des Spielraums verknüpft werden, bleiben in dieser Verknüpfung beide nicht, was sie ohneeinander sind, ihr Sinn verschiebt sich in ihr, sie werden zu Metaphern: der Raum zur Meta-

3 Zedler, *Grosses vollständiges Universal Lexicon*, Bd. 38, Sp. 1636. Siehe auch Sven K. Knebel, Artikel »Spielraum«, in: *Historisches Wörterbuch der Philosophie*, Bd. 9, Sp. 1390-1392.

4 Wittgenstein hat im *Tractatus* den »logischen Raum« als »Spielraum« eingeführt und ist dann in den *Philosophischen Untersuchungen* gegen das Bild des »starren« Spielraums »angerannt«. Vgl. *Tr.* 4.463: »Die Wahrheitsbedingungen bestimmen den Spielraum, der den Tatschen durch den Satz gelassen wird. (Der Satz, das Bild, das Modell, sind im negativen Sinne wie ein fester Körper, der die Bewegungsfreiheit der anderen beschränkt; im positiven Sinne wie der von fester Substanz begrenzte Raum, worin ein Körper Platz hat.) Die Tautologie läßt der Wirklichkeit den ganzen – unendlichen – logischen Raum; die Kontradiktion erfüllt den ganzen logischen Raum und läßt der Wirklichkeit keinen Punkt. Keine von beiden kann daher die Wirklichkeit irgendwie bestimmen« (vgl. auch 5.5262.) mit *Philosophische Untersuchungen*, § 194: »Wir sagen z. B., die Maschine *habe* (besäße) [...] Bewegungsmöglichkeiten; wir sprechen von der ideal starren Maschine, die sich nur so und so bewegen *könne*. Die Bewegungs*möglichkeit*, was ist sie? Sie ist nicht die *Bewegung*; aber sie scheint auch nicht die bloße physikalische Bedingung der Bewegung zu sein – etwa, daß zwischen Lager und Zapfen ein Spielraum ist, der Zapfen nicht zu streng ins Lager paßt.« Wittgenstein schließt den Aphorismus: »Wir sind, wenn wir [über die Sprache] philosophieren, wie Wilde, primitive Menschen, die die Ausdrucksweise zivilisierter Menschen hören, sie mißdeuten und nun die seltsamsten Schlüsse aus ihrer Deutung ziehen.« – Zum Versuch einer logisch-wissenschaftstheoretischen Definition von ›Spielraum‹ im Anschluss an den Wiener Kreis vgl. Gereon Wolters, Artikel »Spielraum«, in: *Enzyklopädie Philosophie und Wissenschaftstheorie*, Bd. 4, S. 36-38.

pher der *relativ* feststehenden, vorgegebenen Regel, das Spiel zur Metapher des *relativ* dazu Ungeregelten. Am offenkundigsten ist die Metaphorisierung, die im Sinn Blumenbergs eine ›absolute‹, nicht in nicht-metaphorische Begriffe auflösbare zu sein scheint,[5] beim ›Handlungsspielraum‹, dem inzwischen gängigsten Gebrauch von ›Spielraum‹, bei dem es sichtlich weder um Spiel noch um Raum geht.[6] Gerade der Handlungsspielraum, auf den es in der Orientierung vor allem ankommt, aber macht deutlich, dass auch das freie Spiel in einem Spielraum durchaus Regeln gehorchen kann: Nur sind es nicht die, durch die ihnen Grenzen gesetzt wer-

5 Nach Hans Blumenberg, *Paradigmen zu einer Metaphorologie*, gehören »absolute Metaphern« zu den »Grundbeständen der philosophischen Sprache«. Sie lassen »sich nicht ins Eigentliche, in die Logizität zurückholen« (S. 10), sondern erweisen sich »gegenüber dem terminologischen Anspruch als resistent«, können »nicht in Begrifflichkeit aufgelöst werden«, was nicht bedeutet, »daß nicht eine Metapher durch eine andere ersetzt bzw. vertreten oder durch eine genauere korrigiert werden kann.« (S. 12 f.)

6 Der einschlägige Band des *Grimmschen Wörterbuchs* von 1905 (X. Bd., 1. Abt., Neudruck München 1999, Bd. 16, Sp. 2414-2416) verzeichnet diesen Gebrauch noch nicht, verzeichnet jedoch ›Spielraum‹ als Raum inszenierter Schauspiele, ein Gebrauch, der eine Zeit lang aufgekommen ist, sich aber nicht gehalten hat. Nie gebraucht wurde ›Spielraum‹ offenbar als Raum zum Spielen für Kinder (nur ›Spielzimmer‹ oder ›Spielplatz‹ im Freien). Am meisten, so das *Grimmsche Wörterbuch* wurde ›Spielraum‹ im Deutschen »in freierer weise gebraucht« als »der umkreis, innerhalb dessen sich jemand oder etwas entfalten, bethätigen, wirken kann«. Ein solcher Freiraum kann gewährt werden, man kann ihn sich aber auch durch eigene Bewegung mit der Zeit schaffen und vergrößern. So nach der *Preußischen Geschichte* von Hans Prutz: »bei aller strenge in den prinzipien ging doch ein hauch der freiheit durch das heerwesen, da innerhalb des unverrückbar festen rahmens der individualität spielraum gewährt wurde zu selbständiger [...] bethätigung« (Hans Prutz, *Preußische Geschichte*, 4 Bde., Stuttgart 1900-1902, Bd. 4, S. 63, zit. nach Grimm, Stichwort ›Spielraum‹ und Quellenverzeichnis). – Die lateinischen Wörter für ›Spielraum‹, ›campus‹ (offenes Feld), ›spatium‹ (freibleibender Raum), ›latitudo‹ (Breite z. B. eines Grabens) haben ebenfalls militärische Anklänge und verzichten darauf, das Spiel ins Spiel zu bringen, das Französische kann zwischen Raum (›champ libre‹) und Spiel (›jeu‹) wählen, das Englische differenziert sehr stark: Es kennt ebenfalls das ›(free) play‹, aber auch den ›elbow-room‹ und den ›room to move‹, außerdem ›(full) scope‹, ›range‹ (of a gun, of influence, of oppositions, of temperature, etwas kann out of oder beyond someone's range sein), ›clearance‹ oder ›clear space‹ (die ›lichte Weite‹ im Deutschen), ›leeway‹ (aus der Sprache der Seefahrt, ›Abdrift‹, to allow or give somebody leeway), ›allowance‹ (›Erlaubnis‹, die jemand ›eingeräumt‹ wird, z. B. luggage allowance bei Flügen oder allowance for errors).

den. Diese Grenzen, die Grenzen des Spielraums, aber ermöglichen erst ein regelfreies Spiel – ein regelfreies Spiel kann sich auf Dauer nur in geregelten Grenzen halten.[7]

5. Anhaltspunkte

Deutungsspielräume werden enger, je weiter die Verdeutlichung, Handlungsspielräume, je weiter die Entscheidungsprozesse voranschreiten. Aber mit jeder neuen Situation und jeder dann neu notwendigen Orientierung können sie sich auch wieder neu öffnen. Die Orientierung nutzt Spielräume schon in ihren ersten Anfängen, ihren Anhaltspunkten. Man orientiert sich, sagt man, ›an‹ Anhaltspunkten. ›Anhaltspunkt‹ ist ein ›sprechendes‹ Wort, es sagt unmittelbar aus, wie die Orientierung vorgeht. Sie ›hält‹ – wiederum doppelsinnig – ›an‹ Punkten ›an‹ und ›hält sich‹ vorläufig ›an‹ sie.[8] In beiden Sinnen von ›Halt‹ ist vorausgesetzt, dass Orientierung im Prinzip in Bewegung, also immer neue Orientierung ist, in der Rede von ›Punkten‹, dass es bei dem, *wo* die Orientierung anhält, *woran* sie sich hält und *womit* sie sich aufhält, nicht um etwas geht, das schon ›etwas ist‹, also um Dinge mit Eigenschaften oder um Begriffe mit Umfängen und Inhalten, sondern um die bloße ›Feststellung‹ einer zunächst eigenschafts-, umfangs- und inhaltlosen ›Stelle‹[9] oder eines ›Topos‹ im Gesichtskreis der Orientierung. Das ›Sich-halten-an-Anhaltspunkte‹ ist dabei kein ›Festhalten‹ und ›Sich-Festhalten‹,

7 So dürfte der Sinn von Wittgensteins Begriff des »Sprachspiels« nicht, wie oft vermutet wird, darin liegen, dass Sprachspiele durch Regeln geregelt sind, die man dann möglichst in Logiken und Grammatiken explizit machen sollte, sondern dass sie Spielräume lassen, Regeln zu folgen, die nicht explizit zu sein brauchen, sondern sich mit der Zeit einspielen und mit der Zeit dann auch verschieben können. Vgl. Werner Stegmaier, »Zwischen Kulturen. Orientierung in Zeichen nach Wittgenstein«.

8 Das *Grimmsche Wörterbuch* verzeichnet in seinem ersten Band von 1854 unter dem Stichwort ›Anhaltspunct‹ neben dem damals aktuellen Sinn »die stelle des anhalts an den eisenbahnen« den älteren »im markscheiden der punct, wo die schnur des markscheiders zuerst angehalten wird«.

9 Manfred Sommer, *Suchen und Finden. Lebensweltliche Formen*, entwickelt eine ebenso sorgfältige wie umfassende Phänomenologie der »Stelle« beim Suchen und Finden, die in eine Ordnung nach »Stufen der Auffälligkeit« mündet: »randlose Leerstelle, dingbesetzte Stelle, umrandete Leerstelle, symbolbesetzte Stelle« (S. 169, S. 410).

bei dem etwas angefasst oder umfasst würde, das selbst ›hält‹ und von dem man darum ›Halt‹ erwarten kann, sondern jenes bloße ›Im-Auge-Behalten‹, ein Halt auf Distanz. So hält sich ein Segler in seichten Boddengewässern an See- und Landmarken, steuert aber nicht auf sie zu und berührt sie noch weniger, sondern segelt in dem Spielraum, den sie markieren, zwischen ihnen hindurch.[10] Und er behält dabei nur die *vorausliegenden* See- und Landmarken im Auge, um sie, wenn er mit ihnen auf gleicher Höhe ist, dann zurückzulassen; hat er sie passiert, sind sie in der Regel nicht mehr von Belang. So ist auch der Halt der Anhaltspunkte ein paradoxer Halt: Die Orientierung wählt oder seligiert ihn, ohne schon ›wissen‹ zu können, ob sie sich wirklich an ihn halten kann, und sie hält sich auch nur auf Distanz an ihn. Aber sie hält sich an ihn nur in der jeweiligen Situation, also nur auf Zeit, und so ist der Halt auf Distanz auch nur ein Halt unter Vorbehalt. Mit beidem, der räumlichen Distanz und dem zeitlichen Vorbehalt, hält die Orientierung offen, ob ein Anhaltspunkt auch ›haltbar‹ ist, also wirklich hilft, Übersicht über die Situation zu schaffen und Handlungsspielräume in ihr zu erschließen. So aber erhält sie sich ihre Beweglichkeit, die sie braucht, wenn sie ihren Sinn erfüllen und sich auf immer neue Situationen einstellen soll.

6. Spuren

So lässt sich nun zuletzt der Sinn der Spur in der Orientierung verdeutlichen. Spuren sind mehr als bloße Anhaltspunkte, sie sind besonders attraktive Anhaltspunkte, wenn man etwas Bestimmtes sucht. Man hält sie fest und kehrt zu ihnen zurück, um sie gezielt mit anderen Spuren zu verknüpfen, markiert sie, wenn nötig, versieht sie mit Zeichen. Damit nähern sich die Spuren den Zeichen an, die stehen bleiben und in immer neuen Situationen wiederverwendet werden können. Die alltägliche Orientierung ist, je mehr sie kommuniziert wird, eine Orientierung in Zeichen.[11] Es sind dann

10 Kierkegaard hat so, ohne den Begriff zu gebrauchen, das Sich-Orientieren beschrieben, in einer Fußnote zu seiner *Rechenschaft* als Schriftsteller: »Es ist wie eine Seemarke, *nach* der gesteuert wird, wohl zu merken, derart daß der Steuernde versteht, daß er sich gerade *in einem gewissen Abstande von ihr halten solle.*« (Sören Kierkegaard, »Über meine Wirksamkeit als Schriftsteller«, S. 4, Anm.)

11 Vgl. Josef Simon (Hg.), *Orientierung in Zeichen. Zeichen und Interpretation III.*

die kommunikativen Zeichen selbst, die orientieren. Sie helfen, sich von der jeweiligen Situation zu lösen und ›allgemein‹ und, bei weiterer schrittweiser Lösung der Zeichen von den Situationen ihres Gebrauchs, schließlich ›theoretisch‹ zu sprechen. Aber auch diese Lösung des Gebrauchs kommunikativer Zeichen von den Situationen ihres Gebrauchs hat Grenzen, sie ist wiederum nur in Spielräumen möglich. Denn zum einen werden sie stets wieder in Situationen gebraucht und können darin mehr oder weniger verstanden oder missverstanden werden. Zum andern aber *müssen* sie, um in wechselnden Situationen gebraucht werden zu können, Spielräume lassen. Denn einerseits muss die Zahl kommunikativer Zeichen begrenzt sein, weil in begrenzter Zeit nur eine begrenzte Zahl von ihnen gelernt werden kann. Andererseits aber muss diese begrenzte Zahl in unbegrenzt vielen Situationen gebraucht werden können, in denen sie dann jeweils einen anderen Sinn annehmen können – einen wiederum nur in Spielräumen anderen Sinn, in dem sie zwar anders, aber eben immer noch verstanden werden können. Das Zeichenverstehen nimmt so an der Paradoxie des Spielraums teil. Es muss geregelt sein, aber nur in Grenzen, oder, um die Paradoxie scharf zu profilieren, der Zeichengebrauch muss in Grenzen begrenzt sein. Und dies könnte es sein, was Spuren so attraktiv macht: dass man sie als Zeichen erkennt, aber noch nicht versteht. Sie eröffnen auf diese Weise die Deutungsspielräume der Zeichen und die Handlungsspielräume der Orientierung neu und faszinieren dadurch ebenso, wie sie beunruhigen. Schaffen Anhaltspunkte einen ersten Erkennungseffekt und Zeichen einen (vorläufig) letzten Identifikationseffekt, so stellen Spuren einen Wiedererkennungseffekt in Aussicht, der eintreten kann oder aber auch nicht, je nachdem, ob die Verdeutlichung gelingt oder nicht, und es könnte eben diese Spannung sein, die die oft so beschwerliche Orientierung immer neu attraktiv macht.

Das deutsche Wort ›Spur‹ geht auf eine indoeuropäische Wurzel zurück, die ›mit dem Fuß ausschlagen oder auftreten, schnell treten‹ bedeutet. Von ihr leitet sich auch ›springen‹ und ›(an)spornen‹ her, also ›sich schnell bewegen‹ und ›zu schneller Bewegung bringen‹. Als Substantiv ist ›Spur‹ dann das, was von einer solchen schnellen Bewegung bleibt, ein kaum merkliches und flüchtiges Zeichen, ein Zeichen, aus dem man etwas von der Bewegung wieder erschließen kann. In der Jagdsprache kann man so ›Hunde auf die Spur (an)setzen‹, die ein ›feineres Gespür‹ als Menschen dafür haben, ›Wild aufzuspüren‹. Aber auch Menschen können natürlich ›etwas spüren‹. Sie ›merken‹ dann kaum Merkliches, und sie können bei hinreichender Routine ›Spürsinn‹ entwickeln, z. B. Kriminalisten und Wissenschaftler(innen) für Spuren, die dann weiterführen. Mit dem Aufbau der Eisenbahnen, also der mit Eisen gebahnten Bahnen für eiserne Züge, die nur auf solchen Bahnen verkehren können, wurden die Spuren jedoch denkbar übersichtlich und haltbar. Spur (spor) ist in skandinavischen Sprachen das Gleis, und auch im Deutschen gibt es noch die ›Spurweite‹, die ›Schmalspur‹ und die ›Normalspur‹ und übertragen dann auch ›großspurige‹ Leute. Mit Beginn des 20. Jahrhunderts können Automobile dann in Spielräumen, nämlich ohne feste Bahnen, auf Straßen verkehren, müssen dabei aber weiterhin ›die Spur halten‹, einerseits in der Ausrichtung ihrer Räder, andererseits in den Markierungen des Bodenbelags. Und so können auch Soldaten, Mitarbeiter, Schüler, Kinder und Abhängige aller Art auch weiterhin von autoritären Präzeptoren angehalten werden, sich wie Eisenbahnen in genau vorgeschriebenen Bahnen zu bewegen, also zu ›spuren‹.

Literatur

Blumenberg, Hans (1960), *Paradigmen zu einer Metaphorologie*, Neudruck Frankfurt/M. 1998.

Grimm, Jacob und Wilhelm Grimm, Artikel »Anhaltspunct«, in: dies., *Deutsches Wörterbuch*, Bd. 1, Leipzig 1854.

–, Artikel »Spielraum« in: dies., *Deutsches Wörterbuch*, Bd. 16, Neudruck München 1999.

Kant, Immanuel, »Was heißt: Sich im Denken orientieren?«, *Akad.-Ausg.* VIII, Berlin 1968.

Kierkegaard, Sören, »Über meine Wirksamkeit als Schriftsteller«, in: ders., *Gesammelte Werke*, hg. v. Emanuel Hirsch und Hayo Gerdes, 33. Abt.: *Die Schriften über sich selbst*, Köln 1960, Gütersloh 1985.

Knebel, Sven K., Artikel »Spielraum«, in: *Historisches Wörterbuch der Philosophie*, Bd. 9, Basel, Darmstadt 1995, Sp. 1390-1392.

Simon, Josef (Hg.), *Orientierung in Zeichen. Zeichen und Interpretation III*, Frankfurt/M. 1997.

Sommer, Manfred, *Suchen und Finden. Lebensweltliche Formen*, Frankfurt/M. 2002.

Stegmaier, Werner, Artikel »Orientierung«, in: *Enzyklopädie Philosophie,* unter Mitwirkung von Detlev Pätzold, Arnim Regenbogen und Pirmin Stekeler-Weithofer, hg. v. Hans Jörg Sandkühler, 2 Bde., Bd. 2, Hamburg 1999, S. 987-989.

–, Artikel »Weltorientierung, Orientierung«, in: *Historisches Wörterbuch der Philosophie,* Bd. 12, Basel, Darmstadt 2005, Sp. 498-507.

–, (Hg.), *Orientierung. Philosophische Perspektiven,* Frankfurt/M. 2005.

–, »Zwischen Kulturen. Orientierung in Zeichen nach Wittgenstein«, in: *»Wir können uns nicht in sie finden«. Probleme interkultureller Verständigung und Kooperation, Wittgenstein-Studien Band 3,* hg. v. Wilhelm Lütterfelds und Djavid Salehi, Frankfurt/M. u. a. 2001, S. 53-67.

Wittgenstein, Ludwig, *Werkausgabe Band 1, Tractatus Logico-philosophicus, Tagebücher 1914-1916, Philosophische Untersuchungen,* Frankfurt/M. 1984.

Wolters, Gereon, Artikel »Spielraum«, in: *Enzyklopädie Philosophie und Wissenschaftstheorie,* Bd. 4, hg. v. Jürgen Mittelstraß, Stuttgart, Weimar 1996, S. 36-38.

Zedler, Johann Heinrich, *Grosses vollständiges Universal Lexicon aller Wissenschaften und Künste, welche bisshero durch menschlichen Verstand und Witz erfunden und verbessert worden [...],* 64 Bde, Bde. 19 bis 64 hg. von Carl Günther Ludovici, Halle, Leipzig 1732-1750, Bd. 25, 1740 und Bd. 38, 1743.

Peter Geimer

Das Bild als Spur

Mutmaßung über ein untotes Paradigma

1. Das Ende

Wohl kein anderes Bildmedium ist so häufig als Spur, Abdruck oder Index des Realen beschrieben worden wie die Fotografie. Eine Fotografie, so schrieb etwa Susan Sontag vor beinahe dreißig Jahren, ist »nicht nur ein Bild [...] (so wie ein Gemälde ein Bild ist), eine Interpretation des Wirklichen, sondern zugleich eine Spur, etwas wie eine Schablone des Wirklichen, wie ein Fußabdruck oder eine Totenmaske.«[1] Wie schon die Pioniere der Fotografie im frühen 19. Jahrhundert, so sucht auch Sontag die Besonderheit des fotografischen Bildes zu Recht in seiner Unterscheidung und Abweichung von anderen, tradierten Bildkünsten. Diese Besonderheit findet sie weniger im resultierenden Bild als vielmehr im Verfahren seiner Herstellung: Die Fotografie sei »eine materielle Spur ihres Gegenstandes wie es ein Gemälde niemals sein kann«.[2] Auf die eine oder andere Weise haben auch so unterschiedliche Autoren und Autorinnen wie Charles Sanders Peirce, André Bazin, Roland Barthes, Rosalind Krauss und Philippe Dubois das Wesen der Fotografie in der ihr eigenen materiellen Verbindung von Gegenstand und Bildträger gesucht – ich komme darauf zurück.

Dieser Beschreibung der Fotografie als Spur wurde entgegengehalten, dass sie nicht stimmt, dass sie nicht *mehr* stimmt oder dass ihre Beobachtungen für den tatsächlichen Umgang mit fotografischen Bildern überhaupt nicht von Belang sind. Die Hervorhebung der materiellen Entstehungsbedingungen des Bildes erscheint von hier aus als fragwürdige Ontologisierung eines in Wahrheit konstru-

1 Susan Sontag, »Die Bilderwelt«, S. 147. Einen guten Überblick über die Theorien des Index und der Spur im Bereich der Fotografie gibt Philippe Dubois, *Der fotografische Akt. Versuch über ein theoretisches Dispositiv* (= Geschichte und Theorie der Fotografie 1).

2 Sontag, »Die Bilderwelt«, S. 147.

ierten und künstlichen Produkts. Dessen scheinbarer Realismus, so argumentiert man, beruhe nicht auf der Einschreibung einer Spur, sondern sei vielmehr das Resultat einer Reihe von Codes, Konventionen und wechselnden Zuschreibungen. So bemerkt etwa Pierre Bourdieu: »*Die Photographie ist ein konventionelles System* [...]. Wenn man die Photographie für die realistische und objektive Aufzeichnung der sichtbaren Welt hält, dann deshalb, weil man ihr (von Anfang an) *gesellschaftliche* Gebrauchsweisen eingeschrieben hat, die als realistisch und objektiv gelten.«[3] Die chemisch-physikalische Herkunft fotografischer Bilder, die den Apologeten der Spur so wichtig ist, kann aus dieser Sicht vernachlässigt werden. Überhaupt scheint nicht erst der Gebrauch der Bilder, sondern bereits ihre schiere Materialität mit Ideologie durchsetzt zu sein. »Worauf es mir ankommt«, schreibt John Tagg, »ist der unmittelbare Zusammenhang zwischen der ideologischen Existenz von Fotografien und ihrer Existenz als materielle Objekte, deren ›Währung‹ und ›Wert‹ auf spezifischen sozialen Praktiken [...] beruht, die letztendlich eine Funktion des Staates sind.«[4]

Neben diesen affirmativen und ablehnenden Einstellungen zum Spurenparadigma der Fotografie lässt sich noch eine weitere Haltung einnehmen: Es habe eine solche Auffassung einmal gegeben, ihre Wirkungsmacht habe sich aber inzwischen verbraucht. »Die Photographie war einmal die Vera Icon der Moderne«, schreibt Hans Belting.[5] Sie könne »ein Abdruck« sein und »eine Spur der Dinge, mit denen sie einmal in Kontakt getreten ist«, aber solche Spurensuche sei heute in Vergessenheit geraten. »Die Referenz, welche die photographischen Bilder in sich tragen können, verliert ihre Bedeutung, wenn die Dinge ihre Bedeutung verloren haben, in denen wir uns die Welt aneignen wollen. Der Verlust der Referenz, der sich im heutigen Gebrauch der Photographie ereignet, hat seinen Ursprung in uns selbst. Wir träumen inzwischen lieber von körperlosen Welten.«[6] Im Unterschied zu Belting, der diese Überlegung im Zusammenhang seiner Bild-Anthropologie anstellt, sehen andere Autoren die allgemeine Verbreitung digitaler Bildtechnologien als Ursache für das Schwinden der Spur. So wurde – und wird noch

3 Pierre Bourdieu, *Eine illegitime Kunst*, S. 85 (Hervorhebungen im Original).

4 John Tagg, »The Currency of the Photograph«, S. 165.

5 Hans Belting, *Bild-Anthropologie. Entwürfe für eine Bildwissenschaft*, S. 215.

6 Ebd., S. 215 f.

immer – »das Ende der Fotografie« bekannt gegeben, mit oder ohne Bedauern und oftmals schon im programmatischen Titel der entsprechenden Publikationen.[7] »Man zahlt enorm viel für alte und Meisterfotografien. Nicht, weil sie besonders schön oder gelungen wären, sondern weil sie als Beleg für eine Archäologie der Fotografie verstanden werden«, äußerte unlängst Paul Virilio. »Gleichzeitig ist die Fotografie das Zeichen für Tod, Museum und das Ende. [...] Die Fotografie befindet sich in einer Zwischenwelt. Gerade im Begriff, unterzugehen, weiß sie gleichzeitig nicht, wohin es sich entwickelt.«[8]

Je nach persönlichem Stil und Veranlagung der Autoren schaut man diesem Untergang mit Fassung und Gelassenheit in das unabänderliche Antlitz oder erblickt die verdämmernde Bildkultur im milden Abendlicht der Melancholie. Eine bemerkenswerte Stellungnahme zum »Informationszeitalter der spurlosen, digitalen Zeichen« hat Beat Wyss formuliert. »Gegenwärtig sind es die analogen Medien Film und Fotografie, die aus dem Prozess bildkommunikativer Praxis herausfallen. Sie sind der Obhut der Kunstgeschichte anheimzustellen, die darüber wachen muss, dass ihr indexikalischer Charakter bewahrt bleibt.«[9] Die Fotografie als »Spur des Lichts, das auf eine lichtempfindliche Matrize wirkt«,[10] wäre demnach eine verloren gegangene Kunst. Die Bilder aber, die unter ihrer Schirmherrschaft entstanden sind, wären dennoch nicht verloren. Im Gegenteil: Ihr Versprechen, »Spur einer Wahrheit« zu sein, würde gerade im Siegeszug des Digitalen noch nachklingen, und die Nachwelt hätte diese alte Kunst der Spur wie ein kostbares Fossil der Mediengeschichte in Erinnerung zu halten. »Gewiss sind Film und Fotografie reproduzierbare Bilder. Trotzdem ist etwas eingetreten, wovon Walter Benjamin noch nicht träumen konnte. Fotografie und Film sind auratisch geworden in ihrem Anspruch, eine vera icon des Wirklichen zu sein.«[11]

Bevor man sich jedoch der einen oder anderen Form der Vergan-

7 Vgl. etwa *Kunstforum International*, Bd. 172, 2004 (»Das Ende der Fotografie«) sowie Hertha Wolf (Hg.), *Paradigma Fotografie. Fotokritik am Ende des fotografischen Zeitalters* oder William J. T. Mitchell, *The Reconfigured Eye. Visual Truth in the Post-Photographic Era*.

8 Paul Virilio, »Die Kamera als Waffe und das Ende der Fotografie. Ein Gespräch mit Heinz-Norbert Jocks«, S. 61.

9 Beat Wyss, »Das indexikalische Bild. Hors-texte«, S. 11.

10 Ebd., S. 8.

11 Ebd., S. 11.

genheitsbewältigung anschließt, sollte das verblühende Paradigma vielleicht noch einmal genauer in Augenschein genommen werden. Denn sooft das Leitbild der Spur für das fotografische Bild auch bemüht wurde, so uneindeutig und schillernd war dieser Vergleich.

2. Dreimal Kontakt: Fußabdruck, Totenmaske, Reliquie

Schon die eingangs zitierte Äußerung von Susan Sontag zeigt, wie ungenau – jedenfalls erklärungsbedürftig – der Abgleich von Fotografie und Spur bei näherem Hinsehen zumeist ausfällt. Innerhalb weniger Zeilen wird die fotografische Spur hier gleich mit drei weiteren – ganz unterschiedlichen – Abbildungsverfahren in eins gesetzt: zuerst mit einer Schablone, dann mit einem Fußabdruck, dann mit einer Totenmaske. Wenige Sätze später kommt noch ein viertes Bild hinzu – das Nachleben einer christlichen Reliquie: »Ein Foto von Shakespeare besitzen, wäre, als besäße man einen Nagel vom Kreuz Christi.«[12]

Die genannten Vergleichsobjekte gehören sehr unterschiedlichen Techniken der Übertragung an. Zunächst die Fußspur. Auch Rosalind Krauss hat diese Metapher wiederholt verwendet: Fotogramme und Fotografien »gleichen Fußabdrücken im Sand oder Spuren, die im Staub hinterlassen worden sind.«[13] Eine solche Spur entsteht bekanntlich durch unmittelbaren physischen Kontakt: Etwas war da, hat seine Existenz in Gestalt einer Markierung fixiert und ist anschließend wieder verschwunden. Was zählt, ist dieser kurze Moment der Berührung und das sichtbare Zeugnis, das er im formbaren Grund hinterlassen hat. »Der Abdruck«, so Georges Didi-Huberman, »überträgt physisch – und nicht nur optisch – die Ähnlichkeit der Sache oder der Person, von der ein Abdruck gemacht wird«.[14] Das gilt auch für die Herstellung einer Totenmaske, Sontags zweites Beispiel. Beide entstehen durch den Abdruck eines Körpers in einem formbaren Material. Beide ähneln ihrem Vorbild, beide sind Hinterlassenschaften. Das Gesicht des Toten bleibt im Ton oder Gips zurück wie der Fußabdruck im Sand. Im Gegensatz zur Fußspur ist die

12 Sontag, »Die Bilderwelt«, S. 147.

13 Rosalind Krauss, »Anmerkung zum Index: Teil 1«, S. 149.

14 Georges Didi-Huberman, *Ähnlichkeit und Berührung. Archäologie, Anachronismus und Modernität des Abdrucks*, S. 31.

Totenmaske aber unvermeidlich das Bild einer Person, deren Zeit abgelaufen ist – der Abgebildete selbst kann es nicht erzeugen. Für eine Phänomenologie der Spur ist es aber von Belang, ob es der Körper »selbst« war, der seinen Abdruck hinterlassen hat, oder ob ihm dieser – wie man im Fall der Totenmaske ja zutreffend sagt – »abgenommen« wurde. In der Geschichte der Fotografie waren gerade solche Fragen nach der Urheberschaft des Bildes von Bedeutung.

War es »von Menschenhand gemacht« oder hatte es sich »von selbst« gebildet? Die Pioniere des Mediums bezogen ihre Faszination nicht zuletzt aus der »Naturmagie«, mit der die Dinge hier scheinbar selbsttätig in Aktion traten. Als William Henry Fox Talbot den Mitgliedern der Royal Society 1839 erste Proben seines fotografischen Verfahrens vorlegte, zeigte er den Gentlemen auch ein Bild seines Landsitzes Lacock Abbey und fügte hinzu: »Dieses Haus ist, wie ich annehme, das erste, von dem jemals bekannt wurde, daß es sein eigenes Bild gezeichnet habe.«[15] Hinsichtlich dieser »Magie«, die bekanntlich noch Roland Barthes in der Fotografie erblickt hat,[16] verhalten sich Fußspur und Totenmaske aber nicht gleich. Beide sind Resultate eines physischen Kontakts, unterscheiden sich aber hinsichtlich seiner Herstellung. Im Unterschied zur Fußspur, die in der Regel unabsichtlich entsteht, wird die Totenmaske gezielt hergestellt.

Wieso nun aber – Sontags drittes Beispiel – »ein Nagel vom Kreuz Christi«? Der Nagel hat den Körper zwar berührt, ihn sogar durchbohrt, ist aber kein Abdruck des Toten. In der christlichen Lehre würde man ihn zu den Sekundärreliquien zählen: Gegenstände, die ein Heiliger besessen, getragen oder berührt hat – heilsgeschichtliche Katalysatoren, die ihre Wirkung in die Nachwelt abstrahlen, ohne dabei selbst je verbraucht zu werden.[17] Aber weder sieht der Nagel dem Leichnam Christi ähnlich, noch ist er ein Teil von ihm. In der von Sontag imaginierten Fotografie von Shakespeare wäre der Dichter deshalb auf eine ganz andere Weise präsent (oder abwesend) als Christus in der physischen Existenz einer Reliquie.

15 William Henry Fox Talbot, »Some Account of the Art of Photogenic Drawing«. (Übersetzung zitiert nach Wolfgang Baier, *Quellendarstellungen zur Geschichte der Fotografie*, S. 85.)

16 Die Fotografie gilt Barthes »als Magie und nicht als Kunst« (Roland Barthes, *Die helle Kammer. Bemerkung zur Photographie*, S. 99).

17 Siehe hierzu Peter Dinzelbacher, »Die ›Realpräsenz‹ der Heiligen in ihren Reliquiaren und Gräbern nach mittelalterlichen Quellen«.

Sontags Text liefert also ein Deutungsangebot – Fotografien als Spur –, lässt dann aber drei ganz unterschiedliche Verkörperungen des Spurbegriffs folgen. Welche besondere Eigenschaft sollte dem fotografischen Bild hier also letztlich bescheinigt werden? Ähnlichkeit und Berührung – wie im Fall von Fußabdruck und Totenmaske? Unwillkürliche Selbsteinschreibung – wie beim achtlos zurückgelassenen Fußabdruck? Bewusste Abformung und Fixierung eines Gewesenen – wie in der Totenmaske? Oder die ungreifbare Aura des Überrests – wie im Fall der Reliquie?

Dieselbe Unentschiedenheit zeigt auch die Folge von Beispielen, die William J. T. Mitchell und Mary Ann Doane anführen. Mitchell: »Sie [die Fotografie] ist ein direkter physikalischer Abdruck so wie ein Fingerabdruck am Schauplatz eines Verbrechens oder Spuren von Lippenstift an Ihrem Kragen.«[18] Der Fingerabdruck ist die individuelle Signatur seines Urhebers und hat insofern eine gewisse optische Ähnlichkeit mit ihm. Diese – tatsächliche oder vermeintliche – Eigenschaft verhalf ihm schließlich zu seiner kriminologischen Karriere. Aber Spuren von Lippenstift auf einem Hemdkragen? Solche Flecken mögen auf die verursachende Person hinweisen, aber sehen sie ihr ähnlich? Schließlich – im unmittelbaren Anschluss an Peirce – Mary Anne Doane: »Der Fußabdruck, der Wetterhahn, das fotografische Bild – sie alle zeugen von der Tatsache, dass der Referent gegenwärtig war und seine direkte sichtbare Spur in der Darstellung hinterlassen hat.«[19] Die Metapher des Fußabdrucks ist inzwischen vertraut. Aber folgt ein fotografisches Bild seinem Gegenstand wie ein Wetterhahn dem Wind? Eine Spur, darin stimmen alle bisher genannten Auslegungen überein, ist etwas, das *zurückbleibt*. Der Wind und sein unzertrennlicher Indikator auf dem Kirchturm agieren aber zwangsläufig *zugleich*. Wenn der Wind sich legt, steht der Indikator still; wenn es stürmt, wirbelt er heftig um die eigene Achse. Auch bei Doane/Peirce bleibt also letztlich offen, welche Besonderheit dem fotografischen Bild durch die Zusetzung von Metaphern abgewonnen werden soll. Offenbar war gemeint,

18 Mitchell, *The Reconfigured Eye*, S. 24. Die Metapher des Fingerabdrucks verwendet auch André Bazin: Das »fotografierte Objekt« gehöre »zu seinem Modell wie der Finger zu seinem Abdruck« (André Bazin, »Ontologie des fotografischen Bildes«, S. 63).

19 Mary Ann Doane, *The Emergence of Cinematic Time. Modernity, Contingency, The Archive*, S. 70.

dass fotografische Spuren Indikatoren sind. Aber welche Eigenschaft sie dazu macht und wie genau ihre Verweisstruktur funktioniert, wird durch die Vergleiche eher noch verunklärt.

Damit diese Betrachtung jedoch nicht pedantisch oder unanschaulich wird, soll an dieser Stelle die Konkretion und Komplexität eines Bildes eingeschaltet werden. Überdies ist das Beispiel so gewählt, dass es die genannten Probleme nicht löst, sondern – wie jedes gute Bild – vergrößert. Für diese Betrachtung könnte es keinen schöneren Einstieg geben als folgende Begebenheit, die Rudolf Arnheim vor drei Jahrzehnten in einem Text über »Sein und Aussage« der Fotografie berichtet hat:

> Kürzlich entdeckte ich im Vordergrund von Georges Seurats großem Gemälde Ein Nachmittag auf der Grande Jatte einen Schmetterling, der mir bei keinem meiner früheren Besuche im Museum von Chicago aufgefallen war. Da es sich um ein Gemälde handelte, hatte ich mich zu fragen: »Warum hat der Maler dort zwischen den Figuren dies Tierchen eingefügt?« Wäre das Bild dagegen eine Fotografie, so wäre meine Reaktion gewesen: »Sieh einmal, dort saß ein Schmetterling!« Gewiß hält auch Seurats Gemälde ein tatsächliches historisches Geschehen fest [...]. Tatsächlich hatten die Pariser Ausflügler unter den Bäumen gesessen. Aber nur eine Fotografie behandeln wir vertrauensvoll wie die Wirklichkeit selbst: Wir durchforschen sie, gehen auf Entdeckungen aus, bereichern unser Wissen über den objektiven Bestand der Welt.[20]

3. Elegie für eine Fliege

Um 1870 flog eine Fliege um die Türme und Zinnen einer Zitadelle südlich von Kairo. Auf ihrem Flug umkreiste sie auch den Fotografen Antonio Beato, Betreiber eines Fotoateliers und älterer Bruder des berühmten Felice, der die europäische Öffentlichkeit fünfzehn Jahre zuvor mit den ersten Fotografien des Krimkrieges versorgt hatte. Antonio selbst lebte seit 1862 in Luxor und wurde bekannt für seine Aufnahmen archäologischer Stätten, Baudenkmäler und Dörfer Ägyptens. Die Fliege hingegen war nichts als eine Fliege, ein namenloses Insekt, wie es sie tausendfach gab, das ein paar Tage lang seine Bahnen ziehen und dann für immer aus der Weltgeschichte

20 Rudolf Arnheim, »Die Fotografie – Sein und Aussage«, S. 36.

verschwinden würde – unbemerkt und ohne eine Chance, der Nachwelt überliefert zu werden. Zu dem Zeitpunkt, als Beato seine Aufnahme machte, war die Fliege jedoch in das Innere der Kamera gelangt und hatte sich dort auf der lichtempfindlichen Kollodiumschicht der fotografischen Platte niedergelassen. So wurde sie gemeinsam mit den Türmen der Zitadelle, mit dem Himmel über Kairo und den Mameluckengräbern im Vordergrund der Aufnahme abgelichtet. Die Fliege verharrt bewegungslos im Bild – »sie macht das Bild«, so Hubertus von Amelunxen, »setzt es in die Zeit und setzt sich aus dessen Zeit heraus. Die Fliege ist Zeitgenossin.«[21] Tatsächlich bezieht die Datierung der Aufnahme »um 1870« auch die historische Existenz der Fliege mit ein. In dem Augenblick, als Beato die steinernen Bauten im Bild fixierte, trat auch die Fliege aus ihrer Anonymität heraus. In der menschenleeren Szenerie des Bildes ist sie die einzige Spur eines Lebewesens. Die Fotografie zeigt, dass es sie gab und dass sie zum Zeitpunkt der Aufnahme vor Ort war.

Beim ersten, flüchtigen Blick auf das Bild kann man jedoch auch meinen, hier kein Insekt aus der Vergangenheit zu sehen, sondern eine leibhaftige und gegenwärtige Fliege, die sich im nächsten Augenblick über das Papier bewegen wird.[22] Diese wirkliche Fliege würde eine Zeit lang auf der Oberfläche des Bildes verharren, sich ruckhaft von einer Stelle des Papiers zur nächsten bewegen, schließlich auffliegen, summend in der Tiefe des Raums verschwinden und Beatos Aufnahme als »Ägyptische Landschaft ohne Fliege« zurückzulassen. In dieser Hinsicht erinnert die Ikonographie des Bildes an die alte kunsthistorische Tradition des trompe-l'œil, insbesondere an jene täuschend echt gemalten Fliegen, wie man sie etwa aus dem 15. Jahrhundert kennt.[23] Eines Tages, so berichtet auch Vasari in seinen *Viten,* sei Giotto vor ein Gemälde seines Lehrers Cimabue getreten und habe eine Fliege auf die Nase des dort Porträtierten gemalt. Als Cimabue später hinzukommt und sein Werk vollenden

21 Hubertus von Amelunxen, »Tomorrow For Ever – Photographie als Ruine«, S. 17.

22 Das gilt natürlich nicht für die hier gezeigte Reproduktion, wohl aber für den 20 x 26 cm großen Albuminabzug aus der Sammlung von Ruth und Peter Herzog, denen ich sehr herzlich für die Erlaubnis danke, das Bild hier publizieren zu dürfen.

23 Vgl. Daniel Arasse, *Le détail. Pour une histoire rapprochée de la peinture.*

Abbildung 1: Antonio Beato, Mameluckengräber (mit Fliege), um 1870.

will, versucht er zunächst die lästige Fliege von der Leinwand zu verscheuchen.[24] Der Triumph der Malkunst ist perfekt. »Die gemalte Fliege«, so kommentiert Daniel Arasse diesen Topos, »erhöht also die Fähigkeit der Malerei, das Auge zu täuschen, indem sie ein Detail auf den Betrachter zukommen lässt, als träte es aus der Fläche der Leinwand heraus. [...] Indem er dieses Insekt auf seine Leinwand oder Tafel malt, kehrt der Maler sein Können hervor.«[25] Die gemalte Fliege erzählt also nicht vom Realismus der Malerei, sondern im Gegenteil von ihrer Befähigung zur Illusion. In der Betrachtung des Bildes wird man am Ende dieses »als ob« bewundern. Wäre die Täuschung so perfekt, dass niemand sie entlarven könnte, fiele das Lob der Malkunst aus. Das trompe l'œil entfaltet sich erst in dem Moment, in dem die Illusion als solche erkannt, die mimetische Meisterleistung bewundert wird. Die gemalte Fliege tritt aus dem

24 Vgl. Giorgio Vasari, *Leben der ausgezeichnetsten Maler, Bildhauer und Baumeister von Cimabue bis zum Jahr 1567*, S. 172.

25 Arasse, *Le détail. Pour une histoire rapprochée de la peinture*, S. 118 (eigene Übersetzung).

scheinbar Realen zurück und rückt in den kunstvollen Illusionsraum der Malerei ein.

Spätestens hier wird deutlich, dass die Fliege auf der Fotografie Beatos einem ganz anderen Modus der Repräsentation angehört. Selbst wenn sie das Auge für Momente getäuscht haben sollte, so ist sie doch kein trompe-l'œil im beschriebenen Sinne. Denn welche Kunstfertigkeit, welches »als ob« der Darstellung sollte hier am Ende bewundert werden? Diese Fliege wurde nicht »gemacht«. Sie hat sich am Ort der Aufnahme aufgehalten und dort buchstäblich ins Bild gesetzt. Insofern ist ihr Vorkommen im Bild ein Beispiel jener »Unmotiviertheit«, die Sybille Krämer als ein Merkmal der Spur beschrieben hat: »Spuren werden nicht gemacht, sondern unabsichtlich hinterlassen.«[26]

Zugleich sieht man auf der Aufnahme aber keine leibhaftige Fliege, sondern ein Abbild, das dieses historische Insekt »um 1870« auf der sensiblen Kollodiumschicht der Fotoplatte hinterlassen hat. Wie alle anderen Objekte im Bild ist deshalb auch die Fliege ein Artefakt. Trotzdem unterscheidet sich ihr Abbildungsmodus von demjenigen der anderen im Bild gezeigten Dinge. Rein technisch gesehen stellt sich die Frage, ob es sich bei ihrer Abbildung überhaupt – wie bei den übrigen Motiven im Bild – um eine Fotografie handelt oder nicht eher um ein Fotogramm. Ein Fotogramm entsteht bekanntlich nicht durch die Projektion von Lichtstrahlen durch das Objektiv einer Kamera, sondern durch eine unmittelbare physische Berührung von Bildträger und Objekt. Sie stellt die historisch früheste Form des fotografischen Bildes dar, bei der man – wie in den Arbeiten von Thomas Wedgewood, Ann Atkins oder Talbot – Pflanzen oder ein Stück Spitze auf ein lichtempfindliches Papier (oder Leder) legte und dem Licht der Sonne aussetzte.[27] So wurde auch im vorliegenden Fall die Fliege nicht eigentlich fotografiert, sondern saß unmittelbar auf der Kollodiumschicht. Der Körper ist dicht und schwarz, weil hier das Licht abgehalten wurde, die kleinen Flügel erscheinen in ihrer filigranen Transparenz.

Auf dem 20 x 26 cm großen Albuminabzug erscheint die Fliege folglich auch als einziger Gegenstand nicht perspektivisch verklei-

26 Sybille Krämer in der Einleitung des Bandes: »Was also ist eine Spur? Und worin besteht ihre epistemologische Rolle? Eine Bestandsaufnahme«, S. 16.

27 Einen guten Überblick über die Geschichte des Fotogramms gibt die Website von Tim Otto Roth.

nert, sondern in ihrer natürlichen Größe von wenigen Zentimetern.[28] Ihr Ort *im* Bild ist nicht auf den ersten Blick zu bestimmen. In welcher Sphäre hält sie sich auf? Ist sie im Bild – gemeinsam mit den Gräbern, dem Himmel über Kairo und den Türmen der Zitadelle? Offenbar nicht. Das Insekt ist zwar nur wenige Zentimeter groß, aber sobald man es mit den Türmen und Zinnen im Mittelgrund in Beziehung setzt, steigert sich seine Winzigkeit ins Monströse. In der Vorstellung des Betrachters erscheint die Fliege jetzt beinahe so groß wie die Turmhelme des Mausoleums und könnte mühelos den ganzen Rahmen einer Fensteröffnung füllen. Die Fliege erscheint *mit* der Landschaft, aber zugleich von dieser getrennt. Sie scheint eher *auf* dem Bild oder *vor* ihm zu sein, aber in einem »davor«, das zugleich vollkommen flach auf der Bildebene liegt und keinerlei Perspektive einschließt. Die gleiche Überlegung lässt sich auch für das nicht überlieferte, originale Glasnegativ anstellen, dessen Abzug dieses Bild darstellt – jenes historische Unikat also, auf dem die Fliege sich an einem Tag des 19. Jahrhunderts niedergelassen hat. Dort war die Fliege in der klebrigen Substanz der Kollodiumemulsion konserviert – aber diesmal nicht als Schatten, Abbild oder Spur, sondern als »sie selbst«, wenn man so sagen kann. Ein Präparat also? Oder eine Mumie?

Für eine Geschichte der fotografischen Spur ist Beatos Fotografie ein bemerkenswertes Beispiel. Die Fliege stieß der fotografischen Aufnahme zu. Sie brachte etwas vom Realen mit in die Abbildung und setzte es als Spur ins Bild. Damit erzeugte sie eine eigentümliche Spannung zum Realitätsgehalt der übrigen Gegenstände im Bild. Wie schon erwähnt, wurde das fotografische Bild immer wieder als Spur des Realen beschrieben, als Index und physischer Abglanz der abgebildeten Dinge. Wenn aber die Türme und Zinnen

28 Vgl. die Beschreibung, die Georges Didi-Huberman von der Arbeit *Les Mouches* des Künstlers Patrick Bailly-Maître-Grand gibt. Bailly-Maître-Grand bringt einige Fliegen in den dünnen Zwischenraum zwischen zwei Glasscheiben, legt lichtempfindliches Papier darunter und lässt durch das Auslösen eines Blitzes den Umriss der Insekten auf dem Papier ablichten: »Die Perspektive ist aufgehoben (oder besser gesagt, verflacht); die Silhouette der Insekten ist in dieser paradoxen Visualität kein projizierter Schatten der Insekten, sondern ein – beinahe unmittelbarer Kontakt (ein Kontaktschatten, wenn man so sagen kann); die verwirrende Evidenz der natürlichen Größe; das Fehlen eines jeglichen optischen Apparats, der das Objekt durch ein dazwischengeschaltetes Objektiv einfinge.« (Georges Didi-Huberman, *Phasmes*, S. 36)

auf der Aufnahme Beatos optische Strahlenbündel aus der Ferne sind, wie lässt sich dann der vermittels des physischen Kontakts entstandene Umriss der Fliege beschreiben? Die Wiedergabe der Fliege und die Wiedergabe all der übrigen Objekte im Bild gehören zwei unterschiedlichen Techniken der Repräsentation an. Gemessen an der optischen Projektion der entfernten Landschaft ist die Fliege dem fotografischen Bildträger jedenfalls physisch näher gewesen. Beatos Fotografie besticht eben gerade auch dadurch, dass hier zwei Techniken der Aufzeichnung in einem Bild zusammenkommen.

Allerdings ist noch eine dritte Form der Einschreibung im Bild zu sehen – die Signatur des Fotografen, der mit dünnen Strichen seinen Namen auf das Fotopapier geschrieben hat: »A. Beato«. Ein aberwitziger Zufall wollte es, dass die Fliege im Bild sich auf diesen Schriftzug zuzubewegen scheint. Vielleicht hat Beato seinen Namen aber auch ganz bewusst dem Umriss der Fliege an die Seite gestellt. Trotzdem ist es nicht leicht zu entscheiden, ob in den schwungvollen Zügen dieser Künstlersignatur die Abbildung der Fliege *mitsigniert* ist. Ist der Flug eines Insekts autorisierbar? Die Fliege verharrt im Bild als ein Detail, das der Fotograf nicht »gemacht« hat, von dem er wahrscheinlich zuallererst nichts wusste, das seinem Bild im Moment der Aufnahme zugestoßen ist und dort seither eine zweite, lakonische Signatur zu sehen gibt.

4. Die »Leitfähigkeit des Wahren«

Die Betrachtung des Bildes hat die Frage nach der Spur eher noch verkompliziert. Soll man den »Kontaktschatten«[29] der gewesenen Fliege als eine Spur bezeichnen, die sehr viel weniger unmittelbare Übertragung der Zitadelle, des Sandbodens und des Himmels über Kairo hingegen nicht? Denn wo läge im Fall der optischen Projektion eines Objekts auf einen Bildträger eine tatsächliche physische Berührung vor? Oder handelt es sich einfach um zwei verschiedene Genres der Spurenerzeugung, zwei unterschiedliche Grade von Unmittelbarkeit?

Das Fotogramm der Fliege lässt sich dem Spurenparadigma zweifellos sehr viel einfacher zurechnen als das Ergebnis einer optischen

29 Vgl. Anm. 28.

Projektion. Tatsächlich, so Christoph Hoffmann, haben die Theoretiker der Spur ihre Überlegungen häufig am Beispiel des Fotogramms entwickelt, statt den gewöhnlichen Fall der Bildübertragung durch ein optisches System zum Ausgangspunkt zu nehmen.[30] Das Fotogramm, so schreibt etwa Rosalind Krauss, zeige »die geisterhaften Spuren verschwundener Gegenstände; sie gleichen Fußabdrücken im Sand oder Spuren, die im Staub hinterlassen worden sind.« Und die Autorin fügt hinzu: »Aber das Fotogramm verstärkt oder verdeutlicht, was für *jede* Fotografie gilt. Jede Fotografie ist das Ergebnis eines Abdrucks, der durch Lichtreflexion auf eine lichtempfindliche Oberfläche übertragen wird.«[31] Das fotografische Bild beruhe auf einer »körperliche[n] Verbindung mit dem Referenten«.[32]

So wie Krauss haben auch die meisten anderen Spurtheoretiker die »Berührung« der fotografischen Platte (oder des Zelluloidfilms) durch die Strahlung des Licht als den eigentlichen Vorgang der Spurenerzeugung beschrieben. Peirce schreibt, »the photograph has an ›optical connexion‹ with the object.«[33] Rudolf Arnheim notiert: »Die physischen Objekte bilden sich selbst mittels der optischen und chemischen Funktionsweise des Lichtes ab.«[34] Susan Sontag spricht von der »Aufzeichnung einer Emanation (Lichtwellen, die von Gegenständen reflektiert werden)«.[35] Ganz ähnlich heißt es auch in einer häufig zitierten Passage bei Barthes: »Die PHOTOGRAPHIE ist, wörtlich verstanden, eine Emanation des Referenten. Von einem realen Objekt, das einmal da war, sind Strahlen ausgegangen, die mich erreichen, der ich hier bin; die Dauer der Übertragung zählt wenig; die Photographie des verschwundenen Wesens berührt mich wie das Licht eines Sterns.«[36]

30 Für die Index-Theorien der Fotografie »veräußert nicht das fotografische Bild das Modell der Fotografie, sondern das Fotogramm, also jene Aufzeichnung, die ohne Kamera, unter Wahrung des physischen Kontaktes von Gegenstand und lichtempfindlichem Träger und ohne Dazwischentreten von Negativ und Positiv entsteht.« (Christoph Hoffmann, »Die Dauer eines Moments. Zu Ernst Machs und Peter Salchers ballistisch fotografischen Versuchen 1886/87«, S. 356.)

31 Krauss, »Anmerkung zum Index: Teil 1«, S. 149.

32 Rosalind Krauss, »Marcel Duchamp oder das Feld des Imaginären«, S. 79.

33 Charles Sanders Peirce, *Collected Papers of Charles Sanders Peirce*, Band 4, Paragraph 447, S. 359.

34 Rudolf Arnheim, »Das Wesen der Photographie«, S. 27.

35 Sontag, »Die Bilderwelt«, S. 147.

36 Barthes, *Die helle Kammer*, S. 90 f.

Wie genau aber geht diese »Emanation des Referenten« vor sich? An anderer Stelle scheint auch Barthes an eine Form der Berührung und des Abdrucks zu denken, wenn er von Fotografien sagt, der Referent bleibe auf ihnen »haften«.[37] Lässt sich das von der Wirkungsweise des Lichts aber tatsächlich sagen? Das Motiv der Berührung ist allen genannten Beschreibungen der fotografischen Spur gemeinsam: eine Berührung zwischen Schablone und Grund, Gesicht des Toten und Totenmaske, Fuß und Sand, zwischen dem Nagel und der Hand, die er durchbohrt, zwischen dem Wetterhahn und dem Wind, der ihn bewegt. Tatsächlich stellt ein solches »Materialitätskontinuum« eine wesentliche Bedingung der Spurenbildung dar. »Nur kraft eines *Kontinuums in der Materialität*, Körperlichkeit und Sinnlichkeit der Welt ist das Spurenhinterlassen und Spurenlesen also möglich.«[38] Ausgerechnet von Kontinuität und Berührung kann im Fall der Fotografie aber wohl nur sehr eingeschränkt die Rede sein. Oder lässt sich das Auftreffen eines Lichtstrahls als unmittelbarer physischer Kontakt oder gar als eine materielle »Verlängerung« der Lichtquelle beschreiben? »Berührt« das Licht die Objekte, auf die es trifft? Ist eine beleuchtete Fläche der »Abdruck« von etwas? Aus einer wissenschaftshistorischen Sicht hat Christoph Hoffmann diese Metaphern problematisiert. Ihnen ist gemeinsam, dass sie »eine unmittelbare Aufzeichnung des Bildes suggerieren und jeden Zwischenschritt, und das heißt eigentlich das Mediale der Fotografie, nämlich den Vorgang der Übertragung und Entstehung des Bildes, dem Denken entziehen«.[39] Auf die Existenz eines solchen »Mittlers«, der ein Eigenleben zwischen Gegenstand und Aufzeichnung führt, hat auch Joel Snyder hingewiesen:

Die scheinbare Erklärungsmacht des Abdrucks verdankt sich zum großen Teil dem, was uns als eine Übertragung der formalen Eigenschaften des Gegenstands, der den Abdruck verursacht, auf das Empfängermedium erscheint. Aber selbst wenn der Abdruck mittels physischen Kontakts wirklich so funktioniert, so kommt es in der Fotografie doch zu keinem vergleichbaren Kontakt. Im fotografischen Prozess sind nicht die Gegenstände aktiv, sondern es ist vielmehr das Licht, das die Veränderung

37 »Kurz gesagt, der Referent bleibt haften.« (Ebd., S. 14.)

38 Sybille Krämer in der Einleitung des Bandes: »Was also ist eine Spur? Und worin besteht ihre epistemologische Rolle? Eine Bestandsaufnahme«, S. 15 (Hervorhebung von P. G.).

39 Hoffmann, »Die Dauer eines Moments«, S. 356.

im lichtempfindlichen Medium hervorruft. Auch wenn also die auf dem fotografischen Film bewirkten Veränderungen mit dem Begriff *Abdruck* zutreffend charakterisiert sind, so ist es doch das Licht, das sich auf dem Film *einprägt.*[40]

Gemessen an diesen Komplizierungen scheint der Transfer vom Objekt zum Bild (und von dort in das Auge des Betrachters) in den zitierten Beschreibungen überraschend problemlos zu gelingen: Man betätigt den Auslöser, und schon eilen die Dinge in Gestalt von Lichtemanationen herbei und lassen sich auf der fotochemisch sensibilisierten Bildschicht nieder. Auch Barthes ist in diesem Punkt merkwürdig ungenau (oder an dieser Art von Befragung der Technik vielleicht ganz einfach desinteressiert): Eine »Emanation« hat stattgefunden, »die Dauer der Übertragung zählt wenig«. Wie aber verhält es sich bei den so entstandenen Bildern mit der »Leitfähigkeit des Wahren«?[41] Ist eine fotografische Spur ein materieller »Teil« des Gegenstandes, wie Susan Sontag schreibt? Oder ist sie seine bloße Lichtemanation, also eine Überführung in ein anderes Medium, wie Barthes – aber auch wiederum Sontag[42] – schreibt? *Repräsentiert* also die fotografische Spur einen Gegenstand? Oder ist sie dessen verlängerte *Präsenz*? Diese Fragen bleiben offen. Die zitierten Autoren haben das fotografische Bild als Resultat von Abdruck und Berührung beschrieben, aber wenig darüber sagen können, wie sie sich diesen Vorgang im Einzelnen vorstellen. Es ist allerdings auch fraglich, wie die Frage nach der materiellen Entstehung der fotografischen Spur befriedigend beantwortet werden sollte. Zweifellos würde auch das Notieren einer chemischen Formel für das Zusammenspiel von Silbersalz und Licht die Lücke zwischen Ding und Bild nicht schließen: Sie wäre ihrerseits nur eine neue, erklärungsbedürftige Metapher.

40 Joel Snyder, »Das Bild des Sehens«, S. 33.

41 Diese Wendung entnehme ich Bruno Latour, »Der ›Pedologen-Faden‹ von Boa Vista – eine photophilosophische Montage«, S. 239.

42 Sontag, »Die Bilderwelt«, S. 148. »Eine Fotografie aber ist nicht nur ›wie‹ ihr Gegenstand, eine Huldigung an den Gegenstand. Sie ist Teil, ist Erweiterung dieses Gegenstands [...].«

5. Was Fotografien nicht sind

Vielleicht lässt sich die Besonderheit der Fotografie tatsächlich am besten dort auffinden, wo man immer schon nach ihr gesucht hat: in der Negation, d. h., indem man daran erinnert, was sie *nicht*, *nicht mehr* oder *nicht nur* ist. »Die meisten modernen Untersuchungen zur Fotografie legen besonderen Wert auf die einzigartige Entstehungsweise von Fotografien, die sich von der Genese handgefertigter Bilder grundlegend unterscheidet.«[43] Bekanntlich sind nicht erst »moderne Untersuchungen« so vorgegangen, sondern bereits die Erfinder und ersten Kommentatoren der Fotografie. In Talbots Beschreibungen der *photogenic drawings* werden immer wieder jene Künste aufgerufen, von denen die Fotografie sich gerade *unterscheidet*. So heißt es in der Einleitung des *Pencil of Nature*, »daß die Tafeln dieses Werkes durch nichts anderes zustande gekommen sind als durch Einwirkung des Lichts auf empfindlich gemachtes Papier. Sie wurden ausschließlich mit optischen und chemischen Mitteln geformt oder gezeichnet und ohne Unterstützung durch irgend jemanden, der mit der Zeichenkunst vertraut wäre [...] Die Hand der Natur hat sie abgedruckt.«[44]

Man mag einwenden, dass solche negativen Definitionen charakteristisch für die Frühzeit eines Mediums sind, in der es vor allem noch darum geht, seine Neuheit gegen tradierte Techniken abzusetzen. Im Falle der Fotografie sind die Vergleiche mit Zeichnung, Grafik und Malerei aber niemals verstummt. Beinahe alle bereits genannten Theoretiker der Spur haben sie bemüht (und tatsächlich wäre eine mögliche Bestimmung der Spur ja darin zu sehen, dass sie nicht eigentlich hergestellt ist, sondern vorfällt).[45] So schreibt Rosalind Krauss, »daß Photographien in einer anderen prozeduralen Beziehung zu ihrem Referenten stehen als Gemälde, Zeichnungen oder andere Repräsentationsformen.«[46] Wenn Talbot notiert, nicht der Fotograf mache das Bild, sondern »das Bild mache sich *selbst*«,[47] so ist das zweifellos ein Fehlschluss. Angesichts der Tatsa-

43 Snyder, »Das Bild des Sehens«, S. 30.

44 William Henry Fox Talbot, »Der Zeichenstift der Natur«, S. 45.

45 Vgl. Anm. 26.

46 Krauss, »Marcel Duchamp oder das Feld des Imaginären«, S. 79. Siehe auch die eingangs zitierte Passage von Susan Sontag (Anm. 1).

47 William Henry Fox Talbot in einem Brief an den Herausgeber der Literary Ga-

che, dass einzelne Phasen der Bildherstellung ohne Zutun des Produzenten ablaufen, war es offenbar naheliegend, den gesamten fotografischen Prozess dieser Selbsttätigkeit zu unterstellen.[48] Auf die Irrtümer, Einseitigkeiten und Übertreibungen solcher Bestimmungen wurde häufig und zu Recht hingewiesen. Natürlich bringt ein englisches Landhaus sein Bildnis nicht »von sich aus« hervor;[49] und natürlich ergeben sich auch Funktion und Lektüre eines Fotos nicht von selbst. Gleichwohl gibt es keinen Grund, mit der Zurückweisung solcher Überzeichnungen die gesamte Aussage zu diskreditieren. Auch Arnheim konturiert die Fotografie, indem er sie von manuell erzeugten Bildern unterscheidet,[50] und verweist auf jenen blinden Fleck der Bildgenese, der sich dem Handeln des Fotografen entzieht: »Das Unheimliche beim Fotografieren besteht darin, daß ein Bild schon zustande kommt, sobald man nur, sonst gänzlich unbeteiligt, auf den Auslöser des Maschinchens drückt. Weder Hand noch Auge brauchen da weiter tätig zu sein. Und da der Anteil des Apparats so groß und der des Menschen so gering sein kann, zögert man, ein solches Produkt ›eine Fotografie‹ zu nennen, wenn man darunter etwas vom Menschen Geschaffenes versteht.«[51] Noch pointierter formuliert André Bazin: »Wenn auch auf dem fertigen Werk Spuren der Persönlichkeit des Fotografen erkennbar sind, so ist diese dennoch nicht von gleichem Rang wie die des Malers. Alle Künste beruhen auf der Gegenwart des Menschen, nur die Fotografie zieht Nutzen aus seiner Abwesenheit.«[52] Auch diese beiden Stellungnahmen beschreiben, wie Arnheim selbst hinzufügt, einen »Extremfall« – einen Fotografen, der agiert, ohne zu sehen; einen Modus der Bildherstellung, bei dem der (humane) Akteur passiv oder gar ab-

zette vom 30. Januar 1839, zitiert nach Gail Buckland, *Fox Talbot and the Invention of Photography*, S. 43 (Hervorhebung im Original).

48 Hier ist allerdings daran zu erinnern, dass Talbots zahlreiche Äußerungen über diese »Naturmagie« der Fotografie von ihm selbst konterkariert werden, denn zur gleichen Zeit führt er Prozesse, um diese »Magie« auf seinen Namen patentieren zu lassen, und einzelne Bildbeschreibungen des »Pencil of Nature« weisen ausdrücklich auf die Gestaltungsmöglichkeiten des Fotografen hin. (Zu Talbot siehe vor allem Hubertus von Amelunxen, *Die aufgehobene Zeit. Die Erfindung der Fotografie durch William Henry Fox Talbot.*)

49 Vgl. Anm. 15.

50 Vgl. Anm. 20.

51 Arnheim, »Die Fotografie – Sein und Aussage«, S. 38.

52 Bazin, »Ontologie des fotografischen Bildes«, S. 62.

wesend ist. Aber der Extremfall verbirgt einen Normalfall des Fotografierens, dessen »Reiz« wiederum Talbot beschrieben hat:

Es geschieht häufig – und macht einen Reiz der Photographie aus –, daß der Photograph selbst, und unter Umständen erst nach langer Zeit, bei der Nachprüfung entdeckt, daß er viele Dinge aufgenommen hat, die ihm seinerzeit gar nicht aufgefallen waren. Auf Gebäuden findet man manchmal Inschriften oder Jahreszahlen, oder man entdeckt auf ihren Mauern höchst belanglose gedruckte Anschlagzettel; und manchmal bemerkt man in der Ferne ein Zifferblatt, auf dem – unabsichtlich – die Stunde der Aufnahme festgehalten ist.[53]

Fotografen wissen eben nur zum Teil, was sie tun, und gerade auch auf diesem blinden Fleck kann der Mehrwert ihrer Bilder beruhen. Etwas im Bild *fällt vor* oder etwas *fällt ins Bild.* Dieser Vorgang markiert den Punkt, an dem die Gestaltungsabsicht des Fotografen mit dem Unerwarteten, dem Unvorhersehbaren und Ereignishaften zusammentrifft. Im Falle der Architekturfotografie Beatos (Abb.) mag diese Ereignisstruktur noch als Defizit, Störung oder Beeinträchtigung des Bildes gelten. Möglicherweise störte die Präsenz der Fliege im Bild den einen oder anderen Betrachter bei seiner Kontemplation der Zitadelle von Kairo. Es gibt aber zahlreiche Fälle, in denen das Unvorhersehbare nicht als Störung, sondern gerade als Resultat und visueller Mehrwert der Bilder verstanden wurde. Das gilt beispielsweise für zahlreiche Anwendungen der Fotografie, bei denen dem Bild ein epistemischer Wert beigemessen wird. Hier werden Spuren nicht eigentlich »hergestellt«, sondern vorsätzlich – aber gleichwohl unkontrollierbar – zum Vorschein gebracht. Das gilt etwa für weite Bereiche der wissenschaftlichen Fotografie, in denen das Bild nicht dokumentieren soll, was ohnehin schon sichtbar war, sondern die Sichtbarkeit (einer Mikrobe, einer radioaktiven Substanz, einer Galaxie etc.) im Gegenteil erst herstellt.[54] Visualisierungen in den Wissenschaften wären eine redundante Veranstaltung, wenn die Wissenschaftler die Bildprodukte ihrer Apparaturen jeweils schon genau voraussehen würden.[55]

53 Talbot, »Der Zeichenstift der Natur«, S. 72.

54 Vgl. Peter Geimer, »Picturing the Black Box. On Blanks in 19th century paintings and photographs«.

55 Am Beispiel der Lebenswissenschaften hat Hans-Jörg Rheinberger in diesem Zusammenhang vom »Unvorwegnehmbaren« gesprochen, in das jedes komplexe Ex-

Selbstverständlich ist eine solche Bestimmung der Fotografie als Medium der Aufzeichnung nicht für alle ihre Erscheinungsformen und Gebrauchsweisen gültig. Es gibt Aufnahmen, die beinahe nichts der Kontingenz überlassen, und andere, die gerade vom Wert des Unvorgesehenen und Nicht-Herstellbaren leben. Es führt zu nichts, diese Modi gegeneinander auszuspielen oder ausschließlich in einem der beiden Extreme das »Wesen der Fotografie« erkennen zu wollen. Es führt ebenfalls zu nichts, das Paradigma der Spur – so uneindeutig es auch verwendet wurde – aus der Fototheorie zu streichen, nur weil man Beispiele aufzählen kann, für die es ohne Belang ist.

6. Schluss

»Konstruktionen der visuellen Realität«, so war kürzlich zu lesen, »wie fotojournalistsiche Reportagen sie darstellen – indem sie behaupten, die Realität zu spiegeln –, sind ebenso künstlich wie die Konstruktion der gesamten gesellschaftlichen Realität.«[56] Vor dem Hintergrund der allgegenwärtigen Digitalisierung des Bildes kommt auch William J. T. Mitchell zu dem Ergebnis: »Der traditionelle Ursprungsmythos, der die Produkte menschlicher Kunstfertigkeit als automatisch erzeugte, perspektivische Bilder begreifen wollte, die der Kausalität natürlicher Objekte gehorchen, [...] hat für uns seine Überzeugungskraft verloren. Der Referent haftet dem Bild nicht mehr an.«[57]

Hat das Paradigma der Spur »am Ende des fotografischen Zeitalters«[58] also ausgedient? Haben Semiotik, Ideologiekritik oder sozialer Konstruktivismus die Vorstellung eines Realen, das sich – wie eine Fliege – ins Bild setzen kann, restlos zum Verschwinden ge-

periment verstrickt sein muss. »Ich ziehe den Begriff des ›unvorwegnehmbaren Ereignisses‹ dem in diesem Zusammenhang oft benutzten Begriff der ›Entdeckung‹ vor. [...] Unvorwegnehmbare Ereignisse meinen eben dieses Auftreten von Dingen und Zusammenhängen, nach denen man nicht gesucht hat. Sie kommen überraschend, aber trotzdem passieren sie nicht einfach so. Sie werden aus der inneren Mechanik der experimentellen Zukunftsmaschine hervorprozessiert.« Hans-Jörg Rheinberger, *Experimentalsysteme und epistemische Dinge*, S. 145.

56 Yves Michaud, »Kritik der Leichtgläubigkeit. Zur Logik der Beziehung zwischen Bild und Realität«.

57 Mitchell, *The Reconfigured Eye*, S. 31.

58 Vgl. Anm. 7.

bracht? Der vielfältige Gebrauch, der von Fotografien gegenwärtig immer noch gemacht wird, spricht eher dagegen. Zwar ist die Fotografie ein »Medium der technischen Manipulierbarkeit« geworden. »Gleichwohl ist, wenn wir die Praxis in den Blick nehmen, nach wie vor eine Selbstverständlichkeit des Umgangs zu konstatieren, die auf das eingespielte System von Produktion, Distribution und Rezeption keineswegs verzichtet.«[59] Der indexikalische Wert, der bestimmten Fotografien heute nach wie vor zugeschrieben wird, lässt sich wahrscheinlich am deutlichsten dort zum Vorschein bringen, wo eben dieser Wert zu der Forderung führt, sie *nicht* zu zeigen. Im Januar 2005 entfachte die Publikation einer Fotografie im Magazin *Folio*, der monatlichen Beilage der *Neuen Zürcher Zeitung*, eine heftige Debatte. Im Editorial des Magazins (»Bomben. Die allgegenwärtige Bedrohung«) richtete sich der Chefredakteur mit folgenden Worten an seine Leser:

Es gibt Bilder in diesem Heft, die möchte man lieber nicht sehen. Das grässlichste zeigt den abgerissenen Kopf einer jungen palästinensischen Selbstmordattentäterin. Sollte man es ungesehen lassen? Wir haben die Frage lange diskutiert. [...] Gewiss, es hätte andere Bilder gegeben: [...] Diese Bilder, in denen sich die Selbstmordattentäter als Märtyrer und Helden inszenieren, sind furchtbar genug. Aber sie zeigen nicht die Realität der Attentate [...] Sie zeigen nicht, was das heißt, wenn eine 20-jährige Frau sich ein paar Kilogramm Sprengstoff umschnallt und sich als Menschenbombe in die Luft sprengt. Das Bild auf Seite 31 zeigt es.[60]

Die Argumentation der Redakteure erinnert an die Position, die auch zahlreiche Kriegsreporter vertreten: Das Schockbild ist ein Gegenbild. Es zeigt eine Seite des Geschehens, die von zahlreichen anderen Bildern – den Selbstinszenierungen der Attentäter – verstellt wird. Um diese Verstellung aufzuheben und einen Blick auf die »Realität der Attentate« zu gewähren, soll das *eine* Foto gezeigt werden. Dazu wird das Bild nicht einfach wortlos präsentiert: Wie um sein Erscheinen noch zu intensivieren, hebt ein zusätzlicher Kommentar hervor, *dass* es gezeigt wird. Überdies macht das Editorial deutlich, dass die Fotografie der Attentäterin vielleicht beinahe *nicht* gezeigt worden wäre (»Wir haben die Frage lange diskutiert«.) Tatsächlich lässt die gewählte Dramaturgie den Lesern die Möglichkeit, das Bild *nicht* anzuschauen. Auf der ersten Seite des Heftes er-

59 Bernd Stiegler, »Zur gesellschaftlichen Lage der Fotografie«, S. 31.
60 Daniel Weber, »Das Grauen«, S. 3.

fährt man, dass man wenige Seiten später »den abgerissenen Kopf einer jungen palästinensischen Selbstmordattentäterin« anschauen kann oder nicht. Das Bild der Toten ist gleichermaßen da und verborgen. Es wartet schon auf Seite 31. Man kann es dort aufsuchen oder aber es für immer auf sich beruhen lassen.[61]

Während ein Teil der Leserschaft die Auffassung der Redakteure teilte (»Danke für die Realität«), meldeten sich andere Leser mit heftigen Unmutsäußerungen zu Wort. Unter dem Titel »Das Bild auf Seite 31« wurde daraufhin eine Homepage eingerichtet, auf der die Leser ihre Ansicht notieren konnten. Man fand die Publikation des Bildes »unnötig«, »sinnlos«, »erschreckend«, »geschmacklos«, »abscheulich«, »ekelerregend«, »widerlich«, »eine Frechheit«. »Sind Sie eigentlich verrückt geworden?«, fragte eine Leserin. Mehrere Leser drohten mit der Kündigung des Abos, erwogen eine Anzeige (u. a. wegen »versuchter psychischer Körperverletzung«). Andere gaben bekannt, das Heft umgehend und ungelesen »entsorgt« zu haben – als sei von der bloßen Existenz der Fotografie im verborgenen Inneren des Heftes eine unmittelbare Kontamination der Wohnräume zu erwarten.

Die Heftigkeit dieser Reaktionen ist bemerkenswert. Es geht hier aber nicht darum, solche Affekte zu bewerten und Partei für oder gegen das Zeigen solcher Bilder zu ergreifen. Vielmehr fragt sich, welches Verständnis fotografischer Bilder in solchen Reaktionen zur Entladung kommt. Im vorliegenden Fall schloss diese Reaktion offenbar auch die »Entsorgung« und Vernichtung des fraglichen Bildes mit ein. Bekanntlich verlaufen die Grenzen von Ikonophilie und Ikonophobie sehr viel subtiler, als eine einfache Opposition von Pro und Contra, Zeigen und Nicht-Zeigen es nahelegen mag. Wer Bilder verbergen will, traut ihnen etwas zu. Auch ein Bilderverbot beruht auf »Einsichten in die Eigenart des Bildes. Zuvorderst wird ihm eine *gewaltige Macht* zuerkannt. Nur deshalb ist es erforderlich, ihm mit Verboten zu begegnen [...].«[62]

Der einschlägigste Text zur Frage der Schockbilder ist zweifellos Susan Sontags *Das Leiden anderer betrachten*. Obwohl sie an keiner Stelle die Kontextabhängigkeit und Schriftabhängigkeit jeder Foto-

61 Diese Form der Präsentation mit Vorwarnung wurde später allerdings von einigen Lesern kritisiert, die beklagten, das Editorial nicht gelesen zu haben, sodass sie beim arglosen Durchblättern des Heftes dann gänzlich unvorbereitet auf das Foto trafen.

62 Gottfried Boehm, »Die Bilderfrage«, S. 330.

grafie aus den Augen verliert,[63] kommt Sontag auf den letzten Seiten ihres Essays doch zu einer positiven Würdigung der Bilder. Die These, die Wirklichkeit sei uns längst zum Spektakel geworden, sei »auf atemberaubende Weise provinziell«, heißt es.[64] »Lassen wir uns also von den grausigen Bildern heimsuchen. Auch wenn sie nur Markierungen sind und den größten Teil der Realität, auf die sie sich beziehen, gar nicht erfassen können, kommt ihnen eine wichtige Bedeutung zu.«[65]

Es bleibt ein Umstand, der angesichts dieses Lobs der Bilder irritieren muss. In ihrem Buch nennt Sontag zahllose Fotografien und gibt zum Teil ausführliche Beschreibungen ihrer Motive – aber sie *zeigt* keine einzige. Wenn man ausschließt, dass diese ikonische Abstinenz auf rein praktische Gründe zurückzuführen ist, muss es andere Gründe dafür geben. Das einzige Bild, das erscheint, ist eine der berühmten Radierungen aus Goyas *Schrecken des Krieges* auf dem Schutzumschlag des Buches.[66] Das Bild zeigt die aberwitzige Macht eines Offiziers, der sein Opfer töten und den Toten anschließend in aller Ruhe und Kaltblütigkeit betrachten kann. Aber gerade dieses Bild kann das im Buch Gesagte nicht zur Darstellung bringen – ganz einfach, weil es keine fotografische Aufzeichnung, sondern eine manuell gefertigte Radierung ist. Seltsamerweise hat Sontag diesen Umstand selbst und ausgerechnet am Beispiel der Blätter des Goyaschen Zyklus hervorgehoben: »Goyas Bilder bilden eine Synthese. Ihr Anspruch lautet: *Solche* Dinge sind geschehen. Im Gegensatz dazu erhebt ein einzelnes Foto oder eine Filmaufnahme den Anspruch, genau das wiederzugeben, was sich vor dem Objektiv abgespielt hat. Von Fotos erwartet man, daß sie zeigen, nicht andeuten«.[67] Man kann es zugespitzt auch so formulieren: Die Toten der Foto-

63 Vgl. etwa Susan Sontag, *Das Leiden anderer betrachten*, S. 17, S. 36 f. und S. 57.

64 Ebd., S. 127 f.

65 Ebd., S. 133 f. und S. 136.

66 Das gilt auch für die amerikanische Originalausgabe.

67 Sontag, *Das Leiden anderer betrachten*, S. 56. Vgl. auch S. 50 f.: »Über Goltzius' Kupferstich *Der Drache verschlingt die Gefährten des Kadmus* (1588) zu erschauern, auf dem ein Mann das Gesicht vom Kopf abgebissen wird, ist etwas ganz anderes, als angesichts eines Fotos von einem Veteranen aus dem Ersten Weltkrieg zu erschauern, dem das Gesicht weggeschossen wurde. Der eine Schrecken ist in einem komplexen Bildthema verankert [...]. Der andere besteht in dem aus nächster Nähe gemachten Kamerabild der unsäglich schrecklichen Verstümmelung eines wirklichen Menschen und sonst nichts.«

grafie haben Namen. Selbst wenn die Bildlegende sie verschweigt, weiß der Betrachter doch, dass dieser Mensch gelebt hat. Die Gehenkten in Goyas *Schrecken des Krieges* haben keine Namen. Selbst wenn sie einen Eigennamen hätten, so gäbe die Zeichnung keine Gewissheit, dass es sie einmal gegeben hat.[68] Damit ist nicht gemeint, Susan Sontag hätte Fotos zeigen *sollen*. Irritierend ist nur ihr Schweigen über diesen Punkt. Es scheint, dass in der Scheu, mit der man solchen Bildern begegnet, noch ein letzter Rest der alten Vorstellung haust, etwas von dem Dargestellten sei in sein fotografisches Double eingegangen. Der Blick trifft diese Bilder auf die denkbar naivste und angesichts eines routinierten Konstruktivismus im Grunde unglaubliche Weise: so als stünde das Bild im unmittelbaren Verhältnis zur dargestellten Sache selbst. Auf eindrückliche Weise hat Sontag etwa die Bilder des Buches *Killing fields* beschrieben – Fotografien kambodschanischer Männer, Frauen und Kinder, die man unmittelbar vor ihrer willkürlichen Ermordung noch einmal vor die Kamera gestellt hat.[69] Es fällt schwer, sich vorzustellen, dass man hier nicht mehr als eine Serie flacher, schwarz-weißer Rechtecke aus Papier vor sich hat, die in einem Zeichenraum flottieren und dem Realismus-Code unterliegen, auf den eine moderne westeuropäische Gesellschaft sich geeinigt hat.

Als Roland Barthes die alte Deutungstradition der Fotografie als »Emanation des Referenten« noch einmal in Anspruch nahm, war er sich bereits des durchaus anachronistischen Anscheins dieser Deutung bewusst. »Bei den heutigen Kommentatoren der Photographie (Soziologen und Semiologen) steht die semantische Relativität hoch im Kurs: nichts ›Reales‹ gibt es (groß ist die Verachtung für die ›Realisten‹, die nicht sehen, daß eine Photographie immer codiert ist), nur das Artefakt«.[70] Eine ähnliche Beobachtung lässt

68 Damit ist selbstverständlich keine Wertung verbunden. Goyas Kunst kann das Wesen des Krieges unter Umständen sehr viel besser zur Darstellung bringen als eine Fotografie. Sie ist aber keine Aufzeichnung und wird auch nicht als solche betrachtet; nur darum aber geht es im vorliegenden Zusammenhang.

69 »Eine Auswahl dieser Bilder [...] macht es möglich, den Blick dieser in die Kamera – also auf uns – starrenden Gesichter Jahrzehnte später zu erwidern. [...] Die kambodschanischen Frauen und Männer aller Altersgruppen, auch viele Kinder, die aus geringem Abstand meist in Halbfigur fotografiert wurden, sehen [...] für immer ihrem Tod entgegen. Für immer stehen sie kurz vor ihrer Ermordung«. Sontag, *Das Leiden anderer betrachten*, S. 73.

70 Barthes, *Die helle Kammer*, S. 90 und S. 97.

sich auch heute noch anstellen. Die Erkenntnis, dass auch Fotografien lügen, hat sich mittlerweile herumgesprochen. Zahllose Studien aus Kunst-, und Wissenschaftsgeschichte, Kultur- und Medienwissenschaft haben gezeigt, in welchem Maße auch vorgeblich objektive Bildtechnologien auf Vorannahmen, technischen, sozialen oder weltanschaulichen Faktoren beruhen. Zumindest im bild- und kulturwissenschaftlichen Denken ist diese Einsicht common sense. Wohl niemand, der sich der Analyse der Bilder verschrieben hat, wird hinter diesen Stand der Dinge zurückfallen wollen und noch einmal der Objektivität der Fotografie das Wort reden. Aber so wie es aussieht, haben manche Fotografien ihre Enttarnung recht gut überstanden. Der Verdacht, sie könnten manipuliert sein, lässt sich immer – und ganz zu Recht – erheben. Aber noch immer werden sie mit dem Anspruch gezeigt und angeschaut, dass diejenigen, die sie zu sehen geben, einmal existiert haben. Daraus lässt sich noch keine Theorie der fotografischen Wahrheit ableiten, aber immerhin eine Irritation in die Rede über das »Ende der Fotografie« einspeisen. Vor dem Hintergrund kunst- und kulturhistorischer Deutungstraditionen, die ihre Methoden vor allem an intendierten, komponierten und »sinnvollen« Bildern geschult haben, stellt sich deshalb noch immer die Frage, welchen Platz die Kunstgeschichte der Kontingenz, dem Vorfall, der »unkomponierbaren« Spur einräumen will.

Literatur

Amelunxen, Hubertus von, »Tomorrow For Ever – Photographie als Ruine«, in: *Tomorrow For Ever. Architektur/Zeit/Ruine*, hg. v. Carl Aigner, Hubertus von Amelunxen und Walter Smerling, Köln 1999, S. 15-25.

–, *Die aufgehobene Zeit. Die Erfindung der Fotografie durch William Henry Fox Talbot*, Berlin 1989.

Arasse, Daniel, *Le détail. Pour une histoire rapprochée de la peinture*, Paris 1996.

Arnheim, Rudolf (1978), »Die Fotografie – Sein und Aussage«, in: ders., *Die Seele in der Silberschicht. Medientheoretische Texte. Photographie-Film-Rundfunk*, hg. und mit einem Nachwort versehen von Helmut H. Diederichs, Frankfurt/M. 2004, S. 36-42.

–, (1974) »Das Wesen der Photographie«, in: ders., *Die Seele in der Silberschicht. Medientheoretische Texte. Photographie-Film-Rundfunk*, hg. u. mit

einem Nachwort versehen v. Helmut H. Diederichs, Frankfurt/M. 2004, S. 20-35.
Baier, Wolfgang, *Quellendarstellungen zur Geschichte der Fotografie*, München 1977.
Barthes, Roland, *Die helle Kammer. Bemerkung zur Photographie*, Frankfurt/M. 1989.
Bazin, André, (1945) »Ontologie des fotografischen Bildes«, in: *Theorie der Fotografie*, Bd. 3, hg. v. Wolfgang Kemp, München 1980, S. 59-64.
Belting, Hans, *Bild-Anthropologie. Entwürfe für eine Bildwissenschaft*, München 2001.
Boehm, Gottfried, »Die Bilderfrage«, in: *Was ist ein Bild?*, hg. von Gottfried Boehm, München 1994, S. 325-343.
Bourdieu, Pierre, *Eine illegitime Kunst*, Frankfurt/M. 1983.
Buckland, Gail, *Fox Talbot and the Invention of Photography*, London 1980.
Didi-Huberman, Georges, *Ähnlichkeit und Berührung. Archäologie, Anachronismus und Modernität des Abdrucks*, Köln 1999.
–, *Phasmes*, Köln 2001.
Dinzelbacher, Peter, »Die ›Realpräsenz‹ der Heiligen in ihren Reliquiaren und Gräbern nach mittelalterlichen Quellen«, in: *Heiligenverehrung in Geschichte und Gegenwart*, hg. v. Peter Dinzelbacher und Dieter R. Bauer, Ostfildern 1990, S. 115-74.
Doane, Mary Ann, *The Emergence of Cinematic Time. Modernity, Contingency, The Archive*, Cambridge/Mass., London 2002.
Dubois, Philippe, *Der fotografische Akt. Versuch über ein theoretisches Dispositiv* (= Geschichte und Theorie der Fotografie 1), hg. v. Hertha Wolf, Amsterdam, Dresden 1998.
Geimer, Peter, »Picturing the Black Box. On Blanks in 19th century paintings and photographs«, in: *Science in Context*, Bd. 17, 2004, S. 467-501.
Hoffmann, Christoph, »Die Dauer eines Moments. Zu Ernst Machs und Peter Salchers ballistisch fotografischen Versuchen 1886/87«, in: *Ordnungen der Sichtbarkkeit. Fotografie in Wissenschaft, Kunst und Technologie*, hg. v. Peter Geimer, Frankfurt/M. 2002, S. 342-377.
Krauss, Rosalind, »Marcel Duchamp oder das Feld des Imaginären«, in: dies., *Das Photographische. Eine Theorie der Abstände*, München 1998, S. 73-89.
–, »Anmerkung zum Index: Teil 1«, in: *Paradigma Fotografie. Fotokritik am Ende des fotografischen Zeitalters*, hg. v. Hertha Wolf, Frankfurt/M. 2002, S. 140-157.
Latour, Bruno, »Der ›Pedologen-Faden‹ von Boa Vista – eine photophilosophische Montage«, in: ders., *Der Berliner Schlüssel. Erkundungen eines Liebhabers der Wissenschaften*, Berlin 1996, S. 191-248.
Michaud, Yves, »Kritik der Leichtgläubigkeit. Zur Logik der Beziehung zwischen Bild und Realität«, in: *Covering the Real. Kunst und Pressebild,*

von Warhol bis Tillmanns (Ausstellungskatalog), hg. v. Hartwig Fischer, Basel, Köln 2005, S. 26-33.

Mitchell, William J. T., *The Reconfigured Eye. Visual Truth in the Post-Photographic Era*, Cambridge/Mass., London 1992.

–, *The Reconfigured Eye. Visual Truth in the Post-Photographic Era*, Cambridge/Mass., London 1994.

Peirce, Charles Sanders, *Collected Papers of Charles Sanders Peirce*, hg. v. Charles Hartshorne und Paul Weiss, Cambridge/Mass. 1931-1958.

Rheinberger, Hans-Jörg, *Experimentalsysteme und epistemische Dinge*, Göttingen 2001.

Roth, Tim Otto, ⟨http://www.photogram.org/frame.html, 2001 [Stand 27. Juni 2006]⟩.

Snyder, Joel, »Das Bild des Sehens«, in: *Paradigma Fotografie. Fotokritik am Ende des fotografischen Zeitalters*, hg. v. Herta Wolf, Frankfurt/M. 2002, S. 23-59.

Sontag, Susan, »Die Bilderwelt«, in: dies., *Über Fotografie*, Frankfurt/M. 1980, S. 146-172.

–, *Das Leiden anderer betrachten*, München 2003.

Stiegler, Bernd, »Zur gesellschaftlichen Lage der Fotografie«, in: *Westend. Neue Zeitschrift für Sozialforschung*, Bd. 1, 2004, S. 25-50.

Tagg, John, »The Currency of the Photograph«, in: ders., *The Burden of Representation: Essays on Photographies and Histories*, London 1988, S. 153-183.

Talbot, William Henry Fox, »Some Account of the Art of Photogenic Drawing«, in: *The London and Edinburgh Philosophical Magazine and Journal of Science*, Vol. XIV., January-June 1839.

–, »Der Zeichenstift der Natur«, in: Wilfried Wiegand, *Die Wahrheit der Photographie. Klassische Bekenntnisse zu einer neuen Kunst*, Frankfurt/M. 1989, S. 45-89.

Vasari, Giorgio, *Leben der ausgezeichnetsten Maler, Bildhauer und Baumeister von Cimabue bis zum Jahr 1567*, Bd. 1, hg. v. Julian Kliemann, Worms 1983.

Virilio, Paul, »Die Kamera als Waffe und das Ende der Fotografie. Ein Gespräch mit Heinz-Norbert Jocks«, in: *Kunstforum International*, Bd. 172 (»Das Ende der Fotografie«), September/Oktober 2004, S. 57-69.

Weber, Daniel, »Das Grauen«, in: *NZZFolio*, Januar 2005, S. 3.

Wolf, Hertha (Hg.), *Paradigma Fotografie. Fotokritik am Ende des fotografischen Zeitalters*, Frankfurt/M. 2002.

Wyss, Beat, »Das indexikalische Bild. Hors-texte«, in: *Fotogeschichte. Beiträge zur Geschichte und Ästhetik der Fotografie*, Heft 76, 2000, S. 3-11.

Mirjam Schaub

Die Kunst des Spurenlegens und -verfolgens

Sophie Calles, Francis Alÿs' und Janet Cardiffs Beitrag zu einem philosophischen Spurenbegriff

Franics Alÿs oder der Purismus der Spur

Im Jahr 1997 schiebt der belgische Architekt und Künstler Francis Alÿs (geb. 1959) einen riesigen, gläsern schimmernden Eisblock wie eine Monstranz durch die Straßen von Mexico City. Die für die Passanten wunderliche Aktion entgleitet rasch. Denn in der Hitze beginnt der Block zu schmelzen und seine scharfkantigen Konturen zu verlieren. War er am Anfang noch mit der unerschrockenen Erhabenheit eines Außerirdischen in der Welt des Drecks und Lärms aufgetaucht, purgatorische Phantasien weckend und als alternatives Reinigungsritual in die Geschichten der Passanten eingehend, findet die Naturalisierung und Neutralisierung des Eisblocks, die gewaltsame Angleichung an seine Umgebung mit unerbittlicher Konsequenz statt. Die Straße wird von Alÿs zum Schleifstein oder Bock für den Block gemacht. Er wird grau und schmutzig wie die Straße. Er wird kleiner und lässt immer größere Rinnsale zurück. Er verändert nicht nur seinen Aggregatzustand, sondern auch seine Form. Gleichzeitig gewinnt er aber auch so etwas wie ›street credibility‹. Zwar rutscht er nun unter den Händen des Künstlers weg, dafür eignet sich seine nunmehr rundliche Form gut zum Treten. Die Arbeit des mitlaufenden Künstlers, der selbst wie ein Solitär in jeder Menschenmasse aufragt, verändert sich im selben Zug wie der Eisblock. Während Alÿs am Anfang noch einem Schamanen oder einem Prozessionsführer gleicht, der würdevoll etwas Heiliges vor sich her bewegt, erscheint er bald als gehetzter Verfolger, der zwischen Autos und Passanten hinter seinem immer kleiner werdenden Kleinod herjagt, bis er schließlich zum Straßenjungen wird, der das tut, was auf Mexicos Straßen alle machen: Kicken! Am Ende ist Alÿs, der sich mit seiner Kunst nie weiter als zehn Blocks von seinem Atelier entfernt, wieder bei sich zu Hause angelangt. Und der handtellergroße Eispuck vor seinen Füßen macht, bevor auch er sang- und klanglos als Schmelzwasser verdampft, wenigstens seinem Namen alle Ehre: *Sometimes Making Something Leads to Nothing.*

Die Aktion erscheint als beißender Kommentar zu Adornos Autonomieästhetik, indem sie die Existenz des Eisblocks als Kunstwerk nicht länger als Dialektik von Gemachtem und *fait social*, sondern schlicht als Produkt der Umgebungstemperatur inszeniert. Der Eisblock erscheint als eine Chiffre auf die Erhabenheit des Kunstwerkes, die sich nicht – wie Adorno das wollte – in der Möglichkeit seines Scheiterns manifestiert. Ein Eisblock scheitert nicht (schon gar nicht, wenn er zu einem Kunstwerk verklärt wird). Er verschwindet klaglos in der Welt, durch die ihn der Künstler geschleift hat. Übrig bleibt, und auch das nur sehr kurz, eine wässrige Spur. Alÿs, den viele für einen Situationisten halten, macht mit ihrer Hilfe nicht einfach auf das Flüchtige und Vorübergehende aufmerksam, als sei das schon ein Ziel in sich selbst. Er erinnert uns auch an die unangenehme Tendenz einer jeden Spur, zu enden bzw. etwas zu Ende zu bringen. Was ist damit gemeint?

Eine beträchtliche Zahl von Spuren sind *Schleif*spuren. Schleifspuren gehorchen dem Topos vom plötzlichen Schwererwerden eines Körpers, der seine Autonomie zu verlieren, der zu fallen, liegen zu bleiben und zu verenden droht. Zwar kostet Alÿs in seiner Inszenierung nur einen natürlichen, weithin bekannten Prozess aus. Auch verweisen seine Schleifspuren nicht auf das Schwerer-, sondern auf das kontinuierliche Leichterwerden des durch die Straße statt durch Künstlerhand geschliffenen Eisblocks. Doch die Konsequenz, mit der Alÿs den schmelzenden Eisblock bis zum bitteren Ende verfolgt und begleitet, ist nicht nur kurios und komisch anzusehen, sie hat auch exemplarischen Wert. Sie weckt selbst im zufälligen Augenzeugen am Straßenrand die Ahnung, es müsse sich um eine künstlerisch kontrollierte Aktion handeln, um eine Art Lehrstück über Spuren, die sich weigern, zu etwas zu führen. Das Inszenieren der Entsubstantialisierung eines Dings im Verein mit seiner Spurwerdung, d. h. einer Spur, die in letzter Konsequenz nichts zeigt, ja, sogar die Uneindeutigkeit des verdampfenden Schmelzwassers scheinen dem Puristen Alÿs als *coincidentia oppositorum* gefallen zu haben.

Spuren und Kunstwerke

In den Arbeiten vieler Gegenwartskünstler/-innen tauchen Spuren weder als eine positive Technik der Wissenserzeugung auf, noch funktionieren sie im Sinne einer negativen Semiologie, die auf eine uneinholbare Abwesenheit verweisen würde. Vielmehr präsentieren sie sich als ein unheimliches Drittes: Sie provozieren beim Betrachter eine Form von Verfolgung, die Erwartung, Angst und Ambivalenz erzeugt, womit sie den geschützten Rahmen der Kunstrezeption zu verlassen drohen.

Angriffspunkt einer künstlerisch induzierten Spurbegegnung sind unsere Affekte, allerdings nicht um ihrer selbst willen. Das Wecken von Neugierde auf einem Gesicht und das gleichzeitige Zögern, dem Impuls nachzugeben, verraten, dass künstlich gelegte Spuren zwar zur Falle für das Begehren werden können, dies aber gleichsam mal im Zeitraffer, mal in Zeitlupe tun. Es ist, als würde man die Welt durch eine dicke grüne Glasscherbe betrachten, auf die man vorher beinahe getreten wäre. Der Gewinn scheint darin zu bestehen, dass eine Erfahrung am konkreten Beispiel (und sei es die eigene affektive Reaktion) parteiischere Fragen und Formen der Reflexion auslöst, als dies philosophische Erörterungen gemeinhin tun.

Hinzu tritt ein stark selbstreferentielles Moment, das die gemachte Erfahrung beständig spiegelt. So macht etwa der Verlaufscharakter einer Performance/Spur allein dadurch auf sich aufmerksam, dass jede Richtungsänderung des Betrachteten den Betrachter/Spurenverfolger nötigt, die Verlaufskorrektur mit seinem eigenen Körper mitzumachen. Die Folge ist nicht selten ein latent komischer Konsequentialismus, der die Verfolgungslogik der Spur und die Betrachtungslogik des Kunstwerkes wie ein sprechender Papagei begleitet. Komisch, weil er aus der Zufälligkeit des Spurenfunds und aus der Freiheit der künstlerischen Aktion heraus einen körperlich wirksamen Pakt auf Zeit mit dem Zuschauer/Beobachter schließt, der sich als emsiger Nachvollzieher und Spurenverfolger nun selbst in mitunter grotesken Stellungen ins Bild setzt. Latent, weil eine Spur/ein Kunstwerk zuallererst das Interesse des Betrachters/Spurenverfolgers wecken und an sich binden muss, etwa dadurch, dass sie/es dessen Bedürfnisse, Lüste und Begierden – man weiß nicht genau, wie – zu antizipieren scheint.

Die Naturalisierung des Gemachten

Die bislang nur insinuierte Homologie von künstlerischer Arbeit und der Kunst des Spurenlegens drückt sich auch darin aus, dass beide einen spürbaren, häufig irritierenden Eingriff in eine bestehende Ordnung des Sichtbaren und des Hörbaren vornehmen. Interessant wird dieser Eingriff allerdings erst dadurch, dass in ihm Künstlichkeit und Natürlichkeit ineinandergreifen, weil auf die Gemachtheit der Spur/des Kunstwerkes sogleich die Naturalisierung des Gemachten folgt. Was ist damit gemeint?

Zunächst einmal ganz banal, dass jede Spur/jedes Kunstwerk ihrer/seiner Umgebung und deren Einflüssen ausgesetzt und ausgeliefert ist und sich gewissermaßen in ihr ›verliert‹. Das Sich-Verlieren einer Spur ist so verstanden nichts Akzidentelles, sondern trägt ihrer Abhängigkeit und Anpassung an die eigene Umgebung Rechnung. (Auch eine Dose aus dem Aldi-Regal wird durch die Rahmung des Museums mit der Zeit zu etwas Kunstförmigem.) Ohne die prinzipielle Möglichkeit der Ablösung von Werk/Spur und Künstler/Spurenleger kämen diese Transformationsbewegungen und Naturalisierungsprozesse der Umgebung – die ja nicht selten das *Material* liefert, aus dem die Spur selbst beschaffen ist – gar nicht zum Tragen. Möglich wird dies durch die je eigene Formbarkeit und Bindungskraft des Materials (so unterschiedlich wie Sand, Ton, Licht und Schall), in das der Künstler seine Spuren einträgt und in dem der Spurenleger die seinen hinterlässt. Spuren sind Prägungen oder materiale Signaturen auf Zeit.[1] Wie die Spur ist das Kunstwerk (und sei es eine Performance) ein Zurückgelassenes, das künftig seine Autonomie behaupten muss, da es zwar auf einen Autor, d. h. auf ein Verursacherprinzip, verweist, nicht aber auf dessen Intention.

Diese kritische Vorher-/Nachher-Struktur der Spur wie des Kunstwerkes verlangt die Aussparung des Moments der Kreation selbst. Das Ereignis des Spurenlegens wird ebenso wie das Ereignis der Kunstschöpfung ausgeklammert. Es findet gewissermaßen nie statt und hat vielleicht auch nie stattgefunden. Behauptet wird lediglich ein loser Konnex zwischen Spur/Spurenleger, Kunstwerk/Künstler. Gerade weil Spuren wie auch Kunstwerke selbst diesen Konnex

1 Ihr Wert steigt – zumindest im Fall des Kunstwerkes – nicht primär aufgrund von Beständigkeit, sondern mit ihrer Seltenheit.

materialiter nicht einlösen können, obwohl sie ihn unaufhörlich versprechen, bietet der öffentliche Raum eine bestechend ›natürlich‹ wirkende Verzahnung und Koppelung beider Größen an.

Die künstlerische Praxis des öffentlichen Spuren*legens* interessiert mich dabei bei so unterschiedlichen Künstler/inne/n wie Francis Alÿs, Sophie Calle und Janet Cardiff als Induktion und als Exploration: als reale Induktion der Tätigkeit des Spuren*verfolgens* beim Betrachter und als eine erste Exploration eben dieser (anderen, zweiten) Praxis, die der ersten schelmisch sekundiert.

Sophie Calle oder die Kasuistik der Spur

Im April 1981 wendet sich die Mutter der Künstlerin Sophie Calle an das Detektivbüro Duluc in Paris und bittet um die Observierung ihrer Tochter, zehn Stunden lang, an einem beliebigen Tag der Woche. Der maschinenschriftliche Bericht, den der Detektiv später verfertigt, hält Calles Blumenkauf, Friedhofsbesuch, Zeitungskauf, Friseurbesuch, Filmkauf, Kino- und Louvre-Besuch[2] fest; die U-Bahnen, die sie nimmt; die Menschen, die sie trifft und zum Abschied umarmt, küsst oder bloß verstohlen am Arm berührt. Sie alle werden beschrieben und gelistet wie verdächtige Autonummern. Dabei geschieht nichts Spektakuläres. Am Donnerstag, dem 16. April, um 17 Uhr 25 zum Beispiel betritt Calle allein das Kino Gaumont-Colisée 36, Avenue des Champs-Elysées, um sich *Lili Marleen* von Fassbinder anzusehen. Um 20 Uhr ist Calle, so steht es später im Abschlussbericht, wieder zu Hause und auch der Detektiv stellt nun, wie er schreibt, seine Arbeit ein.

Schauplatzwechsel. In der Pariser Galerie Perrotin hängen neben dem Bericht der Detektei auch die Photos von *La Filature.* Sie zeigen Sophie Calle, die starr nach vorne blickt, als müsse sie sich dazu zwingen, sich nicht umzudrehen. Daneben gibt es Photos von Tauben, pickend im Jardin du Luxembourg. Und solche, auf denen ein Mann mit Photoapparat zu erkennen ist, was vage an eine Szene aus

2 Um 14 Uhr 15 betritt Calle (*la surveillée est vêtue d'un imperméable gris, d'un pantalon gris*) den Louvre und harrt eine halbe Stunde lang vor einem einzigen Bild aus, dem *Mann mit dem Handschuh* von Tizian. (*Elle prend des notes ainsi qu'une photo.)* – Sophie Calle, »La Filature«, in: dies., *A suivre ... (Livre IV), Préambule, Suite vénitienne, La filature,* S. 134.

Blow Up erinnert. Ein Freund von Calle, so erfahren wir, habe die Photos vom Verfolger geschossen, »Il marchait à vingtaine de mètres derrière elle. [...] J'ai mis la même distance entre lui et mois et j'ai photographié à mon tour.«[3]

Und damit nicht genug: Auch die Künstlerin ist über Monate hinweg fremden Passanten gefolgt (einmal sogar bis nach Venedig[4]), *pour le plaisir de les suivre, non parce qu'ils m'intéressaient*,[5] wie sie betont. Manchmal sei eine verrückte Frisur Auslöser für die Verfolgung, eine schleppende Gangart oder, noch passender, die Tatsache, dass sich eine Passantin pausenlos nach ihr umgedreht habe.[6] Im Zuge ihrer zur Gewohnheit gewordenen Verfolgungszüge ohne Ziel und Zweck (Kant wäre zufrieden mit ihr) photographiert Calle das Gesehene und protokolliert das Gedachte. Auch ihre Sätze sind schnörkellos wie die des Detektivs, doch von merkwürdig intimem Inhalt, Berichte über Gefühle, Begierden, Gelüste. Die Veröffentlichung des Privaten treibt Calle voran, wenn es denn ›wahr‹ ist, was wir da lesen und nicht ein böser Scherz. Das scheinbar Gelebte, scheinbar allzu Private wird von einer Flut von Gesammeltem, Konstruiertem, Rekonstruiertem, Erfundenem orchestriert.[7]

Im Fall ihres eigenen Verfolgers vertraut Calle auf das Klischee vom müßiggängerischen Café- und Museumsbesuch einer unterbeschäftigten Künstlerin. Und sie tut noch mehr: »C'est pour ›lui‹ que je fais coiffer. Pour lui plaire.«[8] Schließlich hat sie seit Anfang der

3 Calle, *A suivre ... (Livre IV)*, S. 147.

4 Sie wird eines Abends, wie Patrick Frey berichtet, einem ihrer ›Opfer‹ auf einer Party vorgestellt. Als sie erfährt, dass er nach Venedig reisen wird, beschließt sie, ihm zu folgen. Die Arbeit wird später unter dem Titel *Suite Venitienne* als »hyperreale« und »hyperfiktionale« Karthographie einer Verfolgungsorgie ausgestellt. Vgl. Patrick Frey: »Grabsteine, Inschriften, Photographien und Legenden. Hyperfiktionen auf Leben und Tod«, S. 102.

5 Calle, *A suivre ... (Livre IV)*, S. 9.

6 »Je la choisis parce qu'elle se retourne sans cesse et qu'elle est persuadée d'être suivie.« – Ebd., S. 15.

7 Doch es ist, wie Luc Sante herausgearbeitet hat, ein »abgekartetes Spiel«, »eine Parodie der Parodie« auf das kulturelle Schindluder, das wir mit der nur temporär heißbegehrten Ware Information treiben, bis sie sich in Wissen, Gerücht, Ahnung, Lüge oder *junk* verwandelt hat. – Luc Sante, »Sophie Calle: Unschärferelation«, S. 86.

8 Calle, *A suivre ... (Livre IV)*, S. 114.

Woche auf ihren Verfolger gewartet, ist jeden Tag ins Aprilwetter geraten und hat das Programm vom perfekten Tag einer Künstlerin abgespult. Als es endlich so weit ist und sie ahnt, dass ihr tatsächlich einer folgt, sieht es fast so aus, als wolle sie ihn warnen, vor sich und ihren künstlerischen Machenschaften. Wäre er ihr zu Roger Viollets *Documentation photographique* gefolgt, hätte er gesehen, dass sie sich Photos von Privatdetektiven zeigen lässt. Im Kino schließlich, so verrät sie uns, denkt sie nur an ›ihn‹. »*Aime-t-il cette journée aux buts effacés, diffus, épars, que je lui propose – notre journée?*«[9] Und während wir, die Betrachter, noch sinnen, welches Mittel gegen Überspanntheit hilft, lesen wir, dass Calles Freund, der den Detektiv für sie photographiert hat, auch gesehen haben will, was der Mann tat, während Calle im Kino saß und an ihn dachte.[10] Der Detektiv schaut sich statt Hanna Schygulla einfach nebenan den Softpornostar Laura Gemser an. Und Sophie Calle? Die ist, wie sie schreibt, selbst nach nur einer halben Stunde aus ihrem Film ausgestiegen und hat sich noch bis fünf Uhr morgens kreuz und quer durch die Stadt geschlagen. Weiß sie nicht, dass sie ihren Verfolger längst abgeschüttelt hat?

Die Klischees des lausigen Detektivs und der ebenso lausigen Künstlerin, die sich mithilfe eines bezahlten Schattens ihrer eigenen ungeschützten Existenz zurückversichern will, werden von Calle in *La Filature* großzügig bedient.

Doch es gibt noch andere philosophisch interessante Momente: Die Beglaubigung des gesamten Geschehens folgt aus der simultanen Observierung derselben Sache aus verschiedenen Perspektiven, die gerade nicht, wie etwa bei Niklas Luhmann, Beobachter verschiedener Ordnungen ausbilden. Bei Calle kommt es zu etwas ›Unmöglichem‹, zu *reziproken Verschachtelungen* der verschiedenen Verfolgergruppen auf ›derselben‹ Ebene. Fasziniert von der zirkulären Kasuistik der Verfolgung, ihrer inneren Logik, inszeniert Calle den Doppelcharakter, die unfreiwillige Simultaneität des Spurenlegens sowie des Spurenverfolgens.

9 Ebd., S. 118.

10 Er habe draußen das Kinoprogramm, die Länge von *Lili Marleen*, studiert und sich dann ein paar Kinos weiter für *Emmanuelle et les filles de Madame Claude* entschieden, einen Softporno von 1978. (Der Titel ist mit *Emmanuelle et les filles de Madame D.* im Bericht von François M. allerdings falsch angegeben, was Zweifel an seiner Authentizität aufkommen lässt.)

Dabei nehmen die gelegten Spuren *als ausgelegte Fährten* bei Calle oft die Gestalt von *hyperrealen Gegenständen*[11] an, die – genau wie bei den Fährten des Fallenstellers – natürlichen wie künstlichen Ursprungs sein können. In der fertig montierten Ausstellung breitet Calle sie als Indizien und Indizes aus, welche den Weg der Verfolger bahnten, ihre Interpretation in Gang setzten, um nun für uns, die Besucher – fixiert in Bildern und wohlgesetzten Worten –, der Deutung zu harren. Denn wir wissen nicht, was am 16. April 1981 geschah. Das liegt nicht nur an der banalen Tatsache, dass wir nicht dabei waren, sondern auch daran, dass Calles ›Spurensicherung‹ geschickt Ambivalenzen in der Beurteilung streut. Ihre Photo-Romane wissen um die Möglichkeit, Bild und Schrift durch gezielte, allzu große Ähnlichkeit auseinanderdriften zu lassen. Schriftförmiges Photo und bildähnlicher Text beglaubigen sich wechselseitig und sind doch korrupte Zeugen, die am Ende weder die Wahrheit des Gesehenen noch die des Gesagten verbürgen können.

Interessant ist, was vom Ende der von der Künstlerin ausgelegten Fährten auf uns, die Betrachter der Szenerie, zurückfällt. Die Abweichungen in den Berichten und zwischen den Photos wecken rasch eigenen Entdeckerehrgeiz. Auf die Spur gesetzt, wechselt der Betrachter in gebückter Haltung zwischen Bildern und Beschreibungen hin und her wie ein aufgeregter Hund, der endlich den Braten gerochen hat.

Der weiße Raum der Galerie/des Museums ist bei Calle also nur die logische Endstation, an der alle Spuren – die natürlichen wie die künstlichen, die falschen wie die echten, die zufälligen wie die notwendigen – in einem Panoptikum des Verdachts zusammenlaufen. Aus der Vogelperspektive zeigt sich rasch, dass auf jede Verfolgerstrategie[12] eine eigene Falle wartet: die Falle der Professionalität, die

11 Mit hyperrealen Gegenständen sind dekontextualisierte und dann durch Geschichten neu aufgeladene, ›umrankte‹ Dinge gemeint, wie Calle sie gern ausstellt. In identischen, an medizinische Schaukästen gemahnenden Vitrinen finden sich etwa die Geburtstagsgeschenke aus 13 Jahren, als (oft gemeine) Erinnerung an die (abwesenden) Schenker drapiert; oder auch die exemplarisch gewordenen, als Tatorte inszenierten Gegenstände (Telefone, Kleider, schiefe Bilder, ausgestopfte Katzen) zählen dazu, fein säuberlich mit Legenden versehen, die Calle neuerlich als *des histoires vraies* ausgibt.

12 So zu tun, als wisse man nicht, dass man verfolgt wird, während man es doch selbst ist, der den Verfolger auf die Spur setzte (Calle); so zu tun, als sei eine Verfolgung ein normaler Auftrag, den man ohne jedwedes Interesse am Objekt

Falle der Fabulier- und Erfindungssucht, die Falle der Institution und die der eigenen Erwartung.

Calle öffnet die Augen für die Unmöglichkeit, gefahrlos einer Spur, die man zur lohnenden Fährte auserkoren hat, zu folgen. Wer einer Spur folgt, muss sie unbequemerweise *wirklich nachvollziehen*, er darf ihren Weg nicht (wie der gelangweilte Detektiv) abkürzen, will er nicht Gefahr laufen, sie zu verlieren. Aber auch der exakte Nachvollzug birgt Gefahren. Er selbst *akzentuiert* unwillkürlich das, was er verfolgt. Er *verbreitert* die Spur und wird so leicht selbst zur Beute(spur) für andere Verfolger. (Ein gefundenes Fressen, wie der Jäger sagt.)

Der öffentliche Raum

Gerade weil es im öffentlichen Raum bereits vor Spuren nur so wimmelt, können sich Künstler/-innen hier mit ihren Interventionen aus einem schier unschätzbaren Fundus an visuellen, auditiven, narrativen Möglichkeiten bedienen. Wenn sie ihre Kunstwerke wie beiläufige Spuren unter all den vielen anderen natürlichen Prägungen und Zeichnungen des Raumes auslegen, dient diese Vermischung – die auf »Anähnelung« (Adorno) mit dem Schonvorhandenen drängt – auch der Herstellung von Glaubwürdigkeit, der strategischen Authentifizierung von etwas Künstlichem. Philosophisch interessant sind öffentliche Räume unter dem Signum der Spur aus wenigstens zwei Gründen: Sie verraten etwas über die eigentümliche Formbarkeit der Räume selbst wie über ihre konkrete Besetzung durch die Alltagspraktiken ihrer Benutzer. Die später sichtbaren Spuren sind nicht selten eine Synthese aus diesen beiden Faktoren. Was ist damit gesagt?

Räume, in denen Spuren so leicht auftreten können wie etwa an einem Strand, sind immer schon Orte, an denen viele verschiedene Spuren *gleichzeitig* auftreten. Spuren neigen dazu, sich an bestimmten Orten zu verdichten; und ihr Verdichtungspotential wächst proportional mit der Attraktions- und Deformationskraft bestimmter Räume und ihrer Materialien. Spuren, könnte man sagen, entste-

durchführt, sodass man zwischendurch noch Zeit für anderes findet (der Detektiv); so zu tun, als sei dies keine Kunst, sondern eine Art Schnitzeljagd für Aushilfsdetektive, die sich zufällig in einem Museum verlaufen haben (die Besucher).

hen als akzidentelle meist nur unter der Bedingung, dass sie ebenso rasch verschwinden, wie sie aufgetaucht sind, d. h., dass sie überschrieben, gelöscht, ja von ihren Orten geschluckt oder einkassiert werden können.

Der Vorgang der Löschung, der sich am Beispiel eines überspülten Strandes noch leicht exemplifizieren lässt, gestaltet sich im städtischen Raum allerdings anders. Statt einer Löschung scheint hier eine friedliche Koexistenz unterschiedlicher Zeiten mit ihrem Nebeneinander aus partieller Zerstörung und kontinuierlicher Überbauung dazu geführt zu haben, dass sich eine relativ homogene Betrachteroberfläche ausgebildet hat, die dem Nicht-Eingeweihten als fraglos gegeben erscheint.[13] Die Verdichtung von Spuren, die nichts miteinander gemein haben als ihr Auftauchen am selben Ort zu verschiedenen Zeiten, prägt unser Bild der Stadt und verlangt nach einer alternativen Form von ›Archäologie‹.

Für den französischen Philosophen und Historiker Michel de Certeau (1925-1986) sind neben den historischen dabei die alltäglichen Gebrauchsspuren von besonderem Interesse. Denn sie verweisen auf Praktiken der öffentlichen Raum- und Körpererfahrung, die immer noch lebendig sind. Der abgewetzte Randstein, die Raucherecke vor dem Werksportal, die Wand mit dem Graffiti erzählen nicht nur vom Wetter des letzten Winters und der prospektiven Kälte der Großen Koalition, sondern erinnern auch daran, dass Menschen Gewohnheiten und Praktiken ausbilden, die im Raum – an ausgewählten, weil affektiv besetzten Stellen – Spuren hinterlassen, die zu Botschaften der Selbstvergewisserung werden. Genau diese affektiven Signaturen und Markierungen sind es, die der stetig begangene öffentliche Raum *en passant* für den Betrachter ausbildet und eine ›unheimliche‹, weil ›blinde‹ Vertrautheit mit der Stadt schafft.[14]

»Stadtbenutzer spielen mit unsichtbaren Räumen, in denen sie sich ebenso blind auskennen, wie sich die Körper von Liebenden verstehen. Die Wege, auf denen man sich in dieser Verflechtung trifft – die unbewußten Dichtungen, in denen jeder Körper ein von

13 Das Nebeneinander verschleiert die dahinterliegenden Zeitbrüche, die unerzählten Geschichten (von dem einen Haus, das dem Baron Haussmann nicht weichen musste, weil das Geld knapp wurde, von dem unterirdischen Gang, der die Straße an einer Stelle absenkt, von dem wiederbegrünten Aufmarschplatz, dessen Wind die Fahnen blähte).

14 Michel de Certeau, »Gehen in der Stadt«, S. 182, 187.

vielen anderen Körpern gezeichnetes Element ist –, entziehen sich der Lesbarkeit.«[15]

Nichts hat dieser Raum mit den Zeichnungen aus der Vogelperspektive, mit unseren Stadtplänen und Seekarten zu tun. Er ist besetzt, okkupiert von ritualisierten Gefühlen der Angst (den Bus zu verpassen), der Langeweile (auf dem Nachhauseweg) oder auch der Vorfreude (auf dem Platz dem Rollschuhläufer zu begegnen). Der öffentliche Raum ist kein homogenes Feld gleichförmiger Benutzbarkeit, er lebt von affektiv gelenkten Aussparungen und Verdichtungen,[16] von Straßenseiten, die nie benutzt werden, von Lieblingsecken, Abkürzungen und Trampelpfaden.

Gehen

Die Praxis, die all dies möglich macht, ist ebenso alt wie einfach und vertraut. Sie bildet – bei Alÿs, Calle und (wie wir sehen werden) auch bei Cardiff – eine der gemeinsamen ›Urszenen‹ des Spurenlegens wie des Spurenverfolgens: »Das Gehen, das sich Schritt für Schritt fortsetzt oder fortgesetzt wird, macht aus der Umgebung etwas Organisch-Bewegliches, eine Abfolge von phatischen *topoi.*«[17]

Für de Certeau ändert sich diese affektive Geometrie mit jeder neuen Begehung ein wenig. Jeder neuer Gang vertieft oder verwirft eine bestimmte, uns oft undurchsichtig bleibende Bindung an einen öffentlichen Raum. Wir heften unsere flüchtigen Gefühle wie Post-it-Zettel an ihn, bereit, sie bei der nächsten Begegnung ungelesen einzusammeln. Die kontinuierliche Überschreibung der fremden wie der eigenen, an den Raum und dessen Ereignisse geknüpften Empfindungen, das scheinbar unwillkürliche, affektiv gesteuerte »Gehverhalten« zerlegt und durchquert den Raum nicht nach eben-

15 Ebd., S. 182.

16 De Certeau erläutert sie in Analogie zu den rhetorischen Stilfiguren von Asyndeton und Synekdoche: »Die eine dehnt ein Raumelement aus, damit es die Rolle eines ›Mehr‹ (eines Ganzen) spielen kann und sich an die Stelle eines ganzen Raumes setzen kann [...]. Die andere erzeugt durch Weglassung ein ›Weniger‹, schafft Lücken im räumlichen Kontinuum und behält nur ausgewählte Stücke, Relikte, zurück. Die eine ersetzt Totalitäten durch Fragmente [...], die andere löst ihre Verbindung, indem sie Konjunktives und Konsekutives einfach wegläßt (ein Nichts anstelle von etwas).« – Ebd., S. 195.

17 Ebd., S. 191.

mäßig panoptischen Gesichtspunkten. Sie erzeugt unregelmäßige Gebrauchsmuster, »Zwielichtigkeit und Zweideutigkeit«.[18]

Wer überhaupt auf öffentlichen oder auch privaten Wegen läuft, hinterlässt – je nach der Beschaffenheit des Bodens und seines Schuhwerks natürlich – unbewusst eigene Spuren und läuft gleichzeitig nicht minder ignorant immer schon auf den Spuren anderer. Die eigenen Schritte verlaufen nicht selten auf demselben Pflaster, auf dem eben noch jemand Pläne machte, bevor ein Unglück geschah. Binden Orte auch unterhalb der Schwelle der Sichtbarkeit etwas von unseren Affekten, das sich rücküberträgt? Im Moment des Wiedererkennens kippt die harmlose Szenerie des einfachen Laufens in eine *Verfolgung wider Willen* um. Wir sind hier nicht allein (mit uns und unseren Erfahrungen).

Die scheinbar so einfache und fraglose Praxis des Gehens[19] erweist sich dabei als eine ›Schlüsselqualifikation‹ nicht nur für das Spurenlegen, sondern auch für das Spurenverfolgen. Die latente Ziellosigkeit der Gehens, das Verfehlen des Ortes, an dem man gerade (viel zu kurz) ist, und das mögliche Sichverlaufen der Spur, das man (mit)verfolgt, stützen sich wechselseitig in ihrem beiläufigen und transitorischen Charakter. Bei de Certeau klingt es wie eine Definition des Spurbegriffs, wenn er vom Gehen sagt: »Es ist der unendliche Prozeß, abwesend zu sein und nach einem Eigenen zu suchen.«[20]

Janet Cardiff oder die Kriminalistik der Spur

Aus dem Gehen heraus hat die kanadische Künstlerin Janet Cardiff (geb. 1957) ein Kunstwerk völlig neuen Typs und Formats entwickelt. Ausgerüstet mit Discman und Kopfhörer schickt sie ihre Besucher in die Straßen und Parks der Stadt, jagt sie hinaus aus den Museen, hinein in die angrenzenden Keller, Archive und Treppen-

18 Dies und das voranstehende Zitat: Ebd., S. 194.

19 Gehen, das ist eine dem Körper sehr entgegenkommende Form der Vorwärts- und Fortbewegung, nicht zu langsam, nicht zu schnell, gerade rasch genug, um sich mit den Augen dem stetigen Wechsel der Umgebung anpassen zu können. Sie ist häufig mit der Bewegung der Gedanken verglichen worden. Die ersten Philosophen waren Peripathetiker, Wandelgangdenker.

20 Ebd., S. 197.

häuser. Ihre Stimme gibt dabei den Ton an. Und sie gibt Unerhörtes zu hören: den Flügelschlag eines Fliegenschwarms, Gesprächsfetzen von einer nahen Bank, das Rascheln eines eben zertretenen Blattes, plötzliches Pferdegetrappel, das Herüberwehen einer längst vergessenen Musik. Einander überlagernde Tonspuren verwandeln die Welt für den Betrachter – ihn auf einer unsichtbaren Bühne sanft dirigierend – in ein vollkommenes Kinoereignis (*physical cinema*).[21] Wem also Glauben schenken? Dem Gehörten, dem Gesehenen, dem Vorgestellten, dem Wahrscheinlichen?

Cardiffs Audio- und Video-Walks[22] stellen die Konventionen einer Ortsbegehung oder auch Museumsführung auf den Kopf. Sie führen den Betrachter aus dem Reich des etablierten Sehens hinaus, indem sie seinen Atem mit dem bloß gehörten Atmen einer Frau synchronisieren. Die Akkusmatisierung,[23] d. h. die frei schwebende Stimme ohne Rückbindung an einen Körper, die sich mit uns zusammen durch den Raum bewegt, evoziert eine Art Trance; sie erzeugt die Simulation von Schwellenbewusstsein mittels einer akustischen Rückkoppelung, welche die Zuhörer mit der verführerischen Stimme einer Fremden verbinden.[24] Bei Cardiff folgen wir rein akustischen Spuren. Sie sind unser Ariadnefaden, der hinein in das Labyrinth einer unerhörten Welt führt. Durch die Kopfhörer ist der Kontakt zur Welt zwar gedämpft, jedoch nicht abgebrochen, so

21 Die Intensivierung aller Sinneseindrücke geschieht – anders als im Kino – gerade dadurch, dass sich die gehende Person ihres eigenen, lebendigen Körpers zurückversichern muss, will sie nicht stolpern oder in ein Auto rennen, dessen Motorgeräusche sie zuvor (aufgrund der Kopfhörer) überhört hat. Der Regisseur Atom Egoyan stellt ein bisschen beschämt fest: »The degree of interaction is profoundly respectful, yet extremely invasive.« – Vgl. ders., »On Janet Cardiff«, S. 3.

22 Sie führen etwa durch die Skulpturenausstellung in Münster (1997), die Carnegie Library in Pittsburgh (1999), das Londoner East End (1999), das MoMA in San Francisco (2001), den New Yorker Central Park (2004), das Berliner Hebbel-Theater (2005) oder über die Schlacht von Jena und Auerstedt (2006). Viele der Arbeiten sind in Kollaboration mit dem Künstler George Bures Miller entstanden. In San Francisco und in Berlin handelt es sich um Video-Walks. Die Besucher/-innen werden nicht mit einem Discman oder einem IPod, sondern mit einer Videokamera in der Hand losgeschickt.

23 Michel Chion, *La Voix au Cinéma.*

24 Scheherazade, die Sirenen, der nächtliche Gesang unserer Mütter: Cardiffs gleichbleibende, unaufgeregte Stimme arbeitet auch gegen die klischierten Inbilder an, die sich in unserer Kultur mit dem Auftreten körperloser Frauenstimmen verbinden.

dass man sich in wenigstens zwei akustischen Räumen *zugleich* aufhält: dem vorab aufgezeichneten und dem sich aktuell ereignenden. Einer ›audio-visuellen Brücke‹ gleich findet eine Überschneidung von vorgespie(ge)lten und unbeabsichtigten Ereignissen statt. Wie in einem *cadavre exquise*-Spiel scheint sich die Wirklichkeit in unterschiedliche akustische und visuelle Welten aufzufächern, teils zu verdoppeln, teils zu ergänzen.

Vielleicht kann man sagen, dass Cardiffs Kunst mit der Entdeckung der anthropologischen Tatsache beginnt, dass das Gehörte unmittelbar Gefühle evoziert, unabhängig von der Tatsache, ob es auch real sichtbar ist. Während das Auge sucht (und Beute macht), lauscht das Ohr (auf das, was uns erbeutet). Das Ohr ist das Organ der Angst. Nicht leicht, es in Sicherheit zu wiegen. Warum ist das Einfache und das technisch Ausgetüftelte, das Durchschaubare und das Magische in diesen Arbeiten so perfekt austariert? Warum funktioniert die akustische Täuschung, das Hörig-Werden bei Cardiff so selbstverständlich?

1. Die Geräusche, Stimmen und Töne müssen zu den Erwartungen passen, die der uns umgebende Ort weckt. Sie müssen sich – wenigstens zum Teil – mit dem Konventionellen treffen, wenn es gelingen soll, dem Zuhörer auch ›falsche‹, d. h. inaktuelle oder künstlich erzeugte Geräusche unterzujubeln.[25]

2. Die Geräusche, Töne und Stimmen müssen das körperliche (Wohl)Befinden des Zuhörers tangieren, ihn in ein akustisches Geschehen verwickeln, dem er sich nicht leicht entziehen kann, gerade weil sein schweifender Blick immer wieder *sichtbare* Anhaltspunkte für das Gehörte findet.

3. Der Moment der plötzlichen Wiedererkennung wird bei Cardiff dadurch erzielt, dass die aufgenommenen Geräusche und Töne tatsächlich den Orten entstammen, durch die der spätere Besucher wandert. Die akustische Irritation ist perfekt, wenn eine Synchronisierung gelingt, also wenn sich das gerade Gehörte – vorab Aufgezeichnete – plötzlich in der Erfahrung verdoppelt, weil dasselbe Geräusch ›zufällig‹ noch einmal auftaucht.

25 Ich denke da z. B. an das Eisbärengebrüll, das einem mitten auf dem Domplatz – gleich zu Beginn des *Münster Walks* (1997) – begegnet und sehr gut hineinpasst in eine Stadt, die ihre Wiedertäufer in Käfigen von den Glockentürmen der nahe gelegenen Lambertikirche herabhängend ausstellte.

Die im Headset hörbare Welt muss also, um täuschen zu können, einen echten Ortsbezug und ›vitale‹ Bedeutung für den Zuhörer haben, der – mit schleichendem Unbehagen – auf Cardiffs Spuren wandelt. Denn ihre Arbeiten zeigen, wie sehr das bloß Gehörte auch das Zu-Sehende affiziert, infiziert, dirigiert.[26] Man *meint* zu sehen und *möchte* sehen, was man hört. Schön und unheimlich ist es, wenn man wie in *The Missing Voice* (London, 1999) plötzlich eine am Fuß verletzte Taube nahe Bishop's Gate erblickt, von der Cardiff gerade noch gesprochen hat.[27]

Das Unheimliche ist bei ihr kein billiger Effekt, sondern erwächst aus den praktisch gewordenen Reflexionen über das Spurenverfolgen und aus den reflexiv gewordenen Praktiken des Spurenlegens selbst. Sie betreffen

– das eigene Wandeln auf und die Begegnung mit fremden Spuren, welche/s Cardiff immer wieder explizit zum Thema ihrer Walks macht (Cardiff: »Here's a painting I just saw in New York. *The Menaced Assassin.* It's kind of creepy, someone's left a note between the pages.« – Voice of a Man: »Someone's following you.«),[28]
– das Folgen fremder Personen, in deren ›Schutz‹ sie/man sich begibt (»I sometimes follow men late at night when I'm coming home from the tube station. I pick a man that's going my way and then stay behind him. It makes me feel safer.«),
– das Verfolgen des Verschwindens dritter Personen, die einem selbst ähneln (Cardiff: »She sees his face in the window and tries to hide. As the train picks up speed, she turns her head to watch him fade into distance.«),
– das Animieren des Betrachters, seinerseits ihren rein akustisch gelegten Spuren zu folgen (»Try to follow the sound of my footsteps so that we can stay together.«),

26 Durch die dem menschlichen Ohr nachempfundene Aufnahmetechnik, die einen perfekten 3-D-Eindruck vermittelt, liefert alles Gehörte den Raum, dem es entstammt, und die Richtung, die es nimmt, mit. Ausgestattet mit allen Anzeichen von Präsenz verlangt das Gehörte aufgrund seiner Prägnanz und Präsenz nach einem visuellen Gegenstück.

27 »I like looking at the roof tops from her. A plane is flying above the buildings. There's a pigeon walking around me with a stub as one foot and only two toes on the other one.« – Aus Janet Cardiffs Skript von *The Missing Voice (Case Study B)*.

28 Die wörtliche Rede, auch die noch in diesem Unterkapitel folgende, stammt aus Cardiff, ebd.

– das Verfolgtwerden von anderen Stimmen (Detective: »As far as I can tell she's mapping different paths through the city. I can't seem to find a reason for the things she notices and records.«).

Durch die Überlappung des aktuellen akustischen mit dem vorab aufgezeichneten, virtuellen Geschehen findet man selbst ›Indizien‹ für die Richtigkeit und Triftigkeit des Gesagten. Die Unheimlichkeit, die sich beim Betrachter einstellt, rührt daher, dass man sich unfreiwillig längst am ›Ort des Geschehens‹ befindet, weil man Cardiff *wirklich* aus dem geschützten Raum einer Bibliothek, eines Museums oder einer Galerie hinaus ins Freie gefolgt ist, in einen Raum, in dem sich die Kunst ›die Bühne‹ mit zufälligen Ereignissen teilen muss. Hier, mitten im ›realen‹, kunstlosen Geschehen, ist man der Suggestivkraft ihres Narrativs besonders schutzlos ausgeliefert, weil es sich mit dem aktuellen Geschehen so nahtlos verwebt. Nicht nur, dass das Gehörte ›wirklich‹ und ›wahr‹ sein könnte, irritiert; auch die eigene Willigkeit, einer fremden Stimme (wohin eigentlich?) zu folgen, wirft unbequeme Fragen auf. Gefährlich scheint auch die Intimität und die Komplizenschaft, die sich während eines oft mehr als 30-minütigen Walks mit der körperlosen Erzählstimme einstellt. Sie scheint beinahe wie im eigenen Kopf zu sprechen, intensiviert und beglaubigt noch durch den aktiven, eigenen *körperlichen* Mitvollzug des beschrittenen Wegs. Man *weiß*, dass man *exakt* dort geht, zögert, stehen bleibt, wo vorher die Künstlerin mit ihrem Aufzeichnungsgerät gewesen ist. (Man fürchtet sich vor ihrem Mehrwissen, ihren antizipatorischen Fähigkeiten, ihrem genauen *studium* des Ortes.) Und man hat Angst, sich zu verlaufen, den Weg nicht mehr zurückzufinden, denn irgendwann ist der ›Walk‹ zu Ende und die Künstlerin entlässt einen, wie nach einer psychoanalytischen Sitzung, mit einem knappen Bescheid: »I wanted to walk you back to the library, but there's not enough time. Please return the discman as soon as possible. Goodbye.«

Dabei ist dieser ungeschützte, von keinen Stimmen mehr begleitete oder verfolgte Nachhauseweg erst Garant für das Funktionieren der gemachten Erfahrung, ihr *punctum.* Auf dem Rückweg erfährt man denselben Raum, die Alltäglichkeit seiner Durchquerung, unter dem Signum des Verdachts (eine Spur für etwas anderes zu sein) plötzlich mit anderer Schärfe, verlängert das Zuvor-Gehörte unwillkürlich ins Jetzt hinein.

Dabei zeigt sich ein wesentliches Merkmal des Unheimlichen überhaupt: »Die vertrautesten Dinge bekommen eine Dimension des Unheimlichen, an einem Ort, wo sie fehl am Platz sind, einem Ort, der ihnen ›nicht ansteht‹«, heißt es bei Slavoj Žižek. »Und der Nervenkitzel kommt genau von dem vertrauten und heimeligen Charakter des am verbotenen Ort Vorgefundenen – es ist dies eine perfekte Illustration der fundamentalen Ambiguität der Freudschen Kategorie des *Unheimlichen.*«[29] Freud hat, vorbereitet durch Schelling,[30] die Latenz des Unsichtbaren im Sichtbaren entdeckt und das Gefühl des Unheimlichen als die Rückkehr des Verdrängten gedeutet.[31] Das Verdrängte ist aber – wenn wir Stanley Cavell glauben wollen – nicht nur dem psychologischen Subjekt geschuldet, sondern entsteht auch als Nebenprodukt der philosophischen Durchdringung der uns scheinbar so fraglos vertrauten Welt. (Cavell nennt dies das Problem des ›Skeptizismus‹ oder den latenten »Wunsch der gewöhnlichen Sprache, sich selbst zu widerrufen«,[32] genau in dem Maße, wie sie die Welt rigoros versprachlicht.) Das Gewöhnliche der Dingwelt wie der Sprachwelt ist uns unheimlich, nicht weil es *clandestinement* doch geheimnisvoll wäre und *etwas* unterhalb der Sichtbarkeit verbergen würde, sondern weil es aufgrund seiner eigenen Naturalisierungs- und Homogenisierungstendenzen gerade *keine Spur* festzuhalten vermag, keine Verweisstruktur ausbildet, die aus seiner Immanenz hinausführen könnte. (Doch der Reihe nach.)

Dem Geschmack des *fin de siècle* für kunstvolle Puppen und Automaten folgend, erwächst das Unheimliche für Freud – etwa in

29 Slavoj Žižek, *Liebe Dein Symptom wie Dich selbst! Jacques Lacans Psychoanalyse und die Medien,* S. 100.

30 »Unheimlich nennt man alles, was im Geheimnis, im Verborgenen, in der Latenz bleiben sollte und hervorgetreten ist.« – Friedrich W. J. Schelling, *Philosophie der Mythologie,* S. 649.

31 Heim(e)lig ist demnach zugleich das »zum Hause Gehörige«, das Vertraute, Zahme, Trauliche, Anheimelnde wie das »Versteckte, verborgen Gehaltene«, Freud schließt: »Also heimlich ist ein Wort, das seine Bedeutung nach einer Ambivalenz hin entwickelt, bis es endlich mit seinem Gegensatz unheimlich zusammenfällt.« – Sigmund Freud, »Das Unheimliche«, in: ders., *Freud-Studienausgabe,* Bd. IV., S. 245, 247, 250.

32 Stanley Cavell, *Die Unheimlichkeit des Gewöhnlichen und andere philosophische Essays,* S. 77.

E. T. A. Hoffmanns Erzählung *Der Sandmann*[33] – aus dem Zusammenspiel von Überkommenem und Verdrängtem. Überkommen sei etwa der Animismus, d. h. der Glaube an die Belebtheit der Dingwelt, der Glaube an Magie, Zauberei und die Allmacht der Gedanken; verdrängt hingegen unser ambivalentes Verhältnis zu den Toten, zum Totsein, zum Verschwinden überhaupt und die Angst vor Depotenzierung (Kastrationsangst). Zuletzt, und eigentlich in keine der beiden Kategorien passend, führt Freud noch ein strukturales Element ein: *die Unentrinnbarkeit unbeabsichtigter Wiederholungen.*

Freud berichtet an dieser Stelle von seinem eigenen Umherirren an einem heißen Sommernachmittag durch eine italienische Kleinstadt. Seine verzweifelten Versuche, nicht im Kreis zu laufen, scheitern – wie in einem Cardiff-Walk – an der Fesselung des Atems und des Blicks. »Meine eilige Entfernung hatte nur zur Folge, dass ich auf einem neuen Umwege zum drittenmal dahingeriet.« In den italienischen Häusern sind plötzlich überall »nur geschminkte Frauen an den Fenstern [...] zu sehen«. Retrospektiv hat Freud eine Interpretation für seine Verwirrung und Verirrung parat, »das Moment der unbeabsichtigten Wiederholung ist [es], welches das sonst Harmlose unheimlich macht und uns die Idee des Verhängnisvollen, Unentrinnbaren aufdrängt, wo wir sonst nur von ›Zufall‹ gesprochen hätten.«[34]

Der amerikanische Philosoph Stanley Cavell hätte hierüber wahrscheinlich herzlich gelacht und eingewandt, wahrscheinlich seien es einfach nur neugierige, aber ganz ›gewöhnliche‹ italienische Frauen gewesen, über deren lässige, alltägliche Extravaganz der österreichische Psychoanalytiker mit seinen Phantasien gestolpert sei.

33 Stanley Cavell zeigt in seiner fabelhaften Relektüre, seiner neuerlichen Engführung von Freuds Paradetext und Hoffmanns Erzählung, dass Freuds verfehlte Interpretation der Schlussszene daran liegt, dass er die »entsetzliche Vision der Gewöhnlichkeit, des unauffälligen Anderen, der genau als das gesehen wird: als unauffälliger Anderer« nicht zu Ende zu denken wagte. – Vgl. Cavell, ebd., S. 83.

34 Freud, »Das Unheimliche«, S. 260.

Abschließende Betrachtung

Ich habe drei Arbeiten von Sophie Calle, Francis Alÿs und Janet Cardiff ausgewählt, weil sie alle aus Praktiken des Gehens im öffentlichen Raum entstanden sind, trotz jeweils anderer ästhetischer und politischer Akzentsetzungen. Durch den Zwang, sich in einem schon codierten, mit Spuren übersäten Raum behaupten zu müssen (*als Kunst* zum Beispiel), erhellen alle Arbeiten nicht bloß den allgemeinen Zusammenhang von Kunstwerk- und Spurbegriff, sondern werden als konkrete Techniken des Spurenlegens wie Spurenverfolgens lesbar. Sie alle rechnen und arbeiten mit dem neuplatonischen und scholastischen Indizienparadigma der Spur und sie liefern – mit Sigmund Freud und Stanley Cavell als die Verdrängung des Gewöhnlichen gelesen – auch eine Diagnose der Fallstricke des Spurenlesens.

Die wachsende Unbehaglichkeit, die das Verfolgen künstlich gelegter Spuren für den durchaus willigen Kunstbetrachter mit sich bringt, nährt sich dabei – so die abschließende These – aus den Anleihen, die eine künstlerisch induzierte Spurenjagd bei ihrem natürlichen, d. h. unwillkürlich erzeugten Pendant zwecks eigener Naturalisierung macht.

1. *Die Spur als lokale Markierung: Verdichtung und Verdrängung.* Spuren ›neigen‹ dazu, sich an bestimmten Orten zu verdichten. (Auch hier liefert die Duftspur den entscheidenden Hinweis.) Da Spuren nicht nur akzidentelle, sondern auch zielgerichtet vorgenommene Signaturen von lebendigen Wesen sind, kommt es zu einem regelrechten Wettstreit um das Absondern von Spuren, Codes und Zeichen (für welche Nase auch immer). Das hat nicht nur mit der Überbietungslogik der Spurenleger zu tun, sondern auch mit den Orten selbst (wie Stränden, weichen Böden, einladenden Bäumen), die für die Ausbildung, Ausprägung, Verwischung oder Konservierung von Spuren materialiter besonders geeignet sind.

2. *Überschreibung und Einschreibung der Spur.* Spuren werden – zumal im öffentlichen Raum – immer schon überschrieben, verwischt, totgetrampelt. Ihre Aussagekraft ist daher immer nur von begrenzter Dauer. Jede bewusste künstlerische Intervention ist hier ein Akt, der andere Spuren tilgt, aber auch selbst Gefahr läuft, von

anderen Codierungen überschrieben zu werden. Diese Instabilität macht den Reiz natürlicher Spuren und ihrer Verfolgung aus.

3. *Die Spur als Stolperstein: das Wecken des Interesses.* Jede Spur muss als Spur entdeckt und d. h. ›gelesen‹ werden. Für den Künstler bedeutet das, er muss ihre Entdeckung ›erleichtern‹, indem sie dem Betrachter durch ein abweichendes Detail ins Auge springt. Das ist das berühmte ›Stolpern‹ über eine Spur, wobei sie selbst nicht selten der ›Stolperstein‹ ist.

4. *Die Spur als Falle: Verführungskraft und Verfolgungslogik der Spur.* Eine Spur muss *verlocken*, damit man ihr auch wirklich folgt. Sie muss – wie die berühmte Duftspur – eine Form von Versprechung (nicht nur für Hundenasen) bereithalten. Die allgemeinste Form dieser Verlockung besteht in dem Versprechen, dass die Spur tatsächlich zu etwas Interessantem, Neuem, Noch-Unerkanntem führt. Eine Spur setzt einen ›auf die Spur‹. Wie einem plötzlichen Zwang gehorchend, *muss* man ihr folgen. Daher die Ahnung, man werde immer schon von anderen Spurenlesern verfolgt, die möglicherweise vor einem das Ziel erreichen. Daher die Angst, man könne in eine Falle laufen, allzu blind der Fährte folgen.

5. *Die Spur als Versprechung und als Enttäuschung.* Gestützt werden das Versprechen auf Erfüllung wie auch die Angst vor der Enttäuschung durch die kommode Vorstellung, eine Spur führe an ihrem Ende zu demjenigen, der sie legte, oder zu dem, was sie verursachte. Genau diesen ›Glauben‹ kann sich die künstlich und künstlerisch gelegte Spur leihen, etwa, um diesen Glauben später als trügerisch zu entlarven oder um sich selbst als natürliche Spur neben anderen zu behaupten. Insofern ist das von Künstlern gepflegte Spurenparadigma aus dem *Geist der Fährte* auch der Versuch, sich die Gefährlichkeit und Widerständigkeit der Welt zu borgen, bevor die Karawane der professionellen Kunstbetrachter und -versteher lächelnd weiterzieht.

Literatur

Alÿs, Francis, *Walking Distance from the Studio*, Kunstmuseum Wolfsburg 2004.

Calle, Sophie, *M'As-Tu vue*, hg. v. Christine Macel, München, Berlin, London u. a. 2003.

–, *Die wahren Geschichten der Sophie Calle,* Kassel 2000.

–, *A suivre ... (Livre IV), Préambule, Suite vénitienne, La filature,* Paris 1998.

Cardiff, Janet, *The Missing Voice (Case Study B)*, London 1999.

Cavell, Stanley, *Die Unheimlichkeit des Gewöhnlichen und andere philosophische Essays*, hg. v. Davide Sparti und Espen Hammer, übers. v. Martin Hartmann, Frankfurt/M. 2002.

Certeau, Michel de, *Kunst des Handelns*, aus dem Französischen von Ronald Voullié, Berlin 1988.

Chion, Michel, *La Voix au Cinéma*, Paris 1982.

Egoyan, Atom, »On Janet Cardiff«, in: *BOMB Magazine*, No. 79, Frühjahr 2002.

Freud, Sigmund, »Das Unheimliche«, in: ders., *Freud-Studienausgabe*, Bd. IV, Psychologische Schriften, Frankfurt/M. 1970, S. 241-274.

Frey, Patrick, »Grabsteine, Inschriften, Photographien und Legenden. Hyperfiktionen auf Leben und Tod«, in: *Parkett*, No. 36, Zürich, Berlin, New York 1993.

Sante, Luc, »Sophie Calle: Unschärferelation«, in: *Parkett*, No. 36, Zürich, Berlin, New York 1993.

Schaub, Mirjam, *Janet Cardiff. The Walk Book*, Köln 2005.

Schelling, Friedrich W. J., *Philosophie der Mythologie,* Stuttgart, Augsburg 1857.

Žižek, Slavoj, *Liebe Dein Symptom wie Dich selbst! Jacques Lacans Psychoanalyse und die Medien*, Berlin 1991.

II. Metaphysik und Epistemologie der Spur

Ze'ev Levy

Die Rolle der Spur in der Philosophie von Emmanuel Levinas und Jacques Derrida

1. Spur und Zeichen

Der Begriff der Spur spielt eine sehr wichtige Rolle in der Philosophie von Emmanuel Levinas. Dies zeigt sich bereits in seinen ontologischen Untersuchungen. Neben »Sein« *(être)* und »Nicht-Sein« *(non-être)* führte er noch einen dritten Begriff ein – »Sein in der Spur«. Aber eigentlich verweist die Spur nicht auf das Sein, sondern auf das, was »über das Sein hinaus« geht *(au-delà de l'être)*. In diesem Zusammenhang betonte Levinas den Unterschied zwischen dem Begriff »Spur« und dem des »Zeichens«, welcher in der Philosophie wirksam wurde durch die Semiotik von Charles Sanders Peirce sowie die strukturale Linguistik von Ferdinand de Saussure. Levinas wies auf folgenden Unterschied hin: Die Aufgabe des Zeichens ist es, Vorhandenes in der Welt zu bezeichnen, das gegenwärtig abwesend ist. Es bezeichnet eben dessen Abwesenheit. Die Spur ist das genaue Gegenteil, nämlich sie bezeichnet etwas, das nicht mehr in der gegenwärtigen Welt vorhanden ist. Sie bezeugt, wie auch Derrida erklärt, ein Anderes, das unsichtbar ist.[1] Sie ist sozusagen etwas aus der Vergangenheit, das eben nur eine »Spur« hinterlassen hat. Bei Derrida gilt das besonders für textuelle Spuren und er verbindet das mit einer gewissen Rehabilitierung der Schrift *(écriture)*. Das unsichtbare Wesen, dessen Transzendenz und Abwesenheit laut Levinas durch eine »Spur« angedeutet wird, hat uns mehr schriftliche als gesprochene Spuren hinterlassen (die Heiligen Schriften z. B.). Auf Französisch bezeichnet das Wort *écriture* sowohl »Schrift«, »Schreiben« wie auch »die heiligen Schriften«. Derrida erwähnte die letzteren als einen Beweis des Vorrangs der Schrift gegenüber dem Sprechen. Er beschrieb sogar die Aussage der Talmud-Weisen, die Levinas in *Difficile Liberté* anführte, nämlich dass man die Torah mehr lieben soll als Gott,[2] als eine weitere Bestätigung dieses Pri-

1 Jacques Derrida, *De la Grammatologie*, S. 151.

2 Hermann Cohen paraphrasierte das »Wie kann man etwas anderes lieben als die Idee?«, in: *Religion der Vernunft aus den Quellen des Judentums*, S. 185.

mats. In den ersten Kapiteln der *Grammatologie* wies Derrida ausdrücklich darauf hin, dass er den Begriff »Spur« von Levinas übernommen habe.

Das Zeichen also hat die ausdrückliche Funktion, etwas zu bezeichnen, während eine solche bei der Spur gerade nicht besteht; sie ist in die gegenwärtige Welt unabsichtlich eingedrungen. Wer eine Spur hinterlässt, macht das unabsichtlich; allenfalls verwischt man Spuren absichtlich.[3] Wie bei jedem Umgang mit Metaphern, muss man vorsichtig sein. Die Unterscheidung zwischen »Zeichen« und »Spur« ist übermäßig abstrakt. Schließlich können auch Spuren als Zeichen dienen. Die Spuren eines Tieres auf einem Feld sind ein Zeichen, dass es dort gewesen ist. Asche ist eine Spur, aber gleichzeitig ein Zeichen, dass es hier ein Feuer gab. Analog dem Sprichwort »Kein Rauch ohne Feuer« gibt es zwar auch keine Asche ohne Feuer, doch darf man einen prinzipiellen Unterschied nicht übersehen: Rauch ist ein Anzeichen von Feuer (oder von einem Dampfschiff etc.), bei der Wahl eines Papstes sogar ein absichtsvolles, aber Asche wird nicht absichtlich hinterlassen und ist insofern eine Spur des Feuers. Trotzdem können auch Spuren zu Zeichen werden, und umgekehrt.[4] Levinas erwähnt, dass z. B. ein Psychoanalytiker Spuren als Zeichen von unbewussten Absichten deuten kann.[5] Derrida folgte ihm in dieser Hinsicht.[6] Vielleicht ist der Unterschied zwischen den zwei Begriffen nun deutlich geworden. Ein Zeichen bezieht sich gewöhnlich auf eine bewusste und manchmal unbewusste Absicht, während eine Spur unabsichtlich erfolgt.

Levinas betonte noch einen weiteren Aspekt der Spur, nämlich dass sie auf eine Abwesenheit von etwas hinweist, das niemals zu einer Gegenwart geworden ist. Die Spur ist der Seinsmodus eines Seienden, das nicht gegenwärtig sein kann. Da nur eine Spur geblieben ist, heißt dies, dass es verschwunden ist.[7] Ein Sein, das eine Spur hinterlassen hat, ist kein Nichts *(non-être)*, da man ja kraft der Spur sich seiner Abwesenheit oder seines Verschwundenseins bewusst wird. Aber ist das wirklich immer so? Die Spur eines Raubtiers weist gerade auf etwas hin, was in der Zukunft geschehen kann, auf eine

3 Emmanuel Levinas, *Humanisme de l'autre homme*, S. 66.

4 Ebd.

5 Ebd., S. 67.

6 Jacques Derrida, »En ce moment même dans cet ouvrage me voici«, S. 49.

7 Emmanuel Levinas, *En découvrant l'existence avec Husserl et Heidegger*, S. 200.

drohende Gefahr. Wenn wir auf die Spur von etwas stoßen, so kann dieses auch wieder auftauchen. Diesen Zukunftsaspekt ignorierte Levinas. Stattdessen wendet, so Levinas, die Spur die Aufmerksamkeit auf einen *Anderen* oder auf etwas *Anderes* und damit sind wir bei den Hauptbegriffen seiner Philosophie.

2. Die Spuren Gottes

Levinas war ein religiöser Denker, den die Transzendenz Gottes beschäftigte. Wie schon bei Derrida ist dies mit dem philosophischen Problem verbunden, wie die Abwesenheit im Denken erfasst werden kann. Wie ist philosophisch über Gott zu sprechen? Die Transzendenz Gottes hat eine diachrone Dimension, da wir ihn eben nur durch die Spuren, die er hinterlassen hat, erkennen können. Inwiefern das mit dem traditionellen jüdischen Glauben übereinstimmt, sei hier nicht erörtert. Das beschäftigte auch Levinas kaum. Ihm ging es darum, theologische Dilemmata zu vermeiden und eine »Religion für Erwachsene«[8] vorzulegen, die ohne irrationale oder mystische Komponenten auskommt. Diese wollte Levinas durch den Begriff der »Spur« gerade umgehen. Auf die Spuren Gottes zu treffen, bedeutet, über Gott selbst gar nichts aussagen zu müssen und der Theologie ausweichen zu können. Aber ist die Aussage, dass man Spuren entdeckt, die Gott hinterlassen hat, keine theologische Behauptung? Sie ist eine Sache des Glaubens, nicht des Wissens.

Laut Levinas treffen wir auf Gott nur in seinen Spuren und vor allem in der Torah, also in schriftlichen Texten; aber solche Spuren sind wesentlich zweideutig. Sie können für einen modernen Menschen keinen zwingenden Beweis darstellen. Letzterdings hängt es von uns ab, ob wir die Spuren als göttliche anerkennen. Auch Levinas' Neologismus »illéité«, der von Gott in dritter Person spricht, unterstreicht das. Anwesende spricht man in zweiter Person an.[9] »Illéité« bedeutet, dass Gott immer jenseits *(au-delà)* ist, ein »absolut Anderer«, den man nicht durch eine Ontologie erfassen und

8 Emmanuel Levinas, *Difficile Liberté. Essais sur le Judaisme*, S. 24-42.

9 Ich rede hier nicht von Höflichkeitsformen wie etwa »Sie« (oder seinerzeit »Er« bei Friedrich dem Großen), die eine gewisse Distanz ausdrücken, aber inhaltlich wie die zweite Person funktionieren.

begreifen kann.[10] Sich auf Plotin berufend, erklärt Levinas, dass ein »Wesen, das die Welt transzendiert – ein absolutes Wesen« nur durch hinterlassene Spuren erkennbar ist.[11]

Diese Aussagen über die Spuren des Göttlichen, die nur durch diejenigen gesehen werden, die sie auch sehen wollen, eignen sich insbesondere für einen religiösen Menschen in der Moderne, der die traditionelle Gottesauffassung nicht mehr anzunehmen vermag. Das entspricht Levinas' Anschauung der Entmythologisierung. Möglicherweise ist dies ein direkter oder indirekter Einfluss des Theologen Rudolf Bultmann, dessen Buch damals gerade ins Französische übersetzt worden war, oder vielleicht von Hermann Cohen. Levinas' Gottesbegriff als ein rein transzendentes Wesen hat eine gewisse Ähnlichkeit mit Cohens Gottesbegriff, der Gott als eine absolute Idee auffasste (zumindest bis zu seiner religiös-existentiellen Wende am Ende seines Lebens). Es gibt übrigens mehrere Annahmen, die Cohen und Levinas trotz verschiedener Formulierungen teilen, wie z. B., dass die bewusste Haltung zum Anderen – »Liebe deinen Nächsten wie dich selbst« – ein moralisches Gebot ist, das zur Selbstaufrichtung des Individuums beiträgt.[12]

Kehren wir zur Frage der Spur zurück. Levinas erläuterte den biblischen Begriff *Imago Dei* viel radikaler, als dies Maimonides, auf den er sich bezieht, in seiner Zeit getan hatte. *Imago Dei* heißt, »sich in der Spur Gottes zu befinden«;[13] Gott offenbart sich nur durch seine Spur. Levinas stützt sich auf Exodus 33,23: »So wirst du meine Rückseite schauen, aber mein Angesicht kann nicht gesehen werden«. Aber warum interpretiert er diese »Rückseite« als »Spur«? Überraschenderweise beruft er sich auf Rosenzweig (ohne ihn beim Namen zu nennen): Gott offenbart sich uns durch seine Spur, aber wir sollen in ihr gehen, nicht um zu ihm zu gelangen, sondern um zu den Anderen zu gehen, zu den Menschen.[14] Wir gehen zwar in den »Spuren« Gottes, aber sein Antlitz offenbart sich uns dadurch, dass wir es niemals sehen werden. Gott sprach mit Moses von Angesicht zu Angesicht, aber sein Angesicht sah Moses nicht. Derrida

10 Levinas, *Humanisme de l'autre homme*, S. 65.

11 Ebd., S. 68.

12 Edith Wyschogrod, »The moral self in Emmanuel Levinas and Hermann Cohen«, S. 36 f.

13 »Se trouver dans sa trace«, Levinas, *Humanisme de l'autre homme*, S. 69.

14 Ebd., S. 69 f.

zitierte in diesem Zusammenhang den jüdisch-französischen Dichter Edmond Jabès (über den er auch einen Essay schrieb):[15] »Alle Gesichter sind das Seine; deshalb hat ER kein Gesicht«.

Das wahre Ziel also, zu dem laut Levinas die Spur Gottes führt, ist der Mensch. Die theologische Konsequenz ist ein Humanismus, wie sie auch bei Rosenzweig bereits der Fall war. Was in der Seele des Einzelnen nach innen gekehrte Gottesliebe ist, offenbart sich auf gesellschaftlicher Ebene in der moralischen Beziehung zum Anderen. Die Reflexion über die Spur führt zur Ethik. Diese wird dann zum Hauptthema der Philosophie Levinas'.

3. Die Spur in der Philosophie Derridas

Derrida wurde schon mehrmals erwähnt. Verfolgen wir jetzt etwas ausführlicher die Rolle, die die Spur in seiner Philosophie spielt – insbesondere wenn er sich auf Levinas bezieht. Das wird es uns gleichzeitig ermöglichen, auch Levinas' Einfluss auf Derridas Denken zu untersuchen. Wenn verschiedene Forscher über »Derridas Levinas-Kritik« sprechen, übersehen sie einen gewichtigen Punkt in Derridas Philosophie, nämlich dass die Dekonstruktion keine Kritik im gewöhnlichen Sinn ist. Gerade in seinem großen Essay »Gewalt und Metaphysik – über das Denken Emmanuel Levinas«[16] beschränkt sich Derrida nicht darauf, Levinas' Philosophie zu kritisieren, sie ihrer ursprünglichen Bedeutung zu entleeren, sondern versucht im Gegenteil, der ihr eigenen Bedeutung nachzuspüren. Dekonstruktion ist nicht Destruktion (ein Begriff Heideggers); die Silbe »kon« weist darauf hin, dass etwas so zerlegt und aufgelöst wird, dass darin eine Spur sichtbar und – gerade durch die Dekonstruktion erkennbar werdend – neu zu verstehen ist. Derridas Dekonstruktion ist kein Nihilismus. Sie annulliert nicht die ganze Bedeutung der Texte, die sie kritisch liest, sondern es bleibt immer eine gewisse Spur von dem übrig, auf das die Dekonstruktion angewendet wurde. Diesen Gedanken übernahm Derrida ausdrücklich von Levinas,[17] aber gleichzeitig unterlief ihm dabei eine gewisse Ab-

15 Jacques Derrida, »Gewalt und Metaphysik. Essay über das Denken Emmanuel Levinas«, S. 166.

16 Ebd.

17 Derrida, »En ce moment même dans cet ouvrage me voici«, S. 32 f. und S. 39 f.

weichung. So blieb bei Derrida eigentlich nur eine Spur der »Spur« von Levinas.

Levinas charakterisierte die Spur als »la présence de ce qui ... n'a jamais été là, de ce qui est toujours passé«.[18] In gleicher Weise sprach auch Derrida von dem »Spiel der Spur, die nicht mehr zu dem Horizont der Gegenwart gehört«.[19] Das bringt ihn – und uns – zu einem weiteren wichtigen Begriff, dessen Wurzeln auch schon bei Levinas auffindbar sind, zu dem der *itérabilité*, der Wiederholung, durch die der Sinn des Texts etwas *anderes (iter)* wird.[20] Das heißt, das Verständnis der neuen, der anderen Bedeutung hängt davon ab, dass eine Spur der vorigen Bedeutung übrig geblieben ist. Diese erzeugt gewissermaßen das Gefühl eines *»déjà-vu«*. Das aber ermöglicht uns, auch dieselbe Sache in einen neuen Kontext zu versetzen und zu verstehen, also zu wiederholen. Manchmal benutzte Derrida anstelle des Begriffs der »Spur« *(trace)* auch den der *restance*, der eine Assoziation zu dem Wort *résistance* erweckt. Jede Wiederholung bewahrt einen Rest auf, der sich seiner Aufhebung »widersetzt« *(résiste)* und eine Spur hinterlässt.

Derrida wandte diese beiden Begriffe – *trace* und *restance* – vor allen auf die Hermeneutik an. Er nützte die wörtliche Bedeutung von *»re-présent«* aus, nämlich »wieder in die Gegenwart zu bringen«, aber wie Levinas war auch er der Meinung, dass dies prinzipiell unmöglich ist. Deshalb ist die Spur nicht im Stande, dasjenige zu restaurieren (auch dieses Verb enthält das Wort »Rest«), von dem sie »Spur« ist.[21] In der Schrift, wo die Bedeutung fast immer die »Spur« von etwas ist, das schon geschehen ist, wird so eine Reihe erzeugt, in der jedes Glied die Spur einer vorhergehenden Spur ist, und deshalb sind Text und Bedeutung niemals kongruent. Man benötigt die Interpretation, um die Diskrepanz zwischen dem Text und seiner Bedeutung zu überbrücken, aber laut Derrida kann auch die Interpretation diese Aufgabe nicht erfüllen. So wird Bedeutung unaufhörlich verschoben, was er durch den Neologismus *différance* (mit a statt e) ausdrückt, – aber das auszuführen überschreitet den Rahmen dieses Aufsatzes.

18 Levinas, *Humanisme de l'autre homme*, S. 68.

19 Jacques Derrida, *Marges de la philosophie*, S. 22.

20 Zu diesem Begriff wurde Derrida auch durch Levinas' Begriff »altérité« (»Anderssein«) inspiriert.

21 So auch in der Wissenschaft: Ein Fossil ist eine Spur, aber wer sie hinterlassen hat, ist ganz und gar verschwunden.

Kann man auch einen Einfluss von Derrida auf Levinas' Verwendung des Begriffs der Spur in seinen späteren Schriften, von den 60er Jahren an, entdecken? Bis dahin sprach Levinas über die Spur als »einer Vergangenheit, die niemals zu Gegenwart wurde«. Aber von jetzt an behandelt er die Spur – vielleicht unter Derridas Einfluss – als auf die gegenwärtige Philosophie gerichtet. So schrieb er 1974, dass zwar die Errichtung der Welt zeitlich ihrer Erfassung voranging. Aber in dem Maß, in dem das Subjekt diese Welt in seinem Bewusstsein mithilfe der Annahme der Erschaffung der Welt einschließt, ist diese Errichtung nicht a priori, sondern a posteriori. Aber was kann gleichzeitig a priori und a posteriori sein, das heißt, was kann »eine Vorgängigkeit, die ›älter‹ ist als das Apriori«, sein (»antériorité plus ancienne que l'a priori«)?[22] Das eben ist die Spur. Sie stellt eine Art von Anachronismus dar. Man kann den Begriff oder die Idee der Spur bereits in Levinas' erstem großem Buch – *Totalité et Infini* – finden, insbesondere an den Stellen, wo er den Ursprung der Sprache behandelt. Eben dies war ja das Hauptproblem von Derridas Grammatologie. Es bestehen also klare Parallelen zwischen den Ansichten Levinas' über den Ursprung der Sprache und den Bemerkungen Derridas über den (weniger bekannten) Essay von Jean-Jacques Rousseau über den Ursprung der Sprachen.[23] Derrida wies darauf hin, dass die Natur, die der Entstehung der Sprache(n) vorrangig, gleich danach (»après coup«) in der Sprache wirkt. Wenn Derrida Rousseau »liest«, beschreibt er den vorhergehenden Zustand, der seine Spur in der Sprache hinterlassen hat, ebenso wie Levinas' Formulierung der »Vergangenheit, die niemals Gegenwart wurde«. Das entspricht zweifellos Rousseaus Annahme eines Naturzustands, die freilich ebenso wie jene des »noblen Wilden« als Hypothese vorgestellt wird. Es ist zwar schwer zu bestimmen, inwieweit Derridas ausführliche Untersuchung über Rousseau in diesem Zusammenhang von Levinas' Bemerkungen über den Ursprung der Sprache beeinflusst wurde. Jedenfalls ist die Ähnlichkeit der Behauptungen aller dieser drei Denker auffällig.

Die Spur stellt sowohl bei Levinas als auch bei Derrida einen Wink der Vergangenheit in der Gegenwart dar, aber es handelt sich

22 Emmanuel Levinas, *Autrement qu'être ou au-delà de l'essence*, S. 127.

23 Jean-Jacques Rousseau, *The first and second discourses and Essay on the origin of languages*, S. 239-265 und Derrida, *Grammatologie*, S. 145-445.

ausdrücklich um eine Vergangenheit, die in die Gegenwart nur als Spur eingedrungen ist:

Die Spur als Spur führt nicht nur zur Vergangenheit, sondern ist das *Übergehen* selbst zu einer Vergangenheit, die entfernter ist als alle Vergangenheit und als alle Zukunft, welche noch zu meiner Zeit gehören, zur Vergangenheit des Anderen, in der sich die Ewigkeit abzeichnet – absolute Vergangenheit, die alle Zeiten eint.[24]

Levinas unterstreicht, dass im Französischen »Vergangenheit« *(le passé)* und »Übergang« *(la passe)* derselben etymologischen Wurzel entstammen.[25] Auf diese Weise fasst er die Spur als Übergang zur Vergangenheit auf. Der Hauptunterschied zwischen Levinas und Derrida in Bezug auf die Spur besteht darin, dass Levinas vor allem ihre metaphysische Bedeutung untersuchte – die Spur des Anderen –, während sich Derrida auf die Spur in Texten konzentrierte: »Die Überschreitung der Metaphysik erfordert die Inschrift einer Spur in den metaphysischen Text [...] als Hinweis auf einen ganz anderen Text.«[26]

Derrida merkte an, dass das Paradox der Metaphysik gerade darin besteht, dass die metaphysische Reduzierung des Zeichens eben jenen Gegensatz benötigte, den sie bei der Reduzierung zugleich vernichtet hatte.[27] Weder Levinas noch Derrida wollten die Metaphysik abschaffen oder auf sie verzichten. Sie verlangten nur, dass man zu ihr eine kritische oder vielleicht sogar misstrauische Einstellung annehmen soll. Und zwar um dasjenige weiterzuführen, was von jeher in ihrem Mittelpunkt stand: die forschende Aktivität des menschlichen Geistes, der Zweifel gegenüber demjenigen hegt, was wie selbstverständlich aussieht. Das ist die cartesianische Tradition, der sich kaum ein französischer Denker entziehen kann. Deshalb ist das Ziel Levinas' und Derridas nicht die Aufhebung der Metaphysik, sondern die gedankliche Erneuerung ihrer Grundlagen, um den Fallen des Dogmatismus zu entgehen.

Beide – Levinas wie Derrida – beschäftigten sich viel mit klassischen Texten – mit Platon, Plotin, Descartes, Hegel und vielen anderen; beide neigten dazu, diesen Texten eine andere Bedeutung

24 Levinas, *En découvrant l'existence avec Husserl et Heidegger*, S. 201.

25 Dasselbe ist der Fall in Hebräisch: Avar und Ma'avar.

26 Derrida, *Marges*, S. 76.

27 Ders., *L'ecriture et la différence*, S. 413.

zuzuschreiben als die in der Geschichte der Philosophie und in der Ontologie übliche. Levinas allerdings ließ sich nicht auf so detaillierte Untersuchungen einzelner Texte ein, wie es Derrida wiederum tat – mit Ausnahme seiner Talmud-Lektüren; hier wählte er verschiedene Passagen der Rabbiner, um auf ihnen einen philosophischen Midrasch (Auslegung) aufzubauen, eine moderne Auslegung der talmudischen Auslegung. Der Begriff der Spur war also bei beiden mit »textuellen« Forschungen verbunden; Derrida aber ging den Strukturen der Texte selbst nach, während sich Levinas vorrangig auf ihre allgemeine metaphysische Bedeutung bezog – die Spur des Anderen, auf die Spur des Unendlichen.

Die Begriffe, die hier hervorgehoben wurden, und allen voran die »Spur«, bekunden nicht nur die Einflüsse Levinas' auf Derrida, sondern bezeugen auch die Existenz einer klaren und wesentlichen Nähe zwischen ihnen, obwohl der eine ein religiöser und der andere ein säkularer Denker war. Diese Nähe kommt auch in dem Wort *»au-delà«* (»jenseits«) zum Ausdruck. Bei Levinas bezeichnete es den Gedanken, dass das »Gute« jenseits von jenem Sein ist, welches im Mittelpunkt der traditionellen Metaphysik gestanden hat. Das betonte er bereits am Ende von *Totalité et Infini*. Derrida wies darauf schon in seinem ersten großen Essay über Levinas' Philosophie hin.[28] Levinas zielte natürlich nicht auf eine Dekonstruktion der Philosophie (oder der Ontologie) im Sinne Derridas. Er übte Kritik an der abendländischen Philosophie, weil sie seiner Meinung nach die Transzendenz zerstört, jene Vorstellung, dass es ein »Wesen jenseits« gibt, genauer gesagt »jenseits des Wesens« *(au-delà de l'essence)*. Außerdem war die Kritik, die Levinas als religiöser Metaphysiker äußerte, nicht nur (oder nicht in erster Linie) gegen die Geschichte der Philosophie im Okzident gerichtet, sondern auch gegen gewisse philosophische Tendenzen in der Gegenwart, Derrida inbegriffen.

So lässt sich also ein komplexes Wechselspiel zwischen beiden Denkern feststellen: einerseits Einflüsse von Levinas auf Derrida, die zugleich einer Kritik von Derrida an Levinas unterzogen wurden. Andererseits Einflüsse von Derrida auf Levinas, die deutliche Spuren in *Autrement qu'être ou au-delà de l'essence* zeitigten, – aber gleichzeitig auch wieder Levinas' Kritik an Derrida auslösten. An verschiedenen Stellen in diesem Buch, das Levinas für sein wichtigs-

28 Ebd., S. 127.

tes hielt, reagierte er auf das, was Derrida über ihn in dem Essay »Gewalt und Metaphysik« geschrieben hatte. Jedoch hatten Levinas' Ausführungen über die »Spur« ihren Widerhall in Gestalt von Derridas zweitem großem Essay über Levinas.[29] Der Begriff der Spur spielte hierbei eine ausschlaggebende Rolle.

Literatur

Cohen, Hermann, *Religion der Vernunft aus den Quellen des Judentums*, 3. Auflage, Wiesbaden 1995.

Derrida, Jacques, *De la Grammatologie*, Paris 1967. [Dt.: Derrida, Jacques, *Grammatologie*, Frankfurt/M. 1983.]

–, »Violence et Metaphysique. Essai sur la Pensée d'Emmanuel Levinas«, in: ders., *L'Ecriture et la différence*, Paris 1967, S. 117-228. [Dt.: Derrida, Jacques, »Gewalt und Metaphysik. Essay über das Denken Emmanuel Levinas«, in: ders., *Die Schrift und die Differenz*, Frankfurt/M. 1972, S. 121-235.]

–, *Marges de la philosophie*, Paris 1972. [Dt.: Derrida, Jacques, *Randgänge der Philosophie*, Wien 1988.]

–, »En ce moment même dans cet ouvrage me voici«, in: ders., *Textes pour Emmanuel Levinas*, Paris 1980, S. 22-60.

Levinas, Emmanuel, *Humanisme de l'autre homme*, Montpellier 1972. [Dt.: Levinas, Emmanuel, *Humanismus des anderen Menschen*, Hamburg 2005.]

–, *Autrement qu'être ou au-delà de l'essence*, La Haye 1974. [Dt.: Levinas, Emmanuel, *Jenseits des Seins oder anders als Sein geschieht*, Freiburg u. a. 1998.]

–, *Difficile Liberté. Essais sur le Judaisme*, Paris 1976. [Dt.: Levinas, Emmanuel, *Schwierige Freiheit. Versuch über das Judentum*, Frankfurt/M. 1992.]

–, *En découvrant l'existence avec Husserl et Heidegger*, Paris 1988. [Dt. Teilübersetzung in: Levinas, Emmanuel, *Die Spur des Anderen*, Freiburg, München 1983, 1992.]

Rousseau, Jean-Jacques, *The first and second discourses and Essay on the origin of languages*, New York 1986. [Dt.: Rousseau, Jean-Jacques, Schriften zur Kulturkritik: die zwei Diskurse von 1750 und 1755, übers. und hg. v. Kurt Weigand, Hamburg 1971, und Rousseau, Jean-Jacques, »Essay über den Ursprung der Sprache«, in: ders: *Musik und Sprache. Ausgewählte Schriften*, Leipzig 1989, S. 99-168.]

Wyschogrod, Edith, »The moral self in Emmanuel Levinas and Hermann Cohen«, in: *Da'ath*, 4, 1980, S. 36 f.

29 Derrida, »En ce moment même dans cet ouvrage me voici«, besonders S. 39 f.

Sybille Krämer

Immanenz und Transzendenz der Spur: Über das epistemologische Doppelleben der Spur

»Man kann hier von einem Indizien- oder Wahrsageparadigma sprechen, das sich – je nach Form des Wissens – auf die Vergangenheit, die Gegenwart oder die Zukunft bezog… Aber hinter diesem Indizien- und Wahrsageparadigma erahnt man den vielleicht ältesten Gestus in der Geschichte des menschlichen Intellekts: den des Jägers, der im Schlamm hockend die Spuren der Beute untersucht.«[1] Carlo Ginzburg

»Nur ein Wesen, das die Welt transzendiert, kann eine Spur hinterlassen. Die Spur ist die Gegenwart dessen, was eigentlich niemals da war, dessen, was immer vergangen ist.«[2]
Emmanuel Levinas

1. Epistemologie der Spur: ein erster Überblick

Selbst wenn wir keine Jäger sind, die der Fährte des Wildes folgen, keine Kommissare, die am Tatort Spuren sichern, keine Archäologen, die nach den Überresten vergangener Zivilisationen fahnden, haben wir doch ein lebensweltliches Wissen davon, was Spuren sind und in welchen Zusammenhängen Spuren zu lesen sinnvoll ist. Die Fähigkeit, etwas als Spur zu identifizieren und aus der Spur Rückschlüsse zu ziehen, ist eine elementare Fähigkeit unseres orientierenden Handelns in der Welt und umgreift unser Wissen über vergangene, aber auch über zukünftige Zustände: So schließen wir aus

1 Carlo Ginzburg, »Spurensicherung. Der Jäger entziffert die Fährte, Sherlock Holmes nimmt die Lupe, Freud liest Morelli – Die Wissenschaft auf der Suche nach sich selbst«, S. 18.

2 Emmanuel Levinas, *Die Spur des Anderen*, S. 233.

dem im Ufergebüsch hängenden Unrat auf ein kurze Zeit zurückliegendes Hochwasser oder so stellen wir uns angesichts einer plötzlichen Windstille und Verdunkelung auf ein heranziehendes Gewitter ein. Ein Gutteil unserer alltäglichen Wissenspraktiken zehrt vom Identifizieren, Deuten und Berücksichtigen von Spuren.

So wundert es nicht, dass auch im epistemologischen Diskurs die Spur eine prominente Rolle spielt – und das seit nahezu 2000 Jahren.[3] Wir müssen uns hier auf einen Blick in das 20. Jahrhundert beschränken und bemerken eine augenfällige Ambivalenz im Diskurs über die Spur: Einerseits gilt die Spur als ein empirisches Indiz; dazu geeignet, was abwesend, verborgen, unsichtbar oder auch nur weit entfernt ist, zu bestimmen, zu rekonstruieren oder gar zu erreichen, wird sie zur Grundlage einer Identifikations- und Orientierungsleistung. Das Spurenlesen führt also zur praktischen oder theoretischen Handhabung von etwas, das ohne das Verfolgen der Spur nicht zuhanden wäre; die Spur wird zu einem Instrument, um Abwesendes in Anwesendes, Unverfügbares in Verfügbares, Unkenntnis in Wissen zu transformieren. Die Kulturtechnik des Spurenlesens zeigt sich in dieser Perspektive als eine *positive Wissenskunst.* Carlo Ginzburg hat unter dem Namen ›Indizienparadigma‹ die Epistemologie des Spurenlesens im Spannungsfeld von archaischem ›wildem‹ Wissen und elaborierter humanwissenschaftlicher Methodologie am Ausgang des 19. Jahrhundert sorgfältig rekonstruiert und als eine kulturgeschichtliche und kulturwissenschaftliche Forschungsmethode profiliert.[4]

Doch zugleich gibt es eine ganz anders geartete Reflexion der Spur, für die nun Spuren zum Kristallisationspunkt der Unmöglichkeit von positivem Wissen werden. Anknüpfend an eine religiöse und auch literarische Tradition, in der die Spur vom irreversiblen Entferntsein des Göttlichen zeugt, das uns allenfalls noch im Wink der dichterischen Sprache erreicht, verbindet sich mit den Namen Heidegger, Levinas und Derrida eine Denkfigur, welche die Spur mit einer epistemologischen Grenzziehung und Grenzerfahrung verbindet: Wo etwas nur (noch) als Spur sich zeigt, sind wir

3 Zur Geschichte des philosophischen Spurkonzeptes von Platon bis Derrida: Hans-Jürgen Gawoll, »Spur: Gedächtnis und Andersheit. Teil I: Geschichte des Aufbewahrens«. Sowie ders., »Spur: Gedächtnis und Andersheit. Teil II: Das Sein und die Differenzen – Heidegger, Levinas und Derrida«.

4 Ginzburg, »Spurensicherung«.

konfrontiert mit einer uneinholbaren Ferne, einer unüberwindbaren Absenz, einer konstitutiven Unzugänglichkeit oder einem unwiederbringlichen Vergangensein. In Analogie zu Carlo Ginzburgs ›Indizienparadigma‹ wollen wir diese Tradition des Spurdenkens das ›Entzugsparadigma‹ nennen.[5] Die Spur wird hierbei zur Chiffre nicht für die Möglichkeit, sondern für die *Unmöglichkeit von sicherem Wissen und definiter Erkenntnis*; sie gilt als Inkarnation dessen, was für uns unerreichbar ist – und bleibt.

Vielleicht hat dieses in groben Zügen skizzierte Miniaturpanorama einer Epistemologie der Spur zweierlei klar werden lassen: Einerseits sind Spuren ein alltägliches Phänomen; der Umgang mit Spuren ist in unserer Lebenswelt verankert und wir alle besitzen ein intuitives Verständnis von dem, was eine Spur ist. Andererseits gibt es einen erkenntnistheoretischen Diskurs über die Spur, und dieser ist gezeichnet von einer bemerkenswerten Ambiguität, die sich im Spannungsfeld zwischen einer ›Positivierung‹ und einer ›Negativierung‹ dessen, was Spuren zu verstehen geben, aufspannt. Das Indizienparadigma macht die Spur zu einem Werkzeug – oder sollten wir sagen: zu einem ›Denkzeug‹? – des Ergreifens oder Begreifens von etwas Unbekanntem oder zumindest Unsichtbarem. Das Entzugsparadigma macht die Spur zum Anhaltspunkt der Erfahrung irreversibler Unzugänglichkeit von dem, was die Spur uns hinterlassen hat. Wir wollen die Differenz zwischen der Indizienperspektive und der Entzugsperspektive die *›epistemologische Doppelfunktion‹* bzw. das *›epistemologische Doppelleben der Spur‹* nennen. Ziel der folgenden Überlegungen ist es, diese Dualität und die ihr eigene Ambivalenz auszuloten.

Eine Frage leitet unsere Überlegungen: Wenn nun tatsächlich die Spur ein doppelgesichtiges Phänomen ist, wäre es dann möglich, das Indizienparadigma und das Entzugsparadigma nicht einfach als einander gegenläufige erkenntnistheoretische Thematisierungen der Spur zu deuten, sondern zu zeigen, dass und wie in jedem dieser beiden Ansätze die andere Seite zugleich auch wirksam wird?

5 Diese Zweiheit der im Spurenlesen verankerten paradigmatischen Epistemologien ist nicht zu verwechseln mit der Paradigmen-Bifurkation, von der Ginzburg in seinem Beitrag in diesem Band spricht und die sich auf die Differenz zwischen naturwissenschaftlich-abstraktivem (Galilei) und humanwissenschaftlich-kasuistischem (Machiavelli) Vorgehen bezieht.

In fünf Schritten gehen wir vor:

2. Zur Janusköpfigkeit von Spuren – eine phänomenale Vergewisserung.
3. Spur und Index – eine Unterscheidung und ihre Relativierung.
4. Immanenz und Transzendenz der Spur.
5. Das Indizienparadigma – Carlo Ginzburgs Semiologie der Spur.
6. Das Entzugsparadigma – Emmanuel Levinas' Metaphysik der Spur.

2. Zur Janusköpfigkeit von Spuren – eine phänomenale Vergewisserung

Wenn wir versuchen, uns der Spur in einer phänomenalen Perspektive zu nähern, so fällt auf, dass sich stets zwei einander gegenläufige Spezifizierungen anbieten:

2.1 Zwischen Objekt und Tätigkeit: Keine Frage: Spuren sind etwas, das gegenständlich vor Augen tritt (denken wir an Spuren im Schnee) oder das zumindest wahrnehmbar gemacht werden kann – denken wir an den durch die Spurensicherung sichtbar gemachten Fingerabdruck am Türrahmen. Spuren gehören der Welt der Dinge an, sind konkret und gegenständlich vorhanden, unabhängig davon, zu welchen Interpretationen und Imaginationen sie auch immer Anlass bieten. Zugleich aber sind Spuren eine Art von Dingen, die überhaupt erst aus der Domäne des Unmerklichen heraus- und als Spur hervortreten, wenn sie gelesen und gedeutet werden und vor allem: wenn sich ein Handeln an ihnen orientiert. Erst im Zusammenhang aufmerksamen Spürens treten Spuren hervor; oder müssten wir nicht radikaler sagen: entstehen überhaupt erst Spuren? Es *gibt* nicht einfach Spuren, sondern es gibt etwas, das *als* Spur gedeutet wird. Es ist der Kontext gerichteter Interessen und selektiver Wahrnehmung, welcher ›bloße‹ Dinge in den Rang von Spuren ›erhebt‹ und zwar genau dann, wenn praktisch oder theoretisch nach Orientierung gesucht wird. ›Spur‹ ist also nur das, was auch als Spur ›gebraucht wird‹. Die Rationalität des Spurenlesens wurzelt im Gelingen und Misslingen der sich an das Spurenlesen anschließenden Handlungen. Die ›Grammatik der Spur‹ ist in der ›Semantik des Spurenlesens‹ und diese wiederum in der ›Pragmatik des Spurenfolgens‹ verwurzelt und begründet. *So verschwistern sich in der Spur die Dinghaftigkeit von Markierungen mit dem Tätigkeitscharakter des Spurenlesens.*

2.2 Zwischen Präsenz und Absenz, Gegenwärtigsein und Vergangensein, Sichtbarkeit und Unsichtbarkeit: Sichtbar wie der Fußabdruck im Blumenbeet, zeigt die Spur nachdrücklich an, dass die Person, die diese Spur hinterlassen hat, verschwunden ist. Etwas, das vor Augen liegt, zeugt von dem, was den Augen entzogen ist; die Hohlform des Fußabdruckes zeugt vom Vorübergegangensein desjenigen, der die Spur hinterließ. Sichtbares zeigt eine Unsichtbarkeit; Präsenz vergegenwärtigt eine Absenz. Doch dasjenige, was dabei vergegenwärtigt wird, ist – selbstverständlich – nicht das Abwesende selbst, vielmehr dessen Abwesen*heit*. Was zu einem zurückliegenden Zeitpunkt gegenwärtig gewesen ist, gehört nun unwiderruflich der Vergangenheit an. *So kreuzen sich in der Spur Präsenz und Absenz, Sichtbarkeit und Unsichtbarkeit, Gegenwart und Vergangenheit.*

2.3 Zwischen Kausalität und Interpretation, Auffinden und Erzeugen: Spuren entstehen im (unwillkürlichen) Aufeinandereinwirken von Körpern und sind also angewiesen auf das materielle Kontinuum eines Kausalnexus. Doch Spuren bevölkern unsere Welt nicht wie Bäume, Steine, Tische und Autos. Als unwillkürliche Hinterlassenschaft sind sie zwar ›Dinge unter Dingen‹. Doch da materielle Gegebenheiten erst im Auge eines ›spürenden‹ Beobachters als Spuren zählen, können wir auch sagen: Obwohl Spuren sich dem ›blinden Zwang‹ aufeinander einwirkender Körper verdanken, werden sie nicht einfach vorgefunden, sondern durch Interpretation hervorgebracht. Im Horizont dieser fundamentalen Interpretationsabhängigkeit von Spuren tritt zugleich zutage, dass Spuren polysemisch sind: Es gibt immer eine Vielzahl möglicher Interpretationen. Abhängig von der Deutung kann ein und dieselbe Markierung als Spur für jeweils ganz Andersartiges gelten. *Die Effekte ›blinder Kausalität‹ und ›polysemischer Interpretation‹ – oder sollen wir sagen: von Körper und Geist? – verbinden sich in der Spur.*

2.4 Zwischen Störung und Ordnung: Spuren können erst auffällig werden, wenn eine Ordnung gestört ist, wenn Abweichungen auftreten, wenn im Gewohnten Unvertrautes auffällt oder wenn das zu

Erwartende ausbleibt. Der umgeknickte Zweig, die Zigarettenkippe neben dem Opfer – immer muss sich eine gewisse Unordnung, Brechung, Verschiebung angesichts dessen zeigen, was ›eigentlich‹ zu erwarten wäre: Erst Abweichungen lassen Spuren sinnenfällig werden.[6] Die Matrix des Gewöhnlichen und des Geordneten gibt die Folie ab, auf der sich die Störung als Spur abzeichnen kann. Doch wenn wir die Spur lesen, so heißt das zugleich, dass die gestörte Ordnung in eine neue Ordnung zu überführen und zu reintegrieren ist. Diese Integration geschieht, indem das spurbildende Geschehen als eine *Erzählung* rekonstruiert wird. Die Logik einer Narration, in der die Spur ihren ›erzählten Ort‹ bekommt, ist die neue Ordnung, in deren Horizont sich die ›Semantik der Spur‹ entfaltet. Die Kluft zwischen der Materialität eines vergangenen Geschehens und der – meist multiplen – Diskursivität eines erzählten Geschehens bleibt allerdings unüberbrückbar. *Abweichung und Regelhaftigkeit, Störung und Ordnung lassen erst in ihrem Zusammenspiel Spuren hervorgehen.*

2.5 Zwischen Widerfahrnis und Ermittlung: Der Fingerabdruck am Tatort wird unmotiviert, unwillkürlich hinterlassen. Anders als im Fall gewöhnlicher Zeichen, ist das Vorkommen von Spuren unabhängig von Absichten, Zwecken oder gar Interessen derjenigen, die Spuren hinterlassen. Inszenierte Spuren sind keine Spur; und selbst das Löschen von Spuren hinterlässt Spuren. Allerdings: Die Hinterlassenschaft einer Spur enthüllt sich erst im Zuge komplexer, absichtsvoller Ermittlungen. Ein Fingerabdruck kann Spur nur sein, soweit er kein solitär Gegebenes bleibt: Denn um als Hinweis zur Identifizierung und Überführung eines Täters zu dienen, muss er mit anderen registrierten oder erst aufzunehmenden Fingerabdrücken verglichen werden, die wiederum mit Namen, Bild und Personenbeschreibungen verknüpft sein müssen, und der Aussagewert des Fingerabdruck muss eingebettet sein, zum Beispiel in Zeugenaussagen, die eine Person an fraglichem Ort zur fraglichen Tatzeit gesehen haben. Der Fingerabdruck muss seinen ›natürlichen‹ Platz in einer plausiblen Geschichte des Tatgeschehens finden. Wir sehen also: Spuren sind stumme Überreste; beredt werden sie allein im Kontext zweckgerichteter Untersuchungen seitens derjenigen, die an der Ermittlung von Spuren interessiert sind. Und diese Ermitt-

6 Steigt das Maß an Spurlosigkeit einer Tat, je vertrauter der Täter sich im Umfeld der Tat bewegt? Der Fisch hinterlässt keine Spuren.

lung läuft auf die eine oder andere Weise immer darauf hinaus, eine Interferenz zwischen dem zu stiften, was als Spur gilt, und weiteren Zeichen und Indices, die gerade nicht den Charakter ›bloßer‹ Spuren haben. *Unabsichtliche Hinterlassenschaft und absichtsvolle Ermittlung, das ganz und gar Unwillkürliche und das in höchstem Maße Willkürliche müssen zusammentreffen, damit Spuren entstehen und eine Wirkung entfalten.*

2.6 Zwischen Natürlichkeit und Sozialität: Einerseits zeigt sich in Spuren die stumme Gewalt der Dinge in ihrem blinden und unabsichtlichen Aufeinanderwirken. Gerade weil Spuren unbewusste Hinterlassenschaften sind, wirkt in ihnen das Regime einer Naturalität jenseits von gesellschaftlicher Konventionalität und Symbolizität. Überdies ist das Spurenaufnehmen und -verfolgen ein Verhalten, das aus dem vormenschlichen Bereich wohl bekannt ist: So folgt der Fuchs der Fährte seines Beutetieres, so wittert das Reh, ehe es auf die Lichtung tritt. Die Spurenlesekunst der Menschen muss sich vom Spüren der Tiere in vielen Hinsichten sogar übertreffen lassen. Doch ungeachtet dieser natürlichen Vorläufer sind Spuren ›Materialitäten‹, denen eine Bedeutsamkeit gerade dadurch zuwächst, dass das Spurenverfolgen eine soziale Praktik ist, in deren Vollzug materiale Markierungen nicht einfach Spuren *sind*, sondern als Spuren *gelten*. Sind Spuren somit ›soziale Tatsachen‹, deren Sein auf ihr Anerkanntsein zurückführbar ist, wie das bei Geldscheinen, Zeugnissen oder Verträgen der Fall ist? In der Kriminalistik, beim gerichtsverwertbaren Indiz, ist das augenfällig: Einen Beweis kann eine Spur nur liefern, wenn sie im Gerichtsverfahren als Indiz tatsächlich anerkannt wird. Und dies gilt auch für die wissenschaftliche Spurensuche: Als beweiskräftige Spur eines vergangenen (oder unsichtbaren) Ereignisses gilt, was von der Wissenschaftlergemeinschaft im Rahmen der rekonstruktiven Arbeit des Spurenlesers und unter Berücksichtigung zeitgenössisch geltender Kriterien und praktizierter Verfahren akzeptiert wird.[7] Wenn also Interpretation und Anerkennung erst die Transformation einer physischen Markierung in eine Spur bewirken, können wir dann in Analogie zur Performativität symbolischer Handlungen sagen: Die Spur verdankt sich der Performanz des Spurenlesens und der Performativität

7 Dazu den Aufsatz von Cornelius Holtorf in diesem Band.

des Spurenfolgens? Allerdings: Dass hier ein Geltungsverhältnis etabliert wird, darf gerade nicht mit Beliebigkeit, mit ungehemmter sozialer Konstruktivität verwechselt werden. Die Materialität der Spur und ihres Kontextes sind die Bedingung, ohne deren Berücksichtigung ein Spurenlesen nicht möglich ist. *Naturalität und Sozialität vereinigen sich in der Spur.*

Wir wollen nun die Reihe binärer Konfigurationen nicht weiter verfolgen, in deren Kreuzungspunkt das Phänomen der Spur auf ambivalente Weise Gestalt gewinnt. Fragen wir uns vielmehr, welche Einsicht aus dem Sachverhalt zu gewinnen ist, dass Kategorisierungen, die in unserem begrifflichen Inventar als disjunkte Dualismen schematisiert werden, wie Präsenz/Absenz, Sichtbarkeit/Unsichtbarkeit, Kausalität/Semiotizität, Körper/Geist, Natur/Kultur..., dann, wenn es um die Spur geht, ihren disjunkten Charakter ›irgendwie‹ verlieren? Würden wir in Antwort auf diese Frage eine *ontologisierende* Einstellung einnehmen, so könnten wir sagen: In der Beschreibung des Spurseins von etwas verwandelt sich das dichotomisierende ›Entweder-oder‹ in ein hybrides ›Sowohl-als-auch‹. In dieser Hinsicht wäre dann die Spur als eine Verbindung zwischen heterogenen Welten und unterschiedlichen Zeiten zu bestimmen, als ›stummer Bote‹, überdies als Mittler und Mitte zwischen dem, was in begrifflicher Opposition steht: als etwas, das zugleich der Materialität und Immaterialität, der Anwesenheit und Abwesenheit, dem Soma und der Semantik angehört... Wir werden darauf zurückkommen.

Doch stellen wir uns vor, dass wir dichotome Charakterisierungen gar nicht ontologisch auffassen wollen, also nicht so, als ob mit disjunkten Begriffen je unterschiedliche Welten aufzurufen wären, sondern dass wir begriffliche Oppositionen eher *methodisch* verstehen wollen: nämlich als die Duplizität unterschiedlicher Perspektiven, die wir in der Betrachtung (ein und derselben) Welt einnehmen können. Was hieße dies nun im Falle der Theoretisierung der Spur? Erscheint dann die Spur nicht wie ein ›Urphänomen‹, mit dem überhaupt erst Sinn und Zweck einer Perspektivendifferenz ›auf die Welt kommt‹? Stellen wir uns also vor, dass die Spur, zusammen mit der Praxis des Spurenlesens und des Spurenverfolgens, eine elementare Erfahrung bereithält: Es ist die Erfahrung, dass wir im Sichtbaren aufmerksam werden auf das Unsichtbare, im

Anwesenden das Abwesende aufspüren, im Gegenwärtigen das Vergangene rekonstruieren, im Körperlichen des Geistigen gewahr werden, im Kausalen das Interpretatorische erkennen – und dies alles nicht als Glasperlenspiel intellektueller Kombinatorik, sondern als grundständiges Erfordernis unseres Sich-Orientierens in der Welt, also in der elementaren Verfolgung unserer praktischen Interessen.

Wir sind nun an einem ersten Scharnier unserer Überlegungen. Denn wir wollen zeigen, dass dann, wenn wir den Umgang mit Spuren als eine Urszene der Genese eines Perspektivendualismus auffassen, wir zwei für die abendländische Geistesgeschichte fundamentale Wissenskonfigurationen, nämlich die Semiotik und die Metaphysik, als Extrapolationen und Stilisierungen von Dimensionen eben dieser Urszene auffassen können. Semiotik und Metaphysik erweisen sich in dieser Hinsicht als intellektuelle Radikalisierungen des epistemologischen Doppellebens der Spur, ihrer Positivierung als Wissenskunst im Indizienparadigma einerseits und ihrer Negativierung als Grenzerfahrung des Denkens im Entzugsparadigma andererseits. Ehe das allerdings möglich ist, haben wir eine Unterscheidung einzuführen, die wir in unseren bisherigen Überlegungen unberücksichtigt ließen: Es geht um den terminologischen Unterschied zwischen einer *Spur* und einem *Index*.

3. Spur und Index – eine Unterscheidung und ihre Relativierung

Wir haben ›Spur‹ bisher so gebraucht, als beziehe dieser Begriff auch verwandte Phänomene wie Anzeichen, Symptome oder Indices mit ein. Doch diese Vereinfachung müssen wir jetzt revidieren, denn Spuren und Indices (Symptome) lassen sich unterscheiden.

Wenn wir uns in Situationen von Ungewissheit an Anzeichen orientieren, so kann dies auf zweierlei Art erfolgen. Entweder werden Anzeichen interpretiert als Hinweis auf etwas, das räumlich oder zeitlich abwesend ist, wie beim Fingerabdruck auf der Tatwaffe. Oder sie werden interpretiert als Hinweis auf etwas, das zwar unsichtbar, aber gleichzeitig oder gleichräumlich ist, wie beim Wetterhahn, der die Windrichtung genau in diesem Augenblick anzeigt. Unsere begriffliche Grenzziehung besteht nun darin, dass wir von ›Spur‹ nur sprechen wollen, wenn zwei Bedingungen – der ›Zeitenbruch‹ und die ›Unmotiviertheit‹ – erfüllt sind.

a) Dann, wenn ein Anzeichen etwas anzeigt, das zum Zeitpunkt des Spurenlesens irreversibel vorbeigegangen und insofern verschwunden und abwesend ist, handelt es sich um eine Spur. Das aber heißt: Im Falle von Spuren gibt es immer einen Zeitenbruch zwischen dem Spurenhinterlassen als einem zurückliegenden und dem Spurenentziffern als einem gegenwärtigen Vollzug. *Zwei Zeitregime kreuzen sich also in der Spur.*[8] Ein solcher Zeitenbruch ist im Zusammenhang mit Indices gerade nicht der Fall. Bei den natürlichen und künstlichen Indikatoren wie beim Fieber als Symptom einer Infektion oder dem Schiedsrichterpfiff, mit dem das Fußballspiel endet, oder dem Wort ›ich‹ in meiner Äußerung ist eine solche Verschiebung in eine Ferne von Raum und Zeit gerade nicht gegeben. Die anzeigende Funktion des Index beruht vielmehr auf der räumlichen und zeitlichen Simultaneität von Objekten (oder Geschehnissen). *So, wie die Gleichzeitigkeit die Ordnungsform des Index ist, so ist die Ungleichzeitigkeit also die ›Ordnungsform‹ der Spur.* Ohne Zeitverschiebung keine Spur.

Wenn Spuren ihren Sinn in der Erzählung empfangen, die ihr Vorkommen erklärt, und wenn wir von einer grundsätzlichen Pluralität solcher Erzählungen auszugehen haben, so wurzelt diese Polysemie der Spur eben in dieser Zeitverschiebung. Für die Indices ist eine solche Polysemie gerade *nicht* gegeben: Das Signal des pfeifenden Wasserkessels zeigt ebenso eindeutig einen gerade jetzt und hier existierenden Sachverhalt an wie das hic und nunc eingesetzte Fieberthermometer. Hier allerdings kommt noch ein weiterer Unterschied ins Spiel:

b) Spuren sind Anzeichen nur, sofern sie unabsichtlich hinterlassen sind; sie sind also unmotiviert. Künstliche Indices dagegen sind absichtsvoll eingerichtete und bewusst eingesetzte Anzeigensysteme, denken wir nur an den Kompass, an Navigationssysteme oder an Markierungsverfahren in der experimentierenden Wissenschaft, ganz zu schweigen von der hinweisenden Geste des Zeigefingers oder dem Gebrauch deiktischer Ausdrücke. Hier allerdings drängt sich eine Relativierung auf: Wie verhält es sich mit ›natürlichen Anzeichen‹: mit dem Moosbewuchs an Bäumen, der uns die Himmels-

8 Da das Spurenlesen seinen Sinn immer in Hinblick auf eine zukünftige Handlung gewinnt, können wir sogar von der Überkreuzung dreier Zeitbezüge sprechen.

richtung anzeigt, mit dem Rauch, der auf ein Feuer verweist, mit den fallenden Blättern, die vom Herbst künden? So wie bei Spuren wird auch bei natürlichen Anzeichen ein Kausalnexus im Materialitätskontinuum unserer Welt wirksam; natürliche Anzeichen teilen also mit den Spuren die Unmotiviertheit. Doch der Zeitenbruch, der eine Markierung zum Überrest eines vorbeigegangenen Geschehens macht, fehlt.

Wenn wir also in einer ersten Unterscheidung Spuren von Indices unterscheiden, so zeigt sich zugleich, dass auf Seiten der Indices selbst wiederum eine Unterscheidung einführbar ist, die gewisse – wenn auch nicht alle – Attribute des Spurseins auch innerhalb der Domäne der Indices zur Geltung bringt, in diesem Falle auf Seiten der natürlichen im Unterschied zu den künstlichen Anzeichen. Aber gilt nicht auch das Umgekehrte? Wenn ein Jäger der Fährte des Hirsches folgt, den er zu erlegen trachtet, so ist diese Fährte zweifellos eine Spur, denn der Hirsch ist gerade nicht (mehr) da, wo sich seine Spur zeigt. Gleichwohl macht das Spurenverfolgen nur deshalb Sinn, weil die Zeitverschiebung, die den Jäger (noch) vom Hirsch trennt, im Prinzip eliminierbar ist. Die Spur also ist dazu gut, das Vorübergegangensein des Hirsches in seine Anwesenheit zu transformieren, sodass also eine Gleichzeitigkeit und Gleichräumlichkeit von Jäger und Gejagtem sich einstellt. Die Spur wird somit gelesen, als ob sie ein Index sei.

Wir könnten nun in kaum mehr überschaubaren Analysen immer feinsinnigere Filiationen unserer Unterscheidung von ›Spur‹ und ›Index‹ einführen, also zeigen, dass unsere auf Zeitenbruch und Unwillkürlichkeit fokussierte Bestimmung des ›Spurseins‹ innerhalb jedes der beiden Bereiche wieder eingesetzt werden kann und so zu neuen Verästelungen führt. Wir könnten überdies aufzeigen, dass jede Spurensuche in der einen oder anderen Weise auf die Interferenz nicht nur mit genuinen Indices, sondern auch mit Zeichen und Symbolen im konventionalisierten Sinne angewiesen ist. Doch für unsere auf das Phänomen der Spur gerichteten Überlegungen reicht es, wenn wir im Horizont der terminologischen Unterscheidung von Spur und Index gerade auf die Möglichkeit einer *›Indexikalisierung der Spur‹* aufmerksam geworden sind. Denn darauf bauen unsere folgenden Überlegungen auf.

4. Immanenz und Transzendenz der Spur

Im Horizont der Indexikalisierung der Spur fällt ein neues Licht auf ihre erkenntnistechnische und -theoretische Doppelfunktion. Wir können uns mittels der Spur im Sichtbaren auf das Unsichtbare, im Anwesenden auf das Abwesende beziehen. Diese Bezugnahme kann entweder nach einer semiologischen, an der Immanenz orientierten oder nach einer metaphysischen, an der Transzendenz ausgerichteten Matrix verstanden werden. Und die Gelenkstelle zur Unterscheidbarkeit beider Positionen liegt nun genau in der Frage, ob die Spur als ein Index, mithin als eine Form von Zeichen aufzufassen sei oder ob die Spur sich einer Indexikalisierung und damit Semiotisierung gerade entzieht.

a) Wir können uns auf die Spur so beziehen, dass das Sichtbare als Medium, Anzeichen oder Zeichen dessen, was unsichtbar bleibt, gilt. In diesem Falle verweist das Sichtbare dann nicht einfach auf die Unsichtbarkeit von etwas, sondern vielmehr auf dieses Unsichtbare selbst. Es steht zum Unsichtbaren in einer Beziehung, die sich in der indexikalischen Referenz erfüllt. ›Referenz‹ hier im ursprünglichen Sinne der Bezugnahme auf etwas Singuläres, das eine Stelle im Raum-Zeit-Kontinuum einnimmt oder eingenommen hat. Was in dieser referentiellen Dimension angelegt ist, ist die Protoform einer Semiologie mit der ihr eigenen Logik der Repräsentation. Spuren stehen für etwas, das – im Prinzip – derselben Welt wie die Spur selbst zugehörig ist. Spuren stiften einen rational rekonstruierbaren Bezug auf ein Abwesendes dadurch, dass wir dieses aus dem Anwesenden deduzieren (induzieren, abduzieren) können. Spuren verkörpern dann die Erwartung – oder sollten wir sagen: das Versprechen –, dass ihr Spursein in Indexikalität transformierbar ist: Das Lesen von Spuren ermöglicht eindeutige Identifizierung und wegweisende Orientierung. Wir können dies die *›Immanenzperspektive‹* der Spur nennen.

b) Doch das Sichtbare kann auch als Emanation eines Unsichtbaren gelten, das in keiner Weise mehr dem Register des Sichtbaren einzugliedern ist und der materiellen Welt des Wahrnehmbaren konstitutionell entzogen bleibt. Das, was die Spur hinterließ, gehört nicht (mehr?) der Welt an, in der die Spur selbst dann zur Erscheinung kommen kann. In der Welt, in welche die Spur hineinragt, macht die Leerform der Spur dann auf einen ihr eigenen unüberwindbaren Mangel aufmerksam. In einer paradoxalen Geste verweist die Spur auf das Surplus einer transzendenten Welt, welches der diesseitigen Welt gerade abhanden gekommen und daher auch nicht positiv zu erkennen ist. Aber zumindest das Abhandengekommensein, also eine ›Leerstelle‹, wird in der Spur angezeigt und wahrnehmbar. Wichtig also ist: Nicht das, was die Spur hinterließ, ist dann das, was anhand der Spur zu erkennen ist; dieser referentielle, indexikalische Zugang ist dem hier infrage stehenden Ansatz fremd. Einsehbar und erkennbar ist lediglich der Entzug von etwas, das Verschwundensein, die Lücke und das Fehlen: Eine negative Ontologie zeichnet sich hier ab. Das, was in der Spur sich zeigt, kann somit nicht mehr indexikalisch kolonisiert werden, fügt sich keinem semiologischen Schema und verweigert sich einer Bezeichnungsfunktion. Gleichwohl ist dieses ›Unerreichbare‹ als ein Existierendes gedacht, es ist wirklich vorhanden. Wir wollen dies die *›Transzendenzperspektive‹* der Spur nennen. Ein Gutteil der Metaphysik wie überhaupt der philosophischen Reflexion der Spur nimmt von hier ihren Ausgang.

Können wir so weit gehen zu sagen, dass Semiologie und Metaphysik zwei für die abendländische Geistesgeschichte fundamentale Geisteshaltungen sind, die beide als stilisierende und radikalisierende Entfaltung des Spurenlesens zu verstehen und auch zu rekonstruieren sind? Inwiefern es tatsächlich Sinn macht, anhand des Kriteriums der Indexikalisierbarkeit die Einstellungen einer entweder semiologischen oder metaphysischen Bezugnahme auf die Spur voneinander zu unterscheiden, wollen wir nun erproben, indem wir uns zwei prominenten Ansätzen zuwenden, die – jedenfalls auf den ersten Blick (den wir dann auch zu revidieren haben) – geradezu idealtypisch einer semiologisch orientierten Immanenztheorie einerseits und einer metaphysisch orientierten Transzendenztheorie der Spur andererseits zuzuordnen sind. Es geht um Carlo Ginzburgs Indizienparadigma und um die Philosophie der Spur bei Emmanuel Levinas.

5. Das Indizienparadigma: Carlo Ginzburgs Semiologie der Spur

Der italienische Historiker Carlo Ginzburg zeigte in einem der wohl einflussreichsten Texte zur Spur im 20. Jahrhundert, dass Ende des 19. Jahrhunderts ein neues epistemologisches Verfahren in den Humanwissenschaften Fuß fasste, welches er »Indizienparadigma« bzw. das »semiotische Paradigma« nannte.[9] Ginzburg entdeckte eine Analogie im methodischen Vorgehen des Kunsthistorikers Giovanni Morelli, des Psychoanalytikers Sigmund Freud sowie des (literarischen) Detektivs Sherlock Holmes. Alle drei erschließen eine verborgene Realität anhand von Spuren in Gestalt von nebensächlichen oder unwichtigen Details, die dem Bewusstsein, der Intention und Kontrolle der die Spuren hinterlassenden Akteure entzogen waren und dann wiederum Aufschluss geben können über eine verborgene Vergangenheit. Diese Spuren werden als Anzeichen gedeutet und gebraucht, insofern sie die Rekonstruktion eines Einzelfalles bzw. die Identifizierung eines Individuums ermöglichen. »In allen drei Fällen erlauben es unendlich feine Spuren, eine tiefere, sonst nicht erreichbare Realität einzufangen. Spuren, genauer gesagt: Symptome (bei Freud), Indizien (bei Sherlock Holmes) und malerische Details (bei Morelli).«[10] Dieser mit »Augenmaß und Intuition« verknüpfte Spürsinn, aus dem Unverborgenen das Verborgene zu erschließen, ist ein »Erkenntnisvermögen«,[11] das Ende des 19. Jahrhunderts (zwischen 1870 und 1880) sich zu einem humanwissenschaftlichen Paradigma auskristallisierte. Es zehrt vom Modell der medizinischen Semiotik, reicht jedoch viel weiter zurück in das ›stumme Wissen‹, das von alters her von Jägern, Schiffern, Töpfern, Priestern, weisen Frauen, aber auch von Ärzten, Historikern und Politikern praktiziert wurde.[12] Überdies parallelisiert Ginzburg das Spurenlesen der Wahrsagekunst: »Die Wahrsagung bezog sich auf die Zukunft und das Spurenlesen der Jäger auf die – vielleicht nur sekundenalte – Vergangenheit. Trotzdem war das kognitive Verhalten in beiden Fällen

9 Ginzburg, »Spurensicherung«, S. 31.
10 Ebd., S. 14.
11 Ebd., S. 15.
12 Ebd., S. 15 ff.

sehr ähnlich und die damit verbundenen intellektuellen Verfahren – Analyse, Konfrontation, Klassifikation – formal identisch.«[13]

Werfen wir einen exemplarischen Blick auf die kunsthistorische Version des Spurenlesens: Der Kunsthistoriker Morelli entwickelte ein Verfahren zur Bestimmung der Autorschaft von Bildern und konnte so Original und Fälschung überraschend sicher voneinander unterscheiden. Morelli konzentrierte sich auf die randständigen Teile von Bildern, indem er untersucht, wie Maler jene selbstverständlichen Details gestaltet haben, die sie ›wie im Schlaf‹ beherrschen und in denen sich ihre Handschrift unzweideutig zu erkennen gibt, ohne dass sie doch das abgeben, was gewöhnlich als der originäre Stil und die unverwechselbare Eigenart eines Malers gelten – wie etwa die gen Himmel gerichteten Augen Perugios oder das Lächeln der Gestalten Leonardos. Morelli achtete auf das malerisch Unbewusste und Nebensächliche, das sich in der Form der Ohrläppchen, der Fingernägel oder in der Gestaltung des Heiligenscheins zeigt. In diesen »charakteristischen Kleinigkeiten« verrät sich der Künstler »wie ein Verbrecher durch seine Fingerabdrücke. Und [...] jede Gemäldesammlung, die Morelli studierte, [ähnelte] unter der Hand einem Kriminalmuseum«, kommentiert Edgar Wind – den Ginzburg zitiert – sarkastisch.[14] Möglich ist diese kriminalistische Spurenfindung allerdings nur, weil Morelli die ›unbeabsichtigten Details‹ seinerseits als ein Ordnungssystem in Gestalt vielzähliger Reihen von Fingern und Ohren rekonstruierte und auf diese Weise die unbewusste Handschrift eines Künstlers kanonisieren und das Regelhafte am Randständigen herausarbeiten konnte. Morelli revidierte mit seiner Identifikationsmethode die Zuordnung vieler Gemälde in wichtigen Museen Europas.

Für Ginzburg ist das Spurenlesen, mit dem Einzelfälle, Individuelles, mithin Kasuistisches, anhand von Anzeichen erschlossen werden, eine ubiquitäre Form des Weltwissens, das im Können von Laien wie auch in der Kompetenz von Spezialisten über eine respektable Tradition verfügt. Doch das in Galileis Abstraktionsmethode kulminierende Modell der Naturwissenschaften schließt diese individualisierende Form des konkreten und »lokalen Wissens«[15] aus

13 Ebd., S. 17.
14 Zit. n. ebd., S. 9.
15 Ebd., S. 28.

dem Kanon der Wissenschaften aus. Und es blieb den Humanwissenschaften zwischen dem 18. und dem 19. Jahrhundert vorbehalten sowie – und das darf keinesfalls übersehen werden – den wachsenden Kontrollbedürfnissen des Staates, die sich in der systematischen Registrierung von Fingerabdrücken zeigten, überhaupt erst den Boden zu bereiten, aus dem sich dann Techniken des Spurenlesens zum Indizienparadigma im Kreuzungspunkt von Kunstgeschichte, Kriminalistik und Psychoanalyse Ende des 19. Jahrhundert auskristallisieren konnten.

Carlo Ginzburg hat das historische Bild, das er zeichnet, in dem vorliegenden Band verfeinert. Und tatsächlich ist die Differenz dieser konkurrierenden Methodologien schon am Beginn der Neuzeit fühlbar, in dem Augenblick nämlich, wo wir Descartes' abstrahierenden, universalisierenden, eben ›galileischen‹ Denkgestus auch als ein Abrücken von und als eine Antwort auf Michel de Montaignes ›lokalen‹, am Einzelfall orientierten, zeitgebundenen Denkstil deuten können, der übrigens eine auffallende und erst noch zu erforschende Nähe zum ›Indizienparadigma‹ aufweist.[16]

Doch wir wollen hier das Augenmerk auf etwas ganz anderes lenken: Ginzburgs Nobilitierung des Spurenlesens als Wissenstechnik gewinnt ihr Profil vor dem Hintergrund einer Wirklichkeitsauffassung, welche – und ist das tatsächlich erstaunlich? – Züge von dem zeigt, was wir bisher mit dem ›Entzugsparadigma‹ assoziierten. So unterscheidet Ginzburg einerseits zwischen der »Existenz eines tiefen Zusammenhangs«, der verborgen bleibe, und den sichtbaren »Phänomenen der Oberfläche« andererseits, welche durch den tieferliegenden, aber verdeckten Zusammenhang gerade erklärt werden können.[17] Und es ist diese Intransparenz der Wirklichkeit,[18] die das Indizienparadigma als eine Methode nobilitiert, welche die Unzugänglichkeit der wesentlichen und tieferen Wirklichkeit zu kompensieren vermag. Diese unzugängliche Wirklichkeit – und das ist entscheidend – bezeichnet Ginzburg zugleich als eine »Totalität«.[19]

16 Diese ›beiden Ursprünge der Moderne‹, allerdings nicht im Horizont eines bei Montaigne angelegten ›Indizienparadigmas‹, hat Stephen Toulmin am Beispiel des Unterschieds zwischen Montaigne und Descartes herausgearbeitet. Dazu: Stephen Toulmin, *Kosmopolis. Die unerkannten Aufgaben der Moderne.*

17 Ginzburg, »Spurensicherung«, S. 37.

18 Ebd., S. 18.

19 Ebd., S. 36.

Wir stoßen bei ihm somit auf ein Zwei-Welten-Modell, das zwischen zugänglicher und detailreicher Oberfläche und unzugänglicher Tiefenrealität unterscheidet, aber durch die als Indizien wirksamen Spuren sicherstellt, dass die der unmittelbaren Erkenntnis entzogenen, aber als Totalität geltenden Bereiche indirekt zu erschließen sind. Damit tritt ein Paradox zutage: Methodisch kann das Spurenlesen immer nur Einzelfallkenntnis, also ›lokales‹ Wissen, befördern; doch zugleich versieht Ginzburg dieses lokale Wissen mit einem ins Absolute zielenden Anspruch: »Wenn die Forderung nach systematischer Erkenntnis auch immer anmaßender zu werden scheint, sollte deshalb die *Idee von einer Totalität* [kursiv: S. K.] noch nicht aufgegeben werden. Im Gegenteil: Die Existenz eines tiefen Zusammenhangs, der die Phänomene der Oberfläche erklärt, sollte man gerade dann betonen, wenn man behauptet, dass eine *direkte* [kursiv: C. G.] Kenntnis dieses Zusammenhanges unmöglich ist. Wenn auch die Realität undurchsichtig ist, so gibt es doch besondere Bereiche – Spuren, Indizien –, die sich entziffern lassen.«[20] Hier verlässt Ginzburg zweifellos jene ›Immanenzperspektive‹, die wir bisher mit dem Spurenlesen als positiver Wissenstechnik in Zusammenhang brachten: Er überschreitet diesen Ansatz in dem Augenblick, in dem er dem Spurenwissen zutraut, nicht einfach Einzelfallwissen zu sein, vielmehr auch die Idee einer Totalität enthüllen zu können. Und diese Totalität ist – das betont Ginzburg – nicht etwa eine Fiktion, sondern sie ist *real*.

Aber begegnen wir in dieser prinzipiell verborgenen Realität mit Totalitätsstatus nicht einer metaphysischen Gedankenfigur? Kommt hier eine subtile Nähe der an der Immanenzperspektive orientierten Semiotik der Spur zu derjenigen einer der Transzendenzperspektive verpflichteten Metaphysik der Spur zum Vorschein? Gesetzt den Fall, dies träfe zu: Was wären die Folgen dieser Diagnose? Könnte eine Folge darin bestehen, dass wir anerkennen (müssen), dass der Spurenleser – und zwar viel weitgehender, als es die Rede von den Indizien nahe legt – auch zum Konstrukteur eben jenes Referenzobjektes würde, auf das die Spur in ihrer ›quasi natürlichen Indexikalität‹ zu verweisen scheint?

Eine Antwort darauf finden wir in Ginzburgs eigener wissenschaftlicher Praxis. Tatsächlich ist seine Identifikation eines human-

20 Ebd., S. 36 f.

wissenschaftlichen Indizienparadigmas als methodisches Leitbild der zeitgenössischen Kulturwissenschaften die Verallgemeinerung eben jenes Verfahrens, welches der Geschichtswissenschaftler Ginzburg in seinen mikro-historischen Untersuchungen (›microstoria‹) praktisch angewendet hat. In diesen Untersuchungen spürt er die bäuerliche Volkskultur der frühen Neuzeit auf, das »gestikulierende, murmelnde oder schreiende Sprechen (einer) mündlichen Kultur«, die in der »tonlosen, auf dem Papier erstarrten Sprache der schriftlichen Kultur«, die das gewöhnliche Sujet des Historiographen bildet, gemeinhin zum Verstummen und Verschwinden kommt.[21] Wie aber kann das als Handwerk der Macht Niedergeschriebene zur Spur der ›Stimme‹ der von dieser Macht Unterdrückten werden? Wie kann eine nicht mehr vernehmbare orale Kultur aus der Schriftspur der Archive heraus zum Sprechen gebracht werden? Für Ginzburg ist die Antwort klar: Wir müssen in der autoritativen Schrift der Macht die subversive Spur des bäuerlichen Sprechens aufdecken. Und dies gelingt nirgends besser als in den detaillierten Protokollen der Inquisition.

Soweit in diesen Protokollen die Reden der als Häretiker, Ketzer und Hexen Angeklagten festgehalten sind, wird diesen der Wahrheits- und Wahrhaftigkeitsgehalt gewöhnlich abgesprochen. Erpresst unter Drohung und Folter, gelten die Aussagen der Opfer der Inquisition allenfalls als irrationaler Niederschlag inquisitorischer Barbarei und Repression. Doch so, wie Freud in der Rede des Patienten die unbewussten Residuen vergangener Traumata aufspürt, und so, wie Morelli anhand der unkontrollierten Details von Bildern Maleridentitäten (auf)klären konnte, und so schließlich, wie Sherlock Holmes sich von den unabsichtlichen Hinterlassenschaften zum Täter führen lässt, so entdeckt und vernimmt Ginzburg in den Dokumenten der Inquisition eine an das Dialogische gemahnende Zweistimmigkeit, insofern im Sog seines Spürsinns die Verschriftung der Machtausübung eine genuine Spur der Verlautbarungen der Ohnmächtigen erkennen lässt. Doch – wie alle Spuren –

21 Ginzburg schreibt über den Müller Menocchio, dessen Aussagen er aus den Inquisitionsprotokollen als Spuren bäuerlicher Denkweise rekonstruiert: »So hatte er in ureigenster Weise die unermessliche historische Kluft erlebt, die das gestikulierende, murmelnde oder schreiende Sprechen der mündlichen Kultur von der tonlosen, auf dem Papier erstarrten Sprache der schriftlichen Kultur trennte.« Carlo Ginzburg, *Der Käse und die Würmer. Die Welt eines Müllers um 1600*, S. 90.

ist diese in die ›rechtsförmigen‹ Verhörprotokolle hineinragende Stimme der Entrechteten stumm und sie kann überhaupt nur zu Gehör kommen, weil Ginzburg ihr seine eigene Stimme leiht, mithin aus den Zeugnissen, die er aufspürt, eine *Erzählung* macht, welche am und im Einzelfall das Ganze, mithin die *Totalität* bäuerlicher Volkskultur zum Vorschein bringen will. Daher bildet die Erzählung die für die mikro-historischen Untersuchungen angemessene Form der Darlegung geschichtswissenschaftlicher Ergebnisse. So sind die drei wichtigsten historischen Monographien Ginzburgs, *Die Benandanti. Feldkulte und Hexenwesen im 16. und 17. Jahrhundert, Der Käse und die Würmer. Die Welt eines Müllers um 1600* sowie *Hexensabbat*, nicht nur eine Rekonstruktionen der italienischen Volkskultur der frühen Neuzeit mittels der Narrativierung von Einzelschicksalen, sondern zugleich auch detektivische Erzählungen, die von Ginzburgs eigener Entzifferung der Spuren dieser Kultur handeln.

Unsere Frage war, ob als Folge des Zusammenspiels von Indizienparadigma und Entzugsparadigma in Ginzburgs Überlegungen sich das Spurenlesen nicht weit mehr einer konstruktiven Projektion verdankt als einer anzeigenden Indexikalität von Spuren. In seiner eigenen historiographischen Praxis hat Ginzburg darauf eine Antwort gegeben, insofern er seine geschichtswissenschaftlichen Studien narrativiert, also die Erzählung zur einzig sinnvollen Form mikrohistorischer Darstellung macht. Da diese sich als Rekonstruktionen einer Spurensuche ausweisen, halten sie die Mitte ein zwischen dem historiographischen Positivismus als Buchhaltung zuhandener Daten einerseits und der postmodernen Relativierung jedweder historischer Wahrheitsansprüche andererseits. Das Spurenlesen als historiographische Methode ermöglicht die Beweisfähigkeit der historischen Konstruktion.[22]

22 »Die Quellen sind weder offene Fenster, wie die Positivisten glauben, noch Mauern, die den Blick verstellen, wie die Skeptiker meinen: Wenn überhaupt, können wir sie mit Zerrspiegeln vergleichen. Die Analyse der jeweiligen Verzerrung jeder Quelle impliziert bereits ein konstruierendes Element. Doch die Konstruktion ist, wie ich im Folgenden zu zeigen versuche, nicht unvereinbar mit dem Beweis.« Carlo Ginzburg, *Die Wahrheit der Geschichte. Rhetorik und Beweis*, S. 34.

6. Das Entzugsparadigma: Emmanuel Levinas' Metaphysik der Spur

Emmanuel Levinas ist nicht nur Impulsgeber für Derridas Reflexionen der Spur,[23] sondern hat wie kaum ein anderer Denker jenes ›Entzugsparadigma‹ ausgelotet und auch profiliert, das den Nukleus einer Metaphysik der Spur bildet, die von der uneinholbaren Transzendenz dessen ausgeht, was die Spur hinterlassen hat. Und wir werden sehen, dass die Bedeutung der Spur, um die es Levinas zu tun ist, in nahezu allen Hinsichten zu jenem Umgang mit Spuren im Widerspruch steht, den Ginzburgs Indizienparadigma favorisiert. Levinas' Spur jedenfalls führt nicht mehr zu etwas hin, das identifizierbar, erkennbar oder verstehbar ist. Die Störung, Fremdheit und Abwesenheit, die sich in der Hohlform der Spur zeigt, kann nicht mehr ins Vertraute, Verstandene und Gegenwärtige zurückgeholt und eingegliedert werden. Sehen wir uns jetzt den Kontext seiner Philosophie der Spur genauer an.

Levinas vermutet im traditionellen abendländischen Denken eine Fehlstellung, die darin besteht, alles, was wir empfangen und erfahren, so zu verstehen, als ob es von uns hervorgebracht und durch uns konstituiert sei: Das Gegebene wird vom Ich als Funktion seines Selbst entworfen. Das jedenfalls ist der Kern der neuzeitlichen Subjektphilosophie, mit der das Sein zur Projektion unseres Bewusstseins wird. Selbst das, was jenseits des Ich gedacht wird, was ihm transzendent ist, wird in die Immanenz einer egologischen Konstruktion zurückgebogen. Odysseus, der seine Fahrt als Aufbruch und Irrfahrt zu sich selbst erlebt, wird Levinas dafür zum Sinnbild. Diese »Rückkehr zu sich selbst«[24] ist eine Bewegung, die auch unserer Form der Intersubjektivität die Richtung vorgibt: Mitteilen, Verstehen und alle Zeichengebung folgen den Bahnungen dieser egologischen Figur. Für »die abendländische Philosophie«, so Levinas, »verliert das Andere [...] seine Andersheit«, denn diese Philosophie ist ergriffen »vom Entsetzen vor dem Anderen, das Anderes bleibt«.[25]

23 Dazu: Robert Bernasconi, »The Trace of Levinas in Derrida«; John Llewelyn, *Appositions of Jacques Derrida and Emmanuel Levinas*; Werner Stegmaier, »Die Zeit und die Schrift. Berührungen zwischen Levinas und Derrida« sowie Ze'ev Levy in diesem Band.

24 Emmanuel Levinas, *Die Spur des Anderen*, S. 212.

25 Ebd., S. 211.

Diese »Allergie«[26] der Philosophen gegenüber dem Anderen will Levinas eine Beziehungsfigur entgegensetzen, welche den Anderen nicht länger in ein Alter Ego und in eine Projektion des Selbst verwandelt. Und diese Möglichkeit, den Anderen in seiner irreduziblen Andersartigkeit zu erfahren und auch zu belassen, ist genau dann gegeben, wenn wir bereit sind zu akzeptieren, dass der Andere uns nur als Spur begegnen und entgegentreten kann. Werfen wir einen genaueren Blick auf dieses Spurkonzept und die damit verknüpften philosophischen Erwartungen.

Wo gibt es eine Transzendenz, die nicht in die Immanenz überführbar ist, also in ihrer radikalen Jenseitigkeit belassen wird? Wo begegnet uns ein Außerhalb, dessen Äußerlichkeit nicht zugunsten einer Innerlichkeit domestizierbar und sublimierbar ist: »Kann es etwas so Befremdliches geben wie die Erfahrung eines absolut Äußeren, etwas in den Termini so Widersprüchliches wie eine heteronome Erfahrung«?[27] Genau diese Erfahrung von Heteronomie ist es, die uns im Spursein des Anderen widerfährt. Wir können die Eigenart dieses Spur-Seins besser verstehen, wenn wir es von dem Zeichen-Sein absetzen. Für Levinas begegnet uns nämlich der Andere im Kreuzungspunkt zweier Dimensionen: Er ist sowohl Zeichen wie auch Spur.

Diese Zeichenhaftigkeit ist nur ein anderer Ausdruck für unsere kulturell geteilte Einbettung: Unsere Kultur stiftet den Rahmen, in dem wir uns mit dem Anderen verständigen und zwar durch unsere leiblichen, sprachlichen und künstlerischen Gebärden. Diese mitteilungsbezogene Zugänglichkeit ist die Domäne der Hermeneutik,[28] die den Anderen als deutbares und verstehbares Zeichen für uns erschließt. In seiner Eigenschaft, zum Zeichen zu werden, erlangt dieser dann eine kontextabhängige Bedeutung, die ihn in Relation setzt zu etwas, das er für uns signalisiert. »Der Andere ist gegenwärtig in einem kulturellen Ganzen, wie ein Text durch seinen Kontext.«[29] In dieser Bewegung des Verstehens heben wir die Fremdheit des Anderen auf: Er kann uns zum Bedürfnis werden, kann uns ergänzen und mit uns in eine wechselseitige Beziehung eintreten. Die ›Verstehbarkeit‹ erschließt das Sein des Anderen unserem Bewusstsein, bannt

26 Ebd.
27 Ebd., S. 214.
28 Ebd., S. 220.
29 Ebd.

und verbannt gerade seine Fremd- und Andersartigkeit. In unserer semiotischen Bezugnahme auf den Anderen realisieren wir jene egologische Bewegung einer Rückkehr zu uns selbst, die für Levinas das Grundproblem abendländischer Subjektzentrierung bildet.

Doch der Andere ist eben nicht nur Zeichen, sondern er ist auch Spur. »Der Andere kommt uns nicht nur aus dem Kontext entgegen, sondern unmittelbar, er bedeutet durch sich selbst.«[30] In diesem kontextlosen Gegebensein ist der Andere herausgelöst aus den Kreisen unserer Bedürftigkeit; wir nähern uns ihm als Anderem dann an, wenn unser Bedürfnis gestillt ist und einem Begehren Platz macht, das kein Bedürfnis mehr nach etwas ist: »Das Begehren des Anderen entsteht in einem Wesen, dem nichts fehlt, oder genauer, es entsteht jenseits all dessen, was ihm fehlen oder was es befriedigen kann. Dieses Begehren des Anderen [ist] unser soziales Sein selbst.«[31] In dieser Situation ist das Ich zu einer Bewegung fähig, die nicht als Rückkehr zu sich intendiert ist; es ist eine Situation, in der der Andere uns in seiner Unmittelbarkeit, losgelöst von der Totalität kultureller Bestimmungen begegnet, in einer »tiefen Fremdheit«,[32] die der Matrix unseres Bewusstseins nicht zugänglich ist, in einer Abwesenheit, die durch keine Epiphanie und Gegenwärtigkeit kompensierbar ist, losgelöst von und herausgelassen aus der Ordnung des eigenen Lebens.

Und in dieser seiner Andersheit ist der Andere nur erfahrbar in der Spur. »Denn das Bedeuten der Spur [besteht] darin, zu bedeuten, ohne in die Erscheinung zu rufen.«[33] Die Spur ist nicht etwa als Hohlform einer Intentionalität[34] zugänglich. Verkörperung dieser ›Spur des Anderen‹ ist für Levinas das Antlitz: »Das Bewußtsein wird durch das Antlitz in Frage gestellt [...]. Das absolut Andere spiegelt sich nicht im Bewußtsein. Es widersteht dem Bewußtsein [...]. Die Heimsuchung [durch das Antlitz – S. K.] besteht darin, sogar die Ichbezogenheit des Ich umzustürzen, das Antlitz entwaffnet die Intentionalität, die es anzieht [...]. Das Ich verliert die unumschränkte Koinzidenz mit sich.«[35] Das Antlitz »bezeichnet dieses

30 Ebd., S. 221.
31 Ebd., S. 219.
32 Ebd., S. 222.
33 Ebd., S. 230.
34 Ebd., S. 280.
35 Ebd., S. 223.

Abwesende nicht, enthüllt es nicht«;[36] und dennoch hat das Abwesende im Antlitz eine Bedeutung. Es ist die Bedeutung einer uneinholbaren Exteriorität, Distanz und Jenseitigkeit. »Ein solches Bedeuten ist das Bedeuten der Spur.«[37] Nur in der Spur artikuliert sich also eine Transzendenz, die nicht wieder der Immanenz einer vertrauten Ordnung sich fügt. »Das Einrücken des Raumes in die Zeit, der Punkt, an dem die Welt sich zu Vergangenheit und Zeit beugt«, ist für Levinas etwas, das »die Ordnung« der Welt nachhaltig »stört«.[38] Der Unterschied von Zeichen und Spur kann also auch auf die Spur selbst angewendet werden:[39] »als Zeichen betrachtet [...], fügt sich [die] Spur der Ordnung der Welt ein. Die authentische Spur dagegen stört die Ordnung der Welt.«[40] Die Spur stellt keine Ordnung vor, sondern setzt sie außer Kraft und überschreitet sie und eben dies macht die mit der Spur verbundene Transzendenz aus. »Nur ein Wesen, das die Welt transzendiert, kann eine Spur hinterlassen. Die Spur ist die Gegenwart dessen, was eigentlich niemals da war, dessen, was immer vergangen ist.«[41] Insofern gehört der Andere tatsächlich einer Welt an, die nur jenseits der unsrigen fremd ist. Sofern wir uns den Anderen als Zeichen erschließen, überführen wir ihn in die Immanenz;[42] einzig ihn als eine Spur zu betrachten, belässt ihn in der Transzendenz.

Im Horizont dieser Transzendentalisierung der Spur drängt sich eine Vermutung auf: Rückt Levinas den Anderen nicht an jene Stelle, die – und zwar nicht nur im theologischen, sondern auch im philosophischen Diskurs – dem Göttlichen vorbehalten war? Das ›Göttliche‹, hier verstanden als dasjenige, was prinzipiell im Zustande eines ›Vorbeigehens‹ ist und daher nur in der Spur seiner Abwesenheit sich dem Menschen überhaupt zeigen kann?

Schon Heidegger hat das Wort ›Spur‹ in diesem Zusammenhang gebraucht.[43] Gott erscheint uns nicht, vielmehr hinterlässt er Spu-

36 Ebd., S. 227.

37 Ebd., S. 228.

38 Ebd., S. 233.

39 »Die Spur ist nicht ein Zeichen wie jedes andere. Aber sie hat auch die Funktion des Zeichens. Sie kann als Zeichen gelten.« Ebd., S. 230.

40 Ebd., S. 231.

41 Ebd., S. 233.

42 Ebd., S. 229.

43 Dazu: Otto Pöggeler, *Neue Wege mit Heidegger*, S. 315 ff.; sowie: Gawoll, »Spur: Gedächtnis und Andersheit. Teil II«.

ren. Und Heidegger weiß sich mit Hölderlin einig, dass es, so wie der Halbgott Dionysos den Sterblichen die Winke der Götter weitergebe, zur Berufung des Dichters gehöre, die Gesten und Winke der Götter im Medium der dichterischen Sprache zu vermitteln. Das Gedicht wird zur Spur des Göttlichen gerade dadurch, dass es dem Willen und der Kontrolle seines Autors entgleitet. Im Dichter lockert sich die Sprache als ein Gehäuse der Kultur, um zur Wegspur des Göttlichen im »Nu des Vorüberganges«[44] zu werden. Gebraucht wird der Dichter als Mittler, weil die Götter entflohen sind. Deren Abwesenheit wird durch keine Epiphanie mehr gemildert: Diese Abwesenheit ist unumkehrbar.[45] Der Dichter füllt diesen Abgrund der Negativität und Ferne des Göttlichen nicht etwa aus und schafft auch keinen Ersatz, sondern macht ihn als Spur lesbar: Indem er das Unheil als Unheil zu Wort kommen lässt, wird es eine Spur zum Heilen, wird das Heile eine Spur zum Heiligen, wird das Heilige die Spur zum Göttlichen, wird das Göttliche dann eine Spur zu Gott. In diesem Sinne zehrt Heideggers Verwendung des Wortes ›Spur‹ vom Wortfeld der *Weg*spur. Jedoch: Aufgespürt werden kann das Göttliche gerade nicht; es bleibt in und trotz seiner Spuren entzogen. Was bleibt, ist einzig die Richtung sichtbar zu machen, in welche die Spuren weisen. Eben dies geschieht – götterbotengleich – in der dichterischen Rede. Wir sehen also: Indem Heidegger den Spurbegriff mit der unaufhebbaren Abwesenheit Gottes verknüpft, ›bewahrt‹ er sein Spurkonzept[46] davor, durch die Idee des Zeichens im Sinne vergegenwärtigender Repräsentation subsumiert und dienstbar gemacht zu werden. Die Spur bleibt Spur eines Entzugs.

Wir müssen Levinas in diese Tradition rücken, der er allerdings eine neue, bei Heidegger so nicht auffindbare Wendung gibt: denn in dem Spurcharakter des Anderen liegt für Levinas eine Ethik begründet.[47]

44 Martin Heidegger, »Hölderlins Hymnen ›Germanien‹ und ›Der Rhein‹«, S. 55.

45 Zur Abwesenheit des Göttlichen auch: Martin Heidegger, *Holzwege*, S. 251 f., S. 272.

46 Allerdings lassen sich die verstreuten Einsetzungen des Wortes Spur bei Heidegger nicht im strengen Sinne als Konzept oder gar: als Theorie der Spur interpretieren. Vgl. dazu: Pöggeler, *Neue Wege mit Heidegger*, S. 317.

47 Darauf hat Gawoll schon hingewiesen in »Spur: Gedächtnis und Andersheit. Teil I«, S. 282.

Levinas vollzieht einen radikalen Schritt, wenn er diesen Entzug des Göttlichen als eine Art von Exteriorität deutet, die nun die Menschen selbst »heimsucht«,[48] zwischen den Menschen selbst sich ansiedelt und ihre wechselseitige Beziehung durchherrscht, mithin die Grunderfahrung ihrer Begegnung ausmacht. Die Abwesenheit, das Entzogensein und eben die Andersheit profanisiert sich damit zum Attribut der »Ordnung des Personalen«,[49] zum sozialen Elementarprinzip, ohne dabei jedoch seinen transzendenten Charakter zu verlieren. Und genau an dieser Stelle, wo sich der in der Spur sich zeigende Entzug des Göttlichen zur sozialphilosophischen Aussage über die conditio humana säkularisiert, wird aus der Metaphysik der Spur eine Ethik des Respekts: »Zu ihm [dem Gott – S. K.] hingehen, heißt nicht dieser Spur, die kein Zeichen ist, folgen, sondern auf die Anderen zugehen, die sich in der Spur halten.«[50] Wenn in der Diesseitigkeit und Endlichkeit der Spur, als welche der Andere mir begegnet, die Jenseitigkeit eines Unendlichen erfahrbar wird, so folgt daraus eine grundlegende Achtung vor dem Anderen und seiner Unfassbarkeit und Unverfügbarkeit, die nicht mehr verwurzelt ist in reziproker Kommunikation oder gar im wechselseitigen Verstehen. Das Subjekt, das ich bin, ist in dieser Hinsicht auf eine nicht reziproke Weise dem Anderen ›unterworfen‹, weil ich vom Anderen nur erfahren kann, was er in der Spur zeigt und ausdrückt – und mehr nicht. Das Subjekt ist im Verhältnis zum Anderen kein identifizierender und rekonstruierender Ermittler, sondern umgekehrt: Es ist dem anderen ausgesetzt und durch ihn verletzbar. In dieser Nähe und Nacktheit, in der ich mich in der Begegnung mit dem Anderen erfahre, ist die Gefahr des Umschlags in Gewalt immer gegeben. Nur Achtung, Akzeptanz und Respekt vor der Unnahbarkeit, Nichtverstehbarkeit und Unzugänglichkeit des Anderen können diesen Umschlag bannen. Den Anderen in seiner Fremdheit und Nichtverstehbarkeit zu belassen – das ist die mitmenschliche Verantwortung, die wir zu tragen und mit der wir zu leben haben.[51]

So nötigt uns also das transzendente Entferntsein des Anderen, der sich uns nur als Spur zeigt, Maximen unseres innerweltlichen

48 Zum ›Heimsuchen‹: Levinas, *Die Spur des Anderen*, S. 222 f., 227, 230 f.
49 Ebd., S. 222.
50 Ebd., S. 235.
51 Ebd., S. 224.

Handelns auf. Die im Spursein des Anderen begründete ›negative Intersubjektivität‹ erfährt bei Levinas eine Metamorphose hin zu einer die ›positive‹ Verantwortung fordernden Ethik. Und Levinas' Radikalisierung des Entzugsparadigmas enthüllt sich damit als ›bejahende Urszene‹ einer Sozialphilosophie mit weit reichenden Aussagen über die conditio der Zwischenmenschlichkeit und das ihr implizite Sollen.

Wir sehen also – und zwar bei Ginzburg ebenso wie bei Levinas –, dass die Doppelfunktion der Spur im Spannungsfeld von Immanenz und Transzendenz, von Orientierungsleistung und Entzugserfahrung auf subtile Art bei *beiden* Autoren, wenn auch auf je andere Weise zur Verschränkung kommt.

Literatur

Bernasconi, Robert, »The Trace of Levinas in Derrida«, in: *Derrida and Différance*, hg. v. Robert Bernasconi und David Wood, Evanston/Illionis 1988, S. 13-29.

Gawoll, Hans-Jürgen, »Spur: Gedächtnis und Andersheit. Teil I: Geschichte des Aufbewahrens«, in: *Archiv für Begriffsgeschichte*, Jg. 30, 1986/87, S. 44-69.

–, »Spur: Gedächtnis und Andersheit. Teil II: Das Sein und die Differenzen – Heidegger, Levinas und Derrida«, in: *Archiv für Begriffsgeschichte*, Jg. 32, 1989, S. 269-296.

Ginzburg, Carlo, *Der Käse und die Würmer. Die Welt eines Müllers um 1600*, Berlin 1990.

–, *Hexensabbat*, Berlin 1990.

–, *Die Benandanti. Feldkulte und Hexenwesen im 16. und 17. Jahrhundert*, Hamburg 1993.

–, »Spurensicherung. Der Jäger entziffert die Fährte, Sherlock Holmes nimmt die Lupe, Freud liest Morelli – die Wissenschaft auf der Suche nach sich selbst«, in: ders., *Spurensicherung. Die Wissenschaft auf der Suche nach sich selbst*, Berlin 1995, S. 7-44.

–, *Die Wahrheit der Geschichte. Rhetorik und Beweis*, Berlin 2001.

Heidegger, Martin, »Hölderlins Hymnen ›Germanien‹ und ›Der Rhein‹«, in: *Gesamtausgabe*, Bd. 39, Frankfurt/M. 1980.

–, *Holzwege*, Frankfurt/M. 1980.

Levinas, Emmanuel, *Die Spur des Anderen*, Freiburg, München 1983.

Llewelyn, John, *Appositions of Jacques Derrida and Emmanuel Levinas*, Bloomington 2002.
Pöggeler, Otto, *Neue Wege mit Heidegger*, Freiburg, München 1992.
Stegmaier, Werner, »Die Zeit und die Schrift. Berührungen zwischen Levinas und Derrida«, in: *Allgemeine Zeitschrift für Philosophie*, Heft 1, Jg. 21, 1996, S. 3-24.
Toulmin, Stephen, *Kosmopolis. Die unerkannten Aufgaben der Moderne*, Frankfurt/M. 1991.

Werner Kogge

Spurenlesen als epistemologischer Grundbegriff: Das Beispiel der Molekularbiologie

Ziel der folgenden Ausführungen ist es, den Begriff des Spurenlesens als epistemologischen Grundbegriff zu etablieren. Genauer geht es mir darum, zu zeigen, dass die Praxis, die durch den Begriff des Spurenlesens bezeichnet wird, den Kern von Prozessen der Wissensgenerierung ausmacht. Wissensgenerierung bezeichnet gerade nicht die Didaxe, die Weitergabe stabilisierten und explizierten Wissens, sondern den Prozess, in dem bezeichenbare Entitäten, signifikante Relationen und interne Abhängigkeiten allererst gewonnen werden. Indem ich argumentiere, dass die Generierung von Wissen auf das Lesen von Spuren angewiesen ist, widerspreche ich den Auffassungen, die davon ausgehen, dass neues Wissen durch reine Beobachtung, Berechnung, Entziffern oder Ablesen zustande kommt. Ebenso widerspreche ich der Auffassung, dass neues Wissen angemessen als reine Konstruktion eines epistemischen Komplexes bestimmt werden kann. Zwar spielt die theoretische ›Ingenieursleistung‹ des Zusammenfügens, Austarierens und Funktionieren-Machens heterogener Wissenskomplexe eine entscheidende Rolle bei der Generierung von Wissen, doch solange diese Konstruktionsleistung mit den Praktiken des Spurenlesens verbunden bleibt, bleibt sie auch ihrem Gegenstand, über den Wissen gewonnen wird, verbunden. Den Begriff des Spurenlesens als einen epistemologischen Grundbegriff zu etablieren, bedeutet deshalb zugleich, eine Alternative zur Dichotomie von Konstruktivismus und Realismus vorzuschlagen. Spurenlesen, so wie ich es im Folgenden konzipieren werde, bezeichnet nämlich eine Praxis, die aus einem Feld, das unübersichtlich, verwirrend und unkonturiert ist, identifizierbare Entitäten, Relationen und Abhängigkeiten herausarbeitet, ohne sich aber dabei vom untersuchten Material abzulösen und sich ihm gegenüberzustellen. In dieser Perspektive gibt es für das Spurenlesen weder ein freies Spiel der Konstruktion noch die Möglichkeit, auf gesicherten, im Rahmen vollständig explizierter Zeichensysteme eingerichteten Wegen zu wahrheitsfähigen Aussagen zu gelangen. Die Auffassung von Wissensgenerierung, die ich mit dem Konzept des Spurenlesens stark machen möchte, stellt sich in Opposition zu Konstruktivismus und Realismus, indem sie einem gemeinsamen Moment dieser scheinbar vollständig gegensätzlichen Wissenskonzeptionen widerspricht. Dieses gemeinsame Moment lässt sich aus der Unterscheidung von Involviertheit und Abgelöstheit gewinnen: Spurenlesen ist, obgleich in einer Bewegung der relativen Distanzierung, stets unablöslich in die Materie verwickelt, mit der es – gerade aufgrund dieser Verwickeltheit – Erfahrung macht. Dagegen hebt sich sowohl die Konstruktion als auch die bloße Beobachtung und die symbolsystemische Verarbeitung kategorisch von ihrem Gegenstand ab, genauer: Diese epistemologischen Begriffe bezeichnen Techniken, die sich dadurch kennzeichnen lassen, dass sie ihren Gegenstand auf einem eigens eingerichteten Tableau oder Spielfeld verhandeln, wo sie sich nach Regeln ausrichten, die für diese ›Räume‹ willkürlich aufgestellt und vollständig durchsetzbar sind.

Doch nicht nur gegenüber herkömmlichen wissenschaftsphilosophischen Grundpositionen, sondern auch gegenüber der jüngeren praxeologischen Wissenschaftstheorie, in der Forschung durchaus ganz ähnlich aufgefasst wird wie hier im Paradigma des Spurenlesens beschrieben, kann dadurch, dass die Unterscheidung von Involviertheit und Abgelöstheit ins Zentrum gestellt wird, ein begrifflicher Gewinn erzielt werden. Das Ausgehen vom Begriff der Praxis hat nämlich in diesem aktuellen Ansatz zwar den Blick auf die konkreten Abläufe von Forschung gelenkt, jedoch die klassische wissenschaftstheoretische Grunddichotomie von Theorie (resp. Wissen/Bewusstsein) und Empirie (resp. Experiment/Beobachtung) weitgehend unangetastet gelassen, indem sie die Praxis an die Stelle rückte, an der vormals die Empirie stand, und die Theorie ihrer primordialen Position enthob, ohne aber die Denkfigur als solche umzustürzen.

Eine solche Neukonfiguration der begrifflichen Grundanlage soll hier im Folgenden nun erzielt werden, indem der Praxis des Spurenlesens nicht mehr die Theorie, sondern ein zweiter Typ von Praxis, nämlich eine sich in den Kulturtechniken des Schreibens, Rechnens, Zeichnens, Lesens vollziehende Praxis, gegenübergestellt wird. Die Materialität dieser kulturtechnischen Praktiken erlaubt es, in einem abgegrenzten Feld mit definierten Entitäten zu hantieren und dabei die Möglichkeiten formaler Kombinatorik auszuloten. Im Gegensatz zur Involviertheit des spurenlesenden Forschens steht also die Abgelöstheit von Kulturtechniken, in denen eindeutig bestimmte Entitäten nach eindeutigen Regeln prozessiert werden.

Vor diesem Hintergrund werde ich schließlich das zentrale Argument entwickeln, das besagt, dass Wissen nur durch »Involvion«, durch Verwicklung der Forschung und der Forschenden ins erforschte Material zustande kommen kann und dass die kulturtechnischen Praktiken ihre Funktion darin haben, als Werkzeuge der systematischen Möglichkeitserkundung zur materialen Forschung beizutragen. Werden die Produkte dieser Praktiken stattdessen, wie zumeist geschehen, als Repräsentation eines realistisch abgebildeten oder konstruierten Wirklichkeitsausschnittes gedacht, wird ihre tatsächliche Funktion ebenso verkannt wie die Notwendigkeit, mit den kulturtechnisch erschlossenen Möglichkeiten in die verwickelte Praxis der spurenlesenden Forschung zurückzukehren.[1]

Die Dichotomie zwischen der Involviertheit des Spurenlesens und der Abgelöstheit anderer epistemologisch relevanter Praktiken ist in der abendländischen Wissensreflexion nicht ausreichend berücksichtigt worden. Daher konnten gerade diejenigen Praktiken und Konzepte privilegiert werden, die sich Kontrollierbarkeit, Gewissheit, Eindeutigkeit und Reproduzierbarkeit auf Kosten von Erfahrung erkauften. Die Aufgabe der folgenden Abhandlung liegt also darin, gegen den metaphysische (Alb-)Traum eines in sich vollkommen durchsichtigen und berechenbaren Wissens deutlich zu machen, dass die Möglichkeit, Erfahrung machen zu können, mit

1 Die Unterscheidung von spurenlesenden und kulturtechnischen Praktiken folgt in ihrer Grundanlage Carlo Ginzburgs Gegenüberstellung eines Indizienparadigmas und eines Galileischen Paradigmas, rekonstruiert diese aber in einer radikal veränderten Form, indem sie sie als Gegensatz zweier Typen materialer Praxis analysiert. Durch diesen Rückgang wird deutlich, dass es bei diesen beiden Paradigmen – wie auch Ginzburg in seinem Beitrag in diesem Band andeutet – um sehr viel allgemeinere epistemologische Einstellungen geht, als es die (irreführende) Galileische Gegenüberstellung von nur auf Wahrscheinlichkeit beruhenden, individuellen Angelegenheiten des Menschen und auf Notwendigkeit beruhenden, beweisbaren Sachverhalten der Natur suggeriert. Ziel der Argumentation ist es, Spurenlesen als basale epistemologische Praxis zu rehabilitieren und die praxeologisch gewendete, Galileische Form der Wissensgenerierung als ein Werkzeug und Hilfsmittel des spurenlesenden Forschens verständlich zu machen. Vgl. Carlo Ginzburg, »Spurensicherung. Der Jäger entziffert die Fährte, Sherlock Holmes nimmt die Lupe, Freud liest Morelli – Die Wissenschaft auf der Suche nach sich selbst«.

Involviertheit einhergeht und dass in dem tentativen, listigen, geduldigen und durch immer neues Scheitern klüger werdenden, spurenlesenden Forscher das erfahrungsgesättigte Wissen entsteht, das uns tatsächlich etwas zu verstehen gibt.

Ich werde diese Überlegungen sowohl in theoretischer Auseinandersetzung als auch am Beispiel der Molekularbiologie ausführen. Die Molekularbiologie ist ein besonders instruktives Beispiel, weil sie in ihrer Geschichte vom Punkt eines abgelösten Wissens ausging und ihren Gegenstand als entzifferbaren Code und als Text des Buches der lebendigen Natur konzeptualisierte, dann aber – im Fortgang ihrer Bemühungen – immer tiefer in die Notwendigkeit gedrängt wurde, sich in die organischen Prozesse zu involvieren und dabei Erfahrung zu sammeln. So lässt sich der gegenwärtige Stand molekularbiologischer Praktiken so charakterisieren, dass die abgelösten Praktiken, die das organische Material als Daten und Regelsysteme bioinformatisch bearbeiten, nicht als nachfolgende Stufe einer gereiften Wissenschaft, sondern als integrativer Bestandteil des spurenlesenden Forschungsprozesses angesehen werden können.

Dabei versteht sich diese Aussage, wie meine Argumentation insgesamt, selbst im spurenlesenden Paradigma: Die Beobachtungen im Feld der Molekularbiologie dienen mir als Indizien, ein bestimmtes Bild von Wissensgenerierung gegenüber einem anderen zu bevorzugen. Denn auch die philosophische Arbeit – so wie ich sie verstehe – verfolgt Spuren und trägt Hinweise zusammen, um eine kritischere, reflektiertere und besser mit den Phänomenen verbundene Konzeption von Erfahrungsbereichen herzustellen. Philosophie ist nicht per se Theorie und eine von Erfahrung abgelöste Denkdisziplin. Philosophie kann durchaus eine in ihrem Material verwickelte und Erfahrung zeitigende Tätigkeit sein, wenn sie sich forschend in ihr Feld der Strukturen des Denkens und Wissens begibt und nicht bloß aus axiomatischen Setzungen bestimmte begriffslogische Komplikationen ableitet. Generell muss betont werden, dass die Unterscheidung eines spurenlesenden von einem kulturtechnischen Praxistyp tatsächlich quer liegt zur herkömmlichen Dichotomie von Theorie und Praxis, sodass auch der Umgang mit Gedanken, mit Worten und anderen Zeichen sowohl im Modus des spurenlesenden als auch im Modus des kulturtechnischen Handelns stehen kann. Die Erzeugung von neuem Wissen ist keiner bestimmten Disziplin oder Gruppe von Disziplinen vorbehalten – etwa den Naturwissenschaften –, sondern eine Frage der epistemischen Einstellung. Die forschende Einstellung, die Wissen hervorbringt, will ich im Folgenden unter dem Titel »Spurenlesen« näher charakterisieren.[2]

1. Der Begriff des Spurenlesens

Theoretische Begriffe sind Werkzeuge des Denkens und ein gutes Werkzeug ist ein solches, das geeignet ist, in seinem Gegenstandsbereich etwas zu ergreifen und zu bearbeiten. Den Begriff des Spurenlesens halte ich für einen viel versprechenden Begriff, da er in seinen beiden, sich wechselseitig erläuternden Begriffskomponenten instruktive Unterscheidungen einführt: Es sind *Spuren*, die hier gelesen werden, nicht etwa Texte, Zahlen oder Noten; und diese Spuren werden *gelesen*, sie werden nicht nur angeschaut und ihnen wird auch nicht nur gefolgt. So grenzt also jeder Begriffsteil das Spurenlesen von anderen Praktiken und Vorgängen ab:

1. *Spurenlesen vs. Textlesen* (statt ›Text‹ könnte hier jede beliebige andere Notation stehen): Das Lesen im Spurenlesen verhält sich offensichtlich anders als das Lesen in der Lektüre eines Textes. Wird ein Text gelesen, so ist er auf jeden Fall präsent; er liegt vor. Die Lektüre kann mühsam sein, wenn der Text schwierig oder in einer fremden Sprache verfasst ist. Doch die Anordnung und Gliederung der Buchstaben ist gegeben. Die Aufgabe besteht darin, sich beim Lesen im Schriftbild so zu bewegen, dass aus ihm Sinn gewonnen wird. Beim Spurenlesen dagegen – beispielsweise in der kriminalistischen Untersuchung oder in der Wildnis – ist keine Anordnung gegeben, vielmehr eine Störung in einer vertrauten, aber unüberschaubaren Ordnung. Irgendetwas ist auffällig, bricht heraus, fügt sich nicht ins gewohnte Bild der unberührten Ordnung. Das Lesen des Spurenlesens ist daher niemals der kontinuierliche Fluss der unproblematischen Lektüre, niemals nur ein Ablesen, vielmehr immer ein Lesen im Sinne des Auflesens und Herauslesens. Im Spurenlesen muss erst herausgefunden werden, was signifikant, was ein Zeichen für etwas sein könnte.

Auch Texte oder genauer Textträger können ein Spurenlesen er-

2 Ich danke Birgit Griesecke, Sylvia Krobitsch und Andrea Polaschegg für wertvolle Hinweise zu früheren Versionen dieses Textes.

forderlich machen. Wenn etwa, wie bei der Entzifferung einer verwitterten Inschrift oder der Mikrogramme Robert Walsers, ein wichtiger Teil der Arbeit darin besteht zu klären, ob ein Schatten, ein Anschein einer Linie überhaupt zu einem Zeichen gehört (und, wenn ja, zu welchem), dann wird auch die Rekonstruktion von Texten zu einem Spurenlesen.

Je mehr es also erforderlich wird, erst herauszufinden, welche Elemente zu einer Ordnung gehören und wie sie sich zusammenfügen, desto mehr wird das Lesen zum Spurenlesen und umgekehrt: Je mehr einer Linie oder einer Reihe von Markierungen einfach gefolgt wird, desto weniger handelt es sich bei diesem Tun um ein Spurenlesen. Dieser letzte Punkt führt allerdings schon auf eine weitere Unterscheidung:

2. *Spurenlesen vs. Spurenfolgen*: Wenn eine Spur so offensichtlich und eindeutig gegeben ist, dass sie ohne Weiteres direkt zum Täter, zur Beute, zum Sinn des Textes führt, dann sprechen wir nicht von einem Spuren*lesen*. Nicht jede Bahnung, nicht jeder Eindruck oder Aufdruck, nicht jede Färbung, die wir als Spur bezeichnen, wird auch gelesen. Spuren können in einer Weise gegeben sein, die keinen Zweifel offenlässt; manchmal auch so, dass sie die ›Befolgung‹ nahezu erzwingen wie die Spurrillen in der Fahrbahn. Spurenlesen ist etwas anderes als ein mechanisches oder habitualisiertes Nachfahren, Nachziehen, Nachlaufen. Wer Spuren liest, versucht und zweifelt, wechselt die Perspektive, versucht es erneut, kommt zu vorläufigen Schlüssen, die immer wieder erprobt, variiert, neu kontextualisiert werden. Dieser Typ von Bewegung ist dem mechanischen und kalkulierten Regelfolgen, dem Ableiten, diametral entgegengesetzt.

(3) *Spurenlesen vs. Spurenbetrachten*: Genauso weit entfernt wie vom regelförmigen Vorgehen ist das Spurenlesen von der bloßen Betrachtung, Anschauung oder Beobachtung. Wer eine Spur betrachtet, die sich am Strand im Sand verliert, liest diese Spur nicht. Zum Lesen einer Spur gehört das Aufspüren möglicher Spuren, das Heraussuchen, das probeweise Verknüpfen, Umsortieren, neu Konfigurieren; stets sind diese suchenden, probierenden und ordnenden Tätigkeiten gleichsam getrieben, besser wäre zu sagen: gezogen vom noch unvollständigen, unklaren, unterbestimmten Blick auf das,

was Ziel des epistemischen Unternehmens ist, auf das Wissensobjekt, das die Spuren verursacht hat, an die sich das Erkenntnisinteresse heftet.

Spurenlesen ist also ein in hohem Maße interessiertes, noch nicht gerichtetes, aber sich ausrichtendes, nicht ableitendes, sondern erschließendes Vorgehen. Es ist nicht kontemplativ und distanziert rezipierend, sondern intensiv agierend im Material, das in allen seinen Qualitäten und Aspekten von Belang sein kann.

Mit diesen drei Unterscheidungen, die wir im Sprachgebrauch rekonstruieren können, erweist sich der Begriff des Spurenlesens als Bezeichnung einer Praxisform, die sich von anderen Tätigkeiten und Vorgängen deutlich abheben lässt.

2. Spurenlesen, Erkenntnistheorie, Wissenschaftsphilosophie und die epistemologische Valenz der Kulturtechniken

Der Begriff des Spurenlesens, soweit er bisher konturiert ist, bezeichnet eine Praxis, die in ihr Material involviert ist und aus dieser Verwickeltheit heraus Entitäten zu stabilisieren und Ordnungszusammenhänge aufzuweisen versucht. Die folgenden Überlegungen sollen nun diesen Typ von Praxis ins Verhältnis setzen zu den klassischen philosophischen Auffassungen davon, wie Erkenntnis gewonnen wird und wie wissenschaftliches Wissen zustande kommt. Dabei leitet mich der Gedanke, dass das klassische erkenntnistheoretische Paradigma am Modell der kulturtechnischen Praktiken gewonnen wurde, von deren Spezifik aber abstrahierte und so zu einer generellen Erkenntnistheorie gelangte, die auf irreführenden Voraussetzungen beruht. Anders gesagt: Weil die klassische Erkenntnistheorie nicht vom Paradigma des Spurenlesens ausging, sondern von einer Konstellation, wie sie in den Praktiken der Schrift, der Graphik und des Bildes gegeben ist, hat sie zu verqueren Streitpunkten und unfruchtbaren Debatten über den Charakter von (wissenschaftlichem) Wissen geführt. Sie hat insbesondere dahin geführt, dass sich über Jahrhunderte ein Grundsatzstreit fortpflanzen konnte, der das Verhältnis von Theorie (resp. Wissen/Bewusstsein) und Beobachtung (resp. Experiment) zum Gegenstand hatte und sich darum drehte, ob Gewissheit des Wissens durch Beobachtung oder aber durch die Theorie gewährleistet sei.

Bevor ich die Gegenüberstellung des kulturtechnischen Paradigmas und des Paradigmas des Spurenlesens genauer ausführe, soll hier kurz der erkenntnistheoretische Zusammenhang skizziert werden, in dem diese relevant ist.

Richard Rorty hat in seinem 1979 erschienenen Werk *Philosophy and the Mirror of Nature* das philosophische Unternehmen einer Erkenntnistheorie bereits in einem bestimmten medialen Paradigma verortet, nämlich in dem des Spiegels. Für Rorty ist es die Auffassung, dass das Bewusstsein ein Spiegel der Wirklichkeit ist, die die Philosophie des Abendlandes bestimmte und die zu so etwas wie der Erfindung einer Erkenntnistheorie überhaupt erst führte:

Das Bild, das die traditionelle Philosophie gefangenhält, ist das Bild vom Bewußtsein als einem großen Spiegel, der verschiedene Darstellungen enthält – einige davon akkurat, andere nicht – und mittels reiner, nichtempirischer Methoden erforscht werden kann. Ohne die Idee des Bewußtseins als Spiegel hätte sich eine Bestimmung der Erkenntnis als Genauigkeit der Darstellung nicht nahegelegt. Ohne sie wiederum wäre die Strategie von Descartes und Kant – sozusagen durch Prüfen, Reparieren und Polieren des Spiegels zu immer akkurateren Darstellungen zu gelangen – nicht sinnvoll gewesen. Auch neuere Befunde dahingehend, daß die Philosophie »Begriffsanalyse«, »Bedeutungserklärung« oder Untersuchung der »Logik unserer Sprache« oder »der Struktur der konstituierenden Aktivität des Bewußtseins« sein könne, wäre ohne die Reminiszenz dieser Strategie nicht sinnvoll gewesen.[3]

Das Unternehmen einer Erkenntnistheorie, das der Philosophie der Moderne einen exklusiven Gegenstandsbereich sicherte, wird von Rorty verworfen, weil es auf einer verengten Auffassung von Erkenntnis beruht, in dem »Wissen als ein *Sehen* von etwas aufgefaßt wurde«.[4] Den Gedanken, dass es zu dieser visuellen Metaphorik auch Alternativen geben könnte, dass Wissen – wie Rorty es ausdrückt – auch in einem anderen Paradigma, z. B. in dem eines »Sichreiben gegen etwas«, konzeptualisiert werden könnte, bezieht Rorty von Heidegger, der die Auffassung, »unsere primäre Beziehung zu den Gegenständen sei der visuellen Wahrnehmung analog«,[5] als Konstituens der abendländischen Metaphysik kritisiert.

3 Richard Rorty, *Der Spiegel der Natur: Eine Kritik der Philosophie*, S. 22.

4 Ebd., S. 51.

5 Ebd., S. 182.

Rortys Ansatz beim medialen Paradigma der visuellen Repräsentation lässt sich durch sinnes- und medienphänomenologische Überlegungen ergänzen und vertiefen. Das Modell der visuellen Wahrnehmung weist nämlich einige strukturelle Bedingungen auf, die, da als solche unbemerkt, als Strukturmerkmale von Erkenntnis (und nicht als Strukturmerkmale eines bestimmten Erkenntnismodells) in die Geschichte der philosophischen Reflexion eingingen. Da ist zunächst zu nennen, dass die visuelle Wahrnehmung eine Distanz zum Gegenstand impliziert, also einen Raum mit zwei Orten eröffnet, einem Hier und einem Dort. Das Gesehene steht gegenüber. Es umschließt und umspült nicht den Wahrnehmenden wie der Geruch oder der Schall; es berührt die Sinnesorgane nicht unmittelbar wie das Geschmeckte und das an der Haut Empfundene. Die Distanz schafft einerseits Abstand zum Wahrgenommenen, andererseits legt sie ein Vermittelndes, ein Medium nahe. Dieses Medium wiederum kann trügerisch sein; durch es kann etwas vermittelt werden, was in Wirklichkeit nicht oder nicht so gegeben ist.

Ein weiterer struktureller Aspekt des Gegenüberstehens des visuellen Gegenstandes ist die Möglichkeit seiner dauerhaften Präsenz. Geräusche, Gerüche, Geschmäcker sind transitorisch, ihre Empfindungen vergehen. Auch das Gesehene kann ein flüchtiger Anblick sein, doch das Sichtbare bietet wie kein anderes sinnlich Wahrnehmbares die Möglichkeit, auf Dauer gestellt zu werden, dem wiederholten, dem sich versichernden, dem revidierenden Blick erhalten zu bleiben.

Die Momente der Distanz und der statischen Präsenz sind, da die visuelle Wahrnehmung zum Modell für Erkenntnis überhaupt wurde, als Grundstrukturen von Erkenntnis so evident geworden, dass es kaum mehr möglich scheint, sich eine andere Form von Erkenntnis, einen anderen epistemischen Weltbezug vorzustellen.

Allerdings denke ich, dass sich noch enger fassen lässt, *welche* Erfahrungen visueller Wahrnehmung Pate standen für die Entwicklung der abendländischen Erkenntnistheorie. Es ist nicht der schweifende Blick über weite Landschaften, nicht der liebevolle oder hasserfüllte Blick ins Auge des Anderen, nicht der stark fokussierte Blick auf Nadel und Faden, wenn der Zwirn durch die Öse geführt wird. Es ist vielmehr der Blick auf eine Fläche, auf der sich in geordneter Weise möglichst diskrete Elemente von einem Hintergrund abheben. Der Sternenhimmel ist sicherlich das älteste Tableau dieser Art; die Höhlenwand in Platons Gleichnis eine Urszene dieser medialen Figur. Von da an zieht sich das Bild einer Fläche, auf der sich Elemente anordnen und einschreiben, über Galileis in mathematischer Sprache geschriebenes Buch der Natur, Descartes' arbiträre Bilder und Lockes Schreibtafel der seelischen Daten bis in die Abbildtheorie von Wittgensteins *Tractatus*. Ebenfalls zurück bis zu griechischen Anfängen reicht das Motiv, über die Flächen hinaus zum wahren Wesen der Dinge vorzudringen.[6] Doch auch für dieses Motiv standen wiederum Praktiken Modell, die mit Anordnungen diskreter Elemente auf Flächen operierten: die Schrift und die Geometrie. Rainer Totzke präzisiert die klassischen medientheoretischen Überlegungen zum griechischen Alphabet dergestalt, dass die Besonderheit der alphabetischen Schrift darin besteht, die Sprache bis auf die Ebene ihrer formalen, grammatischen Einheiten zu analysieren und darzustellen. Diese These geht über die allgemeine schrifttheoretische Reflexion, dass Schrift als visuelles Medium die mündliche Rede von der Sprechsituation ablöst (Distanz) und dauerhaft macht (Präsenz), hinaus: »Anders als eine logographische Schrift wie die chinesische, fordert das Alphabet zur Suche nach abstrakten, nicht-sinnlich erfahrbaren, *logisch* oder *metaphysisch* verstanden *Urelementen* heraus.«[7] Durch die Gliederung des Schriftbildes in für sich bedeutungsfreie Zeichen wird die Möglichkeit einer freien Kombinatorik verknüpft mit der Idee, dass Bedeutung etwas Außersinnliches, hinter den Zeichen liegendes, Ideelles sei. So entstehen zugleich die formal-logischen Regelsysteme und »die Konzeption von Wissen als *episteme*, als System von situationsinvariant gültigen Aussagesätzen«, verknüpft mit der »irrigen Vorstellung [...], dass die Wahrheit dieser Aussagesätze sich *nicht* immer erst jeweils in praktischen Anwendungssituationen beweisen müsste, dass es *nicht* auf die jeweilige Urteilskraft der Leser und Anwender ankäme.«[8]

Ganz Ähnliches gilt für die Praxis der Geometrie, die ebenfalls eine formale Kombinatorik diskreter Einheiten auf einem Wahr-

6 Vgl. Ralf Konersmann, *Die Augen der Philosophen. Zur historischen Semantik und Kritik des Sehens.*

7 Rainer Totzke, *Buchstaben-Folgen: Schriftlichkeit, Wissenschaft und Heideggers Kritik an der Wissenschaftsideologie*, S. 116.

8 Ebd., S. 10.

nehmungstableau impliziert. Auch hier werden Elemente idealisiert, sodass sie kontext- und bedeutungsfrei verwendet werden können, und zugleich wird suggeriert, dass hinter dem Wahrnehmbaren in diesen formalen Verhältnissen eine Bedeutung steckt, die als übersituative Wahrheit Gültigkeit beanspruchen kann.[9] Für diese Praktiken, die sich auf ein gegenüberstehendes, visuell wahrnehmbares, aber auch operativ manipulierbares Tableau von Zeichen, und zwar von Zeichen im Sinne von Signifikanten, deren Signifikat über das situativ Gegebene hinausreicht, beziehen, schlage ich vor, den Begriff der *Kulturtechniken* einzusetzen. Texte, Formeln, geometrische Formen, Notationen, Diagramme, Karten sind Beispiele für kulturtechnische Artefakte. Lesen, Schreiben, Rechnen, Beweisen, Darstellen, Einzeichnen sind typische kulturtechnische Praktiken.

Was bedeutet es nun, wenn die Konzeption von Erkenntnis und Wissensgenerierung vornehmlich im Paradigma der Kulturtechniken entwickelt wurde? Die Spezifität dieses Vorgehens lässt sich im Kontrast erkennen und es scheint mir bemerkenswert, dass sich die kulturtechnische Wahrnehmungssituation auf inhaltsreiche Weise in einen Gegensatz zur epistemischen Praxis des Spurenlesens stellen lässt. Für die Kulturtechniken lässt sich nämlich feststellen, dass sie die relevanten Aspekte *verfügbar* machen, indem sie sie 1) material vergegenwärtigen und zwar in definierter Form, 2) in einem begrenzten Feld übersichtlich anordnen, 3) dem Betrachter gegenüberstellen und zwar 4) in einer Distanz, die in der Reichweite sowohl visueller als auch handgreiflicher Variations- und Manipulationsmöglichkeiten liegt. Spurenlesen dagegen ist gekennzeichnet durch 1) Nicht-Definiertheit der wahrgenommenen Aspekte bei Nicht-Präsenz des intendierten Wissensobjekts, 2) Unübersichtlichkeit, 3) Inklusion des Wahrnehmenden ins Wahrnehmungsfeld und 4) der Spannung zwischen der Distanzlosigkeit von Praxis und Gespür und der Abwesenheit des intendierten Objekts, auf das das Wahrgenommene referiert.

Nimmt man nun diese systematischen Überlegungen als Ausgangspunkt und blickt von hier aus in die jüngere Wissenschaftstheorie, so ist zu erkennen, dass in ihr diejenigen Autoren, die im Anschluss an Fleck und Kuhn Wissenschaft in ihrer konkreten Praxis betrachten – also z. B. Ian Hacking, Bruno Latour, Don Ihde,

9 Vgl. hierzu: Edmund Husserl, *Die Krisis der europäischen Wissenschaften und die transzendentale Phänomenologie*, S. 18 ff.

Joseph Rouse, Andrew Pickering und Hans-Jörg Rheinberger –, ein Bild von Wissenschaft zugrunde legen, das in seinen Grundzügen weitgehend demjenigen entspricht, wie hier das Spurenlesen charakterisiert wurde. So schreibt etwa Rheinberger, dass wissenschaftliches Forschen »keineswegs von vornherein zielgerichtet« ist, vielmehr »durch jene Vorgänge ertastet werden [muß], die Jacob beschrieben hat als ›die gescheiterten Anläufe, die verfehlten Experimente, die Stottereien, die blödsinnigen Probierereien‹«;[10] dass dabei »das Räsonnieren gewissermaßen ins Spiel der materiellen Entitäten gerissen wird«[11] und es gerade die Erfahrenheit eines Wissenschaftlers in seinem Experimentalsystem ist, die zugleich dessen Möglichkeiten erschließt und es selbstständig macht, ihm also entzieht.[12] Besonders dieses zuletzt angeführte, von Lacan entlehnte Theorem des inneren Ausschlusses bringt die Struktur der spurenlesenden Episteme begrifflich auf den Punkt: Das forschende, spurenlesende Subjekt schält sich mit wachsender Könnerschaft und wachsender Beherrschung seiner Materie nicht etwa aus ihr heraus, bringt sich nicht in eine Position des Gegenübers, des äußeren Beobachters, vielmehr verwebt es seine Virtuosität immer fester und immer effektiver mit ihr. Anders gesagt: Die Wissensgenerierung im Forschen entsteht nicht in einer Verringerung oder Überwindung von Involviertheit, sondern in deren Vertiefung und Verstärkung.

Diese von den materialen Praktiken her denkende Richtung der Wissenschaftstheorie ist zumeist zugleich mit einer Emphase auf Handeln und Erfahrung verbunden, die mit einer Abwertung der Rolle der Theorie einhergeht. So schreibt Rheinberger: »Wenn danach gefragt wird, was den Forschungsprozeß treibt, ist es ratsam, mit einer Charakterisierung der Experimentalsysteme, ihrer Struktur und ihrer Dynamik zu beginnen, und nicht von einem ursprünglichen, unhintergehbaren, wie auch immer formulierten Primat der Theorie«[13] auszugehen. Und Hacking grenzt in *Representing and Intervening* – sich übrigens auf Dewey als einen wichtigen Vorläufer beziehend – seine Auffassung von Wissenschaft gegen die »Zuschauertheorie der Erkenntnis« ab und präzisiert: »Dabei glaube ich

10 Hans-Jörg Rheinberger, *Experiment. Differenz. Schrift. Zur Geschichte epistemischer Dinge*, S. 30.

11 Ebd., S. 22

12 Vgl. ebd., S. 21.

13 Ebd., S. 22

nicht, dass die Idee der Erkenntnis als Darstellung der Welt allein schon die Wurzel des Übels ist. Der Schaden rührt daher, daß man sich auf Kosten des Eingreifens, Handelns und Experimentierens wie besessen mit nichts anderem beschäftigt als Darstellen, Denken und Theorie.«[14]

In dieser Formulierung zeigt sich die enge Verwandtschaft zwischen Rortys Ablehnung einer Vorstellung von Wissen als Spiegel der Natur und der Auffassung von Wissenschaft, wie sie in der praxeologischen Wissenschaftstheorie zum Ausdruck kommt. Mit der – strategisch gegenüber der herkömmlichen Wissenschaftsphilosophie unverzichtbaren – Emphase einer konkreten Forschungspraxis rückt allerdings das, was vormals Theorie hieß, nahezu aus dem Blick. Theorie wird in praxeologischen Ansätzen entweder als der begriffliche Aspekt der Forschungspraxis selbst oder als ein Strauß diverser, nicht näher bestimmter Tätigkeiten konzeptualisiert.[15] Mit der begrifflichen Gegenüberstellung der Praxis im Paradigma des Spurenlesens und der Praxis im Paradigma der Kulturtechniken lässt sich gegenüber dieser noch unter der Leitdifferenz von Theorie und Empirie stehenden Konzeptualisierung eine neue Sichtweise deutlicher ausformulieren. Begreift man nämlich konsequent Theorie als einen Typ von Praxis, so kann dies ein Missverständnis überwinden, das in Bezug auf den Begriff der Theorie immer wieder zum Vorschein kommt: Theorie wird herkömmlicherweise als systematisch angeordnetes Wissen ohne spezifische Materialität und ohne spezifische Manipulationsmöglichkeiten angesehen. Dabei wird übersehen, dass alles, was wir als wissenschaftliche Theorie gelten lassen würden, in Form von Text, von Bild, von Diagrammen, Formeln, Zeichnungen, Programmen etc., also in der kulturtechnischen Form sichtbar ausgestellter und manipulierbarer Zeichenarrangements vorliegt. Theorie im wissenschaftlichen Sinne ist nicht die Wesensschau des inneren Auges, sie verschmilzt nicht den individuellen Geist mit einer absoluten Evidenz, sie ist vielmehr stets externer Symbolismus, der auf intersubjektive Vermittlung zielt. Theorie, genauer: theoretische Tätigkeiten in kulturtechnischer Perspektive zu betrachten, bedeutet deshalb, sie als eine spezifische Praxis mit einer spezifischen Materialität anzusehen. Die wichtigsten Eigentümlichkeiten dieser Praxis sind die, die wir in der Unter-

14 Hacking, *Einführung in die Philosophie der Naturwissenschaften*, S. 220.

15 Vgl. Rheinberger, *Experiment. Differenz. Schrift*, S. 14 f.

scheidung vom Spurenlesen herausgestellt haben: Es ist die Rede von präsenten, definierten, manipulierbaren, übersichtlich angeordneten und dem Subjekt gegenüberstehenden, also von ihm abgelösten Entitäten.

Nun ist es nicht so, dass solche kulturtechnischen Arrangements und Praktiken nicht für Überraschungen gut wären und dass sie es nicht erlaubten, in ihnen zu experimentieren. Doch die Evidenzen, die sie offenbaren, und die Versuche, die sich in ihnen anstellen lassen, haben, solange es sich tatsächlich um Zeichen und nicht um Spuren handelt, einen anderen Charakter: Das kulturtechnische Tableau fungiert als ein ›Spielfeld‹, auf dem prinzipiell keine anderen Kräfte und Determinanten herrschen als jene, die durch konventionell verfasste Regeln festgelegt sind. Das kulturtechnische Tableau ist die Idee des Labors in einem absoluten Sinne: Hier gelingt, was in keinem wirklichen Labor gelingt, nämlich, dass Entitäten nur das sind, als was sie bestimmt sind, dass Vorgänge vollkommen sichtbar und kontrolliert vonstatten gehen, dass keine anderen, aus der Umwelt stammenden Kräfte und Elemente eindringen und Effekte erzeugen oder verändern. Damit will ich, wie gesagt, nicht andeuten, dass kulturtechnische Praktiken stets kalkuliert und maschinenhaft ablaufen; es kann gar nicht genug betont werden, dass in den schriftlichen, diagrammatischen und bildlichen Medien auch komponiert, entdeckt und experimentiert werden kann.[16] Nur geschieht dies stets unter den beschriebenen materialen Vorgaben, die die kulturtechnischen Praktiken von denen des Spurenlesens unterscheiden, in denen der prekäre Status der verhandelten Elemente einhergeht mit einem unabgeschlossenen und unübersichtlichen Untersuchungsfeld, in dem das forschende Subjekt involviert ist.

3. Molekularbiologie als Textwissenschaft

Betrachtet man die nun gut ein halbes Jahrhundert alte Geschichte der Molekularbiologie, dann kann man den Eindruck gewinnen, dass in ihr in verdichteter Form die zentralen Motive und großen Etappen der abendländischen Geistesgeschichte noch einmal aufge-

16 Vgl. dazu ausführlich: Werner Kogge, »Erschriebene Denkräume: Grammatologie in der Perspektive einer Philosophie der Praxis«.

führt wurden. Die antike Denkfigur eines unbewegten Bewegers, der Wirkungen zu erzeugen vermag, ohne selbst Gegenstand kausaler Einflüsse zu sein, ist in ihr ebenso wiederzufinden wie die in biblischer Tradition stehende Konzeption der Natur als ein Buch, aus dem der göttliche Plan herausgelesen werden kann. Die Besonderheit der modernen Biologie besteht darin, diese beiden Motive miteinander verschmolzen zu haben. Bereits in einem der Grundlagentexte der modernen Genetik, in Erwin Schrödingers Schrift *Was ist Leben?* von 1944, heißt es: »Die Chromosomstrukturen [...] sind zugleich Gesetzbuch und ausübende Gewalt, Plan des Architekten und Handwerker des Baumeisters.«[17]

Die Möglichkeit, Text und Handlungsmacht zusammenzudenken, ist in unserem Zeitalter der Computertechnik und der programmierten Steuerungsmechanismen so selbstverständlich geworden, dass es gar nicht mehr leicht ist, zu Bewusstsein zu bringen, dass dieser Gedanke unreflektiert ganz heterogene metaphysische Annahmen miteinander verquickt. So entstand eine Denkfigur, die selbst innerhalb der zugrunde liegenden metaphysischen Diskurse nicht mehr nachvollziehbar ist: Im Buch der Natur mag Gott seine Gedanken ausgeführt haben, aber das Buch führt nicht von selbst die Gedanken Gottes aus. Wie aber konnte dann Schrödinger, der Gesetzbuch und Plan begrifflich von den ausübenden und ausführenden Organen zu trennen wusste, diese doch in eins setzen?

Verständlich wird dieser intellektuelle Schachzug vermutlich erst, wenn er vor dem technologischen Hintergrund betrachtet wird, in dem er gedacht ist. Für diesen ist es bezeichnend, dass das Gesetzbuch und der Plan, die sich selbst exekutieren und realisieren, bereits von Schrödinger als ein Code – er dachte dabei insbesondere an Morsezeichen – aufgefasst wurde. Wie sich Text und Exekutive zusammendenken lassen, wird verständlicher, wenn man an technische Apparaturen denkt, die Zeichenkomplexe in physische Signale verwandeln und rückverwandeln. Betrachtet man diese Maschinen für sich, sieht es sehr wohl so aus, als könnte ein Text (z. B. ein Programm) einen Prozess, auch einen Produktionsprozess steuern. Genau dies nämlich hatte acht Jahre vor Schrödingers Abhandlung Alan Turings Schrift *On Computable Numbers* unter anderem auch gezeigt: dass sich jede eindeutige, zeichenförmige An-

17 Erwin Schrödinger, *Was ist Leben? Die lebende Zelle mit den Augen des Physikers betrachtet*, S. 57.

weisung prinzipiell mechanisieren und von einer Maschine ausführen lässt.[18] Was in dieser Verwendung der Grundform des Computers als allgemeine Idee allerdings herausgekürzt wird, ist die schlichte Tatsache, dass jeder Computer, jede nachrichtenverarbeitende Apparatur von Menschen so eingerichtet ist, dass sie bestimmte Zeichen in genau definierter Weise prozessiert, dass also auch hier die Letztinstanz der Exekutive nicht beim Text liegt, sondern bei denjenigen, die den Automaten einrichten und einstellen.

Gestützt wurde diese verkürzte Konzeption vermutlich auch dadurch, dass die Auffassung des Organismus als eines Automaten – von Descartes und La Mettrie bis von Neumann – über eine jahrhundertealte Tradition verfügte. Ein Automat, der einen Text enthält und durch diesen Text gesteuert wird, konnte daher eine von Grund auf plausible Vorstellung sein. So genügte es, zu vernachlässigen, dass die DNA ihre Funktion nur in einer vollständig eingerichteten Zelle zu erfüllen vermag, um sie zu einem – qua Text unbewegten, qua Transkriptions- und Translationsmechanismus bewegenden – ursprünglichen und ursächlichen Akteur im Zellgeschehen zu machen.

Die Macht dieser historisch tief gegründeten Evidenzen lässt erst verständlich werden, warum eine Verschmelzung gleich zweier urmetaphysischer Denkfiguren den Kern einer neuen Wissenschaft bilden konnte. Als nämlich ein knappes Jahrzehnt nach dem Erscheinen von Schrödingers Überlegungen die Struktur der DNA als eine stabile Anordnung diskreter Entitäten in Form einer Doppelhelix beschrieben wurde, war das Feld aufs Beste bereitet, diese Molekülstruktur in der Doppelrolle eines Informationsspeichers und seiner eigenen Exekutionsinstanz aufzufassen. So war es für Francis Crick, den Mitentdecker der Doppelhelix, ausgemacht, dass die auf ihr angeordneten Gene sowohl den Text der Erbinformation vollständig enthalten, als auch – kausal und aktiv – Entwicklung und Funktionieren des Organismus determinieren, was er in seinem berühmten ›zentralen molekularbiologischen Dogma‹ zum Ausdruck brachte, das besagt, dass die Information von der DNA auf die Proteine übertragen werden kann, aber nicht in die Gegenrichtung, und dass diese Übertragung als »*präzise* Bestimmung der Sequenz«[19] zu

18 Ausführlich dazu: Sybille Krämer, *Symbolische Maschinen. Die Geschichte der Formalisierung in geschichtlichem Abriß.*

19 Francis Crick, »On Protein Synthesis«, S. 153. Eigene Übersetzung, Hervorhebung im Original.

verstehen sei. Wie geeignet dieser Ausgangspunkt war, die biologische Problematik in einen kulturtechnischen, nämlich mathematischen Kontext zu transferieren, wird an der Reaktion deutlich, die Cricks und Watsons Modell auslöste. So schrieb etwa George Gamow, Physiker und Kryptologe, an die Autoren: »Damit gelangt die Biologie in die Gruppe der ›exakten‹ Wissenschaften [...]. Wenn Ihre Ansicht stimmt, wird jeder Organismus durch eine lange Zahl charakterisiert, die in einem Quadrupel-System geschrieben ist.[...]. Dies würde eine sehr aufregende Aussicht für die theoretische Forschung bedeuten, ausgehend von Kombinatorik und Zahlentheorie«.[20] Gamow hat sich in Zusammenarbeit mit einer Reihe von Kollegen tatsächlich einige Jahre darum bemüht, den Code des Lebens auf formal mathematischem Weg zu entziffern. In dieser häufig als formalistisch bezeichneten Phase erfolgte ein großer Teil der molekularbiologischen Forschung auf dem kulturtechnischen Tableau. Und obwohl in der Folge die entscheidenden Fortschritte durch profunde biochemische Arbeit erzielt wurden, blieb das von Schrödinger formulierte Amalgam aus Zeichensystem, Akteurialität und Automatenhaftigkeit bestehen. So formulieren Jacob und Monod, die Entwickler des in den 60er Jahren führenden Operon-Modells der Molekularbiologie: »Wie die Entdeckung der Regulator- und Operatorgene [...] zeigt, enthält das Genom nicht nur eine Reihe von Bauplänen, sondern ein koordiniertes Programm der Proteinsynthese sowie die Mittel zur Kontrolle ihrer Ausführung.«[21] Noch zu Beginn der 1990er Jahre schrieb Walter Gilbert, einer der Initiatoren der Genom-Sequenzierung: »Drei Milliarden Basen einer DNA-Sequenz passen auf eine einzige Compact-Disc (CD), und man wird eine CD aus der Tasche ziehen und sagen können: ›hier ist ein Mensch; ich bin es!‹«[22] Und er verknüpfte diese, in ihren Grundmotiven auf Norbert Wiener zurückgehende Vision[23]

20 Der Brief datiert vom 8. Juli 1958. Hier zitiert nach Lily Kay, *Das Buch des Lebens: Wer schrieb den genetischen Code?*, S. 182.

21 François Jacob und Jacques Monod, »Genetic Regulatory Mechanisms in the Synthesis of Proteins«. Zitiert nach: Evelyn Fox Keller, *Das Jahrhundert des Gens*, S. 107.

22 Walter Gilbert, »A Vision of the Grail«, S. 96. Übersetzung nach Keller, *Das Jahrhundert des Gens*, S. 17.

23 Bereits 1950 hatte Norbert Wiener, Mathematiker, Begründer der Kybernetik und Protagonist in den Frühzeiten moderner Genetik, die Ansicht geäußert, dass es kein prinzipielles, sondern lediglich ein technisches Problem sei, einen Organismus gleich einem Telegramm von einem Ort zum anderen zu übertragen: »[D]ie

mit einer bemerkenswerten Konklusion: »Zu wissen, dass wir von einer endlichen Informationssammlung determiniert sind, die erkennbar ist, wird unsere Sicht von uns selbst verändern. Eine intellektuelle Grenze wurde geschlossen und damit müssen wir fertig werden.«[24] Vor diesem Hintergrund kann es dann nicht verwundern, dass das vorläufig abgeschlossene Humangenomprojekt schließlich als ›Entschlüsselung des Erbes der Menschheit‹, als Blick in ›Gottes genetische Karten‹ gefeiert wurde.[25]

Die hier angesprochenen Motive sind in der Geschichte der Molekularbiologie so omnipräsent, dass das Netz der Verweise sich beliebig enger knüpfen ließe. Die Vorstellung, mit der DNA-Struktur über eine Ordnung zu verfügen, die sich lesen und deren Bedeutung sich durch Berechnung entschlüsseln ließe, war so verführerisch, weil in ihr das Versprechen lag, über ein Wissensgebiet in vollständiger Transparenz und Endgültigkeit verfügen zu können.[26] Es sah eine Zeit lang so aus, als wäre die ganze Komplexität und Dynamik des Organischen auf eine textuelle Struktur zurückzuführen. Diese textuelle Struktur, die auf der einen Seite die Lebensprozesse determiniert, wäre auf der anderen Seite der Wissenschaft in einem kulturtechnischen Setting gegeben gewesen: Die Buchstabenfolge der DNA lässt sich in übersichtlichen Tableaus aufschreiben, in ihren bedeutungsvollen Mustern kartieren, graphisch darstellen und mit Mitteln der Datenverarbeitung prozessieren. Hätte die DNA tatsächlich, wie angenommen worden war, die Lebensvorgänge vollständig in ihrer Struktur repräsentiert, dann wäre mit dem Abschluss der Sequenzierungen die Molekularbiologie als Wissenschaft an ihr Ende gekommen; sie hätte sich in eine Technik der Lektüre, Redaktion und Edition verwandelt.

Bekanntlich ist es so nicht gekommen.

Tatsache, dass wir das Schema eines Menschen nicht von einem Ort zum anderen telegraphieren können, liegt wahrscheinlich an technischen Schwierigkeiten und insbesondere an der Schwierigkeit, einen Organismus während einer solchen umfassenden Rekonstruktion am Leben zu erhalten. Sie liegt nicht an der Unmöglichkeit der Idee.« In: Norbert Wiener, *Mensch und Menschmaschine: Kybernetik und Gesellschaft*, S. 101.

24 Gilbert, »A Vision of the Grail«, S. 96. Übersetzung nach Kay, *Das Buch des Lebens*, S. 17.

25 Vgl. Ernst Peter Fischer, *Das Genom*, S. 30 ff.

26 Kay, *Das Buch des Lebens*, S. 57.

Kritiker des Informationsdiskurses in der Molekularbiologie hatten seit langem schon zu bedenken gegeben, dass der isolierte Blick auf die DNA als ein sich selbsttätig ausführender Text von Instruktionen sowohl philosophisch unhaltbar als auch sachlich unangemessen ist. Den philosophisch entscheidenden Punkt hat insbesondere Susan Oyama in ihrem einflussreichen Buch *The Ontogeny of Information* von 1985 herausgearbeitet. Oyama zielt darin in erster Linie auf das Konzept der Information als einer Entität, die den Lebensprozessen präexistiert und sie steuert. Sie erkennt darin die von Ryle als »Geist in der Maschine«[27] beschriebene metaphysische Konstruktion einer mentalen Entität, die zugleich als kausaler Ursprung der körperlichen Aktivitäten fungiert; eine Konstruktion, die sie für ungeeignet hält, biologische Prozesse zu erfassen, da sie die geistige Struktur von ihrer materiellen Umsetzung ablöst: »Wo auch immer die kognitiv-kausale Funktion untergebracht ist, ob im Geist Gottes, in Drieschianischen Lebensenergien oder in kleinen Computerprogrammen in der Zelle, solange sie als präexistierend und separiert von ihrer materiellen Realisation angesehen wird, kann sie Lebensprozesse nicht beleuchten.«[28] Folgt man dieser Auffassung, so wird offensichtlich, wie das kulturtechnische Paradigma mit seiner Herauslösung einer bedeutungsvollen Textur aus der Welt der kausalen Interaktionen auch für den Text musterbildend war, der als Nukleotidkette die Lebensvorgänge zu steuern schien.

Auch auf der phänomenalen Ebene wurde die Verklärung der DNA zu einem ursprünglichen Beweger scharf angegriffen. So schrieb etwa der Genetiker Richard Lewontin 1992 in seinem Artikel *The Dream of the Human Genome*: »Die DNA ist ein totes Molekül und zählt zu den reaktionslosesten, chemisch trägsten Molekülen der Welt [...]. Die DNA ist nicht nur unfähig, Kopien ihrer selbst herzustellen [...], sie ist auch nicht in der Lage, irgendetwas anderes zu ›machen‹. Die lineare Nukleotidsequenz in der DNA wird von der Zellmaschinerie benutzt, um zu bestimmen, welche Aminosäuresequenz in ein Protein eingebaut werden soll, und um festzulegen, wann und wo das Protein erzeugt werden

27 Susan Oyama, *The Ontogeny of Information. Developmental Systems and Evolution*, S. 14, eigene Übersetzung.

28 Ebd., S. 15, eigene Übersetzung.

soll.«[29] Die Verlagerung der Akteurialität von der DNA auf die Zellmaschinerie nimmt der DNA den exorbitanten Status, den ihr die Protagonisten der Molekularbiologie zugeschrieben hatten. Die gesamte Zelle und das Zytoplasma, das – wie Evelyn Fox Keller anmerkt – durch die »kraftvollen Metaphern ›Information‹ und ›Programm‹« von der »räumlichen Karte« der Wissenschaft verdrängt worden war,[30] erscheint im Zeitalter von Epigenetik und Postgenomics wieder auf der Bildfläche. Inzwischen sieht es so aus, als ob sich diejenigen durchsetzen würden, denen die Text- und Informationsmetaphorik der Molekularbiologie ohnehin ein Dorn im Auge war. Aus ganz unterschiedlichen Motiven – die von szientistischem Purismus bis zur dekonstruktivistischen Ideologiekritik reichen – haben Autorinnen und Autoren wie Sahotra Sarkar, Susan Oyama, Martin Mahner, Mario Bunge, Paul Griffith, Evelyn Fox Keller und Lily Kay den Informationsdiskurs der Molekularbiologie kritisiert, in dem der DNA qua Informationsform eine singuläre und privilegierte Rolle zugeschrieben wird. Stattdessen gehe es nun um die »Analyse von Netzwerken, die mit der Umgebung interagieren und sich über mehrere Regulationsebenen erstrecken – genetische, epigenetische, morphogenetische und organismische.«[31]

Diese Netzwerke werden heute in der Biologie als vielfach miteinander verknüpfte Signalpfade und Stoffwechselverläufe aufgefasst. Das Gewirr dieser Pfade, das nicht etwa durch statische Relationen, sondern durch temporäre Ereignisse zustande kommt, hat Wayt Gibbs, Redakteur bei *Scientific American*, einmal mit einem »sehr abstrakten Film« verglichen, »in dem fortwährend Striche auftauchen und verschwinden«.[32] In diesem Bild deutet sich an, dass die Molekularbiologie sich heute immer weniger als eine Wissenschaft auffasst, die einen Text zu entziffern oder eine Art Computerprogramm zu verstehen und technisch in den Griff zu bekommen hätte, sondern als eine Wissenschaft, die Wissensgegenständen mit prekärem Status nachforscht. Mit dem Abschied von der Idee einer textuellen Repräsentation des Lebendigen im Lebendigen sind die

29 Richard Lewontin, »The Dream of the Human Genome«. Zitiert nach Evelyn Fox Keller, *Metaphern der Biologie im 20. Jahrhundert*, S. 41.

30 Fox Keller, *Metaphern der Biologie im 20. Jahrhundert*, S. 43.

31 Kay, *Das Buch des* Lebens, S. 420.

32 Wayt W. Gibbs, »Simulierte Zellen«, S. 56.

Forscher zurückgeworfen in das unübersichtliche Gewirr einer unüberschaubar komplexen Ordnung mit multiplen Zusammenhängen zwischen den unzähligen, möglicherweise relevanten Elementen. Molekularbiologie ist, tendenziell auch ihrem Selbstverständnis nach, wieder zu einer spurenlesenden Wissenschaft geworden.

Doch betrachtet man diese Konterrevolution mit kritischem Blick, so stellt sich, bei aller Sympathie für die neue Bescheidenheit,[33] doch die Frage, ob sich die Strukturanalogie, die sich zwischen der DNA und einer textuellen Struktur auffinden ließ und die es so leicht machte, die DNA in die Wirkungsgeschichte der Kulturtechniken bis hin zum Computerprogramm einzurücken, so gänzlich beiseite schieben, genauer: in das weitere Zellgeschehen integrieren lässt. Denn bei allen wichtigen Revisionen, insbesondere in Bezug auf den Akteurstatus der DNA, bleibt doch festzuhalten, dass die Verteidiger der Strukturanalogie gute Gründe vorweisen können: Die DNA ist eine Molekülkette, die selbst nicht biochemisch aktiv ist, aber in biochemisch aktive Moleküle (Proteine) übersetzt wird. Dieser Übersetzungsvorgang stellt die Zuordnung in arbiträrer Weise her, also so, dass prinzipiell auch jede andere Zuordnungsbeziehung möglich wäre, und es sind nicht irgendwelche materiellen Qualitäten der DNA für das Übersetzungsprodukt ausschlaggebend, sondern nur die Anordnung in der Abfolge der vier Basen-Elemente.[34] Diese Sequenz mit ihrer Übersetzungsmaschinerie gehorcht durchaus den Kriterien, die Nelson Goodman für Notationsschemata in Symbolsystemen aufgestellt hat.[35] Die Basen sind erstens disjunkt, d. h. eine bestimmte Base ist entweder Adenin, Cytosin, Guanin oder Thymin, aber niemals zwei oder mehrere dieser Typen zugleich. Zweitens ist die Sequenz endlich differenziert, d. h., es gibt keine kontinuierlichen Übergänge zwischen den Elementen (wie etwa zwischen Farbtönen), sondern diskrete Wechsel. Die semantische Relation, für die Goodman in Bezug auf Notationssysteme Eindeutigkeit fordert, unterliegt bei der Umsetzung der DNA in

33 Vgl. dazu: Birgit Griesecke und Werner Kogge, »Forcierte Schließungen: Wittgenstein und der Weg vom mathematischen Formalismus in die moderne Genetik«, S. 28.

34 Diese Darstellung folgt in etwa der Argumentation von Peter Godfrey-Smith in seinem Aufsatz: »Information, Arbitrariness and Selection: Comments on Maynard Smith«, S. 205.

35 Nelson Goodman, *Sprachen der Kunst. Entwurf einer Symboltheorie.*

Proteine allerdings einer den genetischen Code übersteigenden, flexibleren Regulierung. Deshalb können wir hier – in Goodmans Terminologie – nicht von einem Notationssystem, sondern nur von einem Notationsschema in einem Symbolsystem sprechen. Dies gilt aber ebenso für die natürliche Sprache. Kurz: Es bleibt bemerkenswert, dass die Biologie es in ihrem Feld unter anderem mit einem Gegenstand zu tun hat, der in eine so enge Analogie zu textuellen Schemata (im Sinne des kulturtechnischen Paradigmas) zu stellen ist.

Mit diesem kleinen Exkurs will ich deutlich machen, dass unser Verständnis der epistemologischen Situation der Molekularbiologie zu kurz greift, wenn wir ihren über ein halbes Jahrhundert dominanten Informationsdiskurs nun schlechthin als Irrtum betrachten, der vielleicht hilfreich gewesen sein mag, nun aber überwunden ist. Wesentlich angemessener in Hinblick auf die gegenwärtige Realität der molekularbiologischen Forschung und auch für die allgemeine Epistemologie wesentlich instruktiver scheint es mir zu sein, wenn wir uns verdeutlichen, dass auch dort, wo die Natur Strukturen textueller Art hervorbringt, die Wissenschaft, solange sie erfahrungsbezogene Forschung ist, auf die Praxis des Spurenlesens verwiesen bleibt.

5. Das Zusammenspiel von spurenlesenden und kulturtechnischen Praktiken in der Molekularbiologie

Wenn die DNA sich tatsächlich am besten als notationale Struktur beschreiben lässt und wenn die gegenwärtige Molekularbiologie dennoch nicht so beschaffen ist, dass sie lediglich eine Notation abzulesen, eine Chiffre zu entziffern, eine Formel zu berechnen hätte; wenn sie vielmehr in der komplexen Gemengelage zellulärer Prozesse Hinweise sammelt, Spuren verfolgt, um Stoffwechselpfade zu rekonstruieren, dann deutet alles darauf hin, dass die ältere Auffassung der Molekularbiologie als Textwissenschaft im Sinne des kulturtechnischen Paradigmas ihr eigenes Erkenntnisinteresse verfehlt hat. Da jahrzehntelang – oft mehr implizit als explizit und gestützt durch die genannten metaphysischen Evidenzen – die Annahme leitend war, dass die Kenntnis der DNA-Struktur die Kenntnis der Lebensprozesse bedeutet, wurde übersehen, dass nicht diese Struktur selbst, sondern ihre Umsetzung in vitale Prozesse der eigentliche Gegenstand des biologischen Interesses ist.[36]

Das Selbstmissverständnis könnte man so formulieren, dass angenommen wurde, das Telos der Forschung sei die textuelle Struktur, tatsächlich aber wollte man wissen, wie sie umgesetzt, inszeniert, genutzt wird. Der Grund für dieses Missverständnis liegt in einem Vorurteil: nämlich in der metaphysischen, mit dem Paradigma von Kulturtechniken verwobenen Annahme, dass die abgelöste, begrenzte, übersichtliche, kontrollierte Struktur die wesentliche Form, die Repräsentation der wahren Strukturen eines Weltbereiches sind. In einem Geist, in dem man dazu neigte, das formal Eindeutige, Überschaubare und Beherrschbare für das Wahre zu halten, musste die Entdeckung, dass die Natur selbst notationale Formen hervorbringt, zu einem formalistischen Überschwang führen, der blind dafür machte, dass nur die hochgradig metaphysische Annahme einer semiotischen Struktur, die zugleich ihr eigener Gebrauch ist, die Idee plausibilisiert, mit der Kenntnis der DNA auch schon die Kenntnis über die Lebensprozesse zu besitzen.

Dem Selbstmissverständnis der molekularbiologischen Erkenntnisbemühung liegt also ein Missverständnis allgemeinerer Art zugrunde, das den Begriff des Wissens selbst betrifft. Im formalistisch-kulturtechnischen Paradigma nehmen wir an, dass unser Wissen dann seine vollendete und wahre Form gefunden hat, wenn die vielfältigen Effekte, lokalen Beobachtungen, mehr oder weniger zusammenstimmenden Phänomene, die sich in den Forschungspraktiken zeigen, in einem den kausalen Wirkungen entzogenen, beherrschbaren, übersichtlichen Setting repräsentiert werden. In Wirklichkeit heben wir uns beim Wechsel in diese Settings gerade von dem ab, was ursprünglicher Gegenstand unseres Erkenntnisinteresses war.

36 Eine Formulierung des einschlägigen, von Alberts u. a. herausgegebenen Lehrbuches bringt auf den Punkt, was in diesem Missverständnis verwechselt wird: »Die DNA aller Lebewesen kodiert für die gesamte RNA und alle Proteinmoleküle, die für den Bau ihrer Zelle nötig sind. Aber eine komplette Beschreibung der DNA-Sequenz eines Lebewesens – seien es die paar Millionen Nucleotide eines Bakteriums oder die paar Milliarden Nucleotide in jeder menschlichen Zelle – würde uns bei der Rekonstruktion des Lebewesens nicht weiter bringen als ein Englisch-Wörterbuch bei der Rekonstruktion eines Schauspiels von Shakespeare. Wir müssen dazu wissen, wie die Elemente der DNA-Sequenz, die Gene, genutzt werden.« B. Alberts, D. Bray, A. Johnson, J. Lewis, M. Raff, K. Roberts und P. Walter, *Essential Cell Biology. An Introduction to the Molecular Biology of the Cell*, S. 261.

Ich will im Folgenden versuchen, diese Überlegungen an einem Beispiel zu verdeutlichen. Denn wenn die Molekularbiologie keine Textwissenschaft ist, obwohl sie es ganz zentral mit einer Struktur zu tun hat, die wie ein Text aufgebaut ist, dann muss sich diese Konstellation in der Praxis der molekularbiologischen Forschung aufweisen lassen. Und tatsächlich erweist sich bei der Beobachtung der Forschungsabläufe in molekularbiologischen Laboren, dass die Forschungen in einem Modus des Spurenlesens verlaufen, obwohl allenthalben die notationalen Strukturen der Nukleinsäureketten im Spiel sind.[37]

Als Beispiel möchte ich hier ein weit verbreitetes Experimentalsystem anführen, in dem seit den 1990-er Jahren Protein-Protein-Interaktionen untersucht werden.[38]

Zum Verständnis der Rolle von Proteinen sind zwei biologische Voraussetzungen zu vergegenwärtigen: 1. Proteine entstehen durch Übersetzung von DNA-Sequenzen in Ketten von Aminosäuren, die sich sodann zu dreidimensionalen Gebilden falten. Der Übersetzungsvorgang von DNA-Sequenzen in Aminosäureketten verläuft in seiner Grundform nach einer eindeutigen Regel und diese Regel ist es, die im genetischen Code ausgedrückt ist (de facto geht dieser Prozess in der lebendigen Zelle allerdings wesentlich komplizierter und flexibler vonstatten). 2. Proteine sind die Moleküle, die sowohl den Aufbau als auch die Lebensprozesse des Organismus ausmachen. Sie existieren in tausenden verschiedenen Arten, die jeweils in sehr unterschiedlicher Menge in verschiedenen Zellen vorkommen, und erfüllen ihre vielfältigen Aufgaben, indem sie in unzähligen Signalpfaden und Stoffwechselnetzwerken temporäre Verbindungen miteinander eingehen und sich dabei transformieren.

37 Ich danke Sylvia Krobitsch, Linda Hallen, Karolin Huckauf, Ute Nonhoff, Silke Wehrmeyer und Markus Ralser vom Max-Planck-Institut für Molekulargenetik in Berlin dafür, dass sie mich an ihrer Forschungspraxis teilhaben ließen und mir dadurch einen sehr konkreten Einblick in zeitgenössisches molekularbiologisches Arbeiten ermöglichten. Professor Hans Lehrach danke ich dafür, dass er meine Anfrage positiv aufgenommen und mich an ein Labor seiner Abteilung vermittelt hat.

38 Es handelt sich um das sogenannte Yeast-Two-Hybrid-System. Wer sich zu diesem Thema weitergehend kundig machen möchte, wird fündig bei folgenden Quellen: Roger Brent und Russel L. Finley Jr., »Understanding Gene and Allele Function with Two Hybrid Methods«; Paul N. Mac Donald (Hg.), *Two Hybrid Systems. Methods and Protocols.*

Will man zelluläre Prozesse verstehen, so muss man herausfinden, in welche Wirkungsketten eine bestimmte Proteinart eingebunden ist und was sie dort leistet. Proteine sind so klein, dass einzelne Proteinmoleküle selbst mit den aufwendigsten Mikroskopierverfahren kaum sichtbar gemacht werden können. Schon gar nicht lassen sie sich im lebendigen Zustand beobachten, denn diese Verfahren der Mikroskopie benötigen Dünnschnitte fixierter Proben. Der Nachweis von Proteineffekten erfolgt also zwangsläufig immer indirekt, über wahrnehmbare Wirkungen, die sich einstellen, wenn bestimmte Proteine in der Zelle vorhanden sind oder fehlen. Es sind Indizienbeweise, in denen sich einzelne Indizien in einer Folge von Experimenten zu plausiblen Erklärungsschemata verdichten.

Der erste Schritt in einer solchen Suche nach Hinweisen ist der Nachweis, dass zwei Proteinarten überhaupt miteinander eine Verbindung eingehen können. Im Paradigma der Textwissenschaft hätte man davon ausgehen müssen, dass dies an der für das Protein codierenden DNA-Sequenz ablesbar wäre. Doch nicht einmal die räumliche Faltung des Proteins, geschweige denn seine spezifische Wirkung und schon gar nicht seine Funktion in unterschiedlichen Stoffwechselpfaden lässt sich unmittelbar aus der Sequenz entnehmen. Es ist daher erforderlich, die Arbeitsweise des Proteins selbst in der lebenden Zelle zu untersuchen. Vergegenwärtigt man sich nun aber, dass Proteine in der Zelle in immenser Zahl, in immenser Dichte, teils in großen Geschwindigkeiten und in schneller Veränderung interagieren, so wird klar, dass sich Proteine nicht nur dem direkten visuellen, sondern auch dem direkten technischen Zugriff entziehen.

Wie geht die Molekularbiologie nun vor, um dennoch etwas über das Zusammenspiel von Proteinen erfahren zu können? Der Versuch beruht in seinem Grundgedanken auf einer raffinierten Inanspruchnahme der zellulären Übersetzungs›maschinerie‹ und zwar so, dass, wenn zwei Proteine, deren mögliche Wechselwirkung untersucht werden soll, aneinander binden, dies einen Übersetzungsvorgang eines bestimmten DNA-Abschnitts der Hefezelle auslöst. Der DNA-Abschnitt, der dabei in Proteine übersetzt wird, ist so ausgelegt, dass der Vorgang sichtbare Phänomene hervorbringt, z. B. das Wachstum der Zelle oder ihre Blaufärbung. So ist also ein Problem, nämlich das der Nachweisbarkeit eines genuin unzugänglichen Vorgangs, gelöst. Wie aber gelingt es, die in Frage stehende Proteininteraktion mit dem spezifischen Übersetzungsvorgang zu verknüpfen? Die

Molekularbiologie macht sich hier zum einen die Struktur dieses Übersetzungsvorgangs zunutze, zum anderen die Möglichkeit, durch Einschleusen von zusätzlichen, präzise definierten DNA-Ringen (Plasmiden) die Zelle dazu zu bringen, in ganz bestimmter Weise aufgebaute Proteinmoleküle herzustellen.

Der Übersetzungsvorgang von DNA zu Proteinen in der Zelle beginnt mit der Herstellung eines strukturgleichen Moleküls durch eine Art Umschrift von DNA zu RNA. Dieser Vorgang wird Transkription genannt. Damit die Transkription starten kann, benötigt sie Transkriptionsfaktoren, das sind Proteine, die an die DNA binden und den Umschreibevorgang aktivieren. Die für den Aufbau des hier beschriebenen Experimentalsystems entscheidende Eigenschaft dieser Transkriptionsfaktoren ist ihre Gliederung in zwei voneinander ablösbare Module: eine DNA-Bindungs-Domäne und eine die Umschrift aktivierende Domäne. Der Trick besteht nun darin, diese beiden Domänen voneinander zu trennen und sie jeweils mit einem der beiden Proteine, deren mögliche Interaktion erprobt werden soll, zu fusionieren. Wenn nun die infrage stehenden Proteine aneinander binden, verknüpfen sich zugleich die beiden Domänen des Transkriptionsfaktors, sodass der Übersetzungsvorgang eingeleitet wird.

Allerdings ist diese Weise, den Vorgang zu erklären, zwar hilfreich, aber ungenau: Tatsächlich werden im Versuchsablauf nicht etwa die Transkriptionsfaktor-Proteine dingfest gemacht, zerschnitten und mit anderen Proteinen verklebt, was gemäß dem oben Ausgeführten ja gar nicht möglich wäre, vielmehr verläuft die technische Seite dieses Vorgangs wiederum auf der Ebene von DNA-Edition, während die Übersetzung dieser editierten DNA-Kette in eine spezifische Proteinkombination sodann von der Zelle bewerkstelligt wird. Was also manipuliert und in die lebende Zelle eingeführt wird, sind keine Proteine, sondern Plasmide (DNA-Ringe aus Bakterien), deren notationale Struktur hauptsächlich zwei Textfragmente enthält, nämlich die Sequenz, die für eine der beiden Transkriptionsfaktor-Domänen codiert, und die, die in eines der beiden Proteine übersetzt wird. Die Zelle stellt nun auf Grundlage dieser montierten Sequenz genau das Proteinmolekül her, das sowohl ein Teil des Transkriptionsfaktors als auch eines der beiden Proteine enthält.

Was sich hier also zeigt, ist, dass die Genforschung in der Erforschung von Lebensprozessen einerseits einen technischen Zugriff auf eine eindeutige, notationale Struktur, nämlich Nukleotidketten, hat, andererseits dennoch stets auf Lebensprozesse angewiesen ist. Nur wenn die Zelle die Plasmide in erwarteter Weise aufnimmt und umsetzt und wenn sie keine unerwarteten Verhaltensweisen entwickelt, die die anvisierten Vorgänge überdecken oder unterbinden, kann der Versuch ein klares Resultat ergeben. Lebewesen sind aber in Bezug auf unzählige Faktoren sensitiv, sie reagieren nicht nur auf die intendierten Manipulationen, sondern auf eine Vielzahl von Veränderungen und Einflüssen. Das kommt zum Ausdruck, wenn wir nun die Ebene wechseln und einen Blick auf die konkreten Praktiken werfen, die zu dem Versuchsablauf gehören. Denn was wir bisher dargestellt haben, ist zwar keine Theorie im engeren Sinne, eher ein loses Geflecht aus Annahmen und Techniken, aber es ist auch nicht die Praxis der Forschenden im Labor. Es ist der Hintergrund, das allgemeine Leitsystem, nach dem die Forschenden vorgehen, aber die konkreten Arbeiten und die konkreten Erfahrungen, die die Forschenden machen, bilden noch einmal einen eigenen Raum, der sich oft nicht leicht in dieses allgemeine System von Annahmen und bewährten Techniken übersetzen lässt.

Eine erste Aufgabe in der Durchführung des Versuchs ist, neben dem Ansetzen der Hefezellkultur, die Herstellung der Plasmide, die in die Zelle eingeführt werden. Obwohl dieser Arbeitsgang ganz auf die notationale Struktur von DNA ausgelegt ist, involviert er sich doch an vielen Punkten in die Eigenschaften lebendiger Materie. Dies beginnt schon bei der Zerteilung von DNA in Abschnitte. Zwar ließe sich die DNA-Kette auch durch physische Verfahren zertrennen, doch die dabei entstehenden Stücke wären völlig zufällig und in der Abfolge der Elemente unspezifisch. Was deshalb eingesetzt wird, sind bestimmte, aus Bakterien gewonnene Proteine (Restriktionsenzyme), die die DNA an spezifischen Stellen schneiden. Durch den Einsatz verschiedener solcher Proteine entsteht ein Gemenge von spezifischen DNA-Fragmenten unterschiedlicher Länge. Praktisch erfolgt dieser Arbeitsgang ebenso wie die folgenden als eine Abfolge von Schritten, die in einem sogenannten Protokoll, vergleichbar einem Backrezept, festgelegt sind:[39] Die DNA wird in Form einer Lösung in kleine Plastikgefäße gegeben, dort in bestimmten Quantitäten mit Puffer gemischt, Anteile der Restrik-

39 Als der Klassiker dieser Protokollsammlungen gilt: T. Maniatis, E. F. Fritsch und J. Sambrock, *Molecular Cloning. A Laboratory Manual.*

tionsenzyme werden hinzugefügt, das Ganze wird eine gewisse Zeit ruhen gelassen und schließlich der Vorgang durch Zugabe eines chemischen Präparats gestoppt. Ähnlich sieht das nachfolgende Verfahren aus, bei dem die in einem Zwischenschritt isolierten, definierten DNA-Fragmente in den Plasmidring eingebracht werden. Typisch für alle diese Prozeduren ist, dass mittels – in Bezug auf das Volumen präzise einstellbaren – Pipetten flüssige oder in Flüssigkeit gelöste Stoffe zusammengebracht, durch verschiedene Techniken der Vibration, des Schwenkens, des Antippens miteinander vermischt, unter bestimmten Temperaturbedingungen bestimmte Zeitspannen ruhen gelassen werden, um sodann den interessierenden Teil des Produktes durch Zentrifugieren und Abpipettieren zu isolieren.

Um signifikante Effekte erzielen zu können, werden häufig große Mengen von Molekülen benötigt. Ein wichtiger Typ von Techniken im Labor sind also Vervielfältigungstechniken. So werden z. B. die auf die gewünschte Weise zusammengesetzten Plasmidringe in großer Zahl kopiert, indem sie in Bakterienzellen eingeführt werden, die sich in rascher Folge teilen und dabei das Plasmid replizieren. Auch bei diesen Bakterienzellkulturen handelt es sich wieder um vollständige Lebewesen – mit allen damit verbundenen Eigenschaften: Das Wachstum verläuft in unterschiedlichen Phasen, es hängt ab von Temperatur und Zeit, von der Belüftung und vom Nährmedium. Zellkulturen sind auf vielfältige Weise in ihre Umwelt eingebunden und der Erfolg des Experiments hängt maßgeblich davon ab, ob es gelingt, diese Faktoren passend einzurichten.

Praktisch sieht dieser Vorgang der Einführung von DNA-Plasmiden in Bakterienzellen sehr ähnlich aus wie der oben beschriebene: Durch eine Abfolge von Schritten, die sich allgemein als Hantieren mit kleinen Mengen von Flüssigkeiten beschreiben lassen, werden, unter Beigabe bestimmter Chemikalien, durch Temperaturerhöhung und Abkühlung und durch physikalische Trennverfahren die Bakterienzellen so präpariert, dass sie die Plasmide aufnehmen. Die so transformierten Bakterienzellen werden sodann in kleinen Plastikschalen auf einem Nährmedium aufgebracht und, unter den genannten Bedingungen, ihrem Wachstum überlassen. Aus diesen werden dann, wiederum durch ganz ähnliche Arbeitsschritte, die nun multiplizierten Plasmide herauspräpariert, in Hefezellen eingebracht, wo sodann solche signifikanten Phänomene wie Wachstum und Blaufärbung beobachtet werden können.

Allerdings ist die Realisierung geplanter Versuche im Labor stets prekär. Es gehört zur alltäglichen Erfahrung der Forschenden, dass sich erwartete Prozesse und Produkte zunächst nicht einstellen. Hier beginnt nun die Ursachenerkundung: Sind Zellkulturen vielleicht durch andere Mikroorganismen kontaminiert? Sind Puffer- oder Nährlösungen verunreinigt oder nicht mehr in Ordnung? Sind bestimmte der industriell gefertigten Plastikgerätschaften, wie z. B. die sogenannten Säulen zur Segregation von DNA-Abschnitten, nicht optimal gefertigt? Ist beim Pipettieren ungenau gearbeitet worden? Sind die Mischungsverhältnisse für den spezifischen Versuch nicht optimal geeignet? Sind Temperaturen und Zeiten nicht ideal aufeinander eingerichtet?

Für viele solcher Fragen gibt es in der Laborarbeit keine abschließenden Antworten. So hat es sich z. B. in manchen Arbeitsgruppen bewährt, eine bestimmte Mischung zwei Stunden bei Raumtemperatur ruhen zu lassen, während der gleiche Vorgang in anderen Gruppen gerade nur dann funktioniert, wenn dies bei 4°C über Nacht geschieht. Erklärungen gibt es für solche Phänomene im Labor nicht. Oftmals entsteht der Eindruck, dass jedes Labor einen eigenen Charakter hat, sodass das, was in dem einem Labor auf eine Weise funktioniert, in dem anderen nicht ohne weiteres zuwege gebracht werden kann. Die Ursachen hierfür können ganz vielfältig sein. So hat z. B. ein bestimmtes Experimentalsystem, das eine Wissenschaftlerin in einem Labor mit stetigem Erfolg einsetzte, nach dem Wechsel dieser Wissenschaftlerin in ein anderes Labor plötzlich nicht mehr funktioniert. Erst als der Blick auf die bis dahin überhaupt nicht bedachte Möglichkeit fiel, dass in dem zweiten Labor anderes Wasser als im ersten zum Einsatz kommt, konnte das Experimentalsystem wieder zum Laufen gebracht werden.

Diese Beispiele zeigen, dass das Experimentieren – in seinen konkreten Materialien und Arbeitsschritten – auf unzählige Weisen in die umgebende Welt eingebunden ist. Die eingesetzten Stoffe, vor allem die eingesetzten Lebewesen, sind keine statischen Entitäten, die auf den kontrollierten Zugriff des Experimentators warten, sie reagieren auf viele Umweltbedingungen bzw. -eigenschaften und es ist ein permanenter Kampf im Labor, diese Bedingungen und Eigenschaften einigermaßen stabil zu halten, um die Wirkungskette zwischen gezielter Manipulation und wahrnehmbarem Effekt isolieren zu können.

Nun stellt sich dem nicht-praktizierenden, wissenschaftlich gebildeten Publikum die Frage, ob denn all diese Fremdeinflüsse und Fehlerquellen in einem perfekt eingerichteten Labor nicht zu eliminieren wären. Die Antwort lautet nein, und zwar aus epistemologisch relevanten Gründen: Denn zum einen sind das, was letztlich interessiert, Lebensprozesse, die gerade in Austauschvorgängen mit der Umwelt bestehen; zum anderen geht es in der experimentellen Forschung um Eingriffe und wahrnehmbare Effekte, d. h., es sind immer Menschen im Spiel, auf deren körperliches Dasein hin das Experimentalsystem auf jeden Fall geöffnet ist.[40] Hinsichtlich des ersten Aspekts ist zu sagen, dass sich die Einflussmöglichkeiten der Umwelt zwar mindern lassen, indem die Laboranlagen, die eingebrachten Stoffe und Geräte und das Personal in höherem Maße steril gehalten und abgeschottet werden, jedoch ist jede solche Maßnahme auf Technologien angewiesen, die selbst wiederum gegen Kontaminationen und Umwelteinflüsse abgeschottet werden müssen und so *ad infinitum*, weshalb es immer nur relativ isolierte Laborbedingungen geben kann.

Die Anwesenheit des Menschen bringt nicht nur zusätzliche Kontaminationsmöglichkeiten mit ins Spiel, sie formt das Experimentalsystem auch durch die je spezifische Qualität seiner Fertigkeiten. So ist es z. B. ein typisches Phänomen, dass Anfänger im Labor mit ihren Versuchen nicht zurechtkommen, da sie im Umgang mit der Pipette noch nicht souverän genug sind. Diese Ungeübtheit muss von außen nicht einmal wahrnehmbar sein, es handelt sich hier häufig um extrem subtile Momente, die sich nur in Begriffen wie Behutsamkeit, Entschiedenheit, Vollständigkeit der Bewegungen beschreiben lassen.

Die molekularbiologische Materie und die Lebensprozesse sind so empfindlich, dass solche Subtilitäten in der Qualität der eingeübten Routinen eine entscheidende Rolle spielen können. Und ebenso spielt diese Form der Könnerschaft – die offensichtlich im Paradigma des Spurenlesens anzusiedeln ist – in der Auswertung und Beobachtung eine Rolle. Oft ist es nämlich durchaus fraglich, ob z. B. eine bestimmte Tönung als Blaufärbung gelten kann, ob eine Zellkultur in einer Petrischale Wachstum aufweist, ob bei den

40 Diesen Aspekt hat jüngst Olaf Breidbach in einer kulturgeschichtlichen Untersuchung der wissenschaftlichen Wahrnehmung herausgestellt. Olaf Breidbach, *Bilder des Wissens. Zur Kulturgeschichte der wissenschaftlichen Wahrnehmung.*

Mustern der elektrophoretischen Analyse an einer Stelle Banden zu sehen sind bzw. wie sie in ihren Größenverhältnissen einzuschätzen sind.

Der epistemologisch entscheidende Aspekt aber ist, dass die Normalität des Scheiterns molekularbiologischer Versuche als Kehrseite dessen angesehen werden muss, dass in diesen Arbeiten tatsächlich neues Wissen hervorgebracht wird. Denn die Forschung wird gerade dadurch zur Forschung, dass in ihr die Erkenntnisbemühung Gegenständen gilt, die epistemisch kaum erfasst und dadurch technisch noch nicht beherrscht sind, die also zunächst nichts anderes sind als Spuren, die gelesen werden. Im Unterschied zu technologischen Anwendungen und technischen Routinen (die es im Labor auch gibt) ist deshalb das Gelingen in der Forschung nicht der Ausgangspunkt, sondern der Zielpunkt der experimentellen Anstrengungen, was zugleich heißt: nicht die Regel, sondern die Ausnahme.

6. Eine Theorie der Molekularbiologie?

Nun, so wird man fragen, gibt es denn in der Molekularbiologie keine Theorie, in die die Versuchsergebnisse schließlich einmünden? Gibt es keine integrative Sicht des Ganzen der Lebensprozesse, die sowohl den Versuchsaufbau anleitet als auch in den Resultaten ihre Bestätigung oder Widerlegung findet?

Das wissenschaftsphilosophische Bild von einer einheitlichen gedanklichen Struktur namens Theorie, die in wahren Aussagen über die Wirklichkeit besteht, hat vielleicht am nachhaltigsten Nancy Cartwright erschüttert. In ihrem Buch *How The Laws of Physics Lie* legt sie am Beispiel der Physik dar, dass die allgemeinen Theorien sich in der Anwendung grundsätzlich nicht als wahr erweisen, während die phänomenologischen Gesetze und Modelle, die sich in experimenteller Forschung validieren lassen, niemals allgemein sind, vielmehr nur lokale Geltung besitzen.[41] Ein solches Buch ist für die

41 Nancy Cartwright, *How the Laws of Physics Lie.* Besonders instruktiv für unsere Themenstellung ist Cartwrights Darstellung des Übertrags in die Theorie: »Entgegen dem konventionellen Ansatz, der lediglich auf Brücken-Prinzipien beruht, denke ich, dass der Eingang in die Theorie in zwei Schritten erfolgt. Wir starten mit einer *unpräparierten* Beschreibung, die die Situation so akkurat wie möglich wiedergibt. Der erste Schritt verwandelt diese in eine *präparierte* Beschreibung.

Molekularbiologie noch nicht geschrieben, doch vieles spricht dafür, dass es sich hier ähnlich verhält.

Eine kohärente Theorie des Organischen ist jedenfalls nirgends zu finden. Was es gibt, sind einzelne Theoreme, die den intellektuellen Raum der Molekularbiologie aufspannen. Unter diesen Theoremen sind so heterogene wie die elementarphysikalischen der atomaren Bindungen, die biochemischen des energetischen Stoffwechsels, die Kybernetik der Zellregulation und das ›zentrale Dogma‹ des einsinnigen Informationsflusses von DNA zu Proteinen; im Hintergrund wirksam sind Grundlagen wie die Hauptsätze der Thermodynamik und zentrale Motive der Evolutionstheorie. Eine Integration dieser unterschiedlichen Ansätze leistet keines dieser Theoreme – geschweige denn eine Integration der faktischen Forschungsergebnisse. Was es in der Molekularbiologie aber gibt, ist der Versuch, diese der Theorie zugedachte Aufgabe durch ein anderes Medium zu erfüllen, nämlich durch die Modellierung der Zelle am Computer. Zunächst hatte die immense und in keiner Weise mehr kognitiv bewältigbare Fülle von molekularbiologischen Daten deren maschinelle Bearbeitung und Integration erforderlich gemacht. Daraus hat sich eine Disziplin mit dem Namen Systembiologie entwickelt, die mit dem Anspruch verbunden ist, das System der zellulären Prozesse in seiner Gesamtheit zu repräsentieren. Ziel der Bemühung ist ein Computermodell der Zelle, das eine Vorhersage des Verhaltens einzelner Elemente unter bestimmten Bedingungen ermöglicht. Der Übertrag findet hier also nicht in ein System von Aussagen statt, sondern in ein funktionierendes Computermodell. Dessen Resultate können mit den experimentellen Ergebnissen abgeglichen und die Modellierung kann stets weiter verfeinert werden. So stellt sich die Frage: Gibt es also doch eine vom untersuchten Material abgelöste Wissenspraxis, eine Technik, die die Generierung neuen Wissens in einem formalistisch-kulturtechnischen Paradigma erlaubt?

Wir werden im Folgenden sehen, dass gerade dieses Beispiel ein starkes Indiz für die Auffassung abgibt, dass der kulturtechnische

Im zweiten Schritt wird diese präparierte Beschreibung in eine mathematische Repräsentation der Theorie eingepasst. Idealerweise sollte die präparierte Beschreibung der unpräparierten getreu sein. Doch die beiden Aktivitäten ziehen in unterschiedliche Richtungen und eine Beschreibung, die den Fakten adäquat ist, wird selten die richtige mathematische Struktur aufweisen.« In: ebd., S. 15, eigene Übersetzung.

Formalismus in der Forschung immer nur die Rolle eines Hilfsmittels spielen kann, dass es sich also nicht verhält, wie Protagonisten des Formalismus – ich zitiere hier als einen Klassiker David Hilbert – es gerne sehen, nämlich, dass »alles, was Gegenstand des wissenschaftlichen Denkens überhaupt sein kann, [...] sobald es zur Bildung einer Theorie reif ist, der axiomatischen Methode und damit unmittelbar der Mathematik [verfällt]« und daher im »Zeichen der axiomatischen Methode die Mathematik berufen zu einer führenden Rolle in der Wissenschaft überhaupt [erscheint].«[42]

Betrachten wir einige Textpassagen, in denen Systembiologen die epistemologische Stellung ihrer neuen Disziplin charakterisieren und in denen eine symptomatische Spannung zum Vorschein kommt: »Systembiologie beruht auf der Integration von Experiment, Datenverarbeitung und Modellierung. Idealerweise ist dies ein sich wiederholender Prozess. Experimentell gewonnenes Wissen über das untersuchte System führt, gemeinsam mit offenen Fragen, zu einem Ausgangsmodell. Dieses Ausgangsmodell erlaubt Vorhersagen, die in neuen Experimenten verifiziert und falsifiziert werden können. Unstimmigkeiten stimulieren den nächsten Schritt der Modellentwicklung, was wiederum zu experimentell überprüfbaren Vorhersagen führt. Diese Wiederholung wird weiter geführt, bis eine gute Übereinstimmung zwischen den experimentellen Daten und den modellierten Vorhersagen erreicht ist.«[43]

Die Darstellung in dieser Passage ist symmetrischer, als sie es ihrem Sinn nach sein dürfte. Denn es ist offensichtlich, dass die Passung zwischen Experiment und Modellierung hier nicht durch eine Manipulation der experimentellen Daten, sondern durch Korrekturen des Modells gewonnen wird. Der Einfluss der Modellierung auf das Experiment bezieht sich nur auf die Frage, welche Objekte untersucht werden sollen, aber nicht, in welcher Weise und mit welcher Art von Ergebnis dies geschehen soll. Genau dies aber stellt sich in anderen Passagen desselben Werks völlig anders dar. Zunächst wird dort festgestellt, dass die Daten für die Systembiologie derzeit noch »unter verschiedenartigen experimentellen Bedingungen mit verschiedenartigen experimentellen Plattformen und ohne

42 David Hilbert, »Axiomatisches Denken«, S. 11.

43 E. Klipp, R. Herwig, A. Kowald, C. Wierling, H. Lehrach (Hg.), *Systems Biology in Practice. Concepts, Implementation and Application*, S. 4, eigene Übersetzung (ebenso in den vier folgenden Fußnoten).

ernsthafte Bemühungen zur Standardisierung«[44] gewonnen werden. In einer sich nun abzeichnenden »systembiologischen Phase der biologischen Forschung«[45] kann dagegen die Forschung von Beginn an von im Modell definierten Annahmen und Parametern ausgehen, um Experimente zu entwerfen und zu planen, die dann von entsprechend programmierten Robotern ausgeführt werden.[46] Die Publikation der gewonnenen Erkenntnisse muss dann ebenfalls nicht mehr in Form von »extensiven Beschreibungen« stattfinden, sondern kann in Form von Computermodellen im Internet geschehen, die von der *scientific community* der Forscher erprobt und verfeinert werden bis zu ihrem mutmaßlichen Endzustand: »In vielen Fällen könnte die völlige Übereinstimmung von Vorhersagen und allen experimentell beobachtbaren Parametern eines Systems so nah an der ›Wahrheit‹ über einen komplexen biologischen Prozess sein, wie es für uns möglich ist.«[47]

Die hier zitierte Übereinstimmung hat nun aber eine andere Bedeutung als die in der ersten Passage verhandelte. Denn was hier entworfen wird, ist nicht mehr die Angleichung des Computermodells an die Daten der experimentellen Praxis, sondern vielmehr eine Umformung der experimentellen Praxis nach dem Bild der Computermodellierung: Die Parameter sollen definiert sein, die Verfahren standardisiert, die Techniken robotisiert – und zwar in einer in Hinblick auf im Modell prozessierbare Ergebnisse vorschematisierten Weise.

Worum es hier also geht, ist eine vielleicht geringfügig erscheinende, in ihren epistemologischen Konsequenzen aber sehr bedeutsame Verschiebung: Stammen nach der zuerst zitierten Formulierung die Fragestellungen und Versuchsanlagen aus der in die organischen Stoffe verwickelten Forschung, wechselt diese Ausrichtung in den sodann zitierten Passagen zum kulturtechnisch modellierten System. Epistemologisch betrachtet scheint hier wieder einmal der Gegensatz von induktivem und deduktivem Vorgehen ausgetragen zu werden. Doch dem ist nur so, solange man das modellierte System in herkömmlichen Kategorien von Theorie denkt und der empirischen Praxis gegenüberstellt. Tatsächlich aber ist das modellierte System

44 Ebd., S. 14.
45 Ebd., S. 388.
46 Ebd., S. 388 f.
47 Ebd., S. 15.

selbst ein Experimentierfeld. *In silicio* – so der Fachjargon – werden hier Versuche mit variierenden Konstellationen durchgespielt, Parameter verändert und mögliche Effekte erprobt. Es werden bestimmte Gene oder Proteine – auf die man im zellulären Material eventuell gar keinen Zugriff hätte – an- und ausgeschaltet, in ihrer Effektivität, Konzentration, Temporalität variiert und beobachtet, welche Konsequenzen sich jeweils ergeben. Das entscheidende an diesen Experimenten ist nun allerdings, dass sie vollständig im Rahmen des kulturtechnischen Paradigmas funktionieren: Die Daten sind, trotz ihrer kaum bewältigbaren Menge, doch stets definierte Entitäten, die Verläufe hängen nur von explizit formulierten Regeln ab, es können keine dritten Gegenstände oder Kräfte einwirken und die Kausalkette zwischen Eingriff und Resultat verläuft stets in kontrollierter und beherrschbarer Weise.

Die epistemologische Konsequenz dieses Wechsels ins kulturtechnische Medium ist allerdings, dass die *in silicio* errechneten Ergebnisse einen anderen Status haben als diejenigen, die in Auseinandersetzung mit dem Organischen gewonnen werden. Denn was sich hier ergibt, sind bestimmte, *im kulturtechnischen Rahmen* erschlossene Möglichkeiten des Materials, also Aussagen darüber, wie sich organische Prozesse im Rahmen der eingesetzten Standards und Parameter verhalten könnten. Ob es sich aber *in der lebendigen Zelle* wirklich so verhalten kann, wie es im Modell aussieht, das ist eine Frage, die zurück ins biologische Labor, zurück in die Involviertheit, zurück ins Spurenlesen führt.

Molekularbiologie kann letztlich, ebenso wie jede andere Wissenschaft, keine textuelle Technik sein. Weder die notationale Struktur der DNA, noch die Möglichkeit der Modellierung am Computer entheben die Forschung der Notwendigkeit, sich in Auseinandersetzung mit dem erforschten Material in dieses zu involvieren, um aus dieser »Involvion« Resultate zu stabilisieren, die allerdings stets einen Index ihres lokalen und spezifischen Zustandekommens behalten.

Die kulturtechnischen Praktiken sind Techniken der Kombinatorik. Sie sind kausalen Zusammenhängen enthoben und gerade deshalb geeignet, Möglichkeitsräume zu eröffnen. Sie sind daher außerordentlich wichtige Werkzeuge der Forschung, denn sie erlauben, auch komplexe und kontraintuitive Zusammenhänge herzustellen und somit den Forschungsprozess stets neu anzuregen. Jedoch gilt dies nur, solange sie befreit sind von jeglichem Ballast der Repräsentation von Wirklichkeit; solange sie also als *Werkzeuge* zur Erforschung der Wirklichkeit, nicht als deren *Abbild* konzipiert werden. Die Wirklichkeit selbst ist nur um den Preis der Verwicklung in sie zu haben und nur in Form von Spuren, die dabei gelesen werden.

7. Spurenlesen als epistemologischer Grundbegriff

Was bedeutet es nun, Spurenlesen als einen epistemologischen Grundbegriff aufzufassen? Auf den ersten Blick mag es den Anschein haben, als ob mit ›Spurenlesen‹ ein zu spezifischer Vorgang bezeichnet sei, also ein Konzept, das zu wenig allgemein ist, um als Grundbegriff dienen zu können. Fasst man aber, wie es hier versucht wurde, Spurenlesen als einen paradigmatischen Vorgang auf, dann kann das Konzept Spurenlesen durchaus auf einer Ebene mit Begriffen wie Konstruktion und Abbildung verhandelt werden. Die auf dieser Ebene verhandelten Begriffe sind epistemologische Grundbegriffe in dem Sinne, dass sie – zu verschiedenen Zeiten und in verschiedenen Ansätzen – das Hintergrundschema, die allgemeinste Denkfigur abgaben, in der die Entstehung von Erkenntnis konzipiert wurde. Das Plädoyer, die Entstehung von Erkenntnis stattdessen im Paradigma des Spurenlesens zu fassen, versteht sich als Fortsetzung *jener* Bewegung in der Epistemologie, die der Dichotomie von Konstruktivismus und Realismus den Grundbegriff der Praxis entgegensetzte – zunächst hauptsächlich als soziale Praxis verstanden und mit dem Sozialkonstruktivismus kompatibel, sodann immer stärker als Mannigfaltigkeit konkreter materialer Praktiken profiliert, also als Form der Auseinandersetzung mit je spezifischen Stoffen, Dingen, Instrumenten und Apparaturen. In dieser Diskurstradition der praxeologischen Epistemologie und Wissenschaftstheorie vermag der Begriff des Spurenlesens das Allgemeine, was diese Praktiken verbindet, zu fassen und gegenüber anderen Leitideen, in denen Erkenntnis aufgefasst werden kann, abzugrenzen.

Gegenüber dem *erkenntnistheoretischen Realismus* wird in der Perspektive des Spurenlesens deutlich, dass, obwohl dem Forschen die Wirklichkeit nicht entzogen ist (kein ›Ding an sich‹), sich die wirkliche Erfahrung niemals gänzlich der spezifischen Umstände ihres Zustandekommens enthebt; denn welche Spuren welcher Ereignisse sich auf welche Weise für die Wahrnehmung abzeichnen, kann niemals gänzlich von den lokalen und situationsspezifischen Umständen abgelöst werden – es sei denn, man wechselt das Register und inszeniert die Erkenntnissituation im kulturtechnischen Rahmen, in dem dann allerdings Möglichkeiten in einem spezifisch vorstrukturierten Setting systematisch erschlossen werden, nicht die Wirklichkeit in ihren Möglichkeiten repräsentiert wird.

Gegenüber dem *erkenntnistheoretischen Konstruktivismus* erschließt sich im Paradigma des Spurenlesens, wie aktive und rezeptive Momente im Erkenntnisprozess zusammenspielen. So erweist sich die verbreitete Rede vom Erzeugen von Spuren und Phänomenen in dieser Perspektive als unvollständig oder ungenau. Denn wer beispielsweise eine Sandfläche zurechtfegt, damit sich auf dem Sand Fußabdrücke deutlich einprägen, erzeugt nicht diese Spuren. Spuren werden nicht erzeugt, sondern hinterlassen,[48] und was in Vorgängen aufwendig eingerichteten Spurenlesens erzeugt wird, sind nicht die Spuren, sondern Hintergründe, Settings und technischen Arrangements, wie etwa die Einrichtung eines ›Reporter-Gens‹ oder eines farblich veränderlichen Stoffes, die, im Falle eines spezifischen Ereignisses, die interessierenden Vorgänge manifest werden lassen.

Im Paradigma des Spurenlesens wird offensichtlich, warum Wissen nicht in offenbaren und universal gültigen Ordnungen bestehen kann. Solche Ordnungen lassen sich nur herstellen, indem ihre Elemente von der kausal integrierten Welt abgelöst und einem vollkommen beherrschbaren Rahmen eingegliedert werden. In diesem Rahmen zeichnen sich Operationen dann durch invariante Wiederholbarkeit, Eindeutigkeit und Evidenz aus, also durch Eigenschaften, die die Metaphysik dem Wissen seit jeher zuschreibt. Im Paradigma des Spurenlesens kann dagegen von *Wissen* nur gesprochen werden, wenn die Verallgemeinerungen, die mit der wachsenden Erfahrung erschlossen werden, verbunden bleiben mit spezifischen Situationen, aus denen sie gewonnen wurden; wenn und soweit also die Kenntnis der allgemeinen Form an eine Erfahrenheit geknüpft ist, die erschließt, wie sie in Auseinandersetzung mit konkretem Material gewonnen und umgesetzt werden kann.

48 Vgl. Sybille Krämer in der Einleitung zu diesem Band: »Was also ist eine Spur? Und worin besteht ihre epistemologische Rolle? Eine Bestandsaufnahme«, S. 16.

Literatur

Alberts, B., Bray, D., Johnson, A., Lewis, J., Raff, M., Roberts, K., Walter, P., *Essential Cell Biology. An Introduction to the Molecular Biology of the Cell*, Garland, New York, London 1998.

Breidbach, Olaf, *Bilder des Wissens. Zur Kulturgeschichte der wissenschaftlichen Wahrnehmung*, München 2005.

Brent, Roger, Russel, L. Finley Jr., »Understanding Gene and Allele Function with Two Hybrid Methods«, in: *Annu. Rev. Genet.* 1997, 31, S. 633-704.

Cartwright, Nancy, *How the Laws of Physics Lie*, Oxford 1983.

Crick, Francis, »On Protein Synthesis«, in: *Symposiumn of the Society for Experimental Biology*, 12, 1958, S. 138-163.

Fischer, Ernst Peter, *Das Genom*, Frankfurt/M. 2002.

Fleck, Ludwik, *Entstehung und Entwicklung einer wissenschaftlichen Tatsache. Einführung in die Lehre von Denkstil und Denkkollektiv*, Frankfurt/M. 1980.

–, *Erfahrung und Tatsache. Gesammelte Aufsätze*, Frankfurt/M. 1983.

Fox Keller, Evelyn, *Metaphern der Biologie im 20. Jahrhundert*, München 1998.

–, *Das Jahrhundert des Gens*, Frankfurt/M. 2001.

Gibbs, Wayt W., »Simulierte Zellen«, in: *Spektrum der Wissenschaft*, Nov. 2001, S. 54-57.

Gilbert, Walter, »A Vision of the Grail«, in: *The Code of Codes: Scientific and Social Issues in the Human Genom Project*, hg. v. Daniel J. Kevles und Leroy Hood, Cambridge 1992, S. 83-97.

Ginzburg, Carlo, »Spurensicherung. Der Jäger entziffert die Fährte, Sherlock Holmes nimmt die Lupe, Freud liest Morelli – Die Wissenschaft auf der Suche nach sich selbst«, in: ders., *Spurensicherung. Über verborgene Geschichte, Kunst und soziales Gedächtnis*, München 1988, S. 78-125.

Godfrey-Smith, Peter, »Information, Arbitrariness and Selection: Comments on Maynard Smith«, in: *Philosophy of Science* 67, 2, 2000, S. 202-207.

Goodman, Nelson, *Sprachen der Kunst*, Frankfurt/M. 1997.

Griesecke, Birgit, Kogge, Werner, »Forcierte Schließungen: Wittgenstein und der Weg vom mathematischen Formalismus in die moderne Genetik«, in: *Wahn. Wissen. Institution*, hg. v. Jeannie Moser, Karl-Josef Pazzini, Marianne Scheller und Michael Wimmer, Bielefeld 2005, S. 27-55.

Hacking, Ian, *Einführung in die Philosophie der Naturwissenschaften* (Orig.: *Representing and Intervening*), Stuttgart 1996.

Hilbert, David (1918), »Axiomatisches Denken«, in: ders., *Hilbertiana. Fünf Aufsätze von David Hilbert*, Darmstadt 1964, S. 1-11.

Hood, Leroy, Kevles, Daniel (Hg.), *The Code of Codes: Scientific and Social Issues in the Human Genome Project*, Cambridge 1992.

Husserl, Edmund (1936), *Die Krisis der europäischen Wissenschaften und die transzendentale Phänomenologie*, Ges. Schriften, Bd. 8, hg. v. Elisabeth Ströker (*Husserliana* Bd. VI), Hamburg 1992.

Ihde, Don, *Instrumental Realism: The Interface between Philosophy of Science and Philosophy of Technology*, Bloomington and Indianapolis 1991.

Jacob, François, Monod, Jacques, »Genetic Regulatory Mechanisms in the Synthesis of Proteins«, in: *Journal of Molecular Biology* 3, 1961, S. 318-359.

Kay, Lily, *Das Buch des Lebens: Wer schrieb den genetischen Code?*, München u. a. 2001.

Klipp, E., Herwig, R., Kowald, A., Wierling, C., Lehrach, H. (Hg.), *Systems Biology in Practice. Concepts, Implementation and Application*, Weinheim 2005.

Kogge, Werner, »Erschriebene Denkräume. Grammatologie in der Perspektive einer Philosophie der Praxis«, in: *Schrift. Kulturtechnik zwischen Auge, Hand und Maschine*, München 2005, S. 137-169.

Konersmann, Ralf, *Die Augen der Philosophen. Zur historischen Semantik und Kritik des Sehens*, Leipzig 1997.

Krämer, Sybille, *Symbolische Maschinen. Die Geschichte der Formalisierung in geschichtlichem Abriß*, Darmstadt 1988.

Latour, Bruno, *Science in Action: How to Follow Scientists and Engineers through Society*, Cambridge (Mass.)1987.

Lewontin, Richard, »The Dream of the Human Genome«, in: *New York Review of Books*, 28. Mai 1992, S. 31-40.

Mac Donald, Paul N. (Hg.), *Two Hybrid Systems. Methods and Protocols*, Totowa, New Jersey 2001.

Maniatis, T., Fritsch, E. F., Sambrock, J., *Molecular Cloning. A Laboratory Manual*, Cold Spring Harbor Laboratory 1982.

Oyama, Susan, *The Ontogeny of Information. Developmental Systems and Evolution*, Duke 2000.

Pickering, Andrew, *The Mangle of Practice: Time, Agency, and Science*, Chicago 1995.

Rheinberger, Hans-Jörg, *Experiment. Differenz. Schrift: Zur Geschichte epistemischer Dinge*, Marburg an der Lahn 1992.

–, *Experimentalsysteme und epistemische Dinge. Eine Geschichte der Proteinsynthese im Reagenzglas*, Göttingen 2001.

Rorty, Richard, *Der Spiegel der Natur: Eine Kritik der Philosophie*, Frankfurt/M., 1987.

Rouse, Joseph, *Engaging Science. How to understand its practices philosophically*, Ithaca, London 1996.

Schrödinger, Erwin, *Was ist Leben? Die lebende Zelle mit den Augen des Physikers betrachtet*, München 1989.
Totzke, Rainer, *Buchstaben-Folgen: Schriftlichkeit, Wissenschaft und Heideggers Kritik an der Wissenschaftsideologie*, Weilerswist 2004.
Wiener, Norbert, *Mensch und Menschmaschine: Kybernetik und Gesellschaft*, Frankfurt/M. 1952.

Gernot Grube

›abfährten‹ – ›arbeiten‹. Investigative Erkenntnistheorie

Im Folgenden soll die epistemologische Leitmetapher der Abbildung, die eine Verkürzung von Erkenntnis auf ›korrekte Darstellung‹ provoziert hat, durch die Figur des Spurenlesens abgelöst und Erkenntnistheorie als Theorie absoluter Gewissheit durch ein Alternativmodell korrigiert werden. Diese Alternative ist in groben Zügen eine Verallgemeinerung des Indizienparadigmas von Carlo Ginzburg, mit der das Spurenlesen als epistemisches Grundprinzip auch in »galileischen Wissenschaften« vorausgesetzt wird.[1] Motiviert wird diese Verallgemeinerung durch einen Blick auf die Rastertunnelmikroskopie, eine galileische Wissenschaftskammer, in der Spuren erzeugt und computergestützte ›Täterprofile‹ hergestellt werden.

1. Erkenntnis als Darstellungstechnik

Sich die Kenntnis von etwas aneignen kann man im Deutschen auch mit der Wendung ausdrücken: ›sich ein Bild von etwas machen‹. Damit es auch tatsächlich eine Erkenntnis ist, muss das Bild allerdings ›stimmen‹. Zusammen mit dem Konzept des Bildes haben wir mindestens intuitiv auch eine Unterscheidung zwischen einem richtigen und einem falschen Bild. Und ganz unabhängig davon, welche spezifischen Kriterien über richtig und falsch entscheiden könnten, liefert diese Unterscheidung eine Basis für die Idee absoluter Gewissheit und das epistemische Unternehmen, nach der Möglichkeit richtiger oder wahrer Bilder zu fragen. Den philosophischen Programmen, die seit den ersten Angriffen der Skeptiker versuchen, eine Theorie der Erkenntnis zu formulieren, geht es immer um die Aufdeckung einer Erkenntnisbasis, die den Irrtum ausschließt. Diese Epistemologien zielen auf die Grundlegung der Möglichkeit absolut gültiger Erkenntnis, da, würde man nicht auch

1 Zum Verhältnis des Indizienparadigmas und der »galileischen Wissenschaften« und zur Frage der Reichweite des epistemischen Prinzips des Spurenlesens bei Ginzburg siehe seinen Beitrag in diesem Band.

diesen Anspruch erheben, es sich im eigentlichen Sinne nicht um eine epistemologische Untersuchung handeln könne, weil Erkenntnistheorie eine Theorie absoluter Gewissheit sein müsse.[2]

Die Redeweise ›sich ein Bild machen‹ wirkt wie der harmlose Zwilling der wirkungsmächtigen Abbildtheorie, die in der Philosophie seit der Antike bis in die Gegenwart als Orientierungskonzept dem Blick auf unser Wissen Halt gibt.[3] Ob man die ›Abbilder‹ im engeren Sinne als Bilder auffasst oder als etwas, das ähnlich wie ein Bild funktioniert, ist für den Gebrauch dieses Orientierungskonzeptes nicht ausschlaggebend. Man kann die Leitmetapher im Grunde beliebig weit fassen oder abstrakt halten, indem man zum Beispiel anstelle einer *Abbildung* oder einer *Repräsentation* eine *Entsprechung* setzt, ohne dass sich dadurch die Voreinstellungen für die Möglichkeit einer Theorie absoluter Gewissheit änderten.[4]

Es gibt einen Zug an dieser Leitmetapher der Abbildung, der besondere Konsequenzen zeitigt und sich aufs engste mit dem Anspruch auf absolute Gültigkeit verbindet. Dies ist die Fokussierung von Erkenntnis auf das Abbild oder die Darstellung, die Verkürzung der erkenntnistheoretischen Perspektive auf einen Aspekt, nämlich die ›korrekte Darstellung‹. Die Frage nach der Gewissheit ist dann die Frage, ob korrekte Darstellungen möglich sind. Bei diesem Erkenntnismodell nehmen die Fragen und Probleme immer

2 In gewisser Weise schließt sich sogar Rorty dieser Position an, da er mit seiner Kritik am Projekt der epistemischen Gewissheit die ganze Erkenntnistheorie für erledigt hält und konsequenterweise auf eine alternative Version verzichtet. Siehe Richard Rorty, *Der Spiegel der Natur. Eine Kritik der Philosophie.*

3 Die Kognitionswissenschaft ist das Beispiel einer noch jungen Disziplin, die diesem repräsentationalistischen Konzept folgt. Rorty, vielleicht der prägnanteste Kritiker dieser Orientierung, schreibt: »Das Bild, das die traditionelle Philosophie gefangenhält, ist das Bild vom Bewußtsein als einem großen Spiegel, der verschiedene Darstellungen enthält – einige davon akkurat, andere nicht – und mittels reiner, nichtempirischer Methoden erforscht werden kann.« (Ebd., S. 22). Dann greift er dies Orientierungskonzept in seiner rationalistischen Version an, die ihm Descartes gegeben hat.

4 So spielt es unter diesem Gesichtspunkt keine Rolle, ob Descartes eine eher naive Abbildtheorie vertreten hat, oder aber, was von Perler nachdrücklich hervorgehoben wird, es angemessener wäre, sich die Vorstellungen, die »gleichsam Bilder« im Geiste seien (Descartes in der Dritten Meditation) nicht als Bilder, sondern als »komplexe Codes« zu denken. »Wenn die Seele die ›Bilder‹ unmittelbar betrachtet, wie Descartes sagt, heißt dies nichts anderes, als daß sie die Codes dechiffriert.« Dominik Perler, *René Descartes*, S. 134.

von den *Darstellungen* ihren Ausgang. Ludwik Fleck hat solche Leitmetaphern oder orientierenden Bilder, die den Erkenntnisprozess ausrichten, auch *Präideen* oder *Urideen* genannt.[5] Ausrichten bedeutet immer, dass zugunsten einiger Fragen andere ausgeblendet oder vernachlässigt werden. Die Metapher der Abbildung konzentriert die Fragen auf die Abbilder oder Darstellungen und auf die besonders belastete Relation zwischen den Darstellungen und den Dingen oder Sachverhalten. Die *Darstellung* zieht den Blick auf das *Erkenntnisresultat.*

Diese spezifische Einstellung des Blickes auf Erkenntnis wird sehr deutlich von ihren Kritikern herausgearbeitet, so bei Rorty für die Erkenntnistheorie in der Philosophie und bei Ian Hacking für das Erkenntniskonzept in den Naturwissenschaften.[6] Paul Feyerabend hebt diesen Sachverhalt, dass sich das Verständnis auf die fertige Darstellung, auf das fixierte, klar umrissene Ergebnis richtet, hervor, indem er in einer Fußnote auf eine Ausnahme hinweist: »Er [Niels Bohr; G. G.] versuchte nie, ein fertiges Bild zu entwerfen, sondern durchlief geduldig alle Phasen der Entwicklung eines Problems, ging von einer scheinbaren Paradoxie aus und gelangte allmählich zur Lösung. Man kann sagen, er betrachtete erzielte Ergebnisse stets nur als Ausgangspunkte für weiteres Forschen. Wenn er über die Möglichkeiten eines Untersuchungsansatzes nachdachte, schob er die üblichen Gesichtspunkte der Einfachheit, Eleganz, ja selbst der Widerspruchsfreiheit mit der Bemerkung beiseite, solche Qualitäten könnten erst *hinterher* [Hervorhebung von Feyerabend] richtig beurteilt werden ...«[7] Auch in der ästhetischen Erkenntnis wird das Bild des fertigen Werkes als das Höchste vom mühseligen und langwierigen Entstehungsprozess abgesetzt. Gustav Mahler äußerte sich

5 Ludwik Fleck, *Entstehung und Entwicklung einer wissenschaftlichen Tatsache. Einführung in die Lehre vom Denkstil und Denkkollekiv*, S. 35 ff.

6 Ian Hacking, *Einführung in die Philosophie der Naturwissenschaften.*

7 Paul Feyerabend zitiert hier aus einem Text (1967) von L. Rosenfeld über Niels Bohr. Paul Feyerabend, *Wider den Methodenzwang*, S. 22, Fußnote 1. Andererseits spielten Bilder als Orientierung des Erkenntnisprozesses auch für Bohr eine wesentliche Rolle: »›Diese Bilder‹, antwortete Bohr, ›sind ja aus Erfahrungen erschlossen, oder, wenn Sie wollen, erraten, nicht aus irgendwelchen theoretischen Berechnungen gewonnen. Ich hoffe, daß diese Bilder die Struktur der Atome so gut beschreiben, aber eben auch *nur* so gut beschreiben, wie dies in der anschaulichen Sprache der klassischen Physik möglich ist.‹« Werner Heisenberg, *Der Teil und das Ganze. Gespräche im Umkreis der Atomphysik*, S. 54.

seinem Biographen Richard Specht gegenüber zur »Sinfonie der Tausend« in diesem Sinne: »... es ist gewiß das Größte, was ich gemacht habe. Ich habe vielleicht auch noch nie unter einem solchen Zwange gearbeitet; es war wie eine blitzartige Vision – so ist das ganze sofort vor meinen Augen gestanden und ich habe es nur aufzuschreiben gebraucht, so, als ob es mir diktiert worden wäre ...«[8]

Die Unterscheidung zweier Bereiche, zum einen des undurchschaubaren, chaotischen, tastenden Erkenntnisprozesses, und zum anderen des Resultats dieses Prozesses, wird zugunsten des Erkenntnisresultats ausgelegt: der klar und unmissverständlich formulierten Erkenntnis. Der Prozess wird zugunsten der klaren Ergebnisformulierung ausgeblendet. Die abgeschlossene Darstellung zählt am Ende, sie lässt sich theoretisch und technisch ausbeuten, durch sie wird der bestehende Erkenntnishorizont angereichert. Unterm Strich ist es völlig gleichgültig, auf welchen verschlungenen Pfaden und unter welchen Mühen wir eine bestimmte Erkenntnis gewonnen haben, denn das Kriterium ihrer Validität kann ja nicht ihre Entstehungsgeschichte sein, sondern hängt allein von ihrer Aussagekraft und ihrem Wahrheitsgehalt ab. Die Qualität der Erkenntnis hängt davon ab, ob sie eine gute Darstellung eines Gegenstandsbereiches ist. Erkenntnis, könnte man sagen, ist immer ein Bild von etwas, allerdings ein möglichst präzises, ein unmissverständliches Bild. Daher wird es in den anspruchsvollsten Fällen kein Bild im engeren Sinne[9] sein, sondern ein ›logisches Bild‹, eine sprachliche oder eine logisch-formale Darstellung. Theorien, Formalismen, Diagramme, Texte, Proben, Fotos, Präparate usw., dies alles sind mögliche Darstellungsmittel, durch die Sachverhalte etc. erkennbar werden. Sie sind der materielle Bestand unserer Erkenntnisse. Die Spielregeln für den Umgang mit den Darstellungen können ganz verschiedene sein, dies hängt von der spezifischen erkenntnistheoretischen Perspektive ab, aber der Blick auf Erkenntnis, und dies gilt perspektiven-übergreifend, streift den Erkenntnis*prozess* und konzentriert sich auf die *Darstellungen.*

Der Charakter des Fertigen, des Fixierten und Statischen, der den Darstellungen anhaftet und sie deutlich vom Prozessualen, von

8 Martin Geck, *Von Beethoven bis Mahler. Leben und Werk der großen Komponisten des 19. Jahrhunderts*, S. 373 (Geck zitiert nach Karl Heinz Füssels Vorwort zur Neuausgabe der 8. Sinfonie, Wien 1977).

9 Also nicht ein Bild, das nach Nelson Goodman eine pikturale Darstellung in einem dichten Schema wäre.

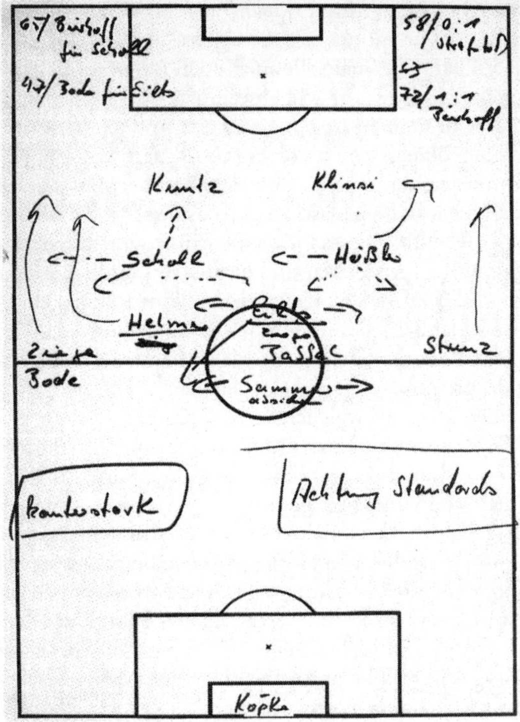

Abbildung 1: Aufzeichnungen Berti Vogts zum EM-Endspiel gegen Tschechien 1996.

der Dynamik eines Erkenntnisprozesses abtrennt, ist von einer beliebigen Skizze ablesbar, die Bewegungen in Gestalt von Pfeilen zeigt (Abb. 1). In der Darstellung sind die Bewegungen zum Zeichen geronnen. Die Form der Darstellung ist statisch, und daher muss auch Bewegung für die Darstellung in einen fixierten Zustand transformiert werden.[10]

10 Erst durch den Einsatz von Rechnern sind auch »dynamische Darstellungen« möglich geworden. Siehe hierzu Gabriele Gramelsberger, *Semiotik und Simulation. Fortführung der Schrift ins Dynamische.*

2. ›Zeichenparadigma‹

Um was für Darstellungen handelt es sich, die für die Erkenntnis nach der Leitmetapher der Abbildung eine so prominente Rolle spielen? Sind es Bilder, Diagramme, Sätze, mathematische Formeln? Vieles spricht dafür, dass es sich verallgemeinert um Zeichen in einem weit gefassten Sinne handelt. Also um etwas, das hergestellt wurde, um etwas anderes zu repräsentieren.[11] Dabei kommt es vor allem auf zwei Aspekte an, die das Zeichen bestimmen: Erstens ist die Beziehung zwischen dem Zeichen und seiner Referenz konventionell und arbiträr, zweitens haben Zeichen immer einen Absender und einen Adressaten.[12] Im Zentrum dieser Konzeption des Zeichens steht die *Zuordnung*, und zwar die gesicherte Zuordnung, die sich auch in der scheinbar harmlosen und selbstverständlichen Figur ausdrückt, dass das Zeichen für etwas steht, es etwas anderes vertritt. Wobei diese Zuordnung, wenn vom Zeichen die Rede ist, nicht errungen werden muss oder fragil wäre, sondern immer schon vorliegt. Das Zeichen beansprucht eine *gesicherte* und *feste* Verweisstruktur. Im idealen Fall dürfte zwischen dem Zeichen als materiellem Ereignis und seiner Bedeutung oder seinem Bezug keinerlei Differenz mehr bestehen, und das Zeichen tritt dann in seiner Materialität vollkommen hinter die Bedeutung zurück. Am Grund der Abbildmetapher sind es die Zeichen in diesem Sinne, die das Verständnis von Erkenntnis leiten. Unter diesem ›Zeichenparadigma‹ der Erkenntnis musste es zwangsläufig zu dem Versuch kommen, das Erkenntnisvermögen generell in einer formalen Darstellung, das heißt als Kalkül zu rekonstruieren.[13] Derartige Versuche zielen darauf ab, von den konkreten, individuellen Umständen abzusehen, um zur Darstellung eines allgemeinen Prinzips vorzudringen, das den Bedingungen einer *akkuraten*, einer *gesicherten* Darstellung gerecht wird. Zu solchen Versuchen – besonders mit Blick auf den Wiener

11 Zeichen sind das, was in einem Symbolsystem nach Nelson Goodman auf der Seite der Syntax zu finden ist. Nelson Goodman, *Sprachen der Kunst. Entwurf einer Symboltheorie.*

12 Diese Bestimmung eines Zeichens deckt sich nicht mit dem *Symbol* bei Peirce, denn auch ein *Icon* ist hier ein Zeichen.

13 Als eine Blüte dieser Entwicklung kann das Programm der künstlichen Intelligenz betrachtet werden. Zu den philosophiegeschichtlichen Vorbereitungen dieses Programms siehe Sybille Krämer, *Berechenbare Vernunft. Kalkül und Rationalismus im 17. Jahrhundert.*

Kreis – bemerkte Fleck kritisch: »Das Erlangen physischer und psychischer Fertigkeiten, das Sammeln einer gewissen Quantität von Beobachtungen und Experimenten, die Fähigkeit zu plastischen Begriffsumbildungen bilden aber lauter formal-logisch unkontrollierbare Umstände und die genannten Wechselwirkungen verbieten vollends ein formal-logisches Betrachten des Erkenntnisprozesses.«[14]

Dem, was hier ›Zeichenparadigma‹ genannt wird, setzte Carlo Ginzburg das »Indizienparadigma« als ein epistemologisches Modell entgegen, das in den Humanwissenschaften »stillschweigend aufgetaucht ist«.[15] »Gegen Ende des 19. Jahrhunderts – genauer: zwischen 1870 und 1880 – begann sich in den Humanwissenschaften ein Indizienparadigma durchzusetzen, das sich eben auf die Semiotik stützte. Seine Wurzeln aber reichen sehr viel weiter zurück.«[16] Nämlich bis in die Zeit, in der der Mensch vor allem Jäger war. »Er lernte es, spinnwebfeine Spuren zu erahnen, wahrzunehmen, zu interpretieren und zu klassifizieren. [...] Über viele Generationen hinweg bereicherten die Jäger dieses Erkenntnisvermögen und überlieferten es.«[17] Die Gewährsmänner, auf die Ginzburg seine Beobachtung stützt, sind drei Ärzte: Giovanni Morelli als Kunsthistoriker, Arthur Conan Doyle als Sherlock Holmes (Kriminalist) und Sigmund Freud als Psychoanalytiker. Jeder der drei liest, um seine Erkenntnisse zu erzielen, Spuren. Der Antipode zum Indizienparadigma ist bei Ginzburg die »galileische Wissenschaft«, die auf Verallgemeinerung, Quantifizierung und möglichst abstrakte, formale Darstellungen abzielt,[18] ein Prinzip der Wissenschaft, das der erkenntnistheoretischen Ausrichtung des Zeichenparadigmas folgt.

3. Spur: eine Verunsicherung

Es ist der Frage nachzugehen, ob und inwiefern mit der Spur ein alternatives Bild für eine erkenntnistheoretische Perspektive gegeben sein kann, die sogar über den Gegensatz zwischen Zeichen- und

14 Fleck, *Entstehung und Entwicklung einer wissenschaftlichen Tatsache*, S. 17.

15 Carlo Ginzburg, *Spurensicherungen. Über verborgene Geschichte, Kunst und soziales Gedächtnis*, S. 78.

16 Ebd., S. 87.

17 Ebd., S. 88.

18 Vgl. ebd., S. 93 und S. 100.

Indizienparadigma hinausführt, indem sie die Einseitigkeit des Zeichenparadigmas zurücknimmt, mit der letzteres das Verständnis auf das Erkenntnisresultat fokussiert.[19] Um die Spur als Leitbild und als Ausgangspunkt einer Alternative zum Zeichenparadigma auszuloten, ist es interessant, die Spur vom Zeichen zu unterscheiden.

Zunächst sieht es ja so aus, als ob man die Spur am besten als eine Art von Zeichen betrachten sollte. Für eine solche Betrachtung sprechen die Verwandtschaften zwischen Spuren und anderen Zeichen wie Bilder und Schriften. Spuren, Bilder und Schriften sagen uns etwas, sie sind nicht allein ein materielles Ereignis im Hier und Jetzt, sondern verweisen noch auf anderes. Deshalb werden Spuren wie Schriften gelesen oder wie Bilder interpretiert. Denken wir an eine typische Situation, in der Spuren gelesen werden, so fällt uns der Jäger ein, der einen Abdruck im Waldboden als Spur eines Damwilds liest. Für ihn sind die Trittsiegel Zeichen, die das Tier ihm hinterlassen hat. Allerdings wären es Zeichen, die das Tier unwillkürlich, ohne Absicht hinterlassen hat. Schriftzeichen hingegen werden bewusst gesetzt. Wer schreibt oder malt, setzt sein Zeichen, er adressiert es. Ein Zeichen ist etwas, das von jemandem für jemanden gemacht worden ist.[20] Eine Spur wäre demnach ein Zeichen, das nicht *gegeben*, sondern *vorgefunden* wird.

Es gibt offenbar eine Tendenz, Spuren in die Nähe von Zeichen, vornehmlich Schriftzeichen zu rücken. Bei Carlo Ginzburg findet man diese Tendenz, wenn auch nur vorsichtig angedeutet, gewissermaßen reflektiert: »Tierspuren ›entziffern‹ oder ›lesen‹: das sind metaphorische Ausdrücke. Man ist aber versucht, sie wörtlich zu nehmen – als verbale Kondensation eines historischen Prozesses, der in einem sehr langen Zeitraum zur Erfindung der Schrift führte.«[21] Bei Christoph Türcke wird aus der vorsichtigen Tendenz eine apodiktische Spekulation:

19 Vgl. hierzu den Beitrag von Werner Kogge in diesem Band, der grundsätzlich ebenfalls davon ausgeht, dass das Konzept der Spur als Basis eines alternativen epistemologischen Ansatzes betrachtet werden kann.

20 Die vielen Versionen der *acheiropoiesis* oder Konzepte des spiritistischen Schreibens unterstreichen diesen Aspekt. Das selbst nicht bewusst schreibende Medium gibt seine Hand für einen anderen, der die Zeichen absichtlich gibt. Experimente wie im Projekt einer *écriture automatique* ziehen ihre Spannung gerade daraus, dass sie mit dem Zwang des Zeichens, von jemandem für jemanden gemacht zu sein, spielen, dass sie das Konzept des Zeichens zu unterwandern versuchen.

21 Ginzburg, *Spurensicherungen*, S. 89.

Wie Kainszeichen ursprünglich aussahen? Das wissen wir ebenso wenig, wie wer sie wann und wo zuerst anbrachte. Aber alles spricht dafür, daß sie rohe, kunstlose Wundmale waren. Jede Archäologie der Zeichen wird davon ausgehen müssen. Wundmale sind hoch bedeutende Zeichen, aber keine Bilder. Sie bilden nichts ab oder nach. Gleichwohl stellen sie etwas dar, etwas, was ihnen nicht figürlich ähnlich ist und dennoch aufs engste mit ihnen zusammenhängt. Sie erkennen heißt in ihnen das Opfermesser spüren, und zwar in doppeltem Sinn: sowohl nachspüren, wie es in Haut und Fleisch eindrang, als auch: Es aufspüren. Der Einschnitt ist Spur einer Waffe. Eine Spur stellt etwas dar, aber in der Regel ist sie kein Bild, nur ausnahmsweise, etwa wenn sie als Fußspur die Form des Fußes aufbewahrt. Ein Wundmal hingegen bildet nicht die Waffe ab, Asche nicht das Feuer, ein Knochen nicht den Organismus, von dem er übriggeblieben ist. Spuren sind Überbleibsel, Rückstände von etwas, was ihnen gewöhnlich nicht ähnlich ist und worauf sie dennoch verweisen. Allerdings kann eine Erdvertiefung als Fährte eines Mammuts nur lesen, wer mit Mammuts schon Bekanntschaft gemacht hat, Asche als Spur des Feuers nur, wer schon weiß, was Feuer ist, Knochen als Überbleibsel eines Tiers oder Menschen nur, wer eine Vorstellung von Schlachtung oder Verwesung hat.[22]

Türckes kleine Phänomenologie der Spur trägt zwar dem Umstand des Unwillkürlichen Rechnung, wenn er sie als »Überbleibsel« und »Rückstände von etwas« charakterisiert, zeigt aber zugleich, dass er die Spur bereits vom Schriftzeichen aus betrachtet. Diese Perspektive wird auch von Umberto Eco stark gemacht:

Ich schließe nur dann von den Spuren auf der Erde auf die Anwesenheit eines Tieres, wenn ich gelernt habe, eine konventionelle Beziehung zwischen diesem Zeichen und diesem Tier herzustellen. Wenn die Spuren Spuren von etwas sind, was ich noch niemals vorher gesehen habe (und von dem mir niemals gesagt wurde, welche Art von Spuren es hinterläßt), dann erkenne ich den Index nicht als Index, sondern interpretiere ihn als natürlichen Zufall.[23]

22 Christoph Türcke, *Vom Kainszeichen zum genetischen Code. Kritische Theorie der Schrift*, S. 51.

23 Umberto Eco, *Einführung in die Semiotik* (hier zitiert nach Albert Spitznagel, »Auf der Spur der Spuren«, S. 242). Und ganz in diesem Sinne liest ja Meister Baskerville die Spuren des Reiters zur Eröffnung des Romans, als würde er in einem offenen Buch lesen, dessen Schrift dem Novizen noch nicht geläufig ist. Umberto Eco, *Der Name der Rose.*

Wie man eine Sprache oder die Zeichen einer Schrift erlernen muss, indem man sich mit den Konventionen vertraut macht, so muss man die Zeichen oder die Sprache der Spuren erlernen, um sie verstehen zu können.

Es scheint, dass der Ausdruck *Spurenlesen* keine unerhebliche Rolle spielt, wenn die Spur als ein Zeichen, ähnlich wie ein Schriftzeichen, betrachtet wird, wenn man Spuren wie von den Umständen zurückgelassene Texte begreift. Und ein erfahrener Jäger, der eine Fährte routiniert und sicher liest, bestätigt die Nähe zu anderen Zeichen, die vom Eingeübten leicht gelesen werden. *Lesen* in diesem Sinne ist erfolgreich, wenn man dem Zeichen sofort und ohne Zögern seine Bedeutung zuordnen kann, wenn man das Zeichen zugunsten einer Bedeutung zurücktreten lassen kann. Wenn man im idealen Fall durch das Zeichen hindurch direkt auf seine ›Referenz‹ sehen kann. Hingegen kommt es zu einer anderen Akzentuierung, wenn *Lesen* im Sinne von *Auflesen* verstanden wird. Geht man vom Auflesen einer Spur aus, vom Aufnehmen einer Fährte, so tritt ein ganz anderer Aspekt in den Vordergrund, nämlich derjenige des Findens, des Entdeckens der Spur. Spuren sind weder von jemandem noch für jemanden gemacht, deshalb müssen sie erst entdeckt, gefunden und aufgelesen werden. Die Spur wird erst *nachträglich* vom Spurenleser zum Zeichen gemacht. *Spurenlesen* erschöpft sich nicht in einer Zuordnung, sondern erstreckt sich auch auf das Entdecken, Auflesen. Die *Spur finden und sie deuten* sind zwei ineinander verschränkte Aspekte eines Vorgangs.

Der Spurenleser setzt sich als Adressat ein und versucht, den Absender zu rekonstruieren. Um die Spur pointiert vom Zeichen abzusetzen, kann man diesen Vorgang als den Versuch betrachten, in dem es darum geht, ein Zeichen herzustellen. Die Ähnlichkeit zwischen Spur und Zeichen stellt sich erst dann ein, wenn der komplizierte Vorgang erfolgreich abgeschlossen ist. Zuvor findet etwas statt, das beim Zeichen oder im Umgang mit Zeichen keine Parallele hat. Zum einen spielt das Auffälligwerden eine Rolle. Es beginnt damit, dass einem etwas auffällt. Es wird etwas vorgefunden, das eine Spur sein könnte. Ein solcher Fund, die Entdeckung einer Auffälligkeit, kann auf einen zukommen, er kann einen überraschen, oder er kann, verbunden mit viel Mühe, hohen Kosten, kompliziertem technischem Gerät, provoziert werden. Es wird in vielen Fällen auch alles daran gesetzt, diesen *Beginn* zu strecken, etwa bei der Dokumentation eines Tatorts, mit der man erreichen will, dass ebenfalls festgehalten wird, was einem im ersten Augenblick nicht aufgefallen ist, aber später zum entscheidenden Indiz werden könnte. Eine wissenschaftliche Dokumentation ist darauf angelegt, zunächst einen neutralen Befund festzuhalten, der später und wiederholt ausgelesen werden kann. Zum anderen müssen die Funde, das, was eine Spur sein könnte, dem zugeordnet werden, von was es eine Spur sein könnte, indem Hypothesen aufgestellt, Vermutungen probiert werden. Dieser Vorgang ist immer von Unsicherheit begleitet, weil immer Raum für einen Irrtum bleibt, bis man auf die Spurenursache selbst gestoßen ist.[24] Angenommen, dass das Spurenlesen darauf ausgerichtet ist, ein Zeichen herzustellen, dann ordnen sich hier auch die vielen Fälle ein, in denen das Spurenlesen derart routiniert ist, dass die Zuordnung gar keine Schwierigkeiten mehr macht, dass sich der geübte Jäger sicher sein kann, zu wissen, wessen Spur er da folgt.[25] Es sind allerdings keine einfachen Verfahren, die die Sicherung einer Interpretation, einer Zuordnung realisieren.

Auch wenn es zur Zeichenbildung tendiert, bleibt *Unsicherheit* für das Spurenlesen konstitutiv. Seit einiger Zeit kann man auf einem Waldspaziergang oder beim Joggen in gefälliger Gegend plötzlich auf Löcher im Boden stoßen, die einem bislang nicht begegnet waren. Sie sind etwa vier bis fünf Zentimeter tief und fünf bis acht Millimeter im Durchmesser. Meistens sind es mehrere in bestimmten nicht völlig regelmäßigen Abständen. Manchmal sind einige ganz dicht beieinander. Mit einer solchen Auffälligkeit beginnt ein Spurenlesen und setzt sich fort, indem man die Unruhe, die eine bloße Auffälligkeit hervorrufen kann, durch Zuordnungsversuche zum Verschwinden bringt. Dies gelingt in diesem Fall zum Beispiel, wenn man weiß, dass sich stick-walking neuerdings zunehmender Beliebtheit erfreut und man die Löcher den Sticks zuordnen kann. Aber erst wenn das Verfolgen geglückt ist, scheint die Unsicherheit, die mit einer vorläufigen Zuordnung verknüpft ist, gänzlich ausgeräumt. Andererseits gilt für die meisten ›Fälle‹, dass eine gesicherte

24 Hier kommt das spezielle Problem ins Spiel, wenn es prinzipiell unmöglich ist, über die Spur hinauszukommen und die Erkenntnis immer auf die Spur und die bloße Zuordnung angewiesen bleibt, wie in den meisten Fällen der Hochenergiephysik beispielsweise. Dazu: Christoph Grab, »Teilchenphysik sichtbar machen«.

25 Er liest, wie es in der Fachsprache heißt, ein »Fährtenzeichen«.

Zuordnung erodieren kann, der Sachverhalt erneut Risiken birgt, eine Rekonstruktion wegbricht und die Verfolgung erneut aufgenommen werden muss.

4. ›abfährten‹ – ›arbeiten‹

Horace Walpole prägte 1754 mit Blick auf die Geschichte der drei königlichen Spurenleser von Serendippo den Neologismus *serendipity* für »unvorhergesehene Entdeckungen, die durch Zufall und Intelligenz gemacht werden.«[26] Die neue Bezeichnung setzt genau dort an, wo die Spur bzw. das Spurenlesen am kreativsten, am produktivsten ist, und bezeichnet die Perspektive, unter der die Spur erkenntnistheoretisch am interessantesten ist, weil hier etwas Überraschendes geschieht. Erkenntnistheoretisch interessant ist also eine Konzeption der Spur, die vom routinierten Spurenlesen relativ weit entfernt ist.[27] Für ein solches Konzept sind drei Aspekte der Spur hervorzuheben, nämlich a) *finden*, b) *zuordnen* und c) *verfolgen*. Diese Aspekte bilden zwei Schnittpunkte, an denen die beiden zentralen Aktivitäten hervortreten, die das Spurenlesen charakterisieren. Erstens die Entdeckung der Spur im Schnitt des Auffindens einer Auffälligkeit und ihrer Zuordnung. ›Abfährten‹ ist der jagdliche Ausdruck für das Suchen einer Spur. Zweitens das Verfolgen einer Spur, das ›Arbeiten‹, wie es jagdsprachlich heißt. Die ›Spur arbeiten‹ liegt im Schnittpunkt des Zuordnens und Folgens, da erst durch die Zuordnung, wie provisorisch auch immer sie sein möge, eine Richtung gegeben ist, in der die Verfolgung aufgenommen werden kann. Die Nachsuche wird durch die Zuordnung ausgerichtet. In diesem Sinne ist eine Spur immer ein Hinweis. Offensichtlich ist das Zuordnen die ausschlaggebende Leistung, die zwischen den beiden zentralen Aktivitäten vermittelt, sie zusammenbindet.

26 Ginzburg, *Spurensicherungen*, S. 105. Die gewöhnliche Verwendung von »serendipity« im Englischen heute hat sich in der Bedeutung offenbar auf den »glücklichen Zufall« verkürzt.

27 In der Geschichte der drei Königssöhne stellt sich die Sache genau genommen, ähnlich wie bei Sherlock Holmes und vielen anderen, verzerrt dar, weil die Spurenleser die Überraschung immer schon präsentieren, womit sie ihre Umgebung verblüffen. Der brisante Moment, in dem sie sich selbst erstaunen, wird aus dramaturgischen Gründen übersprungen.

Die Aspekte können in verschiedenen Bereichen unterschiedlich gewichtet sein. Beispielsweise ist *Finden* für die Kriminalistik besonderes zentral, während sich die medizinische Diagnostik stärker auf das *Zuordnen* konzentriert. Mit den drei genannten Aspekten sind drei Komponenten verknüpft, die für einen Erkenntnisprozess wesentlich sind: a) *Zufall*, b) *Risiko* und c) *Garantie*. Man könnte diese Komponenten auch mit anderen Ausdrücken kennzeichnen, in denen dieselben Akzente *(finden, zuordnen, verfolgen)* mitschwingen, zum Beispiel: a) *Überraschung*, b) *Zweifel* und c) *Urteil* (die Verfolgung ist mit dem Urteil abgeschlossen).

Der *Zufall* steht für die Entdeckung. Plötzlich stößt man auf etwas, fällt einem etwas auf, das man nicht sofort einordnen, dem man nicht sofort eine Interpretation zuordnen kann, dann ist man auf eine Spur gestoßen. Ein solcher Zufall kann sich in einem chaotischen oder auch einem hochgradig organisierten Umfeld ereignen, er bleibt, selbst bei außerordentlich aufwendigen Experimenten, immer unberechenbar. Man kann den Zufall durch kontrollierte Untersuchungen und Experimente vielleicht umstellen, oder provozieren, aber nicht aus dem produktiven Erkenntnisprozess herauskürzen. *Risiko* steht für das Provisorische, für die Unsicherheiten, die die Zuordnungsversuche begleiten, wenn man die Spur zu interpretieren beginnt, wenn man das Ereignis zu rekonstruieren versucht, das die Spur verursacht haben könnte, wenn man die Spur als ›Zeichen *für*‹ zu fassen versucht. Sicher glückt das *Zuordnen* um so besser, je reicher die Erfahrungen sind, je trainierter ein Experimentator oder erfahrener ein Diagnostiker ist, aber ein Restrisiko ist nicht herauszuhalten, es bleiben immer mögliche und begründete Einwände gegen eine bestimmte Interpretation.[28] *Garantie* steht für die Absicherung einer möglichen Interpretation, also für die Strategien, die eine Zuordnung rechtfertigen und darauf angelegt sind, umfassend mög-

28 Selten hat man Gelegenheit, das feyerabendsche Prinzip so unspektakulär zu zitieren: »Es ist also klar, daß der Gedanke einer festgelegten Methode oder einer feststehenden Theorie der Vernünftigkeit auf einer allzu naiven Anschauung vom Menschen und seiner sozialen Verhältnisse beruht. Wer sich dem reichen, von der Geschichte gelieferten Material zuwendet und es nicht darauf abgesehen hat, es zu verdünnen, um seine niedrigen Instinkte zu befriedigen, nämlich die Sucht nach geistiger Sicherheit in Form von Klarheit, Präzision, ›Objektivität‹, ›Wahrheit‹, der wird einsehen, daß es nur *einen* Grundsatz gibt, der sich unter *allen* Umständen und in *allen* Stadien der menschlichen Entwicklung vertreten läßt: Es ist der Grundsatz: *Anything goes.*« Feyerabend, *Wider den Methodenzwang*, S. 31 f.

liche Unsicherheiten auszuräumen. Das Geständnis eines Delinquenten kann als eine solche Garantie für die korrekte Auslegung der Spuren gelten. Theorien, die die Resultate von Experimenten erklären können, sind solche Garantien.

5. Methode des Spurenlesens

Hier ist nicht der Ort, die drei Aspekte *»finden«*, *»zuordnen«* und *»verfolgen«* für die verschiedenen Wissensgebiete systematisch durchzuspielen, um den überzeugenden Nachweis beizubringen, dass das Indizienparadigma bzw. das Bild der Spur über die Humanwissenschaften hinaus auf Erkenntnisse im allgemeinen, somit auch auf Erkenntnisse in den Naturwissenschaften übertragen und als Alternative zum Zeichenparadigma betrachtet werden kann. Es lässt sich jedoch am Beispiel eines naturwissenschaftlichen Erkenntnis-Settings, nämlich der Rastertunnelmikroskopie, recht gut andeuten, wie man den Anwendungsbereich von Ginzburgs Indizienparadigma zu erweitern hätte.

Für alle drei Ansätze (Morelli, Holmes und Freud) gilt, dass Spuren im engeren Sinne gelesen werden. Denn in keinem der drei Fälle ist eine der wesentlichen Bedingungen verletzt, die das Phänomen der Spur charakterisieren.[29] So ist unter anderem auch die Bedingung der kausalen Relation zwischen der Spur und ihrem Verursacher erfüllt.[30] Diese Bedingung ist die Voraussetzung dafür, dass demjenigen, was als Spur betrachtet wird, die Eigenschaft des Unwillkürlichen zugeschrieben werden kann. Das, was die Spur zum untrüglichen Zeugen von etwas macht, ist ihre kausale Verbundenheit mit ihrem Referenten. Zwischen die Spur und ihren Referenten ist keine Absicht geschaltet, oder anders formuliert: Das, was zur Spur gemacht wird, ist nicht *hergestellt*, sondern hat sich *ereignet*. Die Spur wird nicht wie ein Zeichen durch einen ›Akteur‹ hergestellt, sondern durch ›Kausalität‹ hervorgerufen, die hier wie ein Dämon fungiert und die Rolle des Akteurs ersetzt.[31]

29 Wesentliche Bedingungen für die Spur sind von Sybille Krämer in der Einleitung zu diesem Band angeführt.

30 Voraussetzung für diese Bedingung ist ein Materialitätskontinuum. Dazu vgl. Sybille Krämers Beitrag in diesem Band.

31 Eine Möglichkeit, von der in der Wissenschaft systematisch Gebrauch gemacht

Die meisten naturwissenschaftlichen Verfahren jedoch schließen Strategien ein, die eine kausale Kette der Zusammenhänge unterbrechen. Bruno Latour hat in »Der Pedologenfaden von Boa Vista«[32] die Entstehung von Referenzketten beobachtet, indem er eine Botanikerin, eine Geomorphologin und zwei Pedologen bei der Untersuchung der Grenze zwischen Urwald und Savanne in Brasilien begleitete. Er verfolgte viele einzelne Schritte, über die sich am Ende die Referenzkette von der ersten Markierung in freier Wildbahn bis zu den Aussagen und Abbildungen in einer wissenschaftlichen Publikation spannte. Die einzelnen Schritte kann man als Schnittpunkte betrachten, in denen sich immer wieder aufs Neue Konkretes wie Materialität, Unübersichtlichkeit und Flüchtiges mit Abstraktem wie Koordinaten, Reduktion und Gesetz kreuzen. Die wissenschaftliche Arbeit besteht im Wesentlichen darin, Ketten solcher Schnittpunkte zu erzeugen, und je mehr Schnittpunkte hergestellt werden, desto fester ist die Kette. Aber, und dies ist das interessante Ergebnis von Latours Untersuchung, in jedem einzelnen Schnitt ist der Abstand zwischen Konkretem und Abstraktem, zwischen Ding und Zeichen, zum Beispiel zwischen einer Bodenprobe und dem Ort, den sie in einer Art dreidimensionalem Rechenheft, dem sogenannten Pedokomperator, einnimmt, unermesslich. Jedes Mal findet ein Sprung oder ein Bruch statt, den Latour als Transformation von Materie zu Form beschreibt, von der losen Bodenprobe zur Komperatorposition, von dieser zur farbigen Markierung auf Millimeterpapier.

Auf einer Abbildung, die Latour in seinem Bericht publiziert hat (Abb. 2), kann man zwei Sprünge oder Brüche sehen, einmal von der losen Bodenprobe zur Komperatorposition, das andere Mal von den geordneten Proben im Komperator zur Skizze, die auf der Abbildung am Fuße des Komperators liegt. Bereits beim Übergang von der Bodenprobe zur Komperatorposition liegt keine kausale Relation mehr vor, sondern eine konventionelle, in der die Bodenprobe selbst als Zeichen funktioniert. Der andere Fall macht es noch deutlicher: Indem der Wissenschaftler vom Befund im Kom-

wird, Spuren zu erzeugen bzw. zu provozieren, besteht darin, dass man die Negativfolie gezielt herstellt (ein Raster, das über eine Probe gelegt wird, die geschwärzte Fläche, die den Fingerabdruck sichtbar macht).

32 Bruno Latour, »Der Pedologenfaden von Boa Vista. Eine photo-philosophische Montage«.

Abbildung 2: Pedokomperator mit Diagramm.

perator zur Skizze gelangt, liegt zwischen der Komperatoroberfläche und dem Diagramm ein Übertragungsvorgang, der die kausale Verknüpfung unterbindet. Das Diagramm bezieht sich auf die Komperatoroberfläche, aber man kann schlecht sagen, dass diese Spuren auf dem Papier hinterlassen habe.

Obwohl Spuren im engeren Sinne nicht mehr vorliegen, ist die Skizze ein zentraler Bestandteil der wissenschaftlichen Erkenntnis, den man als wesentlich für die Rekonstruktion des ›Tatorts‹ ansehen kann, wodurch aufgedeckt werden soll, ob der Urwald vorrückt oder zurückweicht. Der Komperator ist ein Instrument, um Spuren zu erzeugen, Auffälligkeiten zu sichten, und das Diagramm zunächst ein Zuordnungs-, ein Interpretationsversuch. Zugleich aber wird auch das Diagramm selbst als ›Tatort‹ behandelt, an dem nach Spuren, nach Auffälligkeiten gesucht wird. Daher kann man im Unterschied zum Spurenlesen im engeren Sinne auch von einer *Methode des Spurenlesens* sprechen, nach der verfahren werden kann, selbst wenn keine Spuren im engeren Sinne vorliegen. Genau diese Methode findet man in den naturwissenschaftlichen Erkenntnisprozessen, auch dann, wenn man nicht von Spuren im strengen

Sinne sprechen kann (wie vom Indizienparadigma bei Ginzburg noch vorausgesetzt).

Sobald digitale Rechner in den wissenschaftlichen Erkenntnisprozess involviert sind, etwa indem sie Messdaten generieren oder pikturale Darstellungen von Sachverhalten oder ›Spuren‹ von Elementarteilchen im Teilchenbeschleuniger auf dem Bildschirm sichtbar machen, sind die Wissenschaftler gezwungen, die *Methode des Spurenlesens* anzuwenden. In dem Augenblick, in dem ein Ereignis in digitale Daten übertragen wird, kann man nicht mehr von Spuren im strengen Sinne sprechen. Die Beziehung zwischen dem Ereignis und den Daten ist vollkommen konventionell, sie ist willkürlich und erfüllt damit nicht mehr eine der wesentlichen Bedingungen, damit von einer Spur im eigentlichen Sinne gesprochen werden kann. An der Schwelle, an der die Ereignisse von der wirklichen in die virtuelle, digitale Welt überwechseln,[33] werden sämtliche Spuren ausgelöscht. Es scheint, als hätte das Zeichenparadigma das Indizienparadigma mithilfe der Rechner wieder eingeholt. Und tatsächlich ist es ja im buchstäblichen Sinne die Umwandlung der Ereignisse in Zeichen (digitale Daten), durch die alle Spuren verloren gehen.

Mit diesem Befund, dass die Spuren an der Schwelle zum Computer ausgelöscht werden,[34] geht einher, dass bei der Anwendung der Methode des Spurenlesens die Authentizität leidet. Ein Aspekt, der die Spur als Hinweis so wertvoll macht, nämlich, dass sie Authentizität garantiert, dass man mit ihr sicher sein kann, wenn man sie bis zum Ende verfolgt, auch *den* Täter zu finden, wird problematisch. Denn in den Übertragungsvorgang können sich Fehler einschleichen. Dieser Sachverhalt drückt sich unmittelbar in der Gegenüberstellung zwischen früherem analogen und neuerem digitalen Foto in der Kriminalistik aus. »Die vielfältigen Möglichkeiten der Verfälschung und Vervielfältigung digital vorliegender Bildinformationen können in Zukunft die Beweiskraft des Bildes erheb-

33 Verfolgt man den Weg der »Spur«, der an der Schwelle der Computer endet, scheint sogar die Unterscheidung zwischen wirklicher und virtueller Welt sinnvoll.

34 Ein Befund, der nichts damit zu tun hat, dass jeder Rechenvorgang als ein konkretes physikalisches Ereignis seinerseits Spuren hinterlässt, die von Experten verfolgt werden können. Daten selbst lassen sich wie andere materielle Ereignisse aus Überbleibseln rekonstruieren oder wie Täter, die sich verbergen, aufspüren. Spurensuche im sogenannten virtuellen Raum gehört zum Alltag des enorm anwachsenden Feldes der Computerkriminalistik.

lich verringern.«[35] In einem anderen, bildtheoretischen Zusammenhang wird dasselbe Problem der Zeugenschaft aufgeworfen: »Diese Konstruktion einer Bildevidenz [das Bild als Abdruck und als Spur; G. G.] scheint im Rahmen von analogen Bildmedien problemlos; im Kontext der digitalen Medien wird sie fragwürdig. Wiederholt wird in der Kunst- und Mediendebatte darauf verwiesen, daß durch den Verlust der indexikalischen ›Anbindung‹ das Bild ›spurenlos‹ werde und ›grundlos‹ in seiner Funktion der Zeugenschaft.«[36] In den naturwissenschaftlichen Forschungszusammenhängen, in denen Computer die unverzichtbare technische Voraussetzung für den Erkenntnisgewinn sind und Bilder generiert werden, zum Beispiel in der Hochenergiephysik oder auch in der Rastertunnelmikroskopie, sind mit dem Verlust der Authentizität äußerst beunruhigende Fragen verbunden: Was zeigen die Bilder? Wann ist ein solches Bild korrekt? Existiert überhaupt ein Referent?[37] Man kann alle diese Fragen als Reflex auf den Verlust der Spuren durch den Computer ansehen.

Auf der anderen Seite ist der digitale Rechner ein Werkzeug, das für die Entdeckung und Verarbeitung von »Spuren« eine kaum zu überschätzende Bedeutung gewonnen hat. Die Rastertunnelmikroskopie ist ein Forschungsbereich, in dem der Computer im Sinne der Methode des Spurenlesens eingesetzt wird.[38] Berücksichtigt man die Unterscheidung zwischen dem Spurenlesen und der Anwendung der Methode des Spurenlesens, dann zeigt sich, dass der Rechner als eine Art elektronischer Sherlock Holmes betrachtet werden kann, der Spuren findet, sie zuordnet und der am Ende sogar den Täter ›dingfest‹ macht. Der Computer ist nicht mehr nur ein Hilfsmittel, das beim Spurenlesen eingesetzt wird, sondern selbst ein Spuren(mit)leser.

35 Heißt es in einem Text des Bundeskriminalamtes (»Technologien. Ein Bild sagt mehr als tausend Worte: Signal- und Bildverarbeitung«).

36 Bettina Heintz, Jörg Huber, »Der verführerische Blick«.

37 Für die Teilchenphysik siehe hierzu Grab, »Teilchenphysik sichtbar machen«, und für die Rastertunnelmikroskopie Joachim Krug, »Ein Auge welches sieht, das andere welches fühlt: Bilder aus der physikalischen Nanowelt«.

38 Ein ganz anderer Zusammenhang zwischen Computer und Spuren liegt vor, wenn Rechenmaschinen eingesetzt werden, um Handschriften zur Identifizierung von Tätern zu analysieren.

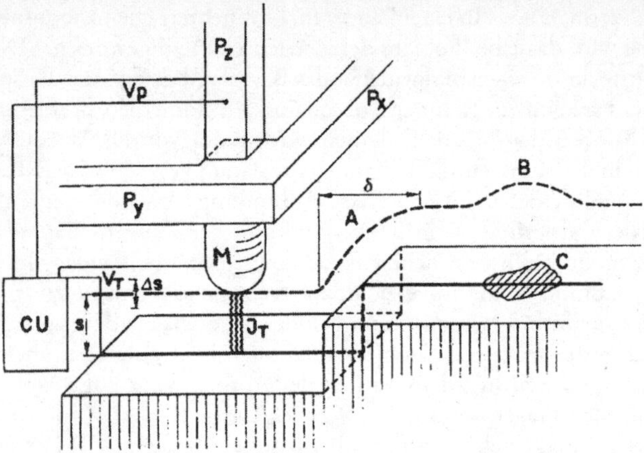

Abbildung 3: Schema zum Grundprinzip der Rastertunnelmikroskopie.

6. Rastertunnelmikroskopie

Als Gerd Binnig und Heinrich Rohrer das Rastertunnelmikroskop Anfang der 1980er Jahre als das erste der Familie der Rastersondenmikroskope der Fachöffentlichkeit vorstellten, publizierten sie auch ein Schema (Abb. 3), in dem das Grundprinzip des Instrumentes veranschaulicht ist. Im unteren Bereich sieht man den Ausschnitt einer Oberflächenprobe, die in der Mitte eine atomare Stufe (A) aufweist. Diese Oberfläche wird von einer Metallspitze (M), die so zugeschnitten ist, dass sie aus einem einzelnen Atom besteht, ›abgetastet‹, wobei sie die Probe nicht berührt, sondern einen konstanten Abstand (s) zur Probe beibehält. Dieser Abstand wird von einem quantenmechanischen Tunnelstrom (It) überbrückt, sodass man den Abstand beibehalten kann, indem man den Tunnelstrom konstant hält. Eine Kontrolleinheit (CU) misst den Tunnelstrom und reguliert über den Piezokeramikzylinder (Pz) die Höhe der Abtastspitze. Zwei weitere Piezoelemente (Py und Px) steuern die Bewegung der Spitze (M) in y- und x-Richtung, sodass die Probe rasterförmig abgetastet werden kann.

Das Instrument stellt eine Ordnung her (Abtastraster), in der die

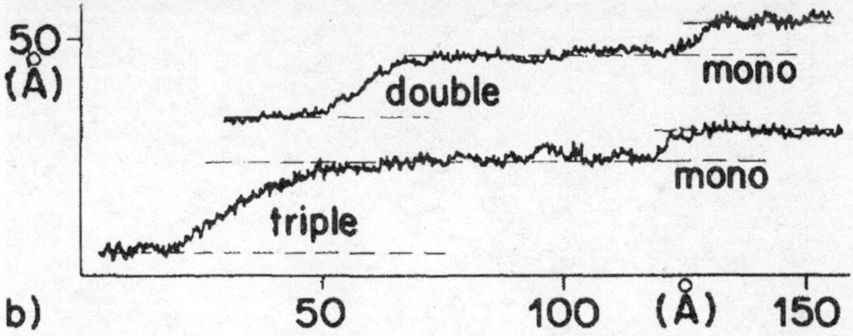

Abbildung 4: Graphik, die zwei Kennlinien der Abtastspitze in z-Richtung zeigt.

atomare Oberflächenstruktur der Probe ihre Spuren hinterlässt. Die Messwerte, die die Spuren greifbar machen, wurden in den Anfängen der Rastertunnelmikroskopie rein graphisch dargestellt (Abb. 4). Aus den Graphen wird auf die Ursache, auf die Struktur der Oberfläche zurückgeschlossen. Es wird also über die Graphen als ›Darstellungen der Spuren‹ die Oberflächenstruktur rekonstruiert. Später werden diese Darstellungen atomarer Strukturen immer ›konkreter‹, sie werden gewissermaßen der anschaulichen Gestalthaftigkeit unserer Alltagswelt angeglichen.[39] Einen Schritt in diese Richtung – bevor bildverarbeitende Software eine Rolle spielte – machte Binnig, als er aus mehreren graphischen Linien mit Hilfe von Schere und Klebstoff ein dreidimensionales Modell der atomaren Oberflächenstruktur einer Siliziumprobe herstellte (Abb. 5). Das Modell, das hier durch die Verräumlichung der Kennlinien, der Spuren, entstanden ist, scheint den Übergang von den Spuren zu dem Objekt zu markieren, das die Spuren hinterlassen hat. Die Rekonstruktion ist so weit fortgeschritten, dass man jetzt weiß, wer der ›Täter‹ ist. Das Bild bzw. das Modell, das man vor sich hat, ist nicht mehr eine bloße Spur, sondern es ist die Darstellung dessen, was ursprünglich die Spuren, die Messwerte, verursacht hat. Obwohl grundsätzlich keines der Bilder oder keine der Darstellungs-

39 Zur Geschichte dieser Darstellungen siehe Jochen Hennig, »Die Versinnlichung des Unzugänglichen – Oberflächendarstellungen in der zeitgenössischen Mikroskopie«, und ders., »Changes in the design of scanning tunneling microscope images from 1982 to 1992«.

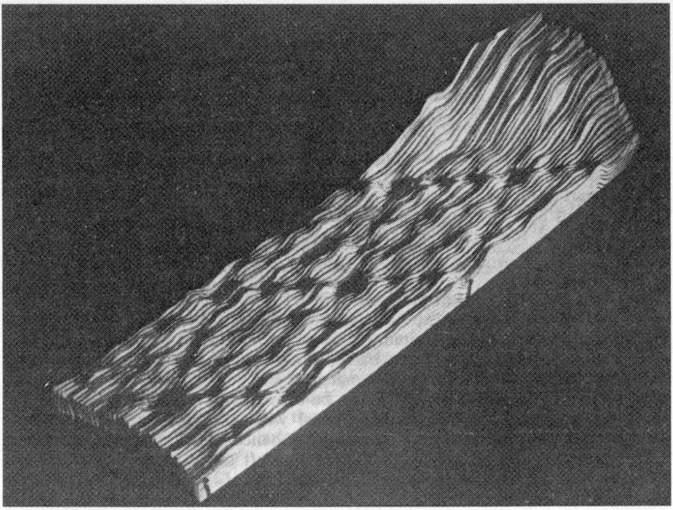

Abbildung 5: »Relief of two complete 7x7 unit cells«.

formen näher an die atomaren Strukturen heranreicht als andere, lassen die späteren doch den Eindruck entstehen, dass sie direkte Abbildungen der atomaren Oberflächen sind, da sie unseren Sehgewohnheiten und ebenso denjenigen der Physiker derart entgegenkommen.[40]

Die Herstellung einer guten Darstellung kann man der Phase des Zuordnens zurechnen, aber gleichzeitig schließt sie in diesem Fall auch das Verfolgen ab, denn weiter als bis zu einer *Abbildung* des ›Täters‹ wird es bei atomaren Größenordnungen von 10^{-9} nicht kommen können. Aber ganz so, als sähe man zurück auf die erfolgreiche Lösung eines außerordentlich kniffligen Falles, liest sich die Erinnerung von Binnig und Rohrer anlässlich der Nobelpreisverleihung 1986: »We started the second 7 x 7 attempt in autumn 1982 taking into consideration the advice of Franz Himpsel not to sput-

40 »Mit der Einführung des Rastertunnelmikroskops durch Gerd Binnig und Heinrich Rohrer im Jahre 1982 steht erstmals eine experimentelle Technik zur Verfügung, mit der die atomare Struktur kondensierter Materie ›direkt‹ abgebildet werden kann.« Krug, »Ein Auge welches sieht, ...«, S. 122.

Abbildung 6: a processed image of the 7x7 reconstruction of Si(111).

ter the surface. This immediately worked and we observed the 7 x 7 wherever the surface was flat. We were absolutely enchanted by the beauty of the pattern.«[41] Und Binnig fährt fort: »I could not stop looking at the images. It was like entering a new world.«[42]

Der Erkenntnisprozess, der hier mit einem Experiment mit einem Rastertunnelmikroskop identifiziert wird, ist dann abgeschlossen, wenn man eine gute Rekonstruktion desjenigen Objektes erreicht hat, von dem zunächst lediglich Messwertspuren verfügbar sind. Dabei werden die Rekonstruktionen, die Zuordnungen der Spuren, soweit konkretisiert, dass man nicht mehr die Spuren *von* etwas, sondern *etwas* zu sehen bekommt. Man sieht nicht das Linienraster eines konstanten Tunnelstroms, in das sich die Spuren der Atome eingezeichnet haben, sondern man sieht auf eine Abbildung einzelner Atome (Abb. 6).[43] Die Erfahrung mit bestimmten Experimenten führt dann auch zur Routine der Zuordnung, die es erlaubt, die ›Spuren‹ beinahe wie Zeichen zu lesen. Bei einer neuen experimentellen Ausgangslage können hingegen vor dem Hintergrund festgefügter Erwartungen der Experimentatoren Überraschungen auftreten. Mit einer solchen unerwarteten Auffälligkeit waren die Wissenschaftler um Don Eigler Ende der 1980-er Jahre konfrontiert, als sie Messungen erhielten, die sie offenbar als Verschiebung von Atomen interpretieren mussten. Jochen Hennig charakterisiert die Reaktion der Forscher bezeichnenderweise als das *Aufnehmen einer Fährte*: »Dem Ursprung dieser Verschiebung nachzugehen und zu versuchen, dieses zunächst als Störung betrachtete Phänomen gezielt zu repro-

41 Gerd Binnig, Heinrich Rohrer, »Scanning Tunneling Microscopy – From Birth to Adolescence«, S. 400 (im PDF der Online-Ausgabe S. 399).

42 Ebd.

43 Zu diesem Aspekt auch Hennig, »Die Versinnlichung des Unzugänglichen«, S. 106.

duzieren [das heißt eine sichere Zuordnung zu ermöglichen], stellt eine bemerkenswerte Leistung und Heuristik der Experimentatoren dar, da sie ursprüngliche Ziele aufgrund neuer Fährten zurückstellten.«[44] Diese Leistung wurde am Ende durch eine erfolgreiche Rekonstruktion der »Verschiebung« belohnt. Hierbei ist das Erstaunliche, dass die Fachöffentlichkeit die Rekonstruktion, die zeigt, dass einzelne Atome gezielt manipulierbar sind, allein aufgrund der Bilder überzeugend fand, da es noch keine Theorie gab, die den Sachverhalt erklären konnte.[45]

7. Mit Hilfe der Computer

Für den Erkenntnisgewinn bei Experimenten mit dem Rastertunnelmikroskop ist das Herstellen guter Darstellungen, Graphen und Bilder, von herausragender Bedeutung, da es einen komplexen Erkenntnisvorgang zum Abschluss bringt. Gelingt es nicht, eine solche Darstellung zu produzieren, so muss das Experiment erneut versucht werden. Zu Beginn der Rastertunnelmikroskopie, als Binnig und Rohrer noch keine Computer zur Bildgenerierung und -bearbeitung einsetzten, bildete die Darstellung die letzte Phase im Erkenntnisprozess. Mit dem Einsatz von Computern hebt sich die lineare Abfolge von *finden* (Messwerte erzeugen), *zuordnen* (die Messwerte ausfiltern und interpretieren) und *verfolgen* (eine überzeugende Rekonstruktion herstellen) auf. Schon während der Messung wird ein Bild berechnet, sodass aufgrund des Bildes auf die Messung Einfluss genommen werden kann. Was zunächst, bevor bildgebende Software verfügbar war bzw. eingesetzt wurde, im Kopf des Wissenschaftlers stattfand, nämlich sich während der Messung ein Bild zu machen, um den Messvorgang zu kontrollieren, wird jetzt ausgelagert und vom Computer übernommen.

Der Computer greift ein.[46] Er nimmt am Erkenntnisprozess teil,[47]

44 Ebd., S. 108.

45 Ebd., S. 110.

46 Es darf ruhig »Eingreifen« im Sinne von: Hacking, *Einführung in die Philosophie der Naturwissenschaften* assoziiert werden.

47 Obwohl es vielleicht danach klingen könnte, soll nicht behauptet werden, der Computer würde hier als Subjekt betrachtet, das dem Wissenschaftler das Heft aus der Hand nehmen könnte.

aber in welcher Weise? Auf diese Frage gibt es nicht die eine Antwort. Es ist unmöglich, *die* Weise zu untersuchen, auf die der Computer hier am Erkenntnisgewinn beteiligt ist. Von Anfang an spielt die Perspektive, unter der die Frage beantwortet wird, eine erhebliche Rolle. Hier wird die Perspektive durch das Spurkonzept vorgegeben. Man könnte auch eine ganz andere Perspektive einnehmen und feststellen, dass die Computer dem Wissenschaftler Arbeit abnehmen, dass sie an vielen Stellen die Genauigkeit von Messungen verbessern, dass sie den gesamten Forschungsprozess kontrollierbarer machen, allerdings nicht ohne auch neue mögliche Fehlerquellen zu erschließen. Vom Gebrauch der Computer lässt sich ohne voreingestellte Perspektive gar nichts ablesen.

Dennoch könnte man sich zunächst naiv stellen und fragen: Was ist bei einer Rastertunnelmikroskopie der originäre Beitrag der Computer? Die Messung kann auch ohne ihn mit anderen Instrumenten vorgenommen und die Resultate, Graphen, Bilder oder Modelle, können ebenfalls ohne Computer hergestellt werden. Es zeigt sich dann, dass die verschiedenen Übergänge zum computerunterstützten Experimentieren eher unspektakulär sind. Es werden mit Computern perfektere bzw. genormtere Bilder erzeugt. Jemand, der zeichnerisch oder im Basteln weniger geschickt als Binnig ist, kann dieselbe Bildqualität erreichen. Die Resultate hängen zu einem gewissen Grad nicht mehr vom individuellen Experimentator ab.[48] Letzteres gilt selbstverständlich auch für andere Instrumente, die zur Erzeugung von Bildern eingesetzt würden, aber mit Computern ist ihre Herstellung außerordentlich einfach geworden.

Es handelt sich vor allem um graduelle Unterschiede: perfekter, einfacher, schneller, undurchschaubarer, flexibler, autonomer.[49] Um der sich hieran anschließenden Frage nachzugehen, wie sich die genannten graduellen Unterschiede auswirken, also um sich einen Überblick zu verschaffen, kommt man nicht mehr um eine Perspektive herum. Was sich allenfalls noch unvoreingenommen erkennen

48 Die Computer verschieben sozusagen das Gewicht, das, wie Fleck ausgeführt hat, dem Einüben des einzelnen Wissenschaftlers in die Standards des Kollektivs zukommt.

49 Wo der Computer übernommen hat, *wartet* der Experimentator, bis das Programm terminiert. Dass das Warten als typische Mensch-Maschine-Interaktion mit verbesserter Technik immer seltener wird, ändert nichts an der Autonomie des Computers dem Menschen gegenüber.

lässt, ist, dass der Computer schematisch betrachtet an zwei Stellen in die Rastertunnelmikroskopie eingreift (Abb. 7): in den Messvorgang und in den Darstellungsprozess. Aber um zu beschreiben, wie er eingreift, braucht man eine Perspektive. Der Einsatz von Computern in der Rastertunnelmikroskopie intensiviert das Spurenlesen. Dies geschieht dadurch, dass der Computer die Wechselwirkungen zwischen den Aspekten, ihr Aufeinandereinwirken steigert. Zum Beispiel verstärkt sich die Wirkung der Zuordnung auf das Finden dadurch, dass bereits während der Messung, dem Finden von Spuren, durch den Computer Bilder, also Zuordnungen, generiert werden, die dann eine Korrektur der Parameter für den Messvorgang nach sich ziehen können, etwa, um Löcher an Stellen zu vermeiden, wo eigentlich keine sein dürften.

Wenn die Zuordnung stattgefunden hat, wird das Bild nachbearbeitet, wird es ausgewertet. Die Auswertung und Nachbearbeitung zielt darauf ab, die Zuordnung zu sichern, den Befund durch eine überzeugende Rekonstruktion zu belegen. Auch hier erleichtert der Einsatz von Bildbearbeitungssoftware den Sicherungsvorgang, indem etwa zwischen verschiedenen Darstellungsmodi gewechselt werden kann oder aber mögliche Strukturen eines Befundes besser aufgefunden und identifiziert werden, indem man geometrische Folien am Bildschirm auf den Befund projiziert.[50] Die Bildbearbeitungssoftware dient hier auch dazu, Spuren ohne klare Zuordnung zu sichern. Überraschungen, die während einer Messung im Messbild auftreten (z. B. durch Verrutschen des abgetasteten Layers) werden als Spuren, als unbekannte Größen (z. B. Helligkeiten, die man nicht erwartet hat und nicht zuordnen kann) herausgearbeitet.

Es ist nicht eine bestimmte Eigenschaft, die durch die Computer ins Spiel kommt, sondern es sind die *Steigerungen.* Der ganze Vorgang des Spurenlesens, durch das systematische Abtasten einer Oberfläche Spuren zu finden, die gemessenen Daten zuzuordnen, sie mit einem bestimmten Phänomen zu verbinden und diese Zuordnungen durch gute (überzeugende, bezeugende) Rekonstruktionen (die Bilder, bei denen die Verfolgung im Experiment endet) zu sichern, dieser Vorgang wird durch den Computer enorm intensiviert, besonders im Hinblick auf die Interdependenzen der Aspekte.

50 Zum Einsatz von Bildbearbeitungssoftware siehe S. D. Barrett, »Software For Scanning Microscopy« und den *NanoScope Software Guide.*

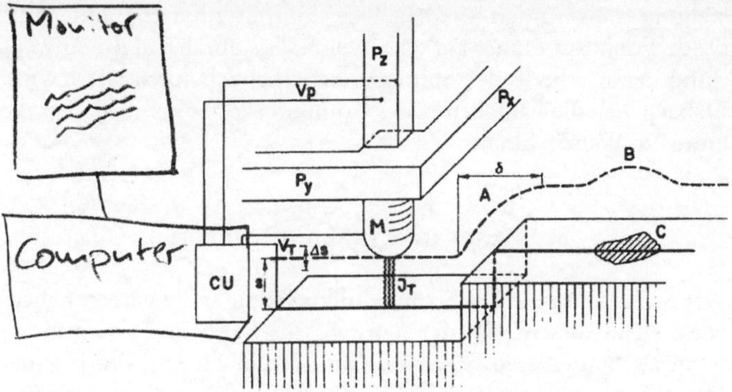

Abbildung 7: Variante des Schemas zum Prinzip der Rastertunnelmikroskopie.

In der einen Richtung zeigt sich, dass die Computer das Spurenlesen *intensivieren.* Sie leisten dies mit verhältnismäßig wenig Aufwand (jedenfalls dann, wenn die Software einmal geschrieben ist). Es müssten aber keine Computer sein, denn es geht im Prinzip auch ohne sie. Was ging vor sich, als Binnig und Rohrer mit anderen Hilfsmitteln Spuren zuordneten und sie ausarbeiteten, das heißt, zu Rekonstruktionen übergingen? Jochen Hennig gibt hierauf folgende Antwort: »Diese computergestützten Bildbearbeitungen dienten genauso wie Binnigs bastelgestützte Bildbearbeitungen der Erhöhung der Überzeugungskraft und der Erfassbarkeit der Bilder sowohl in Präsentationen für die wissenschaftliche Community als auch gegenüber einer breiten Öffentlichkeit.«[51]

Es ging darum, die Messwertspuren als überzeugende topografische Rekonstruktionen darzustellen. Dementsprechend schließen Binnig und seine Kollegen in einem frühen Artikel: »In summary, we have shown that scanning tunneling microscopy yields a true three-dimensional topography of surfaces on an atomic scale.«[52] Aber eine solche topografische Interpretation der Daten ist eine bestimmte nützliche ›Erzählung‹. Genau genommen werden elektrische Eigenschaften gemessen, die dann in eine topografische Dar-

51 Hennig, »Die Versinnlichung des Unzugänglichen«, S. 107.

52 Gerd Binnig u. a., »Surface Studies by Scanning Tunneling Microscopy«, S. 60.

stellung transformiert werden. Der Computer hat eine unterstützende Funktion,[53] aber auf eine Weise, dass durch ihn die Anwendung der Methode des Spurenlesens erheblich intensiviert wird. Dabei gehen die Fähigkeiten des Computers offensichtlich über die eines Dr. Watson hinaus.

8. Investigative Erkenntnistheorie

Der Streifzug in die Rastertunnelmikroskopie sollte gezeigt haben, wie sich in diesem Fall der naturwissenschaftliche Erkenntnisgewinn als Spurenlesen begreifen lässt, als ein Prozess, der in einer Darstellung, einem lesbaren Zeichen zum Abschluss kommen sollte. Der Erkenntnisprozess hat eine Tendenz, eine Richtung, das ist die *Sicherung* der Erkenntnis. Dies geschieht durch Erarbeiten einer überzeugenden Rekonstruktion. Gleichzeitig sichert die Anwendung der Methode des Spurenlesens den Bezug. Denn wenn es sich um eine Rekonstruktion handelt, die Spuren ausliest, dann ist sie auf jenes andere bezogen, das die Spuren hinterlassen hat. Mit dieser Figur wird also immer wieder die Zeugenschaft, die Authentizitäts-Garantie in Anspruch genommen. Dies ist in Fällen wie der Rastertunnelmikroskopie von kaum zu überschätzender Bedeutung, da die Rekonstruktionen immer das Äußerste sind, was hier erreichbar ist (die atomaren ›Täter‹ bleiben unentdeckt, da sie einer anderen, zu kleinen Welt angehören).

Obwohl von der Rastertunnelmikroskopie aus nicht auf ein Paradigma naturwissenschaftlicher Erkenntnis geschlossen werden kann, zeigt sich hier in einem Fall, wie das Zeichenparadigma vom Indizienparadigma eingeholt wird, da die Darstellung als integraler Bestandteil des Spurenlesens sichtbar wird. Obwohl man die Rationalisierung der Erkenntnisprozesse mit der Tendenz assoziieren kann, zum Zeichen, zur Darstellung zu gelangen, ist die Darstellung keineswegs die Hauptsache. Im Gegenteil, sie bildet immer einen *provisorischen Abschluss.*

Damit ist die Frage aufgeworfen, ob nicht gerade das Indizienparadigma die Idee einer »galileischen Wissenschaft« einer grundlegenden Kritik unterzieht. Und gelänge eine solche »Kritik an der

53 Experimentatoren weisen ausdrücklich darauf hin, dass etwa die Erfahrung und Übung des Wissenschaftlers durch keinen Computer ersetzt werden kann.

Darstellung« über Einzelgebiete wie die Rastertunnelmikroskopie hinaus, dann lautet die Frage endlich, ob nicht eine *investigative Erkenntnistheorie* zu entwerfen ist, deren Präidee die Spur (lat. *vestigium*) bzw. das Spurenlesen ist.

Für Ginzburg wird das Indizienparadigma immer dann instantiiert, wenn das Spurenlesen darauf abzielt, ein individuelles Phänomen zu sichern, wenn also nicht eine Abstraktion wie ein allgemeines Gesetz, sondern etwas Konkretes wie eine bestimmte Künstlerhand gefunden werden soll. Spurenlesen bedeutet bei ihm nicht allein, auf die Besonderheiten, die ›individuellen Umstände‹ zu achten, sondern auch auf eine Rekonstruktion zu schließen, die spezifisch bleibt, die den ›individuellen Fall‹ aufklärt: bei Freud etwa die verdeckten besonderen Motive, die das Verhalten eines Individuums beeinflussen; bei Holmes der konkrete Täter und bei Morelli der tatsächliche Künstler. Dadurch ist das Indizienparadigma der galileischen Wissenschaft entgegengesetzt, die auf das Verallgemeinerte, das Universelle, das Gesetz zielt. Was in dieser Entgegensetzung zu kurz kommt, ist, dass auf dem Weg zu einer Rekonstruktion, auch dann, wenn es eine allgemeingültige Darstellung sein soll, die Methode des Spurenlesens involviert ist. Experimente mit dem Rastertunnelmikroskop zielen auf gültige wissenschaftliche Aussagen ab, die umso interessanter sind, je allgemeiner sie formuliert werden können. Aber die Experimente sind zugleich der Methode nach ein Spurenlesen.

Daher spricht einiges dafür, die Methode des Spurenlesens als Grundzug unseres Erkenntnisvermögens zu betrachten, der auch in ganz verschiedenen Verfasstheiten der wissenschaftlichen Erkenntnis wirksam ist. Ähnlich wie für Peirce die Abduktion in jedem wissenschaftlichen Erkenntnisprozess, der auf eine Entdeckung führt, angewendet wird, auch wenn sie dann von anderen Schlussformen (vor allem der Deduktion) zu ergänzen ist, um die Erkenntnis zu sichern. Dabei sorgt die Abduktion in gewisser Weise für eine Begrenzung des Zufalls, indem eine Hypothese aufgestellt wird (meist vollkommen unbewusst), die die Möglichkeiten, bestimmte Indizien auszulegen, einschränken und so den Weg für eine Erklärung des Sachverhalts vorbereiten. An einer Stelle äußert sich Peirce zur Abduktion und vergleicht dabei einen New Yorker Polizeichef mit Kepler, dessen *investigatives Erkenntnisvermögen* das des Polizeichefs allerdings weit übersteigen muss. Die Stelle wird hier ausführlicher zitiert, weil sie auch die grundsätzliche Nähe der Abduktion zum Spurenlesen erkennen lässt: »Ein gegebenes Objekt weist eine außerordentliche Kombination von Merkmalen auf, die wir gerne erklärt haben möchten. Daß es für sie irgendeine Erklärung gibt, ist eine reine Annahme; und gibt es tatsächlich eine Erklärung, dann handelt es sich um eine versteckte Tatsache, die sie erklärt; andererseits gäbe es vielleicht eine Million andersartige Erklärungen für sie, wenn sie nicht alle unglücklicherweise falsch wären. Man findet einen Mann in den Straßen von New York, dem man ein Messer in den Rücken gestoßen hat. Der Polizeichef könnte ein Telefonbuch nehmen und mit dem Finger auf irgendeinen Namen zeigen und die Vermutung äußern, daß es sich hierbei um den Namen des Mörders handelt. Was wäre eine solche Mutmaßung wert? Aber die Menge der Namen in diesem Verzeichnis kommt der Vielzahl möglicher Anziehungsgesetze nicht nahe, die für Kepplers [sic] Gesetz der planetarischen Bewegung in Frage kamen, und die sie im Interesse der Voraussage von Strömungen etc. völlig befriedigend erklärt hätte.«[54] Peirce sieht hier ein Prinzip des Erkenntnisvermögens, das in allen wissenschaftlichen und alltäglichen Erkenntnisprozessen wirksam ist, und dessen Wirkung große Ähnlichkeit mit dem Zuordnen im Spurenlesen hat, das den Übergang von der Auffälligkeit zur Spur bildet, die dann weiter verfolgt werden kann.

Tatsächlich wirft die Abduktion zweierlei Licht auf das Modell der investigativen Erkenntnis. Zum einen wird durch die Verwandtschaft zwischen diesem Modell und der Abduktion der fundamentale Gesichtspunkt betont: dass jeder (schöpferische) Erkenntnisprozess generell mit einer Unvorhersehbarkeit beginnt, dass er unsicher ist und dass er offenbar von einem nicht explizierbaren Vermögen, einem ›Spürsinn‹ abhängt. Zum anderen wird durch den Vergleich mit der Abduktion deutlich, dass die Figur der Spur keine logischen Ansprüche stellt. Sie ist weit davon entfernt, so etwas wie eine Logik der Entdeckung, eine Logik des Kreativen zu sein. Dadurch bleibt sie von einer zentralen Auseinandersetzung um die Abduktion unberührt, nämlich dem Problem, wie sich, wenn man die Abduktion

54 Charles S. Peirce zitiert nach Thomas A. Sebeok, Jean Umiker, *»Du kennst meine Methode«. Charles S. Peirce und Sherlock Holmes*, S. 34 f. Man muss, von Peirce aus gesehen, Ginzburgs »Entgegensetzung« mit Blick auf Popper zustimmen, da er eine Logik der Forschung konzipieren kann, die ganz ohne Abduktion auskommt.

neben der Induktion und Deduktion als logische Schlussform betrachtet, das ›instinktive Raten‹ mit dem ›logischen Folgern‹ vereinbaren lassen soll. Peirce hat die Abduktion mit dem Konflikt zwischen Entdeckung und Rechtfertigung in die Welt gebracht, weil er sie immer als eine logische Operation begriffen hat. Bedeutet dies, dass die investigative Erkenntnistheorie, da sie keine Forschungslogik beschreibt, dann tatsächlich Erkenntnispsychologie ist? Kann sie, da sie zwar das Problem der Entstehung (das »Zustandekommen eines Einfalls« – Popper), nicht aber das der Rechtfertigung, der Sicherung und systematischen Überprüfung einer Erkenntnis erfasst, gar nicht als Modell einer Erkenntnistheorie fungieren? Die Voraussetzung für eine solche Konsequenz ist, dass die Trennung zwischen Entdeckungs- und Begründungszusammenhang in dieser Radikalität aufrecht erhalten werden kann. Es könnte aber auch umgekehrt die folgenreiche Pointe der Figur der Spur sein, dass diese Trennung zurückgenommen werden muss. Dies würde jedoch nicht zwingend bedeuten, dass mit der investigativen Erkenntnistheorie eine neue Version des Konfliktes zwischen ›Ahnungen‹ und ›logischen Folgerungen‹ aufgeworfen wäre, wenn man bereit ist, den absoluten Sicherungs- bzw. allgemeinen Geltungsanspruch der logischen Folgerung zurückzunehmen. Damit würden die Möglichkeiten einer notwendigen Wahrheit der Erkenntnisse stark eingeschränkt und die Offenheit und Dynamik der Erkenntnisprozesse ins Zentrum der Aufmerksamkeit gerückt. In diesem Sinne ist das investigative Modell eine komplexere Version, die auf die Integration bestimmter trennender Unterscheidungen abzielt.

Literatur

Barrett, S. D., »Software For Scanning Microscopy«, in: *Proceedings RMS*, Vol. 37/3, September 2002, S. 167-174.

Binnig, Gerd, Rohrer, Heinrich, »Scanning Tunneling Microscopy – From Birth to Adolescence«, *Nobel Lecture*, 8, 1986, S. 389-409. Online im Internet unter: ⟨http://nobelprize.org/physics/laureates/1986/binnig-lecture.pdf, [Stand 28. 09. 2006]⟩.

Binnig, Gerd u. a., »Surface Studies by Scanning Tunneling Microscopy«, in: *Physical Review Letters*, Vol. 49, No. 1, 1982, S. 57-61.

Binnig, Gerd u. a., »7 x 7 Reconstruction on Si(111) Resolved in Real Space«, in: *Physical Review Letters*, Vol. 50, No. 2, 1983, S. 120-123.

Brüggelmeier, Franz-Josef, Ulrich Borsdorf, Jürg Steiner (Hg.), *Der Ball ist rund. Katalog zur Fußballausstellung im Gasometer Oberhausen*, Essen 2000, S. 285.

Bundeskriminalamt (Hg.), »Technologien. Ein Bild sagt mehr als tausend Worte: Signal- und Bildverarbeitung«, Wiesbaden 2006. Online im Internet unter ⟨http://www.bka.de/kriminalwissenschaften/forschung/ki22.htm [Stand 28. 09. 2006]⟩.

Eco, Umberto, *Einführung in die Semiotik*, München 1972.

–, *Der Name der Rose*, Berlin 1989.

Feyerabend, Paul (1975), *Wider den Methodenzwang*, Frankfurt/M. 1983.

Fleck, Ludwik (1935), *Entstehung und Entwicklung einer wissenschaftlichen Tatsache. Einführung in die Lehre vom Denkstil und Denkkollektiv*, Frankfurt/M. 1980.

Geck, Martin, *Von Beethoven bis Mahler. Leben und Werk der großen Komponisten des 19. Jahrhunderts*, Hamburg 2000.

Ginzburg, Carlo (1979), *Spurensicherungen. Über verborgene Geschichte, Kunst und soziales Gedächtnis*, München 1988.

Goodman, Nelson, *Sprachen der Kunst. Entwurf einer Symboltheorie*, Frankfurt/M. 1997.

Grab, Christoph, »Teilchenphysik sichtbar machen«, in: *Mit dem Auge denken. Strategien der Sichtbarmachung in wissenschaftlichen und virtuellen Welten*, hg. v. Bettina Heintz und Jörg Huber, Zürich 2001, S. 109-120.

Gramelsberger, Gabriele, *Semiotik und Simulation. Fortführung der Schrift ins Dynamische*, Berlin 2002. Online im Internet unter: ⟨http://darwin.inf.fu-berlin.de/2002/118/indexe.html [Stand 28. 09. 2006]⟩.

Hacking, Ian (1983), *Einführung in die Philosophie der Naturwissenschaften*, Stuttgart 1996.

Heintz, Bettina, Huber, Jörg, »Der verführerische Blick«, in: *Mit dem Auge denken. Strategien der Sichtbarmachung in wissenschaftlichen und virtuellen Welten*, hg. v. dens., Zürich 2001, S. 9-40.

Heisenberg, Werner (1973), *Der Teil und das Ganze. Gespräche im Umkreis der Atomphysik*, München 1988.

Hennig, Jochen, »Die Versinnlichung des Unzugänglichen – Oberflächendarstellungen in der zeitgenössischen Mikroskopie«, in: *Konstruierte Sichtbarkeiten. Wissenschafts- und Technikbilder seit der Frühen Neuzeit*, hg. v. Martina Heßler, München 2006, S. 99-116.

–, »Changes in the design of scanning tunneling microscope images from 1982 to 1992«, in: *Techné: Research in Philosophy and Technology*, Vol. 8, Num. 2, 2004. Online im Internet unter: ⟨http://scholar.lib.vt.edu/ejournals/SPT/v8n2/hennig.html [Stand 28. 09. 2006]⟩.

Heßler, Martina (Hg.), *Konstruierte Sichtbarkeiten. Wissenschafts- und Technikbilder seit der Frühen Neuzeit*, München 2006.

Krämer, Sybille, *Berechenbare Vernunft. Kalkül und Rationalismus im 17. Jahrhundert*, Berlin, New York 1991.

Krug, Joachim, »Ein Auge welches sieht, das andere welches fühlt: Bilder aus der physikalischen Nanowelt«, in: *Mit dem Auge denken. Strategien der Sichtbarmachung in wissenschaftlichen und virtuellen Welten*, hg. von Bettina Heintz und Jörg Huber, Zürich 2001, S. 121-139.

Latour, Bruno, »Der Pedologenfaden von Boa Vista. Eine photo-philosophische Montage«, in: *Räume des Wissens. Repräsentation, Codierung, Spur*, hg. v. Hans-Jörg Rheinberger, Michael Hagner und Bettina Wahrig-Schmidt, Berlin 1997, S. 213-263.

Nagel, Thomas (1997), *Das letzte Wort*, Stuttgart 1999.

Perler, Dominik, *René Descartes*, 2. erw. Auflage, München 2006.

Rorty, Richard (1979), *Der Spiegel der Natur. Eine Kritik der Philosophie*, Frankfurt/M. 1985.

Sebeok, Thomas A., Umiker, Jean, *»Du kennst meine Methode«. Charles S. Peirce und Sherlock Holmes*, Frankfurt/M. 1982.

Spitznagel, Albert, »Auf der Spur der Spuren«, in: *›Wunderliche Figuren‹. Über die Lesbarkeit von Chiffrenschriften*, hg. v. Hans-Georg von Arburg, Michael Gamper und Ulrich Stadler, München 2001, S. 239-259.

Türcke, Christoph, *Vom Kainszeichen zum genetischen Code. Kritische Theorie der Schrift*, München 2005.

Veeco Instruments Inc., *NanoScope Software Guide*, New York 2004. Online im Internet unter: ⟨http://depts.washington.edu/ntuf/facility/docs/NanoScope_Software_Guide.pdf [28. 09.2006]⟩.

III. Spurenlesen als Wissenskunst: Weiterungen und Revisionen des Indizienparadigmas

Carlo Ginzburg

Spuren einer Paradigmengabelung: Machiavelli, Galilei und die Zensur der Gegenreformation

1. Wenn alles als Spur angesehen wird, wird der Begriff der Spur selbst nichts sagend. Im Rahmen meiner Fallstudie werde ich diesen möglichen Einwand implizit behandeln. Doch zunächst eine kurze Einleitung:

In einem Aufsatz, den ich 1979 auf Italienisch veröffentlicht habe und der im folgenden Jahr unter dem Titel »Spurensicherung. Sherlock Holmes, Freud, Morelli und die Wissenschaft auf der Suche nach sich selbst« auf Deutsch erschien, habe ich die Idee eines Indizienparadigmas entwickelt, das ich versuchsweise einem Galileischen Paradigma gegenüberstellte.[1] In ersterem Paradigma, so behauptete ich, bestünde »der Gegenstand im Studium individueller Fälle, Situationen und Dokumente, gerade weil sie individuell seien, und aus eben diesem Grund bringt es Ergebnisse hervor, die einen irreduzibel spekulativen Charakter haben.«[2] In der Galileischen Wissenschaft, »die sich das scholastische Motto *individuum est ineffabile*, vom Individuellen kann man nicht sprechen, zu eigen hätte machen können«, ist die Vorgehensweise eine ganz andere: »Tatsächlich implizierten der Gebrauch von Mathematik und die experimentelle Methode die Quantifizierung bzw. Wiederholbarkeit der Dinge – während eine individualisierende Wissenschaftsrichtung die Wiederholbarkeit per Definition ausschloss und die Quantifizierung nur als Hilfsfunktion zuließ.«[3] Im Mittelpunkt meines Aufsatzes stand das Indizienparadigma, das, wie ich behauptet habe, so verschiedene Akteure wie den italienischen Kunstkenner Morelli, Sigmund Freud und Sherlock Holmes inspirierte. Ihnen allen war gemeinsam, dass sie sich auf Spuren, Indizien und nebensächliche Details konzentrierten, von denen sie sich den Zugang

Ich bedanke mich bei Sam Gilbert für seine Anregungen und seinen linguistischen Rat.

1 Carlo Ginzburg, »Spie. Radici di un paradigma indiziario«.

2 Carlo Ginzburg, »Spurensicherung. Sherlock Holmes, Freud, Morelli und die Wissenschaft auf der Suche nach sich selbst«, *Freibeuter*, 4, S. 15. [Übersetzung geändert, Anm. d. Übersetzer.]

3 Ebd.

zu größeren, verborgenen Phänomenen erhofften. Ich bezog mich hauptsächlich deshalb auf Galilei und das Paradigma, das ich nach ihm benannt habe, um zu zeigen, dass sich das Indizienparadigma als Gegenreaktion zu diesem Galileischen Paradigma begreifen lässt (obwohl ich an keiner Stelle behauptet habe, dass diese zwei Vorgehensweisen prinzipiell inkompatibel sind).

In einer schönen Besprechung meines Aufsatzes stellte Italo Calvino meine Behauptung, es gebe zwei verschiedene und sogar gegensätzliche Paradigmen, in Frage. Galileos Betrachtungsweise der Position der Erde im Sonnensystem, meinte Calvino, zeige ein Interesse für eine Singularität, die einer angenommenen Norm entgegenstehe: also für genau die Eigenschaft, von der ich behauptet habe, dass sie spezifisch für das Indizienparadigma sei.[4] Ein angesehener Physiker, Tullio Regge, der zu diesem Zeitpunkt ständiger Fellow am Institute for Advanced Study in Princeton war, verlieh seiner Unzufriedenheit in ähnlicher Weise Ausdruck. Regge machte mich darauf aufmerksam, dass auch Physiker mit Indizien, Spuren, nebensächlichen Details usw. arbeiteten. Ich war irritiert und fragte mich, ob es überhaupt gerechtfertigt sei, die Existenz zweier verschiedener Paradigmen zu behaupten. Oder hing das angebliche Indizienparadigma mit einer viel allgemeineren kognitiven Einstellung zusammen, die auf Spuren gründet und, entgegen meiner These, nicht historisch spezifisch ist?

Ich werde mich dieser Frage nähern, indem ich mich auf das Rom der Jahre 1615 bis 1625 konzentriere: auf genau den Zeitraum, in dem, wie ich es in meinem Aufsatz beschrieben habe, die beiden Paradigmen beginnen, auseinanderzudriften.[5] Meine Antwort, die auf neuen Forschungsergebnissen beruht, wird den Gegensatz zwischen einem individualisierenden und einem universalen Ansatz unter einem neuen Gesichtspunkt betrachten.

2. Zensur ist nicht nur ein Werkzeug der Unterdrückung, sondern kann auch wichtige Anhaltspunkte für die Interpretation eines Textes liefern; das gilt auch für die Zensur der Gegenreformation. Es

4 Die Besprechung, die ursprünglich in *La Repubblica* erschien, ist erneut veröffentlicht worden in: Italo Calvino, *Mondo scritto e mondo non scritto.* Vgl. auch Italo Calvino, »Il libro della natura in Galileo«.

5 Ginzburg, »Spurensicherung«, in: *Freibeuter*, 4, S. 14-17.

gibt dafür zwei Gründe: einer *ex parte auctoris*, da allein das Vorhandensein von Zensur das Schreiben eines Textes beeinflussen kann, wie Leo Strauss in seinem bekannten Aufsatz »Persecution and the Art of Writing« gezeigt hat.[6] Und ein zweiter *ex parte lectoris*, da Zensoren Leser sind und ihre Lesart entweder direkt oder indirekt die jeweilige Textrezeption beeinflussen kann. Keiner dieser Punkte ist selbstverständlich. So gibt es zum Beispiel eine Argumentationslinie, die behauptet, die antimachiavellische Tradition, die eine Schlüsselrolle bei der Zensur von Machiavellis Schriften spielte, sei für ein Verständnis dieser Schriften irrelevant.[7] Meine Fallstudie wird zeigen, dass es ein verzwickteres Unterfangen ist, einen Text zu verstehen, als eine solche Behauptung voraussetzt.

Lassen Sie mich mit *Der Fürst* beginnen, einem Buch, das erst nach dem Tod seines Autors veröffentlicht wurde (man sollte stets im Kopf behalten, dass die meisten Schriften Machiavellis erst nach seinem Tod bekannt wurden). Im Jahr 1523, als Machiavelli noch am Leben war, erschien ein Plagiat des *Fürsten* unter dem lateinischen Titel *De regnandi peritia* (Über die Praxis des Regierens).[8] Der Plagiator war der Philosoph Agostino Nifo, der an der Universität von Pisa über Aristoteles gelehrt hatte. Nifo übersetzte große Teile von Machiavellis kleinem Buch ins Lateinische und überging dabei einige der schockierendsten Passagen. Aber selbst diese beschönigende Übersetzung ließ noch genügend Spielraum für Skandale, wie Nifo in seinen Hinweisen für den Leser andeutete: »Du wirst auf diesen Seiten eine knappe und präzise Beschreibung der Taten von Tyrannen und Königen finden; ebenso wie in medizinischen Texten findet man sowohl Gifte als auch Gegenmittel. Vermeide das erstere und folge dem letzteren.«[9]

6 Leo Strauss, *Persecution and the Art of Writing.*

7 Luigi Firpo, »Le origini dell'antimachiavellismo«.

8 Giuliano Procacci, *Studi sulla fortuna del Machiavelli,* S. 3-26; Carlo Dionisotti, *Machiavellerie,* S. 128-135. Peter Goodman behauptet in *From Poliziano to Machiavelli. Florentine Humanism in the High Renaissance* wenig überzeugend, dass Nifos Umschrift – Goodmans vorsichtigere Formulierung – der Preis war, den Machiavelli für seine Versöhnung mit den Medicis zahlen musste.

9 »Invenies enim in his tum tyrannica, tum regia facinora breviter explicata, veluti in medicorum litteris venena et antidota. Illa quidem ut fugias: haec vero ut prosequaris.« Zitiert nach Procacci, *Studi sulla fortuna del Machiavelli,* S. 25 f.; vgl. auch Niccolò Machiavelli, *De principatibus,* S. 23.

Dieser Abschnitt wurde merkwürdigerweise als der früheste Beleg für eine republikanische Interpretation von Machiavellis *Fürst* angesehen: eine Arbeit, deren verborgener Zweck es hätte sein sollen, die dunkle Seite tyrannischer Macht zu entschleiern.[10] Aber Nifo, der aristotelische Professor, war kein Republikaner: Er widmete sein Plagiat Kaiser Karl V. Die Parallele zwischen Nifos (eigentlich Machiavellis) Herangehensweise und medizinischen Texten gründete auf dem Status der Medizin als einer Kunst, einer *techne*: Einer Tätigkeit, die laut Aristoteles außerhalb der ethischen Sphäre stattfand. Allerdings war der zweideutige Status der Medizin, die zugleich als Wissenschaft und als Kunst gesehen wurde, seit dem Mittelalter Gegenstand hitziger Debatten.[11]

Nifos Warnung wurde von Bernardo Giunta, dem Verleger der ersten florentinischen Edition des *Fürsten* (1532), in seinem Widmungsbrief an Giovanni Gaddi wiederholt, der Mitglied der Apostolischen Kammer war und die Veröffentlichung finanziell unterstützte:

»Eure Exzellenz [...] wird dieses Buch gegen jene verteidigen, die es voller Verbitterung unaufhörlich wegen seines Inhalts angreifen und dabei außer Acht lassen, dass jene, die über Kräuter und Medizin lehren, auch über die Gifte unterrichten, auf dass wir uns gegen diese schützen können. Diesen Kritikern scheint nicht bewusst zu sein, dass jede Kunst oder Wissenschaft von bösen Menschen zu bösen Zwecken gebraucht werden kann. Würde aber auch nur einer zu behaupten wagen, dass Eisen entdeckt wurde, um Menschen zu töten und nicht, um uns gegen die Tiere zu verteidigen?«[12]

10 Firpo, »Le origini dell'antimachiavellismo«, S. 24.

11 Bruno Nardi, »Osservazioni sul medievale ›accessus ad auctores‹ in rapporto all'epistola a Cangrande«, S. 279 f.

12 »Vostra Signoria Reverendissima [...] lo piglierà nondimeno volentieri e con quello animo ch'io glielo porgo, e lo difenderà da quegli che per il soggetto suo lo vanno tutto il giorno lacerando sì aspramente: non sapendo che quegli, che l'erbe e le medicine insegnano, insegnano parimente ancora i veleni, solo accioché da quegli ci possiamo, cognoscendoli, guardare; né s'accorgono anco che egli non è arte né scienza alcuna, la quale non si possa da quegli che cattivi sono usare malamente; e chi dirà mai che il ferro fusse trovato piuttosto per ammazzare gli uomini che per difendersi dagli animali? Certo, che io creda, niuno.« Dieser Abschnitt wird auch von Firpo in »Le origini« zitiert. Über Gaddis Beteiligung an der Veröffentlichung des *Fürsten* vgl. den Eintrag »Gaddi, Giovanni« von Vanna Arrighi im *Dizionario biografico degli italiani.*

Bernardo Giunta, der Verleger, war ein kultivierter und viel beschäftigter Mann, der eine enge Arbeitsbeziehung zu Humanisten und Philologen pflegte.[13] Giuntas Verteidigung des *Fürsten* war weniger treu gegenüber Aristoteles als Nifos, weil in ihr die ethische Neutralität, die als charakteristisch für die Künste galt, auf die Wissenschaften ausgedehnt wurde. Jedenfalls zeigt der Ton beider Widmungen, der von Giunta und der von Nifo, dass *Der Fürst* sofort als sehr schockierendes Buch aufgenommen wurde. Als schließlich der Name des tatsächlichen Autors auf der Titelseite erschien, war das Buch bereits ein *succès de scandale* und das ist es bis heute geblieben. Aber aufgrund der Dienste, die Machiavelli in der Vergangenheit der Familie der Medici geleistet hatte, erschien *Der Fürst* in Rom unter einem Dispens von Papst Klemens VII., ehemals Kardinal Giulio de' Medici, der sich das Buch möglicherweise nicht einmal angeschaut hatte.[14]

3. In den folgenden Jahrzehnten nahm die Kritik, die schon von Bernardo Giunta um 1530 bezeugt wurde, einen aggressiveren Ton an und wurde schließlich sogar »Anti-Machiavellismus« genannt. Machiavellis Schriften, insbesondere *Der Fürst*, wurden als abgrundtief böse angesehen.[15] Der Index der verbotenen Bücher von 1559 listete Machiavelli als einen »Autor der ersten Klasse«, also als einen besonders gefährlichen Autor auf. Spätere Editionen wiederholten diese berüchtigte Auszeichnung; der Index von 1580 gab an, dass sich das Verbot auf »alle Arbeiten Machiavellis« erstreckte.[16] Über viele Jahre versuchte Giuliano de' Ricci, Machiavellis Enkel, der sich ganz dem Andenken seines Vorfahren widmete, das Verbot wieder aufheben zu lassen. Es gab Gespräche darüber, eine gereinigte Version von Machiavellis Schriften veröffentlichen zu lassen, die die skandalösesten Abschnitte auslassen oder umschreiben würde, aber

13 Siehe den Eintrag »Giunta, Bernardo« von Massimo Ceresa im *Dizionario biografico degli italiani.*

14 *Der Fürst* wurde »sotto la distratta egida di un papa mediceo« (Adriano Prosperi, *Tribunali della coscienza*, S. 51) veröffentlicht.

15 Siehe Guiliano Procacci, *Machiavelli nella cultura europea dell'età moderna* für einen allgemeinen Überblick. Zu Reginald Poles früher Kritik an Machiavelli siehe Adriano Prosperi, *L'eresia del Libro Grande. Storia di Giorgio Siculo e della sua setta*, S. 183 ff.

16 Antonio Rotondò, »La censura ecclesiastica e la cultura«, S. 1396-1492.

daraus wurde nichts. Einer dieser Vorschläge, der 1598 von dem venezianischen Edelmann Agostino Michiel aufgebracht wurde, entlockte Papst Klemens VIII. eine harte und unerbittliche Antwort: »Seine Heiligkeit hielte es nicht für ratsam, eine solche Erlaubnis zu erteilen, da der Autor in die erste Klasse verdammt wurde und seine Lektüre höchst schädlich ist.«[17]

Jahrzehntelang wurden Machiavellis Schriften nur außerhalb Italiens gedruckt. Seine Gedanken zirkulierten oft in verkleideter Form, unter der Maske des Tacitus.[18] Solcherart waren die Verhältnisse, als eine neue und einigermaßen unerwartete Anstrengung unternommen wurde, Machiavelli als katholischen Denker zu rehabilitieren.[19] Der wichtigste Akteur in diesem Unterfangen war der deutsche Gelehrte Caspar Schoppe, der 1576 in eine lutheranische Familie geboren wurde. Er reiste 1597 zum ersten Mal nach Italien, das Land, in dem er den größten Teil seines Lebens verbringen sollte. Nachdem Schoppe 1599 – angeblich unter dem Einfluss von Cesare Baronios *Annales ecclesiastici* – zum Katholizismus konvertiert war, verfasste er viele gelehrte Arbeiten und eine große Anzahl polemischer Schriften. Darunter befanden sich auch eine Reihe anti-jesuitischer Traktate, die unter verschiedenen Pseudonymen veröffentlicht wurden. Schoppe ist überwiegend für seine ambivalente Beziehung zu Tommaso Campanella bekannt, der jahrzehntelang Gefangener der Inquisition war. Schoppe gewann 1607 das Vertrauen Campanellas, indem er ihm Freundschaft und finanzielle Unterstützung versprach, die dieser für die Veröffentlichung seiner Schriften benötigte. Um sich erkenntlich zu zeigen, widmete Campanella Schoppe seine anti-machiavellische Abhandlung *L'ateismo trionfato*, die viele Jahre später als *Atheismus triumphatus* veröffentlicht wurde (den Titel schlug Schoppe selbst vor).[20] Dann aber verschlechterte sich die Beziehung und Campanella klagte darüber

17 Goodman, *From Poliziano to Machiavelli*, S. 304-333, besonders S. 331.

18 Peter Burke, »Tacitism«, besonders S. 162-167: eine Besprechung von Giuseppe Toffanin, *Machiavelli e il »tacitismo«*.

19 Dieser Versuch wird von Goodman ignoriert, der in seinem Teil über »Machiavelli, the Inquisition, and the Index« von 1602 zu 1667 springt (*From Poliziano to Machiavelli*).

20 Der Titel findet sich bereits auf der Titelseite der kürzlich entdeckten ersten mundartlichen Fassung: Vgl. Tommaso Campanella, *L'ateismo trionfato overo riconoscimento filosofico della religione universale contra l'antichristianesimo macchiavellesco*.

(mit gutem Grund), dass Schoppe einige seiner Schriften plagiiert hatte. Schoppes Ruf als Betrüger war wohl begründet.[21]

Eben dieser Mann verfasste nun zwischen 1618 und 1619 eine Verteidigung von Machiavelli und dessen Schriften. Die Arbeit ist noch immer unveröffentlicht. Es sind einige Manuskript-Abschriften erhalten geblieben, von denen die meisten den Titel *Machiavellica* tragen (so auch die Abschrift, mit der ich mich in der Biblioteca Casanatense in Rom befasste, ms. 958).[22] Die Arbeit ist eine ausführliche, repetitive Apologie: die gleichen Argumente tauchen in verschiedener Form immer wieder auf. Ich werde mich darauf beschränken, das Wesentliche von Schoppes Argumentation darzustellen. Seine elaborierte Verteidigung von Machiavellis Schriften beruhte auf dem Wort *lubricum* und dessen verschiedenen Bedeutungen (wörtlich ›rutschig‹ und, in erweiterter Bedeutung, ›mehrdeutig‹). Laut Schoppe sollte der Leser vier Grundsätze berücksichtigen, um zwischen dem unterscheiden zu können, was ihm, dem Leser, als *lubricum* erscheint, und dem, was an Machiavellis Text tatsächlich *lubricum* ist: 1) Die allgemeine Intention und den Zweck des Buches. 2) Die Intention des Autors in einem bestimmten Abschnitt des Buches. 3) Die Art seiner Rede *(modus loquendi)*, die entweder absolut oder hypothetisch sein kann. 4) Die Interpretation des Werkes durch den Autor selbst. Wenn nun eine Mehrdeutigkeit, die der Leser ausmacht, nicht von diesen Grundsätzen gestützt wird, dann ist daraus zu schließen, dass der Fehler beim Leser und nicht beim Text liegt.

Von Schoppes hermeneutischen Prinzipien ist das dritte, das auf der Unterscheidung zwischen absolutem *(simpliciter)* und hypothetischem *(sub condicione)* Diskurs beruht, besonders interessant. Seine Bezugnahme auf eine scholastische Unterscheidung, die letztlich auf Aristoteles zurückgeht, eröffnete einen detaillierten Vergleich der schockierendsten Abschnitte des *Fürsten* mit zwei anderen Tex-

21 Mario D'Addio, *Il pensiero politico di Gaspare Scioppio e il machiavellismo del Seicento*, S. 211, Fußnote; vgl. auch die Einleitung von Germana Ernst zu Campanellas *L'ateismo trionfato*, Bd. I, S. XXIII-XXV. Vgl. weiterhin den Artikel »Baroni, Cesare« von Alberto Pincherle im *Dizionario biografico degli italiani.* Die erste lateinische Edition (*Atheismus triumphatus*, Rom 1631) enthielt eine ausführliche Gegenschrift zu einem nicht näher benannten Text, der sich leicht als Caspar Schoppes *Paedia politices* (Rom 1623) identifizieren lässt.

22 D'Addio erwähnt zehn Manuskripte dieser Arbeit (*Il pensiero politico di Gaspare Scioppio e il machiavellismo del Seicento*, S. 416, Fußnote 1).

ten: einerseits mit einigen Absätzen aus dem fünften Buch der Aristotelischen *Politik* und andererseits mit Thomas von Aquins Kommentar zu Aristoteles. Ein Abschnitt aus Thomas' Werk (genauer, eine Passage, die von Peter von Auvergne verfasst wurde, einem Gelehrten, der Thomas' unvollendeten Kommentar vervollständigte) lautet wie folgt: »Um seine Herrschaft zu erhalten, sollte der Tyrann die Mächtigsten und Reichsten töten, da sich diese gegen ihn wenden könnten. Daraufhin sollte er die weisesten Männer töten, da diese ihre Weisheit dazu verwenden könnten, die Tyrannei zu zerstören [...]. Die Untertanen sollten finanziell ruiniert werden, damit sie sich nicht gegen den Tyrannen auflehnen können. Und so weiter.«[23] Schoppe bemerkte, dass dieser Rat sicherlich *lubricum*, also mehrdeutig sei, doch wäre er nicht *simpliciter*, also kategorisch erteilt, sondern vielmehr *sub condicione*, in einem hypothetischen Modus: Wenn es das Ziel des Tyrannen ist, seine Herrschaft zu erhalten, dann sollte er dieses und jenes tun. Machiavellis *Fürst* sei ebenfalls in einem hypothetischen und nicht in einem absoluten Modus verfasst: Das sei der Grund, weshalb Papst Klemens VII. 1532 die Veröffentlichung des *Fürsten* und der *Abhandlung über die ersten zehn Bücher des Titus Livius* (die Schoppe ebenfalls zu verteidigen suchte) erlaubte.

Schoppe vertrat außerdem die Auffassung, dass Machiavellis kirchenfeindliche Bemerkungen angesichts des Zustandes der vortridentischen Kirche durchaus begründet waren. Ein weiteres Indiz dafür, dass Machiavellis Ansatz im Prinzip katholisch wäre, sei der wütende Angriff von Innocent Gentillet, dem calvinistischen Autor des *Anti-Machiavel*. Ein Werk wie das Machiavellische, das nicht nur Aristoteles', sondern auch Thomas' Denken treu bliebe, so folgerte Schoppe, verdiente die Richtigstellung seiner unklaren Abschnitte und kein Verbot.

4. Schoppes Versuche, von der Kongregation die Erlaubnis für die Veröffentlichung seiner langen Verteidigung Machiavellis zu erlangen, blieben vergeblich. Doch im Jahre 1623 nahmen die kirchlichen Autoritäten in Rom schließlich eine offenere Haltung ein und gaben Schoppe die Erlaubnis, einen kurzen Auszug seines Ma-

23 Caspar Schoppe, *Machiavellica* (Biblioteca Casanatense, ms. 958, c. 33r); D'Addio, *Il pensiero politico di Gaspare Scioppio e il machiavellismo del Seicento*, S. 447 f. Siehe auch Lidia Lanza, »Aspetti della ricezione della ›Politica‹ aristotelica nel XIII secolo: Pietro d'Alvernia«.

nuskripts zu veröffentlichen. Es kam zu Verhandlungen. Schoppe wollte einen Anhang mit dem Titel *Methodus de scriptoribus politicis ac proprie de Nicolai Machiavelli libris iudicandi* (Eine Methode für die Bewertung politischer Schriftsteller, insbesondere der Bücher Niccolò Machiavellis) einfügen, auf den eine Zusammenfassung des *Fürsten* folgen sollte. Sein Vorschlag wurde zurückgewiesen.[24] Schließlich erschien ein 43 Seiten langes Heft mit dem Titel *Paedia politices sive suppetiae logicae scriptoribus politicis latae* (Über das Spezifische der Politik oder Logische Hilfsmittel für politische Schriftsteller)[25] unter Schoppes Namen. Obwohl Machiavellis Name an keiner Stelle erwähnt wurde, hätten die Anspielungen auf ihn keinem kundigen Leser entgehen können.

Politik, schrieb Schoppe, sei eine Kunst. Diese Definition stellt einen Widerhall der frühen Argumente dar, in denen die moralische Neutralität von Machiavellis *Fürsten* betont wird. Eine Kunst müsse alle Varianten behandeln, die in einem Genre vorkommen. Das Studium der Politik sollte dem Beispiel Aristoteles' und Thomas' folgen, die alle Staatsformen thematisieren und nicht nur die beste, »die vielleicht nie existiert hat und auch nie existieren wird«.[26] Nach dieser abwertenden Anspielung auf Platon und seine Anhänger zog Schoppe die Parallele, die wir schon kennen, nämlich die zwischen Staatsmännern und Ärzten. Letztere beschäftigten sich mit dem Körper in all seinen verschiedenen Zuständen, die vom Besten bis zum Schlimmsten reichen, von vollendeter Gesundheit bis zu schwerer Krankheit. Sich auf Aristoteles' *Politik* und auf den traditionell Thomas von Aquin zugeschriebenen Kommentar berufend, zitierte Schoppe ausführlich aus dem bereits genannten Abschnitt über die Erhaltung einer Gewaltherrschaft. Daran schloss er einen eigenen Kommentar an: Es gebe Autoren, die politische Denker dafür kritisieren, dass diese tyrannische Regierungen nicht verurteilen. Aber diese Art der Kritik sei eine Sache der Ethik und nicht der Politik: »*Hoc autem a Schola politica alienissimum esse, et ad Ethicam*

24 D'Addio, *Il pensiero politico di Gaspare Scioppio e il machiavellismo del Seicento*, S. 630.

25 Procacci, *Studi sulla fortuna del Machiavelli*, S. 67 ff.

26 Schoppe, *Paedia politices*, S. 17: »Politica est ars, quae de genere tractat, nimirum de republica. Itaque omnes reipublicae species explicare debet, non modo eam, quae simpliciter sit optima (quae nunquam fortasse nec fuit, nec sit) sed etiam pro conditione rerum sit optima ...«.

vel Moralem pertinere.« (Aber das ist dem politischen Denken völlig fremd und gehört in den Bereich von Ethik und Moral.)[27]

Schoppes *Paedia politices* war eine von den kirchlichen Zensoren ausgestellte Erlaubnis zur Veröffentlichung vorausgegangen: eine gängige Praxis, wenngleich auch begleitet von ungewöhnlich warmen Worten. Der dominikanische Theologe Niccolò Riccardi, der die Bewilligung unterschrieb, erklärte, er habe die *Paedia* auf Anregung von Niccolò Ridolfi, dem Meister des Heiligen Palastes und die höchste Autorität in Fragen der Zensur von Büchern, wiederholt gelesen. Vater Riccardi, der als »il padre Mostro«, als Vater Monstrum bekannt war (ein Spitzname, der sowohl auf seine Hässlichkeit als auch auf sein sagenhaftes Gedächtnis anspielte), lobte Schoppe als einen gelehrten und katholischen Autor und verlieh seiner Hoffnung Ausdruck, dass die *Paedia* viel gelesen werden möge.[28]

Zu dieser Zeit besaß Vater Riccardi schon erheblichen Einfluss. Später spielte er eine Schlüsselrolle in der Zensur von Campanellas *Atheismus triumphatus* und Galileis *Dialogo dei massimi sistemi* (Dialog über die beiden hauptsächlichen Weltsysteme). Im Jahre 1639 ging er nach einer überaus erfolgreichen Karriere als Meister des Heiligen Palastes in den Ruhestand.[29] Warum unterstützte ein so berühmter Theologe den nur schwach verschleierten Versuch Schoppes, Machiavelli zu rehabilitieren, einen Denker, der im Index der verbotenen Bücher als »Autor der ersten Klasse« aufgeführt war?

27 Ebd., S. 20: »Primum enim hoc nomine Politicos scriptores graviter accusant, quod non occupentur in describenda Tyrannidis foeditate seu turpitudine, ut ab ea vel occupanda vel retinenda hominum animos deterreant. Hoc autem a Schola politica alienissimum esse, et ad Ethicam vel Moralem pertinere, et nemini vere philosopho potest esse dubium, tamen propter alios, quibus disciplinarum fines non aeque noti sunt, distinctius probare volo.«

28 Ebd., nicht nummerierte Seite: »Iterum atque iterum libentissime legi. Dignissima est authore, quod ad laudem fuerit plus satis. Vacat omni censura, et nihil continet dissonans moribus sive adversarium pietati. Iure praeterea suppetias venit Politicae Christianae Logicus Logicis Politicus et omnibus eruditis Schoppe. Has igitur suppetias evulgari e re publica christiana et litteraria futurum iudico.« Die Ausgabe der *Paedia politices* von 1663, mit umfassenden Fußnoten neu veröffentlicht von Hermann Conring, enthält weder Riccardis lobende Worte noch Schoppes Widmung für Kardinal Ludovico Ludovisi. Vgl. D'Addio, *Il pensiero politico di Gaspare Scioppio e il machiavellismo del Seicento*, S. 555 ff.

29 Siehe die Einträge »Campanella, Tommaso« von Luigi Firpo und »Galilei, Galileo« von Ugo Baldini im *Dizionario biografico degli italiani*.

Vor fast fünfzig Jahren stellte Mario D'Addio, Autor einer sehr umfangreichen Monographie über Schoppes politisches Denken, die Vermutung auf, dass die scharfe Trennung zwischen den Sphären des Politischen und des Ethischen, wie sie in der *Paedia politices* vertreten wurde, von der Unterscheidung zwischen Theologie und Wissenschaft herrührte, die Galilei in seinem Brief an Christina von Lothringen einführte. Bis heute haben D'Addios Bemerkungen – eine lange Fußnote und ein paar Zeilen, die in einem achthundert Seiten langen Buch vergraben sind – nicht die wissenschaftliche Aufmerksamkeit erhalten, die sie verdienen.[30] Ich möchte aber gleich betonen, dass Galileis *Brief* und Schoppes *Paedia* sich keineswegs ähnlich sind, sondern auf verschiedenen und sogar gegensätzlichen Herangehensweisen beruhen. Dennoch ist es ein intellektuell lohnendes Unterfangen, die beiden Texte gegeneinander zu lesen.

5. Kehren wir zurück ins Jahr 1615, in dem Galilei seinen *Brief an Christina von Lothringen* verfasste. Das Hauptargument des Briefes, das den Zusammenhang von wissenschaftlicher Forschung und Bibelauslegung betrifft, hatte Galilei bereits im Dezember 1613 in einem Schreiben an seinen engen Vertrauten und Schüler, den gelehrten und frommen Benediktinermönch Benedetto Castelli, vorweggenommen.[31] Galilei traf die folgenschwere Entscheidung, sich mit Bibelexegese zu beschäftigen, als immer mehr Anschuldigungen ihm als Nachfolger des Kopernikus Häresie vorwarfen. Seine Briefe, die als Manuskripte zirkulierten (der *Brief an Christina von Lothringen* wurde erst 1636 veröffentlicht), riefen eine Reihe von Reaktionen hervor, deren Höhepunkt die Verurteilung des kopernikanischen Systems im März 1616 durch das Dekret der Inquisition war. Diese Geschichte ist unzählige Male erzählt worden. Ich möchte sie mir erneut vornehmen und unter einem besonderen Gesichtpunkt betrachten.

30 D'Addio, *Il pensiero politico di Gaspare Scioppio e il machiavellismo del Seicento,* S. 174. In einer Fußnote auf S. 511 f. vergleicht D'Addio Schoppes unveröffentlichte Abhandlung *De zeli nature et usu* (1622) mit Galileos *Brief.*

31 Galileo Galilei, *Opere,* Bd. V, S. 281-288 [Im Folgenden zitieren wir nach der deutschen Übersetzung: »Brief an D. Benedetto Castelli«, in: Galileo Galilei, *Schriften. Briefe. Dokumente,* S. 168-177. Anm. d. Ü.] und *Lettera a Cristina di Lorena.*

Galileis Ausgangspunkt war die mittelalterliche Metapher der zwei Bücher, der Bibel und dem Buch der Natur.[32] Beide gehen von Gott aus: Die Bibel ist »vom Heiligen Geist diktiert« und die Natur ein »getreuer Diener der Befehle Gottes«. Um sich »dem Verständnis der Masse anzubequemen« (per accomodarsi all'intendimento dell'universale), enthält die Bibel aber viele Stellen, die sowohl in ihrem Wortlaut als auch in ihrer Bedeutung von der »absoluten Wahrheit« (dal vero assoluto) abweichen. Demgegenüber ist die Natur »unerbittlich und unwandelbar und unbekümmert darum [...], ob ihre verborgenen Gründe und Wirkungsweisen dem Fassungsvermögen der Menschen zugänglich sind oder nicht, denn sie überschreitet niemals die Grenzen der ihr auferlegten Gesetze [ella non trasgredisce mai i termini delle leggi imposteli].«[33]

In einem Kapitel seiner bahnbrechenden Studie *Theology and the Scientific Imagination* hat Amos Funkenstein die Auswirkungen der Akkomodation, als eines exegetischen Prinzips, sowohl für die jüdische als auch für die christliche Tradition untersucht.[34] Demnach habe die Vorstellung, dass »die Heilige Schrift die Sprache der Menschen spricht«, lange Zeit als Schutz vor einer wörtlichen (und als Waffe gegen eine wörtliche) Auslegung der Bibel funktioniert. Doch die Natur passe sich nicht an, betonte Galilei. Ihre Dekrete seien »unerbittlich und unwandelbar.« Dieses Verhältnis zwischen den beiden Büchern, der Bibel und der Natur, bedeutete letztlich, dass falls der Eindruck einer Unstimmigkeit entstehen sollte, es die Schrift wäre, die sich der Natur anzupassen hätte. Diese potenziell gefährliche Implikation wurde 1615 nach der Veröffentlichung einer kurzen Abhandlung mit dem Titel *Lettera sopra l'opinione de'pittagorici, e del Copernico, della mobilità della terra e stabilità del sole* (Ein Brief über die Ansichten der Pythagoräer und des Kopernikus über die Beweglichkeit der Erde und die Stabilität der Sonne) durch den Karmeliter Paolo Antonio Foscarini deutlich.[35] Foscarinis astrono-

32 Ernst Robert Curtius, *Europäische Literatur und lateinisches Mittelalter*, S. 306-352.

33 Galilei, »Brief an D. Benedetto Castelli«, S. 170 [*Opere*, V, S. 282 f.]. Vgl. Richard J. Blackwell, *Galileo, Bellarmine, and the Bible*, S. 195-201.

34 Amos Funkenstein, *Theology and the Scientific Imagination*, S. 213 ff. Vgl. auch Stephen D. Benin, *The Footprints of God. Divine Accommodation in Jewish and Christian Thought.*

35 Für den italienischen Text vgl. Tomasso Campanella, *Apologia per Galileo*, S. 199-232; für eine englische Übersetzung vgl. Blackwell, *Galileo, Bellarmine, and the Bible*, S. 217-51.

mische Behauptungen waren weder streng noch originell. Dennoch provozierte sein Buch einen Brief von Kardinal Bellarmino, durch den die Debatte auf eine neue Stufe gehoben wurde. Am 12. April 1615 schickte Bellarmino eine höfliche, gleichwohl entschiedene Warnung an Foscarini: »Ich halte dafür, daß euer Hochwürden und Herr Galilei klug daran täten, sich darauf zu beschränken, *ex suppositione* und nicht absolut zu sprechen, so wie ich immer glaubte, dass Kopernikus gesprochen habe.«[36] Dies war eine Anspielung auf Andreas Osianders anonymes Vorwort zu Kopernikus' Abhandlung, auf das ich noch zurückkommen werde.

Indem man von der Annahme spricht, daß die Erde sich bewege und die Sonne still stehe, wird man sämtlichen Erscheinungen besser gerecht, als wenn man die Exzentrizitäten und Epizyklen darlegt; es ist bestens gesagt und entbehrt jeglicher Gefahr; und dieses genügt dem Mathematiker; aber behaupten zu wollen, daß die Sonne wahrhaftig [realmente] im Mittelpunkt der Welt stehe und sich allein um sich selbst drehe, ohne von Osten nach Westen zu wandern, und daß die Erde im dritten Himmel stehe und sich mit höchster Geschwindigkeit um die Sonne drehe, ist überaus gefährlich, weil es nicht nur sämtliche scholastischen Philosophen und Theologen zum Zorne reizt, sondern auch dem heiligen Glauben abträglich ist, da es die Heilige Schrift als falsch darstellt.[37]

6. *Ex suppositione* versus *absolute*: Einige Jahre später verwendete Caspar Schoppe dieselbe scholastische Unterscheidung für dasselbe Argument: zuerst in seiner unveröffentlichten Verteidigung von Machiavelli und später in seiner *Paedia politices*. Schoppe zufolge stehen wahre politische Denker vor einer vierfachen Aufgabe: »Erstens, zu wissen, was die beste und wünschenswerteste politische Form ist, von einem absoluten Standpunkt aus betrachtet *(absolute et simpliciter)*. Zweitens, zu wissen, was die beste politische Form ist, von einem gegenwärtigen Standpunkt aus betrachtet, denn nicht alle Völker eignen sich für das absolut Beste gleichermaßen (wie

36 »Dico che mi pare che V[ostra] P[aternità] et il s.r Galileo facciano prudentemente a contentarsi di parlare *ex suppositione* e non assolutamente, come io ho sempre creduto che habbia parlato il Copernico«. Bellarminos Brief an Foscarini, veröffentlicht als Anhang zu Galilei, *Lettera a Cristina di Lorena*, S. 159. Für die deutsche Version vgl. »Roberto Bellarmino an Paolo Antonio Foscarini in Rom«, in: Galilei, *Schriften. Briefe. Dokumente*, S. 46 [Übersetzung leicht geändert, Anm. der Übersetzer].

37 Ebd.

Agesilaus meinte, eigneten sich Asiaten gut für die Knechtschaft, aber äußerst schlecht für die Freiheit) [...]. Drittens, zu wissen, wie man die bestehende politische Form erhalten kann, die Aristoteles als ›Staat *ex hypothesi*‹ definiert hat. Viertens, zu wissen, welches die weitverbreitetste politische Form ist – diejenige, welche sich am stärksten der Mehrheit anpassen kann *(plerisque hominibus accommodata).*«[38] Wir haben gesehen, dass Schoppe – in seiner Verteidigung Machiavellis – die Implikationen dieser Strategie der Akkomodation vollständig ausbuchstabiert hat. Die Unterscheidung zwischen einem absoluten und einem hypothetischen Standpunkt erlaubte es, einen noch so abschreckenden Ratschlag in einer kühlen und neutralen Weise vorzutragen. Wollte man z. B. für die Ermordung der Mächtigen, Reichen und Weisen plädieren, so wurde ein solcher Ratschlag nicht absolut *(absolute et simpliciter)*, sondern nur hypothetisch und bedingt *(sed tantum ex conditione)* gegeben.[39] In dieser hypothetischen Weise konnte für alles argumentiert werden: sogar dafür, wie Bellarmino gegenüber Foscarini und indirekt auch gegenüber Galilei erklärte, dass sich die Erde bewegt und die Sonne still steht.

7. Im April 1615 erhielt Galilei Foscarinis Buch und einige Tage später auch die Warnung Bellarminos.[40] Die Botschaft war überdeutlich. In einem Brief an Piero Dini vom Mai 1615 nahm Galilei hellsichtig die unvorteilhaften Entwicklungen vorweg, die sich auf höchster Ebene der kirchlichen Hierarchie abzeichneten:

Auf Grund der Anstachelungen unzähliger Bösewichte und in dieser Materie völlig Unbewanderter könnte eine nicht ganz treffliche Entscheidung gefällt werden, etwa die Erklärung, daß Kopernikus die Beweglichkeit der

38 Schoppe, *Paedia politices*, S. 17: »quarum prima est nosse, quae reipublicae forma sit absolute et simpliciter optima, maximeque optabilis. Altera nosse, quae sit optima pro conditione rerum copiarumque praesentium: nam quorundam populorum ingenia ad optimam illam minime sunt accommodata, sicut Asiaticos Agesilaus in servitute bonos, in libertate pessimos esse aiebat [...]. Tertia pars est, nosse republicam [...] conservare, quod genus *Aristoteles rempublicam ex hypothesi vocat.* Postrema nosse, quae forma reipublicae sit maxime communis, et plerisque hominibus accommodata.«

39 Schoppe, *Machiavellica*: »tyranno non absolute ac simpliciter sed tantum ex hypothesi et cum conditione imperii sui conservandi rationes praemonstrant.«

40 Galilei, *Opere*, XII, S. 165.

Erde nicht *in rei natura* für wahr hielte, sondern daß er sie lediglich als Astronom hypothetisch annehme, um den Erscheinungen gerecht zu werden, obwohl sie an sich falsch sei. *[la pigliasse per ipotesi accomodata al render ragioni dell'apparenze, ben che in sè stessa falsa].*[41]

Für Galilei war eine solche Lesart der Kopernikanischen Abhandlung lächerlich. Verächtlich tat er einige Monate später ein frühes Vorkommnis dieser neuen Interpretation, in der die Kopernikanische Abhandlung als rein hypothetische Behauptung dargestellt wurde, als »die nichtssagende Schrift dieses Herausgebers« *(una vana scrittura dello stampatore)* ab. Damit war die anonyme Einleitung des lutherischen Theologen Andreas Osiander gemeint. Galilei war sich sicher: Kopernikus, der nicht nur Astronom, sondern auch Naturphilosoph war, »betrachtete die Stabilität der Sonne und die Beweglichkeit der Erde als absolut wahr *[verissima]*.«[42]

Um diese Worte richtig einschätzen zu können, müssen wir sie in ihren Kontext stellen. Dank einer Abschrift wissen wir, dass sie am Ende eines Dokumentes stehen, das mit einer Anspielung auf die »gegenwärtige Kontroverse« *(la presente controversia)* beginnt. Es wurde vermutlich in den letzten Monaten des Jahres 1615 oder zu Beginn des Jahres 1616 geschrieben, in jedem Fall aber vor dem Dekret der Inquisition vom März 1616.[43] In direkter und allgemeinverständlicher Sprache suchte Galilei zurückzuweisen, was er als irregeleitete Behauptungen ansah, die auf jene zielten, »die in der Sache das letzte Urteil treffen werden.«[44] Der Streit war noch immer unentschieden. Dennoch machte Galilei deutlich, auf wessen Seite er stand: Wie Kopernikus betrachtete er »die Stabilität der Sonne und die Mobilität der Erde als absolut wahr *[verissima]*.«

41 »Galileo Galilei an Piero Dini in Rom«, in: Galilei, *Schriften. Briefe. Dokumente*, S. 48 ff., hier S. 49. (Die Übersetzung wurde leicht abgeändert, Anm. d. Ü). [Auf Italienisch: »e il zelo che io ho che in questo punto non sia, per gli stimoli di infiniti maligni e nulla intendenti di queste materie, presa qualche resoluzione non totalmente buona, qual sarebbe il dichiarare che il Copernico non tenesse vera la mobilità della terra *in rei natura,* ma che solo, come astronomo, la pigliasse per ipotesi accomodata al render ragioni dell'apparenze, ben che in sè stessa falsa ...«. Galilei, *Opere*, XII, S. 184].

42 Galileo Galilei, »Considerazioni circa l'opinione copernicana«, in: ders., *Opere*, Bd. V, insb. S. 363.

43 Ebd., S. 277.

44 Ebd., S. 351.

Dieses Bekenntnis zur Wahrheit ist bemerkenswert. Zwar ist das Bild von Galileo als eines Helden, wie man es sich im 19. Jahrhundert machte, zu schlicht – doch ihn als Höfling darzustellen, wie es in jüngerer Zeit geschehen ist, ist ebenso einseitig.[45] Galileo hätte leicht alle Konflikte vermeiden können, wenn er Bellarminis Einladung angenommen und die Theorie des Kopernikus als Hypothese aufgefasst hätte. Aber das tat er nicht. Warum? Möglicherweise finden wir eine Antwort auf diese Frage in einem Abschnitt aus Galileos *Brief an Christina von Lothringen*, der es verdient, in voller Länge zitiert zu werden. Zunächst im Original:

Io vorrei pregare questi prudentissimi e sapientissimi padri che volessero con ogni diligenza considerare la differenza che è tra le dottrine oppinabili e le dimostrative: acciò [rappre]sentandosi bene avanti la mente con qual forza stringhino le necessarie illazioni, accertassero maggiormente come non è in potestà de' professori di scienze demostrative il mutar l'opinione a voglia loro applicandosi hora a questa, et hora a quella; e che gran differenza è tra il comandare a un matematico, o a un filosofo, e 'l disporre un mercante o un legista; e che non con l'istessa facilità si possono mutare le conclusioni dimostrate circa le cose della natura e del cielo, che le opinioni circa quello che è lecito o no in un contratto, in un censo o in un cambio.[46]

(Ich möchte diese sehr besonnenen und weisen Väter bitten, so sorgfältig wie möglich den Unterschied zwischen jenen Lehren zu bedenken, die glaubhaft erscheinen, und jenen, die auf Beweisen beruhen. Denn wenn sie die zwingende Kraft notwendiger Schlussfolgerungen bedenken, werden sie einsehen, dass Forscher, die auf dem Gebiet der beweisenden Wissenschaften arbeiten, ihre Meinungen nicht ihren Vorlieben anpassen können, indem sie einfach zwischen ihnen hin und her wechseln. Denn es macht einen großen Unterschied, ob man einem Mathematiker oder einem Philosophen Befehle gibt, oder ob man einen Kaufmann oder einen Anwalt schickt; und die Schlüsse zu ändern, die auf Beweisen beruhen und den Zustand der Natur und des Himmels betreffen, ist nicht so leicht, wie die Meinungen darüber zu ändern, was bei einem Vertrag, einer Pacht oder einem Wechselkurs gesetzmäßig ist oder nicht.)

8. Diese herrliche Stelle kann als Geburtsort der beiden Paradigmen angesehen werden, die ich zu Beginn meines Aufsatzes erwähnt habe. Die Menschen entziffern zwar schon seit dem Neolithikum Spuren verschiedenster Art, doch das, was ich »Indizienparadigma« genannt habe, hat erst in dem Moment eine deutlichere, historisch

45 Mario Biagioli, *Galileo, Courtier: The Practice of Science in the Culture of Absolutism.*
46 Galilei, *Lettera a Cristina di Lorena*, S. 114.

spezifische Gestalt angenommen, als Galileo es als Kontrastfolie für sein entstehendes Paradigma verwendete. Wie wir gesehen haben, schied Galileo sowohl Wahrscheinlichkeit sehr klar von Beweisen als auch menschliche Angelegenheiten von der Natur und betonte, dass notwendige Schlussfolgerungen *(conclusioni)* nur bei letzterer vorkämen. Aber nach diesem anfänglichen Vergleich der verschiedenen kognitiven Ansätze wechselte er von der Lehre zur Praxis: Galileo sah Händler und Anwälte keineswegs als unvollkommene Wissenschaftler an. Ihre Welt, die er für völlig legitim hielt, war die Welt der Anpassung, des *secundum quid*, der Kasuistik. Ein Vertrag, eine Pacht oder ein Wechselkurs müssen an individuelle, sich unablässig ändernde Umstände angepasst werden. Doch ist all dies weit von der Natur und ihren »unerbittlichen und unwandelbaren« Gesetzen entfernt.

Schoppe übertrug nun, wie D'Addio überzeugend darlegt, das Argument für die Autonomie der wissenschaftlichen Erkenntnis, das Galileo in seinem *Brief an Christina von Lothringen* aufgestellt hatte, auf die Politik. Wir müssen aber auch die Unterschiede zwischen Schoppes und Galileis Vorgehensweisen betonen. Schoppe wies die Anschuldigungen der Moralisten gegen Machiavelli mit dem Argument zurück, dass Machiavelli sich politischen Fragen von einem *secundum quid*, von einer hypothetischen Perspektive her genähert hätte. Galileo lehnte die hypothetische Herangehensweise, wie sie von Kardinal Bellarmini propagiert wurde, aus naturphilosophischer Sicht als unzureichend ab. Da Galileo gegenüber der jeweiligen Bedeutung von »Lehren, die auf Wahrscheinlichkeit gründen und Lehren, die auf Beweisen gründen« offensichtlich parteiisch war, scheint es verlockend, seine Verweise auf »Vertrag, Pacht und Wechselkurs« als polemischen Ausbruch abzutun, als rhetorischen Kontrast einer Reihe unbedeutender weltlicher Phänomene zu dem »bewunderungswürdigen System« (*ammirando sistema*) der Himmel.[47] Meiner Ansicht nach zeigt dagegen ein kurzer Blick auf den Fall Machiavelli (der natürlich entscheidend ist), dass Galileos Einschätzung des Paradigmas, gegen das er sich wandte, sehr einsichtsvoll war.

47 Galilei, »Considerazioni circa l'opinione copernicana«, S. 362 f.

9. Machiavelli betonte mehrfach, dass sich die menschliche Natur nicht ändere: Menschen sind und werden sein, wie sie schon immer gewesen sind. Einige Forscher sind der Ansicht, diese Betonung der Unwandelbarkeit der menschlichen Natur sei Machiavellis bleibender Beitrag zur politischen Wissenschaft. Doch diese Interpretation ist zu einseitig, weil sie übersieht, dass Machiavelli gleichzeitig die Vielfalt der Umstände betonte, an die Politiker sich anpassen müssten. Dies ist eine der Folgen des zuvor genannten Vergleichs zwischen den Schriften Machiavellis und medizinischen Abhandlungen. So schrieb Virgilio Malvezzi in seinen *Abhandlungen über Cornelius Tacitus* von 1622 (in der Literatur der Gegenreformation war »Tacitus« oft ein Deckname für den diabolischen Machiavelli):

> [...] der Politiker muss wie ein Arzt unterschiedliche Arzneien je nach Art des Krankheitsbildes und ziemlich häufig demselben Kranken aufgrund verschiedener Krankheiten unterschiedliche Arzneien geben ... Wir können daraus folgern, dass es, wie Aristoteles an verschiedenen Stellen seiner *Ethik* sagt, bezüglich des Einzelnen keine allgemeinen Regeln gibt.[48]

Medizin und insbesondere die medizinische Semiotik spielten eine herausragende Rolle in dem, was ich »Indizienparadigma« genannt habe. Der Vergleich zwischen Medizin und Machiavellis Zugang zur Politik verdeckt allerdings eine weniger offensichtliche, aber vermutlich weitaus interessantere Verbindung. Wie ich vor ein paar Jahren gezeigt habe, las Machiavelli, vermutlich in seiner Jugend, ein Werk, das seinem Vater gehörte: Die *Mercuriales quaestiones* des Giovanni d'Andrea. Der Autor dieser Abhandlung, ein mittelalterlicher Professor für kanonisches Recht, wollte im Rückgriff auf die traditio-

48 Virgilio Malvezzi, *Discorsi sopra Cornelio Tacito,* S. 32: »E però gli Ateniesi, come riferisce Platone, non arrivarono mai a maggior perfettione, che quando i Persi assalirono la Grecia. Ma invero questa regola, come tant'altre in politica, ancorché tal volta sia buona, non si dee però pigliare così in generale, ed in universale, dovendo il politico a guisa di medico dare ad una complessione un medicamento ed ad un altra diverso, e bene spesso all'istesso infermo per varietà di malatie variar medicamento [...]. Concludiamo dunque con Aristotele in molti luoghi dell'Ethica, che nelle cose spettanti a' particolari, non si può dar regola generale.« Das Gleiche wendete Malvezzi in einem späteren Werk (*Il ritratto del privato politico christiano,* Bologna 1635) gegen Machiavelli ein, als er behauptete, dieser verwendete zu viele Beispiele. Vgl. Gianfranco Borrelli, *Ragion di Stato e Leviatano,* S. 210-211.

nelle Unterscheidung zwischen *simpliciter* und *secundum quid* zeigen, dass die verbotene Tätigkeit des Wuchers unter bestimmten Umständen doch erlaubt sei. In einer berühmten Szene aus Machiavellis Stück *La Mandragola* (Die Alraune) überredet der zynische Mönch Bruder Timoteo die tugendhafte Lukrezia zu einem Ehebruch, indem er dieselben Argumente verwendet wie Giovanni d'Andrea. Dieses ungewöhnliche Interesse Machiavellis für mittelalterliche Kasuistik wirft nicht nur ein neues Licht auf seinen intellektuellen Werdegang, sondern auch auf sein Werk im Ganzen. Die Spannung zwischen Norm und Ausnahme, zwischen *simpliciter* und *secundum quid* führt uns mitten in das eigentliche Zentrum von Machiavellis Denken.[49] Die Unterscheidung ist Teil eines Vokabulars, das auf Aristoteles' *De interpretatione*, in der Übersetzung von Boethius und kommentiert von Thomas, zurückgeht. Es ist anzunehmen, dass Machiavelli mit dieser intellektuellen Tradition vertraut war: Die Forschung geht davon aus, dass Machiavelli die *Politik* des Aristoteles gelesen hat. Zufälligerweise nun enthalten die zwei verfügbaren, unabhängig voneinander gedruckten lateinischen Ausgaben der *Politik*, die im späten fünfzehnten und frühen sechzehnten Jahrhundert veröffentlicht wurden (Rom 1492, Venedig 1500), beide Leonardo Brunis Übersetzung und Thomas' ausführlichen Kommentar (der natürlich auf William von Moerbekes früherer Übersetzung gründet). Wenn wir diese Ausgaben betrachten, verliert der zuvor erwähnte Machiavellistische Tonfall mancher Stellen in dem Kommentar zur Aristotelischen Politik (die von Peter von Auvergne verfasst wurden, obwohl sie üblicherweise Thomas zugeschrieben werden) an Widersprüchlichkeit. Caspar Schoppe lag nicht daneben, als er diesen Zusammenhang in seiner Verteidigung Machiavellis hervorhob und ihn zu einem Denker erklärte, der in der Tradition von Aristoteles und Thomas stehe.[50] Wucher (und Kasuistik) könnten also den Galileischen Verweisen auf Verträge, Pachten und Wechselkurse hinzugefügt werden.

10. Sobald diese zwei, sich durch wechselseitige Opposition definierenden kognitiven Paradigmen auftauchten, kam es an der Spitze der katholischen Kirche zu einer überraschenden Reaktion: Die Doppelstrategie wurde von Vater Niccolò Riccardi (Padre Mostro)

49 Carlo Ginzburg, »Machiavelli, l'eccezione e la regola. Linee di una ricerca in corso«.
50 Vgl. Procacci, *Studi sulla fortuna del Machiavelli*, S. 67 ff.

unbeirrt fortgesetzt. Seine Erlaubnis, Schoppes *Paedia politices* zu veröffentlichen, die voll ungewöhnlichen Lobes ist, stammt vom 1. Februar 1623. Am folgenden Tag unterzeichnete er einen sogar noch wohlgesonneneren Veröffentlichungserlass für Galileos polemisches Meisterwerk *Il saggiatore* (Der Prüfer).[51] Zu diesem Zeitpunkt waren Machiavellis Schriften noch immer verboten und erst ein paar Jahre zuvor war Galileo das Ziel eines böswilligen Angriffs gewesen, der den Weg zur Verdammung des kopernikanischen Systems im Jahre 1616 ebnete. Vater Riccardis doppelte, gleichzeitige Geste war alles andere als naheliegend. Sie muss entweder von jemand anderem angeregt oder zumindest von einer anderen Person genehmigt worden sein, denn als bloßer Zufall lässt sie sich nicht erklären. Es scheint vielmehr, als hätte eine Gruppierung innerhalb der katholischen Kirche sich zu einer offenen und wohlmeinenden Einstellung gegenüber den umstrittenen Neuerungen der Vergangenheit (Machiavelli) und Gegenwart (Galilei) entschlossen, von der Wissenschaft der Politik bis zur Wissenschaft der Natur. Hätte diese Einstellung sich weiter entfalten können, so hätte sie durchaus die intellektuelle Landschaft des frühmodernen Europas verändern können.

Sogar Papst Urban VIII. (Maffeo Barberini) scheint diese neue Einstellung geteilt zu haben. Am 8. Juni 1624 schrieb Galilei einen Brief an seinen Freund Federico Cesi, den Begründer der Accademia dei Lincei, aus dem große Hoffnung und Zuversicht sprach. Galilei berichtete, dass er den Papst sechs Mal getroffen hätte und jedes Mal mit großem Wohlwollen empfangen worden wäre. Der Papst war von Kardinal Zöllner, der gerade aus Deutschland zurückgekehrt war, darüber unterrichtet worden, dass alle Ketzer die Ansichten des Kopernikus unterstützten. Die Antwort des Papstes lautete, dass die Heilige Kirche die Lehren »weder verdammt habe noch im Begriff stünde, sie zu verdammen, sondern sie lediglich als vermessen *[temeraria]* betrachtete. Es wäre aber nicht zu befürchten, daß irgend jemand sie jemals als zwingend wahr *[necessariamente vera]* werde beweisen können.«[52] Federico Cesi, der wusste, dass Galilei

51 Galileo Galilei, *Il saggiatore*, S. 2. Vgl. auch Pietro Redondi, »Fede lincea e teologia tridentina«, S. 138.

52 »Galileo Galilei an Federico Cesi in Acquasparta«, in: Galilei, *Schriften. Briefe. Dokumente*, S. 69. [Italienische Fassung: *Opere*, Bd. XIII, S. 182-83, teilweise ebenfalls zitiert von D'Addio, *Il pensiero politico di Gaspare Scioppio e il machiavellismo del Seicento*, S. 174 f., Fußnote 171): »e come gli heretici sono tutti della sua opi-

sich völlig zur Wahrheit der kopernikanischen Ideen bekannte, entging die Ironie dieser Stelle sicherlich nicht. Der nächste Absatz von Galileis Brief war sogar noch ironischer:

Pater Mostro und der Herr Schopius, wiewohl sie ziemlich weit davon entfernt sind, so tief in derlei astronomische Spekulationen eindringen zu können, wie es vonnöten wäre, halten gleichwohl die feste Meinung aufrecht, daß dies keine Angelegenheit des Glaubens und es keinesfalls angebracht sei, in irgendeiner Weise die Schrift hineinzuziehen. Und ob wahr oder nicht wahr, Pater Mostro hält es weder mit dem Ptolomäus noch mit dem Kopernikus, sondern er gibt sich auf seine ziemlich gewandte Art damit zufrieden, es Engeln zu überlassen, die Himmelskörper ohne Schwierigkeit oder irgendeine Behinderung so, wie es gerade kommt, zu bewegen, und läßt es dabei bewenden.[53]

Galilei machte sich über Vater Monstrums Naivität in astronomischen Angelegenheiten lustig. Aber Galilei war ebenfalls naiv, weil er nicht erkannte, dass sein Bestreben, die Ansichten des Kopernikus als »notwendig wahr« zu beweisen, zu einem Zusammenstoß mit den Theologen führen würde. Galileis Prozess und sein Widerrufen vor der Inquisition 1633 scheinen im Rückblick unvermeidlich.

Machiavellis postumer Fall folgt einem ähnlichen Verlauf. Schoppes Bemühungen, Machiavellis Werk vor dem *Index der Verbotenen Bücher* zu retten, scheiterten. Im Jahr 1636 veröffentlichte der deutsche Jesuit Heinrich Wangnereck unter dem Titel *Vindiciae Politicae adversus Pseudo-Politicos* (Eine Politische Vergeltung an Pseudo-Politikern) eine peinlich genaue Widerlegung von Schoppes *Paedia Politices.* Wangnereck widmete den Großteil seines Buches einer detaillierten Kritik von Schoppes Argument, das auf einer Parallelisierung von Machiavelli, Aristoteles und Thomas basierte, den exemplarischen Vertretern des *Secundum-quid*-Ansatzes bei politischen Fragen.

nione e l'hanno per certissima, e che però è da andar molto circospetto nel venire a determinatione alcuna; al che fu da S. Santità risposto che Santa Chiesa non l'avea dannata né era per dannarla per heretica, ma solo per temeraria, ma che non era da temere che alcuno fosse mai per dimostrarla per necessariamente vera.«

53 Ebd. [»Il P. Mostro e il Signor Scioppio, benché sieno assai lontani dal poter internar quanto bisognerebbe in tali astronomiche speculazioni, tuttavia tengono ben ferma opinione che questa non sia materia di fede, né che convenga in alcun modo impegnarci le Scritture. E quanto al vero e non vero, il Padre Mostro non aderisce né a Tolomeo né al Copernico, ma si quieta in un suo modo assai spedito, di mettere angeli che, senza difficoltà o intrico veruno, muovano i corpi celesti così come vanno, e tanto ci deve bastare.« Galilei, *Opere*, XIII, S. 183].

Bevor er sich in die erbitterte Zerlegung von Machiavellis Schriften stürzte, schoss er noch einen vergifteten Pfeil gegen Vater Riccardi ab, jenen Domikaner, der so naiv gewesen war, Schoppes *Paedia Politices* mit uneingeschränktem Lob zu genehmigen.[54]

11. In seinem *Brief an Christina von Lothringen* bekannte sich Galilei entschlossen zu absoluten Wahrheiten: »Forscher, die im Bereich der beweisenden Wissenschaft arbeiten, können ihre Ansichten nicht auf Wunsch ändern.« Wie ich zuvor angedeutet habe, können wir hier die Stimme eines entstehenden wissenschaftlichen Paradigmas hören – möglicherweise die Stimme der modernen Wissenschaft. Doch ganz so einfach liegen die Dinge nicht. Es stimmt zwar, kein katholischer Theologe würde heutzutage mehr Vater Riccardis Überzeugung teilen, dass die Himmelskörper von Engeln bewegt werden. Die Kirche hat begriffen, dass der Prozess gegen Galilei ein großer Fehler war, und dafür gebüßt. Machiavelli wird häufig als Zeitgenosse behandelt und es zirkulieren groteske Fassungen seiner Ideen – wie es heißt, war *Der Fürst* ein Lieblingsbuch der führenden Manager bei Enron. Die Kasuistik ist in Form der Bioethik zurückgekehrt. Eine wörtliche Lesart der Bibel wird immer häufiger als aggressiver Einspruch gegen die Wissenschaft vorgebracht – und so weiter und so fort. Wir leben in einer widersprüchlichen Welt. Die Debatten, die ich analysiert habe, sind gar nicht so weit von ihr entfernt.

(Aus dem Englischen von Anne Enderwitz und Jan Wöpking)

Literatur

D'Addio, Mario, *Il pensiero politico di Gaspare Scioppio e il machiavellismo del Seicento*, Mailand 1962.

Benin, Stephen D., *The Footprints of God. Divine Accommodation in Jewish and Christian Thought*, Albany, New York 1993.

54 Heinrich Wangnereck, *Vindiciae Politicae adversus Pseudo-Politicos, qui Gaspare Scioppio in Paedia Politices suppetias pseudologicas ferente, finem et media verae Politices corrumpunt.* Dieser Abschnitt über Vater Riccardi ist in dem Vorwort an den Leser enthalten (nicht nummerierte Seite).

Biagioli, Mario, *Galileo, Courtier: The Practice of Science in the Culture of Absolutism,* Chicago 1993. [Dt.: *Galileo, der Höfling. Entdeckung und Etikette. Vom Aufstieg der neuen Wissenschaft*, Frankfurt/M. 1999]
Blackwell, Richard J., *Galileo, Bellarmine, and the Bible*, Notre Dame 1991.
Borrelli, Gianfranco, *Ragion di Stato e Leviatano,* Bologna 1993.
Burke, Peter, »Tacitism«, in: *Tacitus*, hg. v. Thomas Alan Dorey, London 1969, S. 149-179.
Calvino, Italo, *Mondo scritto e mondo non scritto,* hg. v. Mario Barenghi, Mailand 2002, S. 269-76.
–, (1983) »Il libro della natura in Galileo«, in: ders., *Perché leggere i classici*, Mailand 1991, S. 102-110. [Dt.: »Das Buch der Natur bei Galileo«, in: ders., *Warum Klassiker lesen?*, aus dem Italienischen v. Barbara Kleiner u. Susanne Schoop, München 2003, S. 97-104.]
Campanella, Tommaso, *L'ateismo trionfato overo riconoscimento filosofico della religione universale contra l'antichristianesimo macchiavellesco*, hg. v. Germana Ernst, Pisa 2004, 2 Bände.
–, *Apologia per Galileo*, hg. v. Paolo Ponzio, Mailand 2001, S. 199-232.
Curtius, Ernst Robert (1948), *Europäische Literatur und lateinisches Mittelalter*, 8. Auflage, München 1973.
Dionisotti, Carlo, *Machiavellerie. Storia e fortuna di Machivalli*, Turin 1980.
Dizionario biografico degli italiani, Rom, Instituto della Enciclopedia Italiana 1960 ff.
Ernst, Germana, »Einleitung«, in: Tommaso Campanella, *L'ateismo trionfato*, hg. v. Germana Ernst, I, S. XXIII-XXV.
Firpo, Luigi, »Le origini dell'antimachiavellismo«, in: *Machiavellismo e antimachiavellici nel Cinquecento*, Sonderausgabe von *Il pensiero politico*, II, 1969, S. 9-39.
Funkenstein, Amos, *Theology and the Scientific Imagination*, Princeton 1986.
Galilei, Galileo, *Opere*, hg. v. Antonio Favaro, Florenz 1890- 1909.
–, *Lettera a Cristina di Lorena*, hg. v. Franco Motta mit einer Einleitung v. Mauro Pesce, Genua 2000.
–, *Il saggiatore*, hg. v. Libero Sosio, Mailand 1965.
–, *Schriften. Briefe. Dokumente*, hg. v. Anna Mudry, 2. Bd., München 1987.
Ginzburg, Carlo, »Spie. Radici di un paradigma indiziario«, in: *Crisi della ragione. Nuovi modelli nel rapporto tra sapere e attività umane*, hg. v. Aldo Gargani, Turin 1979, S. 59-106. [Dt.: »Spurensicherung. Sherlock Holmes, Freud, Morelli und die Wissenschaft auf der Suche nach sich selbst«, in: *Freibeuter*, Heft 3 und 4, 1980, S. 7-17 und S. 11-36. Später zusammen mit anderen Essays erschienen in: ders., »Spurensicherung. Der Jäger entziffert die Fährte, Sherlock Holmes nimmt die Lupe, Freud liest Morelli – Die Wissenschaft auf der Suche nach sich selbst«, in: ders.,

Spurensicherung. Die Wissenschaft auf der Suche nach sich selbst, Berlin 1995, S. 7-44.]
–, *Spurensicherung. Die Wissenschaft auf der Suche nach sich selbst*, Berlin 1995.
–, »Machiavelli, l'eccezione e la regola. Linee di una ricerca in corso«, in: *Quaderni storici*, 112, 2003, S. 195-213.
Goodman, Peter, *From Poliziano to Machiavelli. Florentine Humanism in the High Renaissance*, Princeton 1998.
Lanza, Lidia, »Aspetti della ricezione della ›Politica‹ aristotelica nel XIII secolo: Pietro d'Alvernia«, in: *Studi medievali*, ser. III, XXXV, 1994, S. 643-694.
Machiavelli, Niccolò, *De principatibus*, hg. v. Giorgio Inglese, Rom 1994. [Dt.: Machiavelli, Niccolò, *Der Fürst*, Ditzingen 1986.]
Malvezzi, Virgilio, *Discorsi sopra Cornelio Tacito*, Venedig 1622.
Nardi, Bruno, »Osservazioni sul medievale ›accessus ad auctores‹ in rapporto all'epistola a Cangrande«, in: *Saggi e note di critica dantesca*, Mailand, Neapal 1996.
Procacci, Giuliano, *Studi sulla fortuna del Machiavelli*, Rom 1965.
–, *Machiavelli nella cultura europea dell'età moderna*, Rom, Bari 1995.
Prosperi, Adriano, *Tribunali della coscienza*, Turin 1997.
–, *L'eresia del Libro Grande. Storia di Giorgio Siculo e della sua setta*, Mailand 2000.
Redondi, Pietro, »Fede lincea e teologia tridentina«, in: *Galilaeana*, I, 2004.
Rotondò, Antonio, »La censura ecclesiastica e la cultura«, in: *Storia d'Italia*, hg. v. Ruggiero Romano und Corrado Vivanti, IV:2, Turin 1973, S. 1396-1492.
Schoppe, Caspar, *Machiavellica* (Biblioteca Casanatense, ms. 958)
–, *Paedia politices*, Rom 1623.
Strauss, Leo, »Persecution and the Art of Writing«, in: *Social Research*, Bd. 8, 1941, S. 488-504. [Erneut (zusammen mit anderen Essays erschienen) in: ders., *Persecution and the Art of Writing*, Chicago 1988.] [Auf dt. enthalten in: Strauss, Leo, *Gesammelte Schriften*, hg. v. Heinrich Meier, Stuttgart u. a. 1996-2006, im Erscheinen.]
Toffanin, Giuseppe, *Machiavelli e il »tacitismo«*, Padua 1921 (Neuauflage Neapal 1972).
Wangnereck, Heinrich, *Vindiciae Politicae adversus Pseudo-Politicos, qui Gaspare Scioppio in Paedia Politices suppetias pseudologicas ferente, finem et media verae Politices corrumpunt*, Dilingae 1636.

Wolfram Hogrebe

Orientierungstechniken: Mantik

Orientierungstechniken sind heutzutage z. B. Ortungssysteme per Radar oder Sonar.[1] Beide Techniken haben im Laufe des 20. Jahrhunderts eine rasante Entwicklung genommen. Schrittmacher für diese Entwicklung waren zwar nicht nur, aber doch deutlich und schubweise militärische Erfordernisse. Unter den radarbasierten Ortungssystemen (*Radio Detection and Ranging*) finden sich solche für Bodenortungen, mit denen sich z. B. Metalle auffinden lassen. Diese Technik ist für Archäologen wie für Schatzsucher gleichermaßen interessant. Die heutige Generation solcher Ortungstechniken ist zumeist auch mit Zurichtungen für bildgebende Verfahren verbunden (Imaging Radar), die dem Nutzer Informationen über die Gestalt der gesuchten Gegenstände bieten. Radartechniken werden natürlich auch für Wettererkundungen eingesetzt, für die Ortung von Niederschlagsgebieten, von Gewitterfronten und Blitzeinschlägen. Die geläufigste und heute in der Regel satellitengestütze Verwendung des Radars ist aus dem Verkehrsbereich bekannt, aus dem Flug-, Schiffs- und Autoverkehr. Bei letzterem haben wir es zu unserem Leidwesen bisweilen mit Radarkontrollen der Polizei zu tun, zu unserer Orientierungsentlastung und damit zu unserem Freudwesen aber auch mit dem satellitengestützten Navigationssystem (GPS). Spektakulär ist darüber hinaus der Einsatz des Galileo-Systems in der von der Siemens-Tochter *Toll Collect* verzögert funktionsfähig gestellten Technik zur Erhebung von Mautgebühren auf deutschen Autobahnen. Wie wichtig solche Navigationstechniken sind, lässt sich auch daran ermessen, dass die *Deutsche Gesellschaft für Ortung und Navigation* (DGON) mit Sitz in Bonn vom 19. bis zum 22. Juli 2005 eine *European Navigation Conference* nach München einberufen hat.

Technisch gesehen, und zwar elementartechnisch, basieren Radarsysteme auf zwei Phänomenen, die uns auch aus dem Alltag geläufig sind: auf dem Echoeffekt und dem sog. Dopplereffekt. Per Echo kann man messen, wie weit eine Instanz entfernt ist, die eine

1 Vgl. u. a. Edgar Voges, *Hochfrequenztechnik,* Bd. 2. Immer noch inspirierend: Paul E. Nachtigall und Patrick W. B. Moore, *Animal Sonar: Process and Performance.*

emittierte Welle zurückwirft. Dagegen sorgt der Dopplereffekt, d. h. musikalisch gesprochen, das sonare Crescendo und Decrescendo eines bewegten Körpers bezogen auf eine registrierende Instanz dafür, dass wir die Geschwindigkeit der Körper messen können. Eines der wichtigsten Publikationsorgane für Ortungstechniken ist die Zeitschrift *Journal of Navigation*, herausgegeben von dem *Royal Institute of Navigation*. Im Jahre 2005 ist hier der 58. Band erschienen.

Unter Wasser wird auf der Basis derselben Prinzipien sozusagen ein Ton-Radar eingesetzt, der also nicht Gebrauch von Radiowellen oder neuerdings auch Laser, sondern von Tonwellen (*sonus*) macht. Bei dieser Technik spricht man in Anlehnung an das Wort Radar vom Sonar (*Sound navigation and ranging*). Die unter Wasser emittierten Tonimpulse sind bisweilen so stark, dass sie wiederum das biologische Ortungssystem z. B. von Walen stören, ja zerstören können, worauf mit Recht Naturschützer hingewiesen haben. Sonarsysteme sind uns von U-Booten her geläufig, aber auch von Minensuchbooten und von Expeditionen für die Vermessung und Kartierung von Meeresböden. In der Sonartechnik ist Deutschland übrigens weltweit führend und die am Horn vor Afrika eingesetzten Minensuchboote der Bundesmarine haben auch dann zum Glück noch Minen ausfindig gemacht, als die Amerikaner entsprechende Schiffspassagen schon freigegeben hatten. Ferner werden Sonarsysteme auch für die Erkundung von Sedimenten unter dem Meeres- oder Gewässerboden eingesetzt. Ohne solche Navigations- und Ortungssysteme und ohne solche digitalisierten Orientierungstechniken ist die heutige Welt der bewegten Gesellschaften nicht denkbar.

Aber natürlich standen sie nicht immer auf diesem hochspezialisierten High-Tech-Niveau zur Verfügung. Ältere Navigations- und Orientierungstechniken mussten mit Karte, Kompass, Sextant und Sternen vorliebnehmen, noch ältere allein mit Sternen und in Küstennähe mit Leuchttürmen. Und schon befinden wir uns in einer Zeit, in der wir die Flotte des griechischen Heeres an die Küsten Trojas navigieren müssen. Wem sollen wir dieses verantwortungsvolle Geschäft anvertrauen? Die griechische Generalität um Agamemnon wusste es. Unser Admiral und Navigator kann nur Kalchas sein, der Seher, von dem es in der *Ilias* heißt: Er sei der weiseste Vogeldeuter, der erkannte, was ist, was sein wird und was zuvor war.[2]

2 Vgl. Homer, *Ilias*, I, 70; vgl. auch Hesiod, *Theogonie* 38.

Machen wir uns nichts vor, diese Auskunft klingt befremdlich. Ausgerechnet einem Seher, einem μαντις, soll die Navigation überlassen werden? Doch Homer duldet in dieser Frage keinen Zweifel. Sicher war Kalchas auch derjenige, der als Seher zu Rate gezogen wurde, als es galt, eine Erklärung für das Wüten der Pest im Heer der Griechen vor Troja zu liefern. Und er konnte es, da er eben als Seher mantischen Einblick in den Götterwillen hat und den Ausbruch der Pest als Strafaktion von Apoll identifizieren kann. Agamemnon hatte Apoll beleidigt und erzürnt, weil er die gefangene Tochter eines Priesters des Apoll nicht freigelassen hatte. Aufgrund der Erklärung des Kalchas muss es Agamemnon wohl oder übel dann doch tun, und das macht ihn wütend und er hält sich an einer gefangenen Trojanerin, an der Achill sein Wohlgefallen gefunden hatte, schadlos. Aber genau das macht wiederum Achill nachhaltig zornig und er verspürt ab sofort nicht mehr die geringste Lust, am Kampf gegen die Trojaner teilzunehmen. Eben deshalb kann die *Ilias* mit ihrem Musenanruf beginnen: »Singe, Göttin, den Zorn des Peleiaden Achill ...«

Der Seher Kalchas ist also in der Lage, solche Erklärungen widriger natürlicher Ereignisse im Rückgang auf den strafenden Götterwillen zu liefern. Aber gleichwohl ist er auch derjenige, der die Flotte der Griechen an die Küste Trojas navigiert hatte (ηγεσατ'). Das sagt Homer ganz unzweideutig. Und er ergänzt noch, und da gibt es keinen Ausweg mehr: Er navigierte oder führte die Flotte der Griechen an die Küste Trojas ›kraft seiner Wahrsagekunst‹ (δια μαντοσύνηv). Manche Übersetzungen geben das griechische Verb ηγεισθαι mit ›begleiten‹ wieder, also im Sinne von ›Kalchas begleitete die griechische Flotte‹. Das ist gewiss falsch. Ηγεισθαι heißt nun einmal ›militärisch führen‹. Ein spätes Echo haben wir heute noch in dem Adjektiv ›hegemonial‹.

Wenn es also so ist, dass Kalchas als Seher in der Lage ist, eine ganze Flotte zu navigieren, dann kann seine Sehergabe nicht so beschaffen gewesen sein, dass er als Kaffeesatzleser oder Spökenkieker auf der Brücke stand. Als Seher musste er offenbar über das seinerzeit verfügbare nautische und navigationstechnische Wissen verfügen, d. h. in Zeiten ohne Karte, Kompass und Sextant über das nötige Sternenstandwissen. Die Seherkunst, die Mantik, wurde also damals ganz unzweideutig als Orientierungstechnik eingesetzt.

Allerdings in einem differenzierten Sinne: einmal als avanciertes

Wissen, das ein nautisches Können per Navigation in Orientierung am Sternenstand möglich macht und dann, wenn ein Können trotz dieses Wissens scheitert, als ein Wissen um den Bestrafungscharakter von Widerfahrnissen im Rückgang auf einen wirksamen Götterwillen. Die Flotte der Griechen hätte ja trotz der Navigation des Kalchas in schweres Wetter geraten können. Dann gibt es eben einen zusätzlichen Erklärungsbedarf.

Ich möchte die Verhältnisse hier als ein Prinzip formulieren: Menschliches Verhalten wird in dem Maße divinatorisch relevant, als es, für uns heute, in die Dimension des Zufälligen hineinragt.

Und dies gilt auch für unser wissensbasiertes Können. Denn auch jedes Können mündet in ein Gelingen oder Misslingen. Jemand kann zwar navigieren und trotzdem muss eine Schifffahrt auch gelingen, d. h. ungestört ihr Ziel erreichen, oder sie kann trotz Navigationskunst auch misslingen, d. h. in schwere See geraten. Das Gelingen ist nicht ganz auf das Können zurückzuführen, die Umstände, z. B. das Wetter, müssen mitspielen. Wer reiten kann, dem kann es trotzdem widerfahren, dass er vom Pferd fällt. So ragt auch jedes Können in die Dimension des nach unserem Verständnis Zufälligen hinein. Ein solches Verständnis des Zufälligen gibt es aber bis spät ins 19. Jahrhundert nicht, genau genommen bis zu Clausius (1822-1888) und Boltzman (1844-1906) nicht. Es gab zwar das Zufällige im Sinne von τυχη und *fortuna*, aber durch sie hindurch ist immer eine höhere Macht, ein schicksalhaftes oder göttliches Geschehen wirksam. Das besagt: Mündet ein Können im Gelingen, haftet ihm ebenso etwas Belohnendes und damit nur divinatorisch Zugängliches an wie einem Können, das in einem Misslingen endet, dem gewiss ein Bestrafendes und damit ebenso ein nur divinatorisch Zugängliches anhaftet. Insofern kann die im Gelingen endende Navigation der griechischen Flotte durch Kalchas durchaus seinen divinatorischen Fähigkeiten gutgeschrieben werden, obwohl sein Können vielleicht nur *fortune* hatte. Dass auch Kompetente *fortune* haben müssen, um Erfolg zu haben, ist dann die neuzeitliche *façon de parler* eines ehedem von Göttern begünstigten Handelns. Insofern fällt Homers Charakterisierung des Admirals Kalchas keineswegs aus dem Rationalitätsprofil heraus, sondern bestätigt es, weil die Verhältnisse damals anders gar nicht formulierbar waren. Kalchas würde heute Orientierungs- oder Ortungstechniken wie das Radar oder Sonar für seine Navigation ebenso benutzen wie seinerzeit sein alternativloses Sternenstandwissen. So betrachtet ist Mantik als Orientierungstechnik jedenfalls nichts Irrationales.

Das erklärt sich auch daraus, dass die Mantik, und zwar je älter ihre Zeugnisse sind, desto deutlicher, durchaus eine epistemische Rendite erwirtschaften konnte. Im Allgemeinen unterscheidet man eine ›intuitive‹ oder natürliche Mantik, die aus Traum, Rausch und Ekstase ihre Botschaften extrahiert, von einer ›interpretativen‹ oder künstlichen Mantik, die ihre Botschaften aus der rechten Deutung natürlicher Zeichen bezieht, aus Zeichen wie Vogelflug, Eingeweide, dem Rauschen heiliger Haine und Quellen, aber auch Blitz und Donner, Mond, Sonne und Sterne und auffällige Naturereignisse oder Tierverhalten.[3]

Beide Formen der Mantik finden sich bei allen alten Völkern der Erde, bei manchen Naturvölkern bis heute. Das Repertoire der mantischen Deutungskunst ist dabei stets auf das Milieu zugeschnitten, in dem es um Leben und Überleben ging. Wenn man annehmen darf (und man darf es), dass in sehr frühen Zeiten tiefer gehende Kenntnisse über Kausalverhältnisse, die natürlichen Ereignissen zugrunde liegen, noch nicht zur Verfügung standen, konnte es nicht unnütz sein, sich zunächst um die Kenntnis von Ereigniskorrespondenzen zu bemühen. Wenn man weiß, welche Ereignisse im Allgemeinen zusammen auftreten, ist das ein Erkenntnisgewinn. Wie immer die Kausalitäten dieser Ereignisse geknüpft sein mögen, die Korrespondenz ihres Auftretens gibt Anlass, mit dem Auftreten eines Ereignisses schon dann zu rechnen, wenn man nur Kenntnis von dem korrespondierenden hat.

Der Ruf des Eichelhähers verrät dem kundigen Jäger, dass ein Tier, das er nicht sehen kann, in der Nähe ist. Im Stile einer solchen ›Naturkunde‹ führt auch Cicero die Mantik im ersten Teil von *De divinatione* durch seinen Bruder Quintus positiv ein, selbst wenn er die Argumente im zweiten Teil wieder destruiert. Auch Ärzte, so Quintus, können ja häufig nicht sagen, *warum* gewisse Kräuter heilen, aber *dass* sie es tun, wissen sie. D. h., Nichtwissen um die zugrunde liegenden Kausalverhältnisse verhindert nicht die erfolgreiche Prognose oder Therapie: ›Non quaero cur, quoniam quid eveniat intelligo.‹[4]

3 Vgl. dazu ausgreifend Wolfram Hogrebe, *Metaphysik und Mantik*.

4 Vgl. Marcus Tullius Cicero, *De divinatione*, I, 15.

Auf dieser durchaus fragilen induktiven Basis operiert in der Tat die frühe interpretative Mantik. Das bekundet auch Herodot von den Ägyptern: »Wenn nämlich etwas Merkwürdiges geschieht, geben sie acht und schreiben den Ausgang der Sache auf. Bei einem ähnlichen Vorfall in späterer Zeit glauben sie dann, es müßten wieder die gleichen Folgen eintreten.«[5]

Trotz dieser Mitteilung hat man sich in der Literatur darüber mokiert, dass aus dem alten Ägypten keine Prodigiensammlungen, wie wir sie von den Babyloniern zuhauf kennen, erhalten sind. Die Gelehrten, die mit dieser Materie befasst waren, haben offenbar eine gesonderte Überlieferung von Prodigien erwartet. Diese stecken aber in den durchaus überlieferten Messungen des Wasserstandes des Nil, deren Ergebnisse für die Ägypter hauptsächlich prognostisch relevant waren. Man muss hier also immer mit den historischen und kulturellen Einbettungen des Existierens rechnen, die den Ausschnitt mantisch relevanter Prognosen definieren, der epistemisch effektiv gebraucht wurde. Nomadenkulturen in der Wüste sind auf andere deutungsrelevante Anzeichen spezialisiert als die Indianer am Amazonas.

Besonders deutlich zeigt dies auch die chinesische Überlieferung der Mantik. Hier war es von alters her geboten, ganz so, wie es Herodot von den Ägyptern behauptet hat, alle auffälligen Ereignisse zu registrieren und zu notieren, um warnende Anzeichen dafür zu erhaschen, »daß«, wie De Groot bemerkt, »im Tao der Menschheit irgend etwas in Unordnung geraten ist und somit im Tao der Welt etwas aus den Fugen gebracht hat. Dieser Störung wäre dann ohne Verzug durch Beseitigung der Ursache abzuhelfen und so die aus ihr drohende Gefahr abzuwenden.«[6]

Hier erkennt man sehr deutlich, dass die Orientierungsfunktion der Mantik von Anfang an im Dienste des Sicherungsverhaltens des Menschen stand. Sie waren, hineingehalten in eine riskante Umgebung, seit Urzeiten einfach gezwungen, im Horizont ihres kausalen Unwissens auf Zeichen zu reagieren, die als anzeigende Instanzen für eine sinnlich noch nicht zugängliche, aber eventuell bedrohliche Realität stehen. Diese sehr rational akzentuierte Auffassung der Mantik ist aber nicht meine Erfindung, sondern in dieser Form

5 Herodot, *Historien,* lib. II, 82.

6 J. J. M. De Groot, *Universismus. Die Grundlagen der Religion und Ethik, des Staatswesens und der Wissenschaft Chinas,* S. 331.

schon von Porphyrios vorgestellt worden und zwar in einer verloren gegangenen Schrift Ανεβῶ επιστολή, deren Inhalt wir indirekt aus einer ausführlichen Kritik in Iamblichs *De mysteriis* erschließen können. So hat Porphyrios die Mantik ausdrücklich als menschliche Mantik charakterisiert (ανθρωπινη μαντικη), die auf der Basisannahme aufruht, dass die Natur in sich schon eine voherverkündende Verfassung hat, »wie etwa gewissen Tieren ein Vorherwissen von Erdbeben und Regen angeboren ist.«[7] So konnten sich Tiere schon in der Antike, und natürlich nicht erst seither, vor einem heranrollenden Tsunami in Sicherheit bringen, wie sie es auch jüngst noch an den asiatischen Küsten getan haben.

Schon bei Porphyrios trat die Mantik den Übergang vom *pythischen* zum *empirischen* Dreifuß an, ein Übergang, den die empirische Ärzteschule (z. B. Nausiphanes, geb. um 360 v. Chr.; Glaukias, 2. Jhdt.) schon in spät-klassischer Zeit propagiert hatte.[8] Wo der *homo sapiens* auftritt, so können wir die Verhältnisse hier bündeln, registriert und interpretiert er die Welt als ein anzeigendes Geflecht von Zeichen und Spuren, weil er aus Sicherheitsgründen ständig gezwungen war, mit mehr zu rechnen, als ihm sinnlich präsent sein konnte. Diese spurenlesende Kompetenz, die eine Weiterentwicklung des tierischen Sicherungsverhaltens und der Witterung ist, war auch Cicero schon klar. In *De divinatione* verwendet Cicero für mantische Deutungen das lat. Wort *sagire*, ahnen, das mit got. *sokjan*, ahd. *suohhen*, nhd. *suchen*, engl. *to seek*, schwed. *söka* stammverwandt ist und auf die indogerm. Wurzel **sag-* ›witternd nachspüren‹ zurückgeht. Cicero illustriert den Sinn des mantischen *sagire* ähnlich, sodass hier der sachliche Kern der Mantik gerade in ihrer Abstammung von der tierischen Witterung deutlich hervortritt: »Denn ahnen heißt eben fein empfinden (sagire enim sentire acute est); daher spricht man auch von alten wahrsagenden Weibern (sagae), weil sie vieles zu wissen beanspruchen, und die Spürhunde werden scharf witternd (sagaces) genannt. Wer also vorher ahnt (praesagit), ehe der Gegenstand sich zeigt, von dem sagen wir, er habe eine Vorahnung, d. h., er empfinde das Zukünftige voraus (id est futura ante sentire).«[9] Unsere Wahrnehmungen des Gegenwärtigen speisen sich

7 Vgl. Iamblich, *De myst.*, III, 26. Vgl. hierzu Wolfram Hogrebe, *Metaphysik und Mantik*, S. 163 f.

8 Vgl. hierzu ebd., S. 158.

9 Vgl. Cicero, *De divinatione*, I, 65, S. 210.

also stets aus einem Zukünftigen, auch schon da, wo wir bloß in der Miene eines Mitmenschen lesen, wie Plinius sagt, nach Art einer *divinatio ex facie hominum.* Wer über diese physiognomische Fähigkeit nicht verfügt, dem bleibt das bedeutende Antlitz dieser Welt verschlossen, vom Bild bis zur Miene, vom Klang bis zur Metapher.

Sinnlichkeit genügt nicht, in ihrer Bedeutung wird sie erst sichtbar aus einem ›Mehr‹ an Sinnlichkeit. Erst Ideen, so Platon, sichern die Sichtbarkeit der Welt, sie dementieren die Welt nicht. Ohne dieses ideelle ›Mehr‹ versänke die Welt in epistemische Finsternis, bildlos, klanglos, wortlos. Aus diesem ›Mehr‹ ist im Prinzip der *homo sapiens* geboren und um dieses ›Mehr‹ existiert er aus sich heraus nicht nur physisch, sondern via Selbsterfindung eben auch metaphysisch. Metaphysik ist daher kein Versuch, aus der Physis auszusteigen, sondern lediglich das Bemühen, der Bedeutsamkeit der Welt schon in ihren kleinsten Spuren gerecht zu werden. Was uns die Welt bedeuten kann, ist keine Frage der Physik, sondern der Metaphysik. Mit den denkfeindlichen Triumphen der Wissenschaft, nicht mit dieser selbst!, begann die Periode der Selbstvergessenheit des *homo sapiens*, die heute, ob wir das wollen oder nicht, in die Phase seiner interpretativen Selbstauslöschung getreten ist. Man benötigt nicht mit Heidegger Drohausdrücke wie ›Seinsvergessenheit‹; es genügt, und das ist der eigentliche Kern, die ›Selbstvergessenheit‹ des *homo sapiens.* Er erkennt sich heute in dem, was er mehr als Physis ist, nicht mehr an.

Es ist aber dennoch in geeigneter Umgebung, und das ist der performative Widerspruch zu dieser Nichtanerkennung, zweifellos nicht unnütz, die Bewegung hoher Gräser als Anzeichen für die Präsenz einer sinnlich ansonsten noch nicht oder auch niemals registrierbaren Bestie zu deuten. Und wir tun das auch, ob wir wollen oder nicht. Die Angst vollzieht solche Antizipationen des Bedrohlichen bei geeignetem Dämmerlicht oder im Dunkeln gewissermaßen automatisch.

Wir dürfen solche Überlegungen hier nochmals in die Feststellung fassen, dass die Mantik als Orientierungstechnik aus dem geboren wurde, was man bei Tieren die Witterung nennt. Wann immer in der Dämmerung ein Hirschrudel auf die Lichtung tritt, dann tun dies, und das wissen erfahrene Jäger, zuerst die weiblichen Alttiere des Rudels, nicht die Hirsche, um zunächst die Situation auf der Lichtung zu inspizieren, indem sie ›witternd‹ nach allen Seiten ›sichern‹. Aus dieser nützlichen Attitüde eines spezialisierten Sicherungsverhaltens unter Einsatz zugänglicher Orientierungstechniken ist später die sapientia des *homo sapiens* geboren.

Aus einiger Entfernung betrachtet, handelt es sich in solchen Situationen aber auch stets darum, mit einem kontingenzdurchsetzten Milieu zurechtzukommen. Wer noch nicht viel weiß, muss vorsichtig sein. ›Vorsichtigkeit‹ gebiert die ›Vorsehung‹ und unsere mantische Sensibilität. Diese ist uns durchaus auch heute noch angeboren. Bloß regt sich diese Sensibilität erst dann, wenn die sinnliche Kulisse schwierig wird und wir dann das ›mulmig‹ genannte Gefühl haben, uns in einer riskanten Situation zu befinden, also z. B. im Dunkeln in unbekannter Umgebung.

Hier gewinnen auch für uns heute noch die kleinsten Geräusche eine ungewöhnliche Valenz, deren Registratur unser Sicherungsverhalten bis zur panischen Stimmung aktiviert. Witternd schauen wir uns nicht nur ängstlich um, sondern horchen mit allen Fasern nach außen geöffnet in die Dunkelheit.

Mantik ist als Deutungskunst ursprünglich auf genau solche sichtschwachen Situationen zugeschnitten. Sie war seit Urzeiten stets die Fertigkeit, mit einer Zufälligkeit umzugehen, die wir situativ noch gar nicht ausmachen können. In solchen Situationen taten unsere Vorfahren besser daran, noch mit einer Gesetzmäßigkeit zu rechnen, die höherer Art ist, aber dafür steht, dass der Ereigniskontext epistemisch geschlossen bleibt. Mantik als Kunst des Fernwissens und Magie als Kunst des Fernwirkens sprengen nicht unsere Rationalität, sondern dehnen sie nur, wie wir heute sagen würden, unzulässig aus.

Dafür steht aus dem Bereich der Magie auch ein schlagendes Beispiel, das wir Evans-Pritchard verdanken.[10] Im Land der Zande in Afrika stürzt bisweilen ein alter Getreidespeicher ein. Die Zande wissen auch, warum: Termiten haben im Laufe der Zeit die Stützbohlen zernagt. Genau das ist die Kausalerklärung für den Einsturz, die den Zande ebenso bekannt ist wie uns heute. Nun verhält es sich aber so, dass zur Zeit der größten Mittagshitze einige der Dorfbewohner häufig unter einem solchen Getreidespeicher sitzen und plaudern. So kann es passieren, dass beim Einsturz desselben tatsächlich einige von ihnen, die unter ihm vor der Mittagssonne

10 Vgl. Edward E. Evans-Pritchard, *Hexerei, Orakel und Magie bei den Zande*, S. 65.

Schutz gesucht hatten, verletzt werden. Nun stellen sich für die Zande weitergehende Fragen: Warum musste der Getreidespeicher gerade dann einstürzen, als Leute unter ihm saßen; und warum musste er einstürzen, als gerade diese Leute und keine anderen dort saßen? Solche Fragen beantworten sich die Zande im Rückgriff auf magische Einflussnahmen wie z. B. durch Schadenszauber.

Solche Fragen sind für uns heute natürlich unzulässig, weil wir hier mit der kontingenten Kreuzung voneinander unabhängiger Kausalketten rechnen. Der Einsturz des Getreidespeichers hatte seine Ursachen, die Termiten. Dass Leute unter ihm sitzen, hatte sicher auch Ursachen, die Mittagshitze. Sogar der Umstand, dass es heute gerade die sind oder morgen jene, hat seine Ursachen. Aber diese Kausalreihen sind voneinander unabhängig, ihre Kreuzung gerade zu dem Punkt des Einsturzes ist für uns heute eine Sache des Zufalls. Nicht so für die Zande oder unsere Vorfahren. Für sie steht ein ›inklusives Kausalverständnis‹ zur Verfügung, in das Verursachungen aller Art, also auch mantischer oder magischer Art, integriert sind. Das mag für die Erklärung natürlicher Ereignisse im Wortsinne ›bezaubernd‹ sein. Im Falle von Schuldzuweisungen kann das allerdings verheerende Konsequenzen haben, wie es noch die Hexenprozesse eindrücklich belegen.

Die Akzeptanz von Zufällen ist den Menschen immer schwer gefallen. Bevor man vor zufälligen Ereignissen das Handtuch der Rationalität zu werfen bereit war, bemühte man lieber höherstufige Gesetzmäßigkeiten, die hier ihre Hand im Spiel haben mussten, z. B. mythische Instanzen wie Götter oder sonstige, nur mantisch erreichbare Schicksalsmächte (Themis, Moira etc.). Diese sind also gerade kein Dementi der Rationalität, sondern ihre ultimative, ja überschwängliche Selbstbehauptung. Der Satz Albert Einsteins ›Gott würfelt nicht!‹ ist noch ein spätes Echo dieses Rationalitätsverständnisses.

Neuerdings hat sich der Zufall aber nicht nur in der Physik, sondern sogar in der Mathematik festgesetzt. So hat der Freund von Stephen Wolfram Gregory Chaitin unabhängig von Andrej N. Kolmogorov gezeigt, dass es in ihr in Form von kognitiv nicht penetrierbaren Komplexitätsschranken wahre, aber unbeweisbare, d. h. in diesem Sinne zufällig wahre Sätze gibt.[11] Eine erkenntnistheore-

11 Vgl. Gregory Chaitin, »On the intelligibilty of the universe and the notion of simplicity, complexity, and irreducibility«. Hier weitere Literatur.

tische Würdigung solcher Ergebnisse der mathematischen Komplexitätsforschung steht noch aus, aber hier verläuft gegenwärtig die Front. Alles andere ist bloß Image Science.

Es mag sein, dass unsere Ausgriffe in solche hochkomplexen Zonen vor allem in der gentechnischen und in der Hirnforschung auf solche Komplexitätsschranken stoßen, die kognitiv nicht zu durchdringen sind und die zu ignorieren einer neuen Form von epistemischer Hybris gleichkommt, deren alte Varianten im Bestrafungsprofil der griechischen Tragödien zu studieren sind. Aber um hier zur Klarheit zu kommen, müssten wir die genetische und neuronale Komplexität überhaupt erst einmal in ihrer mathematischen Eigenart verstehen und davon sind wir, worauf der Mathematiker Reinhard Olivier hingewiesen hat, noch weit entfernt.[12] Wir können die Natur heute jedenfalls für ihre Unberechenbarkeit nicht einfach mehr züchtigen, wie es in mantischen Zeiten vorgekommen ist. Unvergesslich ist der Befehl des Xerxes, der um 480 vor Chr. eine Brücke über den Hellespont von Abydos in Kleinasien nach Sestos auf dem griechischen Festland bauen ließ, die aber postwendend durch die aufgewühlte See zerstört wurde. Wie Herodot berichtet, gab der erzürnte Xerxes den Befehl, das Meer auspeitschen zu lassen. Und Herodot fügt noch hinzu: »Ich habe sogar gehört, daß er zugleich Henker mitschickte, um dem Hellespont Brandmale aufzudrücken.«[13] Größer ist der nicht beherrschbaren Komplexität der Elemente nie begegnet worden. Xerxes adelt die Elemente als personale Gegner, die man für ihre Launen auch abstrafen kann.

Diese Möglichkeit steht einem Naturforscher heute natürlich nicht mehr zur Verfügung. Wir sind heute vielmehr immer zuerst vor die Aufgabe gestellt, herauszubekommen, was wir beweisbar nicht wissen können. Xerxes ließ noch ein widerspenstiges Meer auspeitschen. Wir sollten heute umgekehrt nicht das Risiko eingehen, selbstverschuldet von der Natur ausgepeitscht zu werden.

Auf eine *vis major* in den zu verantwortenden Forschungsfolgen kann sich heute keiner mehr berufen. Aber worauf kann man sich heute überhaupt noch berufen, wenn gilt, was die letzte Zeile des

12 Vgl. Reinhard Olivier, »Wonach sollen wir suchen? Hirnforscher tappen im Dunkeln«.

13 Herodot, *Historien* VII, 35.

letzten Gedichtes von Stéphane Mallarmé behauptet: *Toute Pensée émet un Coup de Dés/Jeder Gedanke emittiert einen Würfelwurf*.[14]

Literatur

Cicero, Marcus Tullius, *De divinatione*, hg. v. Arthur S. Pease, Darmstadt 1977. [Dt.: Cicero, Marcus Tullius, *Über die Wahrsagung*, hg., übers. und erl. v. Christoph Schäublin, München u. a., 1991.]

Chaitin, Gregory, »On the intelligibilty of the universe and the notion of simplicity, complexity, and irreducibility«, in: *Grenzen und Grenzüberschreitungen*, hg. v. Wolfram Hogrebe, Berlin 2004, S. 517-534.

De Groot, J. J. M., *Universismus. Die Grundlagen der Religion und Ethik, des Staatswesens und der Wissenschaft Chinas*, Berlin 1918.

Evans-Pritchard, Edward E., *Hexerei, Orakel und Magie bei den Zande*, Frankfurt/M. 1978.

Hogrebe, Wolfram, *Metaphysik und Mantik*, Frankfurt/M. 1992.

Iamblich, *De mysteriis*, zit. n. d. Übers. v. Th. Hopfner, *Über die Geheimlehren*, Leipzig 1922.

Mallarmé, Stéphane, *Sämtliche Gedichte*, hg. u. übers. v. Carl Fischer, Heidelberg 1957.

Nachtigall, Paul E. und Patrick W. B. Moore, *Animal Sonar: Process and Performance*, New York 1989.

Olivier, Reinhard, »Wonach sollen wir suchen? Hirnforscher tappen im Dunkeln«, in: *Frankfurter Allgemeine Zeitung* vom 13. 11. 2003.

Voges, Edgar, *Hochfrequenztechnik*, Bd. 2: Leitungsröhren, Antennen und Funkübertagung, Funk- und Radartechnik, Heidelberg 2002.

14 Stéphane Mallarmé, *Sämtliche Gedichte*, S. 175/195. Fischer übersetzt mit ›... *ist ein Würfelwurf*. Im Original bei Mallarmé steht allerdings ›émet‹ von ›*émettre*‹, ›*ausstrahlen*‹, ›*von sich geben*‹, ›*äußern*‹, ›*emittieren*‹; dafür ist ›*ist*‹ zu schwach. Mallarmé will sagen, dass Gedanken einen ›Würfelwurf‹ gleichsam ›generieren‹, d. h. zu einer Wahr-/Falsch-Entscheidung gleichsam aufrufen, die zu vollziehen nicht in unserer Hand liegt, sondern zufällig ist, aber, wie in seinem Gedicht vom Siebengestirn des Großen Bären, manchmal *a parte mundi* getroffen wird, d. h. per *intervention du surnaturel*.

Hans-Jörg Rheinberger
Spurenlesen im Experimentalsystem

Meine Bemerkungen zum Thema beschäftigen sich mit dem Spurenlesen in Experimentalsystemen. In meinen Ausführungen zu »Experimentalsystemen und epistemischen Dingen«[1] habe ich bereits vor geraumer Zeit den Gedanken ausgeführt, dass man die primären Hervorbringungen experimenteller Anordnungen als Spuren ansehen kann. Diese Spuren werden vom Experimentator versuchsweise einander zugeordnet. Derartige Konfigurationen von Spuren bestimmen in ihrer materiellen Anordnung die epistemischen Dinge, die in Experimentalsystemen verhandelt werden. Epistemische Dinge trügen also zum vornherein den Charakter einer Spur und wären damit, um es mit Jacques Derrida zu sagen, »graphematisch« verfasst, auf elementare Grammata oder Grapheme bezogen.[2] Bei Derrida ist bekanntlich der Begriff der Spur mit dem Thema einer generalisierten Schrift assoziiert, einer Schrift ohne Boten und ohne eindeutig festgelegte Botschaft. Es geht also letztlich darum – wie es auch der Titel der Tagung festhält –, dass sich etwas zu lesen gibt, dass es etwas zu lesen gibt, oder vielleicht beides, und zwar im Raum einer gewissen unhintergehbaren Indifferenz.

Auch die Wissenschaftsforschung der letzten Jahrzehnte hat bei ihren Laborstudien zunächst im Raum der Schriftmetapher operiert. Allen voran waren es Bruno Latour und Steve Woolgar, die mit ihren Analysen von *Laboratory Life* den Begriff der »Inskription« in Verkehr gebracht haben.[3] Latour hat sich dann allerdings bald den Kritikern des *semiotic turn* angeschlossen[4] und versucht, die Erzeugnisse des Labors im Sinne seiner Akteur-Netzwerktheorie als Zirkulatoren umzudefinieren, als den Verkehr des Wissens bevölkernde *»immutable mobiles«*.[5] Ian Hacking hat es vorgezogen,

1 Hans-Jörg Rheinberger, *Experimentalsysteme und epistemische Dinge – Eine Geschichte der Proteinsynthese im Reagenzglas.*

2 Jacques Derrida, *Grammatologie,* S. 21 u. a.

3 Bruno Latour und Steve Woolgar, *Laboratory Life. The Construction of Scientific Facts.*

4 Bruno Latour, *Nous n'avons jamais été modernes.*

5 Bruno Latour, »Drawing things together«.

die primären Anschreibungen des Labors in einem neutraleren Sinne als *»marks«*, als Marken zu adressieren.[6]

Spuren der Radioaktivität

Ich will diesen Differenzierungen hier nicht weiter nachgehen, obwohl es ein lohnendes Unterfangen wäre, in einer umfassenderen Studie einmal darzustellen, welche Anstrengungen im Rahmen der neueren Wissenschaftsforschung, Wissenschaftsphilosophie und Wissenschaftsgeschichte unternommen wurden, um – denn letztlich geht es um nichts anderes – das Problem der Repräsentation zu unterlaufen. Ich möchte auch nicht von einer bestimmten Definition von »Spur« ausgehen. Stattdessen will ich anhand eines besonderen experimentellen Verfahrens näher darstellen und erläutern, inwiefern die Thematik der Spur im Experiment auf – und vielleicht auch um – ihren Begriff gebracht werden kann. Es handelt sich um die Methode der radioaktiven Markierung. In der englischen Bezeichnung der Methode – *radioactive tracing* – kommt, wie man sieht, der Ausdruck der Spur, genauer des Ziehens einer Spur, direkt zur Verwendung.

Dazu muss ich historisch etwas ausholen. Dass radioaktive Substanzen auf besonders präparierten Schirmen Lichtblitze, Szintillationen hervorrufen können, wusste man seit den Forschungen von William Crookes, Hans Geitel und Erich Regener zu Beginn des 20. Jahrhunderts, und man nahm auch bald die Möglichkeit wahr, die Zählung solcher Leuchtspuren als ein Maß für die Intensität der radioaktiven Strahlung zu verwenden.[7] Einer der ersten, die realisierten, dass man radioaktive Elemente als »Indikatoren« in der Stoffwechselanalyse von Organismen verwenden konnte, war der ungarische Physikochemiker Georg von Hevesy.[8] Er verfolgte den

6 Ian Hacking, »The self-vindication of the laboratory sciences«.

7 William Crookes, »The emanation of Radium«. Julius Elster und Hans Geitel, »Über die durch radioaktive Emanation erregte scintillierende Phosphoreszenz der Sidot-Blende«. Erich Regener, »Über Zählung der α-Teilchen durch die Szintillation und die Größe des elektrischen Elementarquantums«.

8 Georg von Hevesy, »The absorption and translocation of lead by plants. A contribution to the application of the method of radioactive indicators in the investigation of the change of substrate in plants«. Vgl. auch für einen ersten Rückblick ders., »Historical sketch of the biological application of tracer elements«.

Transport von radioaktiven Schwermetallen, insbesondere von Blei, in Pflanzen. Der Ausdruck »Indikator«, den Hevesy verwendete, verweist auf den Umstand, dass in diesen Experimenten eine Substanz als »Anzeiger« fungiert. Anzeige hat hier eine präzise angebbare, doppelte Bedeutung: Zum einen zeigen die radioaktiven Zerfälle des Isotopes – die seit den späten 1920er-Jahren vorwiegend mit dem Geigerzähler gemessen wurden – den Weg an, den eine Substanz durch den Körper nimmt. Zum anderen beruht aber der Anzeigecharakter der Methode wesentlich auch darauf, dass vergleichsweise winzige Beimischungen des radioaktiven, chemisch nicht vom stabilen Element unterscheidbaren Isotopes genügen, um den Weg des Stoffstromes anzuzeigen. Das Indikatorprinzip beruht also wesentlich darauf, dass man die Zerfallsereignisse vor Ort minimieren und damit den durch die radioaktiven Strahlen angerichteten Schaden für das Gewebe begrenzen, wenn nicht gar vernachlässigbar klein halten und dabei trotzdem ein ausreichendes Signal bekommen kann. Dem Sprachgebrauch der wissenschaftlichen Literatur folgend, verwende ich im Weiteren den Ausdruck »Signal« weitgehend synonym mit »Spur«. Eine Differenzierung ist hier aber insofern anzudeuten, als mit ersterem in der Regel der Vorgang aus der Perspektive der radioaktiven Substanz gemeint wird, von der ein Signal ausgeht, mit letzterem der Effekt, den sie als zu lesende Spur hinterlassen hat.

Elemente wie Blei und andere Schwermetalle, die sich im Körper verteilen und gegebenenfalls in bestimmten Organen anreichern, aber nicht am normalen Stoffwechsel teilnehmen, waren allerdings meist von sich aus giftig und im Wesentlichen auf topologische Analysen aufgrund von *In-vivo*-Versuchen an intakten Organismen beschränkt, denen man die Isotope fütterte oder injizierte. Um das Verfahren biologisch breiter anwendbar und grundsätzlich auch für *In-vitro*-Systeme verfügbar zu machen, musste man aber zum einen die für organische Materie charakteristischen Elemente in radioaktiver Form zur Verfügung haben. Die Herstellung von radioaktivem Phosphor, Schwefel, Wasserstoff und Kohlenstoff gelang erst in den 1930er-Jahren mit dem Aufkommen der Technologie der Zyklotrone.[9] Seit den frühen 1940er-Jahren fielen sie dann in größeren Mengen auch als Nebenprodukte aus den ersten Atomreaktoren an.

9 Zur frühen Geschichte des langlebigen radioaktiven Kohlenstoffs vgl. etwa Martin D. Kamen, »Early history of carbon-14«.

Das hatte zur Folge, dass nun auch komplexe, radioaktiv markierte Moleküle in den Bereich des biochemisch Machbaren und des biologisch Einsetzbaren gerieten. Es bestand nun die Möglichkeit, Moleküle wie etwa die Bausteine von Eiweißen, die Aminosäuren, oder die Bausteine von Nukleinsäuren, die Nukleotide, mit einer radioaktiven Markierung auszustatten. Bei entsprechender Halbwertszeit – die etwa beim radioaktiven Kohlenstoff etwas über 5700 Jahre beträgt – verhielten sich diese Moleküle bis zu ihrem Zerfall chemisch und physiologisch genauso wie ihre unmarkierten Gegenstücke. Man hatte damit also eine Art markierter Sonden an der Hand. Sie ließen sich in den Stoffwechsel einschleusen, nahmen dort an den entsprechenden Umsetzungen teil und sendeten ein Signal aus, hinterließen also eine Spur, wenn sie zerfielen.

Zum anderen war es von Vorteil, dass die zum Einsatz kommenden Isotope von Wasserstoff, Kohlenstoff, Schwefel und Phosphor beim Zerfall relativ schwach strahlten und vorzugsweise Elektronen – also β-Strahlen – abgaben, die zudem eine kurze Reichweite und damit einen kleinen Schadensradius hatten. Dies war eine für die biologische Seite der Experimentalsysteme entscheidend wichtige Voraussetzung. Sie machte den potentiellen Anwendungsradius ubiquitär und verlieh damit der Technologie eine generische Perspektive, weitete sie also im Prinzip auf alle möglichen biologischen Reaktionen und Testsysteme aus.

Die Verfügbarkeit dieser biologisch relevanten, schwach strahlenden Isotope hatte aber auf der messtechnischen Seite nun zur Folge, dass mit den herkömmlichen Geigerzählern nicht mehr zuverlässig gearbeitet werden konnte. Diese Geräte verlangten bei β-Strahlern konzentrierte, trockene Proben. Ich habe an anderer Stelle ausführlich die parallel zum Einsatz dieser neuen Isotope entwickelte Technologie des *Liquid Scintillation Counting* beschrieben, welche ihre massive Verwendung überhaupt erst möglich machte.[10] Hier sei nur kurz das Prinzip skizziert. Die Entwicklung von Flüssigkeits-Szintillationsmaschinen nach dem Zweiten Weltkrieg beruhte physikalisch gesehen auf der Umwandlung der langsamen Elektronen schwacher radioaktiver Strahler in Photonen im Medium bestimmter flüssiger organischer Substanzen, gekoppelt mit einer über Photomultiplikatoren vermittelten elektronischen Ver-

10 Hans-Jörg Rheinberger, »Putting isotopes to work: Liquid scintillation counters, 1950-1970«.

stärkung. Biologisch betrachtet stellte diese Messtechnik für Reagenzglasversuche gewissermaßen eine ›nasse‹ Schnittstelle zur Verfügung, denn der Flüssigkeits-Szintillationszähler konnte Proben in flüssiger, bis zu einem gewissen Grade sogar wässriger Form aufnehmen und damit viele biologische und klinische Proben der radioaktiven Messung überhaupt erst zugänglich machen. Die LSC-Technik entwickelte sich zusammen mit der Revolutionierung der biologischen Chemie durch die radioaktiven Tracer im Verlauf der 1950er-Jahre. Durch die Automatisierung der Probenzählung machte sie zudem Versuchsanordnungen in einer Ausdehnung und von einem Design möglich, die mit den vorher zur Verfügung stehenden Messtechniken undenkbar gewesen wären.

Die Einführung von Radioaktivität in die Laborkulturen der Biologie hatte aber nicht nur Auswirkungen auf die experimentellen Systeme im engeren Sinne, sondern auf die Laborarchitektur und das *Laboratory Life* insgesamt. Nicht zuletzt war die Möglichkeit, radioaktive Spuren von geringster Stärke in biologischen Proben zu messen, entschieden davon abhängig, dass die Umgebung des Experimentes unkontaminiert blieb. Eine Verschleppung von Spuren der Radioaktivität – von negativen Spuren sozusagen – musste um jeden Preis vermieden werden, sollten nicht potentielle Signale im Hintergrund der Strahlung verschwinden. Das hatte nicht nur ein völlig neues Laborregime zur Folge, sondern auch massive Auswirkungen auf die Anordnung der Experimente selbst.

Aus diesen wenigen Andeutungen mag bereits ersichtlich werden, dass die Technologie der radioaktiven Spurenerzeugung sich nicht auf ein Instrument oder einen Stoff reduzieren lässt, sondern eine Struktur darstellt, die in ihren Bestandteilen eine ganze Experimentalkultur prägt und durchzieht. Sie führte erstens ein Indikatorprinzip in die Untersuchung von Stoffwechselvorgängen ein und trieb so die biologische Chemie in Richtung einer Reagenzglas-Experimentalkultur, die ohne die Tracertechnik nicht hätte entwickelt werden können. Denn das Ziehen von radioaktiven Spuren im Reagenzglas bedeutete auch die Möglichkeit der Abkehr vom Prinzip der chemischen Messung, die wesentlich darauf beruhte, Substanzen in ausreichenden Mengen rein darzustellen. Radioaktives Messen konnte vor einem nicht aufgereinigten Hintergrund vor sich gehen, solange nur gewährleistet war, dass die radioaktive Probe molekular eindeutig definiert war. Außerdem war die Sensitivität der Messung um sechs Größenordnungen gesteigert. Zweitens stellte die Tracertechnik die Triebkraft für die Entwicklung neuer Messtechniken dar, deren Integration in die Experimentalsysteme ihrerseits nicht nur deren Umfang, sondern auch deren Charakter veränderte. Drittens – ein entscheidender Punkt für die Ausbreitung der Molekularbiologie – wurde sie zum materiellen Vermittlungspunkt des *Know-Hows* von Biologen, Chemikern, Physikern und Ingenieuren. Es war eine Technologie, die in ihrer Anlage selbst – Chemie der Flüssigkeits-Szintillation, Physik der Photomultiplikation, Elektronik, biologische Probenzubereitung – auf Interdisziplinarität ausgelegt war. Schließlich definierte sie neue Standards und Regeln für saubere Laborarbeit einschließlich Handhabung, Lagerung und Entsorgung radioaktiven Abfalls. Spurenerzeugung und Spurenvermeidung erweisen sich hier als die zwei untrennbaren Seiten einer Medaille.

Visualisierung

Visualisierung ist hier natürlich das Stichwort. Die radioaktive Spur ist die sichtbare Hinterlassenschaft eines ohne sie nicht greifbaren Geschehens. Zwei Beispiele aus der Geschichte der Biowissenschaften der zweiten Hälfte des 20. Jahrhunderts mögen dies verdeutlichen. Sie zeigen gleichzeitig zwei ganz unterschiedliche Formen der Sichtbarmachung an, deren eine sich im Bereich der biologischen Struktur, deren andere sich im Bereich der biologischen Funktion bewegt.

Ende der 1950er-Jahre hatte die damals noch kleine *community* der Proteinsynthese-Forscher gelernt, zellfreie Homogenate von Bakterien herzustellen und im Reagenzglas Aminosäuren in Proteine einzubauen.[11] Dabei hatte sich herausgestellt, dass man den Zellsaft in zwei Teile zerlegen konnte, eine mittels Zentrifugation sedimentierbare, Partikel enthaltende Mikrosomenfraktion und einen Enzymüberstand, die beide für sich genommen keine Aktivität zeigten, zusammen jedoch die ursprüngliche Aktivität wiederherstellten. Außerdem hatte sich herausgestellt, dass bei dem Vorgang zwei verschiedene Ribonukleinsäuren eine Rolle spielten, die

11 Dazu ausführlich Rheinberger, *Experimentalsysteme und epistemische Dinge.*

unter Molekularbiologen bald unter dem Namen Transfer-RNA und Messenger-RNA bekannt wurden. Alle diese Befunde waren in einem *In-vitro*-System erhoben worden, und das Bild vom Vorgang des Aminosäure-Einbaus in Proteine, das sich daraus ergab, beruhte wesentlich auf dem Einsatz von radioaktiven Nukleotiden, mit denen man die Ribonukleinsäure des Zellsaftes markieren konnte, und von radioaktiven Aminosäuren, deren Spur man in den synthetisierten Eiweißen nachweisen konnte. Insbesondere die Forschergruppe um Paul Zamecnik und Mahlon Hoagland in Boston entwickelte im Verlaufe von etwa zehn Jahren des Experimentierens ein langsam differenzierter werdendes Bild von dem Vorgang, das schematisch auf der folgenden Abbildung dargestellt ist (Abb. 1). Man kann auf dem Diagramm sehen, wie der radioaktive Tracer – dargestellt in Form eines Sternchens – allmählich eine Stoffwechseldynamik sichtbar macht, in die unterschiedliche Komponenten der Zelle eingehen und die Stück für Stück einen Syntheseweg visualisieren, der schließlich das Bild von der Eiweißsynthese in der Zelle völlig veränderte. War man zunächst von der enzymchemischen Vorstellung der Synthese als einer Umkehrung des proteolytischen, längst bekannten Eiweißabbaus ausgegangen, so stellte sich am Ende der Vorgang als der eines matrizengesteuerten, Energie in Form von ATP verbrauchenden Prozesses heraus. Der Einsatz der radioaktiven Spur – im Verbund mit anderen Techniken wie der Ultrazentrifugation – machte die Zwischenschritte des Syntheseweges sichtbar. Aus der Topologie und der Stärke der radioaktiven Spuren in den aufgefächerten Fraktionen des Zellsaftes ließ sich eine Stoffwechselkaskade rekonstruieren. Die Kartierung erfolgte im funktionellen Raum biochemischer Reaktionen. Dass ein solches System einen experimentellen Raum ausbildet, in dem sich auch ganz unerwartete Perspektiven auftun können, zeigt die Verwendung des Proteinsynthesesystems zur Entschlüsselung des genetischen Codes durch Marshall Nirenberg und Heinrich Matthaei.[12] Nirenberg und Matthaei hatten in ihrem *E. coli*-System zunächst die Abhängigkeit des radioaktiven Aminosäure-Einbaus von verschiedenen Nukleinsäurearten untersucht und dabei festgestellt, dass ihr System dann am besten funktionierte, wenn man die endogenen RNA-Komponenten durch eine Vorinkubation gewissermaßen ›verbrauchte‹, bevor

12 Vgl. dazu auch Lily E. Kay, *Who Wrote the Book of Life? A History of the Genetic Code.*

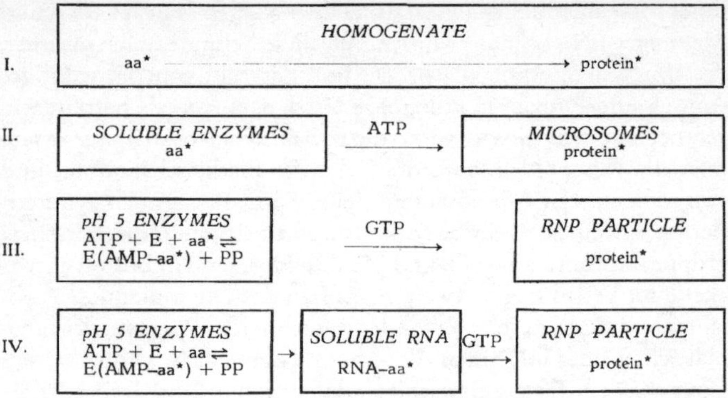

Abbildung 1: Stadien der Zerlegung des Systems zum zellfreien Aminosäureeinbau auf der Basis von Rattenleber.

man den Effekt der neu zugegebenen Komponenten maß. Im Laufe dieser Arbeit kamen sie auf den Gedanken, die in ihrem Labor vorhandenen, zunächst als Kontrolle verwendeten künstlich hergestellten Ribonukleinsäuren ihres Kollegen Leon Heppel zu Matrizen umzufunktionieren und zu sehen, ob bestimmte Aminosäuren auf bestimmte Ribonukleinsäuren von bekannter Zusammensetzung ansprachen. Auf diese Weise waren sie schließlich in der Lage, mittels differentieller Verwendung eines einzigen radioaktiven Markers einzelne Aminosäuren mit bestimmten Nukleotidfolgen zu korrelieren und die ersten Codeworte zu entziffern.

Die folgende Abbildung (Abb. 2) zeigt den Schlüsselansatz, der zur Identifizierung des ersten Codewortes führte, die Korrelation einer Uracil-Basenabfolge mit der Aminosäure Phenylalanin. An diesem Protokoll kann man exemplarisch das ausgetüftelte System von Kontroll-Experimenten studieren, die nötig sind, um ein radioaktives Signal zu stabilisieren, man könnte auch sagen, um ein Geräusch zu einer Spur zu machen. Die Experimente 1 und 2 zeigen die Aktivität des *complete system* mit allen 20 Aminosäuren, von denen aber nur eine, Phenylalanin, radioaktiv markiert ist. Man sieht, dass eine wenn auch geringe endogene Aktivität vorhanden ist, die später von den anderen Proben als *background* abgezogen wird. Eine 23-fache Steigerung der Aktivität ergibt sich hingegen in Experi-

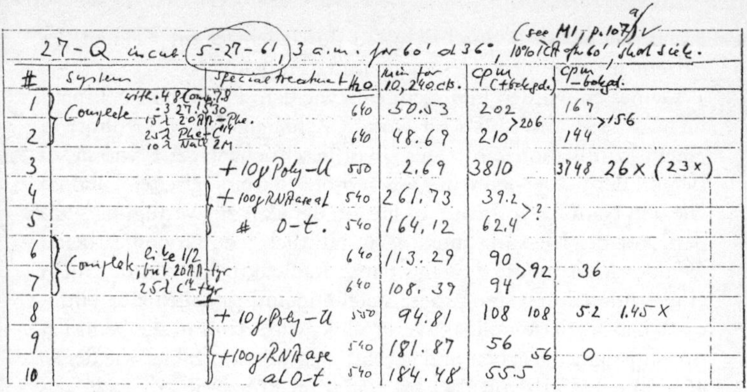

(see M1, p. 107)
27-Q incub. 5-27-61, 3 a.m. for 60' at 36°, 10% TCA for 60', shot sick.

#	System	Special treatment	H2O	Min for 10,240 cts.	cpm (C+bckgd.)	cpm (−bckgd.)
1	Complete with .4 8 Comp. 7.8, .3 27.1 S30, 15λ 20AA−Phe., 25λ Phe-C14, 10λ NaCl 2M		640	50.53	202 >206	167 >156
2			640	48.69	210	144
3		+10γ Poly-U	550	2.69	3810	3748 26x (23x)
4		+100γ RNAase al	540	261.73	39.2 >?	
5		# 0-t.	540	164.12	62.4	
6	Complete, like 1/2, but 20AA−tyr, 25λ C14-tyr		640	113.29	90 >92	36
7			640	108.37	94	
8		+10γ Poly-U	550	94.81	108 108	52 1.45X
9		+100γ RNAase	540	181.87	56 56	0
10		at 0-t.	540	184.48	55.5	

Abbildung 2: Protokoll des Experiments, das zur Identifizierung des ersten Codeworts führte.

ment 3 durch Zugabe von Polyuracil, einem künstlichen Homopolymer aus Uracil-Bausteinen. Wenn dazu aber gleichzeitig RNase zugefügt wird (Experimente 4 und 5), das heißt ein Enzym, das Ribonukleinsäuren abbaut, dann verschwindet die Aktivität wieder. Das erhärtet wiederum den Schluss, dass das gemessene Differential wirklich auf die Addition der Nukleinsäure zurückzuführen war. Man sieht auch, dass die Kontrollen in der Regel als Doppelbestimmungen geführt werden. Dabei kann es zu erheblichen Diskrepanzen kommen, wie das Fragezeichen hinter den Experimenten 4 und 5 andeutet. In diesem Falle scheint dadurch aber die Eindeutigkeit des Resultates nicht infrage gestellt zu sein. Gewissermaßen als Gesamtsystemkontrolle dienen dann die Experimente 6 bis 10, bei denen alles gleich bleibt mit dem einen Unterschied, dass statt radioaktivem Phenylalanin eine andere radioaktive Aminosäure, Tyrosin, beigegeben wird. Im Ergebnis zeigt sich, dass mit Poly(U) und Tyrosin, im Gegensatz zu Phenylalanin, kein Einbau von Radioaktivität in ausfällbares Protein stattfindet. Man sieht also, dass das radioaktive Signal erst in einem Netzwerk von Kontrollen zu einer Spur wird, das heißt in diesem Fall den Schluss zulässt, dass eine Abfolge von – wie sich später herausstellte – *drei* Uridinbausteinen zur Selektion der Aminosäure Phenylalanin führt. So wie das radioaktive *Tracing* im Großen, wie bereits angedeutet, eine ganze

Experimentalkultur durchzieht, so durchzieht es im Kleinen des einzelnen Experiments dessen gesamten Aufbau.

Gemessen wurden in diesem Fall, wie dem Protokoll zu entnehmen ist, *cpm*, also *counts per minute*, Zählereignisse pro Minute in einem Szintillationszähler der zuvor beschriebenen Art, wie sie zu Beginn der 1960er-Jahre in großen molekularbiologischen Laboren wie den National Institutes of Health der USA zur Verfügung standen. Vor der Messung muss dazu natürlich jede Probe bearbeitet werden: Man trennt die eingebaute Radioaktivität von der nicht eingebauten durch eine Essigsäurefällung und anschließende Filtration. Das filtrierte radioaktive Produkt wird dann in die Szintillationsflüssigkeit gegeben und gezählt. Szintillationszähler wie der so genannte TriCarb von Packard waren im Prinzip in der Lage, das Energiespektrum von radioaktivem Phosphor, Wasserstoff und radioaktivem Kohlenstoff voneinander zu trennen und damit im Prinzip Experimente mit Dreifach-Markierung[13] durchzuführen. Man konnte also drei radioaktive Spuren auf ihren Stoffwechselwegen gleichzeitig verfolgen.

Abschließend möchte ich noch auf eine zweite Form der Visualisierung durch Spurenerzeugung eingehen, die mit der Verwendung von radioaktiv markierten Substanzen verbunden ist. Es ist dies die Technik der Autoradiographie. Sie unterscheidet sich von der zuvor beschriebenen Form dadurch, dass sie am Ende ein Bild hinterlässt, eine Konfiguration von Schwärzungen auf einem Film. Man kann sie *grosso modo* in zwei unterschiedliche Varianten einteilen. Bei der ersten wird einem Organismus zunächst eine radioaktive Substanz verabreicht; daraufhin beobachtet man deren Einbau in bestimmte Zellstrukturen dadurch, dass man die fraglichen Zellbestandteile, Zellen oder Gewebe präpariert und am Schluss einen strahlungsempfindlichen Film auf die Probe legt. Nach einer gewissen Lagerzeit entwickelt man den Film und erhält so ein Muster von Flecken. Auf dem folgenden Autoradiogramm oder Radioautograph, wie es auch zuweilen heißt, sieht man das distale Segment des Speicheldrüsen-Chromosoms C von *Rhynchosciara angelae*, einer kleinen tropischen Mückenart, während dreier Stadien der Larvenentwicklung (Abb. 3). Die Larven des Insektes erhielten jeweils eine Injektion von ^{3}H-Thymidin – eines mit radioaktivem Wasserstoff markierten

13 Rheinberger, »Putting isotopes to work«.

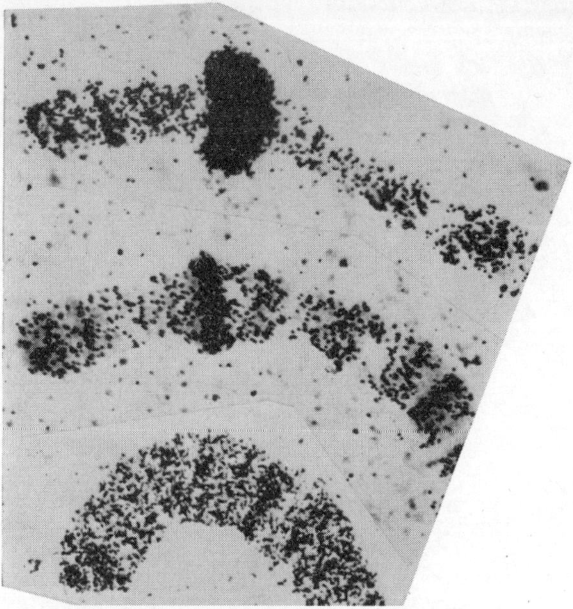

Abbildung 3: Radioautogramm des distalen Segments des Chromosoms C der Speicheldrüse von *Rhynchosciara angelae* in drei Stadien der Larvenentwicklung.

Nukleinsäurebausteins – und wurden jeweils nach 24 Stunden Einwirkung fixiert. Die wachsende Schwärzung um eine der Riesenchromosomen-Puffzonen herum zeigt einen wachsenden Desoxyribonukleinsäure-Umsatz an dieser lokalen Stelle eines der Chromosomen des Insekts an. Der Vorgang verweist seinerseits auf eine differentielle lokale Genverdopplung, die folglich mit einem bestimmten Entwicklungsstadium der Larve in Zusammenhang gebracht werden kann. Die Autoren um Adriane Ficq und Jean Brachet in Brüssel schlossen aus diesen Ende der 1950er-Jahre entstandenen Bildern auf eine Kerndifferenzierung während der Embryonalentwicklung. Grundsätzlich wurde es auf diese Weise möglich, Stoffwechsel-Aktivitäten *in situ* in ganzen Geweben oder in einzelnen Zellkomponenten zu markieren und die Spuren dieser Aktivitäten auch in ihrem

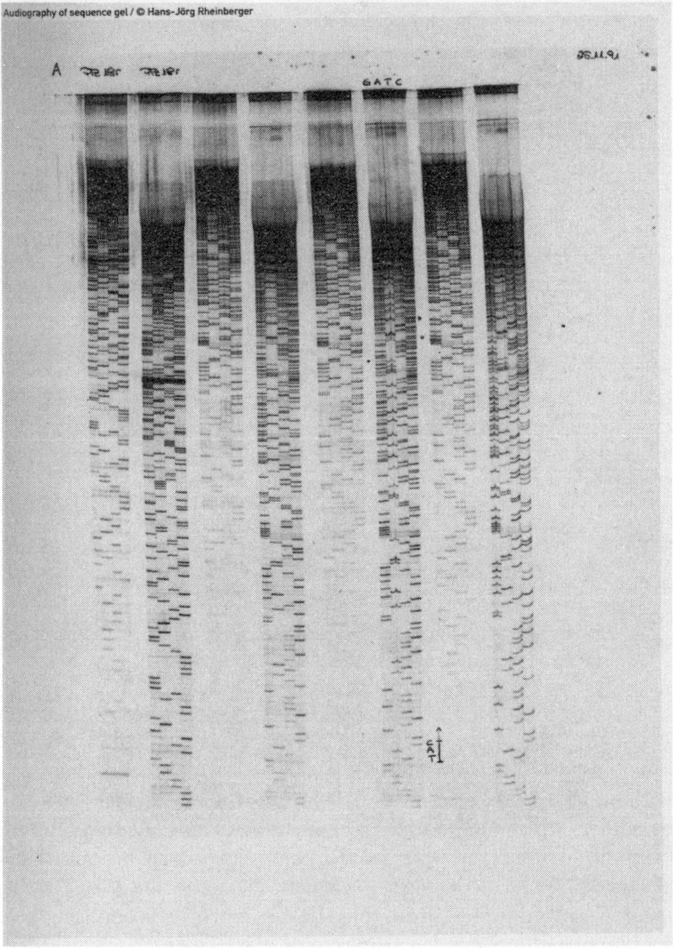

Abbildung 4: Teil einer Sequenz des Gens für das ribosomale Protein L1 von *Halobacterium halobium.*

Nucleic acid sequence / © Hans-Jörg Rheinberger

```
POLYLINKER
SELECTION
   #resistance  Ap
   #indicator beta-galactosidase
SUMMARY  pTZ18R    #length 2871    #checksum 6457
SEQUENCE

 Ptz18h11.Seq  Length: 3507  November 29, 1991  17:22 Check: 7065
..

       1 CCCATTCGCC ATTCAGGCTG CGCAACTGTT GGGAAGGGCG ATCGGTGCGG
      51 GCCTCTTCGC TATTACGCCA GCTGGCGAAA GGGGGATGTG CTGCAAGGCG
     101 ATTAAGTTGG GTAACGCCAG GGTTTTCCCA GTCACGACGT TGTAAAACGA
     151 CGGCCAGTGC CAAGCTTGCA TGCCTGCAGG TCGACTCTAG AG
                                                      >SEQED
         (include) of: L1HAHAECOBAM.REV check: 8386 from: 1
         to: 657>
                                                        GATCCTGC
     201 AGCTAGCAGT AGGCAACCTC CACGGCAGGC CCCATCGTTG TCTTCACGTA
     251 GACGGAGTCC ACGTTCAGCG GGCCTTTTTC GAGGTTCGCG TGCAGCCGAC
     301 GCATGATGAC GTCGATGTTG CTGGCGATGT CCTCGGCGGA CATGTCCTCC
     351 GCGCCGACGC GCGTGTGGAA CGTGCGGCGG TCGCGGCTGC GGATCTGCAC
     401 GGTGTTTTTC ATGCGGTTGA CTGTGTCGAC GACGTCGTCG TCGGGCTGGA
     451 GCGGGGTCGG CATTTTCCCG CGCGGACCAA GCACTTGACC GAGCGCACCC
     501 GCGATGTCCT GCATCATGGG TGCTTCCGCC ACGAAGAAGT CCGTCTCGTC
     551 TGCGAGATCC TTCGCGGCGT CGGTGTCGTC TGCGAGGTCG CTGAGGTCGT
     601 CCTCGTCGAG GACGTCGTCA GCGACGTCGT CCGCGCGAAC CGCGGTTTCG
     651 CCGTCTGCGA AAACCACGAT CTGCGTCTCC TGTCCGGTGC CCGACGGCAG
     701 CACGACGCCC TCGTCGACTC GTTGCGACGG GTCGTTGAGG TCGAGGTCGC
     751 GCAGGTTGAC TGCGAGGTCT ACCGTCTCAC GGAAGTTCCG CTGTGGGGCA
     801 TCCTCAAGTG CGCGAGCTAC GGCCTCTTCT ATATCGTTGT CTGCCA
                                                   <....->SEQ
         ED : start codon for HL1 going to the left>
                                                       TGG
                                                          <
         SEQED (include) of: L1HAHAECOBAM.REV check: 8386
         from: 1 to: 657<
                                                          A
     851 ATTCCCTATA GTGAGTCGTA TTAAATTCGT AATCATGGTC ATAGCTGTTT
     901 CCTGTGTGAA ATTGTTATCC GCTCACAATT CCACACAACA TACGAGCCGG
     951 AAGCATAAAG TGTAAAGCCT GGGGTGCCTA ATGAGTGAGC TAACTCACAT
    1001 TAATTGCGTT GCGCTCACTG CCCGCTTTCC AGTCGGGAAA CCTGTCGTGC
    1051 CAGCTGCATT AATGAATCGG CCAACGCGCG GGGAGAGGCG GTTTGCGTAT
    1101 TGGGCGCTCT TCCGCTTCCT CGCTCACTGA CTCGCTGCGC TCGGTCGTTC
```

zeitlichen Verlauf, also kinetisch festzuhalten. Der Begriff des Autoradiogramms besagt, dass es die radioaktiv gedopte Probe selbst ist, die ihren Abdruck liefert. Die Spuren, die sie auf der Fotoplatte hinterlässt, werden zu Indikatoren für Vorgänge, die sich in der Tiefe der Zelle, eingebettet in die ganze Komplexität des unsichtbar bleibenden übrigen Stoffwechsels, abspielen. Hier ist die Visualisierung auf eine morphologische Struktur und ihr Entwicklungsmuster bezogen.

Die zweite Variante struktureller Markierung kann durch ein DNA-Sequenzgel veranschaulicht werden (Abb. 4). Hier geht es um ein chromatographisches Verfahren, das man nicht nur als ein System zur Spurenaufzeichnung, sondern als ein System zur experimentellen Spurenerzeugung ansprechen muss. Mit seiner Hilfe lässt sich die Sequenz einer Nukleinsäure zur Darstellung bringen. Das Verfahren wurde von Frederick Sanger in Cambridge in den 1970er-Jahren entwickelt und brachte ihm den – zweiten – Nobelpreis ein. Es markiert mit seinem technischen Potential gewissermaßen die Geburtsstunde der Genomforschung. Zunächst wird bei diesem Verfahren im Reagenzglas eine DNA-Probe mittels eines Enzyms – einer Polymerase – verdoppelt, aber so, dass statistisch gesehen ein Synthesestop nach jedem neu hinzugefügten, radioaktiv markierten Nukleotid geschehen kann. Das erreicht man durch die Beimischung von Nukleotid-analogen Verbindungen, die nicht verlängerungsfähig sind. Man braucht dazu vier Ansätze mit vier Basen-Analogen für die Bausteine A, T, C und G. Im Anschluss an die Synthese wird das DNA-Gemisch auf einer Polyacrylamid-Gelplatte elektrophoretisch in vier Bahnen getrennt. Von dieser Platte wird dann wie im vorigen Beispiel eine Photoreplik gemacht. Die radioaktiven Banden schwärzen die Photoplatte und können schließlich in ihrer diskreten Abfolge als Sequenz, in diesem Falle als Teilsequenz eines Gens für ein bakterielles ribosomales Protein, gelesen werden. Hier haben wir es mit der Visualisierung einer molekularen Struktur zu tun.

Ich habe an anderer Stelle, wo es mir um bildtheoretische Überlegungen zum Phänomen des ›Präparates‹ in den Biowissenschaften ging,[14] mehr zur besonderen Form der Indexikalität solcher molekularbiologischen Verfahren gesagt, gehen doch die Bestandteile der

14 Hans-Jörg Rheinberger, »Präparate – ›Bilder‹ ihrer selbst«.

Probe in diesem Fall direkt in das Chromatogramm ein. Hier bleibt mir abschließend nur zu betonen, dass die graphematischen Konfigurationen, mit denen beim radioaktiven Markieren elementare Strukturen und Funktionen des Lebendigen und seiner Moleküle visualisiert – und lesbar gemacht, d. h. semantisch aufgeladen – werden, dass eben diese graphematischen Konfigurationen einen Raum möglicher Spuren erzeugt haben, in dem sich das Spiel – und manchmal auch das Drama – der molekularen Darstellung epistemischer Dinge für einige Jahrzehnte abspielte, und zwar nicht ohne Resonanz mit der globalen Symbolik des Atomzeitalters – und unter Ausnutzung seiner materiellen Ressourcen. Die entscheidenden Experimentalsysteme der entstehenden und sich nach dem Zweiten Weltkrieg stürmisch entwickelnden Molekularbiologie wären ohne die Verfahren der radioaktiven Spurenerzeugung nicht nur un*mach*bar, sondern schlicht auch un*denk*bar gewesen. Sie schufen einen neuen Horizont für das wissenschaftliche »Spiel der Ermöglichungen«, wie François Jacob gesagt hätte.[15] Das gilt *historisch* natürlich auch heute, wo viele von ihnen längst durch alternative Verfahren der Visualisierung abgelöst wurden und damit nur noch zum Sediment jener Spuren gehören, auf denen sich alle experimentellen Wissenschaften aufbauen. Damit werden sie aber ihrerseits zur Spur der Wissenschaftsgeschichte, und zwar einer, die eine entscheidende Epoche der biologischen Wissenschaften des 20. Jahrhunderts charakterisiert.

Literatur

Chantrenne, Hubert, *The Biosynthesis of Proteins*, New York 1961.

Crookes, William, »The emanation of Radium«, in: *Proceedings of the Royal Society of London*, Bd. 71, 1903, S. 405-408.

Derrida, Jacques, *Grammatologie*, Frankfurt/M. 1974.

Elster, Julius und Hans Geitel, »Über die durch radioaktive Emanation erregte scintillierende Phosphoreszenz der Sidot-Blende«, in: *Physikalische Zeitschrift*, Bd. 4, 1903, S. 439-440.

Ficq, Adriane, C. Pavan und Jean Brachet, Abbildung S. 105, in: *Experimental Cell Research*, Supplement 6, 1959.

15 François Jacob, *Le jeu des possibles.*

Hacking, Ian, »The self-vindication of the laboratory sciences«, in: *Science as Practice and Culture*, hg. v. Andrew Pickering, Chicago 1992, S. 29-64.

von Hevesy, Georg, »The absorption and translocation of lead by plants. A contribution to the application of the method of radioactive indicators in the investigation of the change of substrate in plants«, in: *Biochemical Journal*, Bd. 17, 1923, S. 439-445.

–, »Historical sketch of the biological application of tracer elements,« in: *Cold Spring Harbor Symposia on Quantitative Biology*, Bd. 13, 1948, S. 129-150.

Hoagland, Mahlon, »On an enzymatic reaction between amino acids and nucleic acid and its possible role in protein synthesis«, in: *Recueil des Travaux Chimiques des Pays-Bas et de la Belgique*, 77, 1958, S. 623-633.

Jacob, François, *Le jeu des possibles*, Paris 1981.

Kamen, Martin D., »Early history of carbon-14«, in: *Science*, 140, 1963, S. 584-590.

Kay, Lily E., *Who Wrote the Book of Life? A History of the Genetic Code*, Stanford 2000.

Latour, Bruno, »Drawing things together«, in: *Representation in Scientific Practice*, hg. v. Michael Lynch und Steve Woolgar, Cambridge MA 1990, S. 19-68.

–, *Nous n'avons jamais été modernes*, Paris 1991.

Latour, Bruno, und Steve Woolgar, *Laboratory Life. The Construction of Scientific Facts*, Princeton 1986.

Regener, Erich, »Über Zählung der α-Teilchen durch die Szintillation und die Größe des elektrischen Elementarquantums«, in: *Verhandlungen der deutschen physikalischen Gesellschaft*, 10, 1908, S. 78-83.

Rheinberger, Hans-Jörg, »Alles, was überhaupt zu einer Inskription führen kann«, in: *Liechtensteiner Exkurse I, Im Zug der Schrift*, hg. v. Norbert Haas, Rainer Nägele und Hans-Jörg Rheinberger, München 1994, S. 295-309.

–, *Experimentalsysteme und epistemische Dinge. Eine Geschichte der Proteinsynthese im Reagenzglas*, Göttingen 2001.

–, »Putting isotopes to work: Liquid scintillation counters, 1950-1970«, in: *Instrumentation Between Science, State and Industry*, hg. v. Bernward Joerges und Terry Shinn, Dordrecht 2001, S. 143-174.

–, »Präparate – ›Bilder‹ ihrer selbst«, in: *Bildwelten des Wissens, Kunsthistorisches Jahrbuch für Bildkritik*, 1 (2), 2003, S. 9-19.

Jo Reichertz

Die Spur des Fahnders oder: Wie Polizisten Spuren finden.*

1. Von günstigen Abendessen und professionellen Spurenlesern

Einmal vorgestellt, man habe sich mit ein paar Freunden, männlichen wie weiblichen, in Berlin zum Abendessen getroffen. Weiter vorgestellt, das Essen sei dort sehr gut gewesen und man habe, als die Rechnung präsentiert wurde, mit Erstaunen festgestellt, dass die Preise etwa 10 bis 20 Prozent günstiger waren als bei vergleichbaren anderen Angeboten in Berlin. Sicherlich hätten sich alle erst einmal gefreut und dann hätte die mehr oder weniger systematische Suche nach der Erklärung dieser Spuren (gutes Essen und günstige Preise) begonnen.

Weiter vorgestellt, man sei mit einer Gruppe von *Betriebswirtschaftlern* (männlichen wie weiblichen) unterwegs gewesen, dann vermute ich, dass die ›Spurenlese‹ wohl bald zu folgender ›Geschichte‹ gelangt wäre: Das gute Essen und die günstigen Preise wären in dieser Lesart das Ergebnis umfassender und effektiver Rationalisierung. Diese erfolgreiche Rationalisierung, so die Geschichte weiter, geht auf einen guten und gut bezahlten Manager zurück. Die praktische Konsequenz aus dieser Spurenlese wäre wohl gewesen, dass man beim Bezahlen dem Personal ein mäßiges Trinkgeld und dem Manager ein wohlwollendes und anerkennendes Kopfnicken gegönnt hätte.

Weiter vorgestellt, man sei nicht mit BWLern, sondern einer Gruppe von *Soziologen* (männlichen wie weiblichen) zum guten Abendessen gewesen. Auch diese hätten angesichts der Spurenlage gewiss bald eine Deutung der Ereignisse vorgenommen. Zu vermuten ist, dass insbesondere die günstigen Preise Anlass für die Diagnose gewesen wären, das Personal sei wegen des mit der Globalisierung einhergehenden Lohndumpings im Dienstleistungsgewerbe

* Der folgende Artikel geht zurück auf Überlegungen aus Jo Reichertz, »›Das stimmt doch hinten und vorne nicht!‹ Begründung und Überprüfung von Verdacht am Beispiel einer Mordermittlung«.

zu schlecht bezahlt, mithin die Freude der Kunden mit dem Leid der Lohnabhängigen erkauft. Die praktische Konsequenz dieser Spurenlese wäre wohl gewesen, dass man großes Verständnis und Mitgefühl für die schlechte Lage der Bedienung aufgebracht hätte, und man ihr, je nach Größe des schlechten Gewissens, entweder kein oder zu viel Trinkgeld gegeben hätte. Den Manager hätte man dagegen keines Blickes gewürdigt.

Weiter vorgestellt, man sei nicht mit Soziologen, sondern mit *Polizisten* (männlichen wie weiblichen) in dem Restaurant gewesen, dann vermute ich, dass zumindest einer von ihnen, nämlich der, der in dem Kommissariat für die Bekämpfung der Organisierten Kriminalität Erfahrungen gemacht hat, eine (wahrscheinlich) selbst erlebte Geschichte folgenden Inhalts erzählt. »Wir hatten da in E. einen Fall, dass die Drogenmafia mehrere Restaurants aufkaufte, in diesen Restaurants mit Drogengeld (beim Einkauf der Waren und bei der Bezahlung des Personals) dafür sorgte, dass man besser und günstiger war als die Konkurrenz. Einige der Konkurrenzunternehmen mussten, da sie weder bei der Güte noch bei den Preisen mithalten konnten, bald aufgeben, was dazu führte, dass auch diese Lokale ganz legal von der Drogenmafia aufgekauft werden konnten.« Die praktische Konsequenz dieser Spurenlese wäre wohl gewesen, dass das Personal leer ausgegangen wäre und man den Manager genauer gemustert hätte. Vielleicht hätte man später im Büro noch eine kleine Aktennotiz über das Lokal mit den günstigen Preisen angelegt.

Spuren sagen von sich aus nur wenig und vor allem sagen sie nicht immer das Gleiche zu allen, so eine Erkenntnis aus diesen Annahmen und Vermutungen. Was man aus Spuren lesen kann, so man sie denn lesen können sollte, hängt in hohem Maße von dem Lebens- und Berufswissen ab, das der Spurenleser aktiv oder passiv gelernt hat. Was immer sichtbar wurde, war wohl, dass die unterschiedlichen Spurenleser den Anderen durch ihre spezifische Reaktion auf ihn erst in seiner Bedeutung geschaffen haben und somit auch eine eigene Wirklichkeit. Polizisten sind wie Soziologen, Betriebswirtschaftler, Therapeuten, Ärzte, Richter und viele andere professionelle Spurenleser, das heißt erst einmal nur, dass sie in Ausübung ihres Berufs Spuren lesen. Meist haben diese Professionen auch spezielle Kunstlehren entwickelt, die den Mitgliedern helfen sollen, Spuren ›besser‹ zu deuten als andere. Oft haben sie auch einen bestimmten Umgang mit Spuren in der praktischen Arbeit verankert, der die Mitglieder in den ›richtigen‹ Umgang mit Spuren einübt. Von solchen Praktiken handelt der folgenden Artikel und er hat das Ziel, die Frage zu erörtern, ob die polizeilichen Fahnder in Ausübung ihres Berufs Spuren wirklich *lesen.*

2. Die Spur des Fahnders

Der gewählte Titel ›Die Spur des Fahnders‹ verweist mit seiner Genitivkonstruktion auf drei Bedeutungsschichten: Erstens ist damit die Spur adressiert, die der Fahnder in Ausübung seines Berufes am Tatort vorfindet.[1] Sie ist der am Ort verbliebene ›Rest der Tat‹, die dem Fahnder in der Regel nur eine begrenzte Zeit vorliegt, da sie die unangenehme Eigenschaft hat, mit der Zeit zu zerfallen. Die ›Reste der Tat‹ bilden die Gesamtmenge, also die Grundlage für spätere Zuschreibungen. Welche Elemente davon ›entdeckt‹ und zu Spuren der Tat transformiert werden, hängt von der Arbeit, dem Gedächtnis und der Phantasie der Fahnder ab. Zweitens ist mit der Spur des Fahnders die Spur gemeint, die er arbeitsteilig mit seinen Kollegen erarbeitet und ausdeutet. Letztlich ist die *›Spur der Tat‹* seine Spur, eine von ihm geschaffene typische Spur. Drittens verweist der Genitiv auf die Arbeit des Fahnders, also die Spur, die dessen Arbeit hinterlässt, welche der Wissenschaftler vorfindet und auszudeuten hat. Nur aufgrund dieser Spuren kann der Beobachter sich seinen Reim darauf machen, wie der Fahnder mit den Spuren der Tat

1 Dass überhaupt ›Reste‹ oder ›Abdrücke‹ von Handlungen ausdeutungsfähig sind, geht auch darauf zurück, dass diese ›Handlungsreste‹ als besondere Zeichen gedeutet werden. Zutreffend hierzu Uwe Wirth: »Während die Saussuresche Semiologie von sprachlich codierten Zeichen, also vom linguistischen Paradigma als übertragbar auf andere Disziplinen ausgeht, liegt der Peirceschen Semiotik ein philosophisch-kategorial bestimmter Zeichenbegriff zugrunde, der sprachliche *und* nichtsprachliche Zeichen umfasst und im Rahmen einer erkenntnistheoretischen Fragestellung gleichberechtigt behandelt. Nicht nur Denken und Sprechen, auch Handeln und Wahrnehmen haben Zeichencharakter. Mit anderen Worten: Alles ist Zeichen. Alles kann zum Zeichen werden.« (Uwe Wirth (Hg.), *Die Welt als Zeichen und Hypothese*, S. 8.) Ganz allgemein zu der These von der Welt als Text siehe Detlef Garz und Klaus Kraimer, (Hg.), *Die Welt als Text*, und der Deutbarkeit von Dingen siehe Hans-Peter Hahn, »Dinge als Zeichen – eine unscharfe Beziehung«.

umgeht. Im Weiteren werde ich versuchen, aufgrund der Deutung der Arbeitsspuren der Fahnder zu ermitteln, welche Tatortspuren er vorfindet und wie er daraus ›seine‹ Spuren und deren Bedeutung macht.

»Bei einem Kapitaldelikt, da ist die Spurenlage, der erste Angriff, nun mal das A und O. Wenn der in die Hose geht, wenn nicht sorgfältig beobachtet und beschrieben wird, wenn nicht sorgfältig alle Spuren erhoben werden und nicht mit allen verfügbaren Zeugen gesprochen wird, dann wird das nichts mehr, weil es schwierig wird, überhaupt dranzubleiben.« – so KriminalOberKommissar (KOK) Golks, Kriminalbeamter aus X-Stadt.[2] Er ist einer der Kriminalpolizisten, deren Arbeit in X-Stadt ich etwa ein halbes Jahr teilnehmend beobachten konnte. Meine hier vorgetragenen Überlegungen sind ein Teilergebnis dieser Feldstudie, die als ganze zum Ziel hatte, zu rekonstruieren, wie die Kriminalpolizei den Prozess der Tataufklärung organisiert und wie sich dieser Prozess zu wissenschaftlicher Forschungsarbeit verhält, ob die Wissenschaft also auch etwas von der polizeilichen Arbeit lernen kann.[3]

In der Bewertung der frühen, systematischen und schnellen Tatortarbeit sind sich Gesetzgeber, Kriminologen und Praktiker einig.

Es ist eine bekannte Erfahrungstatsache, daß, besonders in Leichensachen, die Chancen der Aufklärung mit der ablaufenden Zeit geringer werden. Wenn in den ersten 48 Stunden nach der Inangriffnahme des Falls keine Spur zur Diagnostik des Tatbestandes führt, besteht nur noch wenig Aussicht auf sichere Klärung des Falles. Entscheidend für alles, was folgt, ist die Tatortarbeit. Was hier versäumt wird, kann nicht mehr nachgeholt werden. [...] Im Tatort liegt der Schlüssel für die Aufklärung verborgen. Er muß gefunden werden.[4]

Ziel der Tatortarbeit ist es, möglichst *alle* objektiven Veränderungen des Tatortes, welche durch die Tat verursacht wurden, schnell zu *finden* und zu *sichern.* Solche sinnlich wahrnehmbaren Überreste zurückliegender Handlungen (in der polizeilichen Fachliteratur

2 Selbstverständlich sind alle Angaben zu Personen und Orten anonymisiert.

3 Ausführlich dazu: Jo Reichertz, *Aufklärungsarbeit. Kriminalpolizisten und Feldforscher bei der Arbeit.* Zu dem Selbstverständnis und der Arbeitsweise einer hermeneutischen Polizeiforschung siehe auch Jo Reichertz und Norbert Schröer (Hg.), *Hermeneutische Polizeiforschung.*

4 Anton Mergen, *Tod in Genf,* S. 30.

metaphorisch auch ›stumme Zeugen‹ genannt) sind Teil des objektiven Tatbefunds. Sie werden oft und gern von Kriminologen und Kriminalisten als *sachliche Beweise* mit allgemeinverbindlicher Aussagekraft aufgefasst. Einschränkend werden dagegen Aussagen von Zeugen, Geschädigten, Verdächtigen, aber auch von Sachverständigen unter dem Rubrum ›subjektiver Tatbefund‹ zusammengefasst.[5] Der subjektive Tatbefund sucht und sichert also die ›sprechenden‹ Zeugen. Subjektive Aussagen von Personen *und* durch die Tat bewirkte objektive Veränderungen der Außenwelt werden gemeinsam als *Spuren* gedeutet.

Eine Spur ist in diesem durchaus realistischen, von der klassischen Physik und deren Kausalitätsvorstellungen geprägten Verständnis der Polizeibeamten all das, was von einem vergangenen Ereignis noch vorhanden, mit menschlichen Wahrnehmungssensoren oder deren leistungsstarken technischen Prothesen noch wahrnehmbar ist. Wahrnehmbar ist die Spur deshalb, weil sich das, was sich ereignete, als es sich ereignete, zu bestimmten Teilen in ein Medium eingeschrieben hat oder besser: weil es je nach Medium einen mehr oder weniger flüchtigen Abdruck hinterlassen hat. Die Spur zeigt in gewisser Weise die vergangene Tat an, aber sie zeigt sie nicht. Sie ist kein kleines Modell der Ereignisse, sie imitiert das Vergangene nicht. Sie steht zwischen den Ereignissen und der symbolischen Deutung: Sie gibt *Anlass*, aber auch (und das ist der interessante Punkt) *Anhaltspunkte* zur Deutung. Die Spur bezieht sich auf vorangegangene und jetzt so nicht mehr wahrnehmbare *Handlungen*, die zu Ereignissen zusammengebunden werden, die vergangen sind, aber mit etwas Wahrnehmbarem noch in die Aktualität von anderen Akteuren mit bestimmten Relevanzen hineinreichen. Insofern sind (fast alle)[6] Spuren durch einen *Zeitensprung* gekennzeichnet.[7]

Wenn man das Wort nicht zu genau fasst, könnte man auch sagen, die Spur ›repräsentiert‹ die vergangenen Ereignisse, sie repräsentiert sie aber nicht vollständig, sondern nur bruchstückhaft. Die Frage ist allein, wie die Böcke von den Schafen zu trennen, die Spur von der ›Nichtspur‹ zu trennen ist. Erst wenn man das geschafft hat,

5 Bundeskriminalamt (Hg.), *Der Kriminalbeamte und sein Arbeitsgebiet*, S. 101 f.

6 Einige Phänomene gelten den Fahndern als Spuren, die in der Aktualität des Handelns noch als ›Ganzes‹ vorhanden und wahrnehmbar sind (wie Temperatur, Geruch, Blumen etc.).

7 Vgl. auch Sybille Krämer, »Was eigentlich ist eine Spur?«.

wenn man weiß, was ein ›Bruchstück‹, ein ›Rest‹ ist und was nicht, kann man sich daranmachen, das Bild zusammenzusetzen oder besser: zu zeichnen. Pointiert könnte man die grundlegende Frage auch so formulieren: *Was ist die Spur der Spur?* Für den Fahnder ist also nicht die erste Frage, wie man zum Täter kommt, sondern wie man zur Spur kommt. Denn die Spur ist nicht gegeben, sondern allein eine Fülle von Eindrücken, die vor dem Hintergrund des Wissens geordnet werden muss und dann erst Sinn macht.[8]

Im Folgenden werde ich einige Praktiken und gedankliche Prozeduren rekonstruieren, die Ermittler dazu nutzen, um ein Phänomen als ›Spur‹ zu identifizieren. Die spätere Ausdeutung der *gesamten* Spurenlage zu einer stimmigen Lesart ist wieder ein anderes Geschäft, wenn sich auch die Praktiken und Prozeduren ähneln und manchmal die Phasen nicht exakt zu trennen sind.

3. Die Sicherung ›objektiver‹ Spuren

Ermittlungen in Mordfällen vollziehen sich immer in Kommissionsarbeit. Das unterscheidet sie z. B. von Mordermittlungen im Fernsehen, wo meist ein Kommissar und sein Assistent ermitteln. In der bundesdeutschen Wirklichkeit ist eine Gruppe von (in der Regel) sechs bis zehn Personen dafür zuständig, die Tat aufzuklären. Innerhalb dieser Kommissionen ist die Funktion der Erhebung und Sicherung von Spuren immer zu besetzen – und zwar von einem Spezialisten aus dem Erkennungsdienst,[9] der seine fachliche Spezialisierung in der Regel durch *polizeiinterne* Weiterbildung erreicht hat. Mittlerweile wird die Arbeit dieser Spezialisten in Fernsehserien wie CSI eindrücklich gewürdigt.

Dieser ›Spurensicherungsmann‹ erstellt aufgrund seiner Betrachtung des Tatortes den Spurensicherungsbericht. In ihm werden ein-

8 Dass dieser Prozess sehr viel mit wissenschaftlicher Erfahrung und wissenschaftlichen Tatsachen zu tun hat, liegt auf der Hand. Vgl. dazu schon sehr früh: Ludwik Fleck, *Entstehung und Entwicklung einer wissenschaftlichen Tatsache*, und ders., *Erfahrung und Tatsache.* Zur ›Verwandlung‹ eines ›Eignisses‹ in ein Ereignis siehe aus kultursoziologischer Sicht Erika Fischer-Lichte, Christian Horn, Sandra Umathum und Matthias Warstat (Hg.), *Performativität und Ereignis.*

9 Wie eine Mordkommission zu besetzen ist und was sie in welcher Reihenfolge und in welcher Weise zu tun hat, regelt verbindlich die Polizeidienstvorschrift 100 (PDV 100) – vgl. Innenminister (Hg.), *PDV 100 – Führung und Einsatz der Polizei.*

zelne am Tatort vorgefundene Gegenstände als Spuren aufgeführt, nummeriert und kurz beschrieben. In dem separaten Formbogen *›Nachweis über den Verbleib von Spuren‹* wird festgehalten, in wessen Besitz sich die jeweilige Spur gerade befindet. Über den Fundort der einzelnen Spuren informieren eine angefertigte Skizze, Fotos und manchmal auch ein Video. Diese Spurensicherungsberichte sind oft länger als die Tatortbefundberichte, haben also in ›normalen‹ Ermittlungen leicht den Umfang von 20 bis 30 Seiten. Beispielhaft für solche Berichte sind folgende Einträge:

Spur 2: Damenhemd – Im Eingangsbereich an der rechten Wand steht ein Kühlschrank. Auf dem Kühlschrank, vorne rechts, liegt ein weißes Damenunterhemd zusammengeknüllt mit Blutanhaftungen. [...]
Spur 21: Serviette – Zwischen den Beinen, in Höhe der Waden, liegt auf dem Boden eine weiße, mit Blutanhaftungen versehene Nylonserviette. [...]
Spur 78: Folienabzug – Von dem Türrahmen des Durchganges zwischen Auffinderaum und Wohnraum wird ein Folienabzug genommen, da zu vermuten ist, dass der Täter den Rahmen abgewischt hat.

Der Spurenmann interessiert sich nun ausschließlich für die sogenannten objektiven Spuren und für ihn gilt dabei die Maxime: suchen, sichern, fotografieren, (notfalls zeichnen und/oder beschreiben), messen, beschriften, sicher verpacken, geordnet ablegen und: in das Beweismittelverzeichnis eintragen. Prinzipiell kann alles, was mit oder ohne technische Hilfsmittel wahrgenommen werden kann, auch zu einer Spur werden: Großes und Kleines, Lebendiges und Totes.

Aber die Frage für ihn ist: Was kann, soll und muss als Spur angesehen werden? Ein Ausbildungstext des Bundeskriminalamtes (BKA) gibt folgende allgemeine Antwort: »Unter Spuren im weiteren Sinne ist alles zu verstehen, was sinnlich wahrnehmbar ist oder wahrnehmbar gemacht werden und der Verbrechensaufklärung dienlich sein kann. Diese Spuren müssen mit der Tat im Zusammenhang stehen, Rückschlüsse auf die Tat oder den Täter zulassen und zur Klärung der Tat oder zur Überführung des Täters beitragen können«.[10] Doch wie will der Beamte vor Ort wissen, ob etwas mit der Tat in Zusammenhang steht oder Rückschlüsse auf sie erlaubt? Haben zum Beispiel die auf der Treppe abgelegten Zeitungen etwas

10 Bundeskriminalamt (Hg.), *Der Kriminalbeamte*, S. 107.

mit der Tat zu tun, das geschlossene Fenster, der abgenagte Kotelettknochen, die vielen Papiertaschentücher, der Zigarettenstummel im Klo? Wie kann man erkennen, dass etwas fehlt oder nicht mehr an seinem angestammten Platz steht? Diese Fragen sind umso drängender, als es unter Kriminalisten und Kriminologen geteilte Meinung ist, dass eine oberflächlich ausgeführte Spurensuche die Klärung eines Falles prinzipiell infrage stellen kann.[11]

Erste Antworten auf diese Fragen ergeben sich, wenn man sich die polizeiinternen offiziellen Typologien von Spuren ansieht. Als ganz besonders wichtig stuft man dort die sogenannten *Tatspuren* ein, das sind Veränderungen des Tatortes, welche durch die Tat verursacht wurden (zum Beispiel die Leiche, Glasstücke, Blut etc.). Von diesen kann man die *Tarnspuren* unterscheiden, die absichtlich gelegt werden, um eine Entdeckung der Tat oder des Täters zu verhindern (zum Beispiel Maske, Handschuhe, Entfernen von Spuren). Des Weiteren wird noch von *fingierten Spuren* gesprochen. Darunter versteht man Spuren, die absichtlich gelegt werden, um den Verdacht in eine bestimmte Richtung zu lenken (zum Beispiel Täter benutzt hessischen Dialekt, obwohl er Berliner ist). Dann kennen Polizisten aus leidvoller Erfahrung noch die *Trugspuren*. Das sind solche, die sich am Tatort befinden, doch nichts mit der Tat zu tun haben (zum Beispiel Zigarettenkippe von der Person – Polizist, Feuerwehrmann –, die die Leiche gefunden hat). Zudem kann es vorkommen, dass durch Zeugen oder Ermittlungsbeamte vorhandene Spuren entweder verfälscht oder gänzlich getilgt werden. Wenn keine Spuren zu finden sind, heißt das noch lange nicht, dass sie vom Täter mit Tarnabsicht beseitigt wurden, er könnte auch unfreiwillige Hilfe erhalten haben.[12]

Auseinanderhalten lassen sich diese Spurenarten allerdings nur analytisch oder im Nachhinein, wenn bekanntlich alle klüger sind. Im Fernsehkrimi weisen Bildregie, Musikuntermalung und das Spiel mit den Zuschauererwartungen auf die richtigen und wichtigen Spuren hin, dem Ermittlungsbeamten fehlen solche Hinweise von ›oben‹. KOK Loeblich: »Die Krimis arbeiten ja für die Zuschauer, aber die Gangster dort draußen arbeiten nicht unbedingt für uns, die wollen ja keine Zuschauer.« Wie es den Beamten dennoch gelingt, Spuren auszumachen, soll folgender Bericht erläutern.

11 Vgl. Horst Clages und Wolfgang Steinke (Hg.), *Der rote Faden*, S. 31.

12 Vgl. hierzu auch Kriminalpolizei Zürich, *Die Spur*.

In X-Stadt ist unterhalb einer Burgruine in der Nähe eines kostenpflichtigen Fernrohres ein Toter aufgefunden worden. Die Spurensicherer sind schon an der Arbeit. Auf die Frage, was er als Spur ansehe, antwortet einer der verantwortlichen Fahnder:

Opfer und Tatwaffe sind Spuren, das ist klar, dann alles, was nicht hierhin gehört, also vom Täter verloren sein kann, Mikrospuren sowieso, regelmäßige Bodenvertiefungen und so was. Dagegen ist es unwichtig, zu prüfen, wie viele Groschen in dem Fernrohr sind oder welche Brennweite es hat oder gar festzustellen, was man dadurch sieht. Das ist alles keine Spur, obwohl ich mir Zusammenhänge konstruieren könnte, in denen sie Spuren sein könnten. Aber die sind alle so unwahrscheinlich, dass man die vergessen kann.

Objekte werden also für den Fahnder nicht von selbst zu Spuren, das zeigt diese Aussage, sondern erst aufgrund gedanklicher Arbeit, welche mit weitreichenden Annahmen und Unterstellungen jongliert. Alle angetroffenen Gegenstände werden dabei unter verschiedenen Gesichtspunkten denkbarer Tatabläufe betrachtet. Lässt sich zu einem Objekt ein halbwegs im Bereich des Normalen liegender Tatablauf konstruieren, dann verwandelt sich das wahrgenommene Objekt in eine Spur. Aus der ›Leiche‹ wird das ›Opfer‹, das aus Eifersucht niedergestochen wurde, aus einem ›Messer‹ wird die ›Tatwaffe‹, die Wochen zuvor in einem Waffengeschäft gekauft wurde, aus einer herumliegenden Kippe wird die (vielleicht) letzte Zigarette des Täters vor der Tat und aus regelmäßigen Erdvertiefungen werden Fußspuren. Lassen sich keine oder nur sehr unwahrscheinliche Lesarten zu den ›Dingen‹ am Tatort finden, dann taucht das Wahrgenommene in dem Spurenbericht auch nicht auf.

Entscheidend ist nun für den Prozess der Spurenrekonstruktion, ob es dem ›Spurenmann‹ gelingt, sich das Wahrgenommene erst einmal unvertraut zu machen, die Unterstellung einer Normalität, in der man alles kennt, also erst einmal auszusetzen. Gelingt dieses ›Auflösen‹ der alltäglichen Selbstverständlichkeit, dann kann man eine Fülle (verschieden wahrscheinlicher) Normalformen kriminellen Verhaltens hochrechnen und prüfen, ob etwas von dem Wahrgenommenen dazu passt. Ergibt sich eine Passung, hat man möglicherweise eine *Fährte, eine Spur.*

4. Ein Mord unter Kollegen und seine Spurenlage

Das Gesagte lässt sich durch ein weiteres Beispiel einerseits weiter plausibilisieren, andererseits kann man zusätzlich wegen der dort vorhandenen ›*Extrembedingungen*‹ die Aspekte besonders gut herausarbeiten, welche meines Erachtens die typischen Besonderheiten von Spurensicherungsberichten ausmachen. So ist in dem folgenden Beispiel nicht nur gut zu verfolgen, wie die gerichtete Aufmerksamkeit sich von unterstellten Tatverläufen leiten lässt, sondern es demonstriert sehr anschaulich die Notwendigkeit der ›fremden Augen‹ – gerade weil in diesem Beispiel das Gebot der distanzierenden Verfremdung *nicht* befolgt wird.

Ich hatte einen Beamten gebeten, sich vorzustellen, dass er in seinem Büro mit einer hässlichen Kopfwunde tot aufgefunden worden wäre. Dann wollte ich wissen, welche Spuren in diesem Fall für die Kollegen wichtig wären. Unter anderem zählte der Fahnder dann auf:

Ich, wie ich hier bin mit eingeschlagenem Schädel, Kaffeetasse, Fingerabdrücke, Mikrospuren am Körper, auf den Stühlen da, an der Tür, am Eingang, an den Schränken. Hat der was gesucht, was wollte der hier? Kann ja sein, dass ich irgendwas weiß, was jemandem unangenehm ist. Und damit die Sache nicht weiterverfolgt wird, haut der mir die Kartoffel ein. Dann sucht der auch hier nach irgendwas. Es wird ja keiner reinkommen und mir einfach so den Schädel einhauen, obwohl so etwas auch schon vorgekommen ist. Die Bilder an der Wand würden keinen interessieren, außer es wäre eins weg. Würde hier auf dem Schreibtisch ein Parker-Füller liegen, dann wäre das eine ganz heiße Spur, weil die Kollegen wissen, dass ich so was nicht benutze. Vieles würden die Kollegen nicht als Spur ansehen, weil sie in dem Fall wissen, was bei mir üblich ist. Das Unübliche hätten die dann ganz schnell. In fremden Wohnungen hat man es schwerer, weil man einfach nicht weiß, was bei denen üblich ist. Dann muss man sich halt vorstellen, was da üblich gewesen sein könnte. Und da gibt es der Erfahrung nach kaum etwas, was nicht üblich sein kann.

Nun darf erzählte Praxis nie mit der ›Wirklichkeit‹ verwechselt werden (weder bei Polizisten noch bei Soziologen), da die Erzählung zurückliegende Praxis allein unter jeweils relevanten Aspekten thematisiert und sie nicht abbildet. Hier wird von dem befragten Ermittler die mannigfaltige (vergangene) Praxis unter dem Aspekt thematisiert, wie etwas zur Spur werden kann. Deshalb unterbleibt in diesem Fall die Darstellung der ganzen Komplexität der übrigen Ermittlungstätigkeit.

Geleitet wird die imaginierte Spurensuche in diesem Fall (und deshalb greift sie zu kurz) von der Unterstellung nur *einer einzigen Lesart* des Geschehens – nämlich folgender: Der clevere Fahnder hat etwas herausgefunden (ohne dies seinen Kollegen mitzuteilen) und die Hinweise auf den Täter im Büro aufbewahrt; letzterer beseitigt nun den einzigen Wissenden und sucht im Büro nach Hinweisen. Aufgrund der Selektivität dieser mythendurchtränkten Deutung – die sehr verständlich, weil aus der Sicht des erzählenden Fahnders recht angenehm ist – werden nur bestimmte, weil zur Deutung passende, Dinge im Büro zu Spuren beziehungsweise Spurenträgern. Die reale und alltägliche Ermittlungsroutine wäre dagegen erheblich phantasievoller. Man würde, gewitzt durch die Fülle der individuellen und kollektiven Erfahrungen, erst einmal fast gedankenlos die anderen klassischen Motive wie Eifersucht, Rache, Geldgier oder Geltungsdrang etc. unterstellen und entsprechende Tatabläufe (im Affekt, genau geplant, zufällig etc.) hochrechnen. Hinzu käme eine Restkategorie für sehr ungewöhnliche Motivlagen und Tatverläufe.

Objektiv verschärft würde das Ermittlungsproblem in diesem Fall durch die durchaus wahrscheinliche Möglichkeit, dass ein ›guter‹ Kollege die Tat begangen und kompetent Spuren *vermieden, beseitigt* und *fingiert* hat. Die Ermittlungslage wäre also gerade wegen der Vertrautheit mit der Lebenswelt des ›Ermordeten‹ keineswegs einfacher, sondern auf zweifache Weise komplizierter. Einmal (und zwar zu Beginn) fällt es in diesem Fall besonders schwer, sich den Tatort künstlich und bewusst zu ›verfremden‹, da man die eigene Normalität einklammern muss.

Die zweite Schwierigkeit resultiert aus der Notwendigkeit, die Fachkenntnisse eines kompetenten Täters aus dem Kollegenkreis in Rechnung zu stellen: Es geht also nicht mehr allein darum, sich bei der Deutung der Wahrnehmung an den einfachen (ungebrochenen) Normalformen kriminellen Handelns zu orientieren, sondern zusätzlich muss auch damit kalkuliert werden, dass der Täter als Reaktion auf ihm bekannte und damit antizipierbare zukünftige Ermittlungspraktiken Spuren gezielt fingiert und verfälscht hat. Dieses erweiterte Kalkül erfordert eine erhebliche Steigerung der Verfremdung der alltäglichen Wirklichkeit, es dreht die Schraube der reflexiven

Besinnung um eine Windung weiter, denn was gefordert ist, das ist die Beobachtung des Beobachters beim Beobachten.

5. Der Ausnahmefall als Normalfall

Nun wird ein detaillierter Spurensicherungsbericht nicht nur bei der Tötung eines Kollegen angefertigt, sondern er ist unverzichtbarer Bestandteil jeder Mordermittlung. Das heißt, dieses Exklusivmodell der Ermittlung, das einer erhöhten strategischen Täuschungskompetenz begegnen soll, wird unterschiedslos in leichten und schweren Fällen eingesetzt. Im Übrigen auch dann, wenn jemand ›auf der Leiche sitzt‹ und vorgibt, der Täter zu sein.

Hier wird nun nicht mit Kanonen auf Spatzen geschossen, sondern die Verhaltensanweisung und -routine sind Ergebnis einer durch Fallerfahrung gewachsenen Klugheit polizeilicher Ermittlungspraxis, die weiß, dass man den Fällen anfangs nicht ansieht, wie sie sich entwickeln werden. Also unterstellt man vorsichtshalber stets eine besonders schwierige Variante. Der vorgeschriebene Spurensicherungsbericht hindert also den einzelnen Polizisten im Alltag der Ermittlungen an der schnellen Schließung von Sinn, und zwar gleich auf doppelte Weise: einmal ganz handgreiflich, indem die verbindliche Erstellung eines umfangreichen Spurensicherungsberichtes *das weite Öffnen der Augen* vor *das Schließen der Akten* setzt; zum anderen sehr viel subtiler und nachhaltiger, indem durch die notwendigen Vorarbeiten zur Anfertigung der geforderten Berichte die Möglichkeit geschaffen wird, dass der von der Kriminalpolizei institutionell vorgehaltene prinzipielle Zweifel am ersten Anschein *im* einzelnen Fahnder vor Ort ›lebendig‹ wird und handlungsauslösend wirkt.

Will der Spurenmann einer Mordkommission nämlich seinen Bericht anfertigen, dann muss er vorher alle Wahrnehmungen einzeln daraufhin abprüfen, ob sie zu Spuren ›erdacht‹ werden können. Er muss dabei stets mit der Möglichkeit rechnen, dass alles, was er wahrnimmt, entweder durch die Tat bewirkt sein könnte oder aufgrund eines weitsichtigen Plans zu Trugzwecken hergerichtet wurde. Jede Wahrnehmung muss also unter zumindest zwei Perspektiven geprüft werden: a) Geht die Spurenlage auf die Eigendynamik des Tatgeschehens zurück, und b) ist in der Spurenlage schon der polizeiliche Blick qua Antizipation und planvoller Täuschung enthalten? Dadurch wird der Spurensicherungsbeamte strukturell immer wieder in die Selbstreflexion und die Reflexion bestehender Ermittlungspraxis getrieben. Der Spurensicherungsbericht erweist sich so als *Institution*,[13] welche die ›gegenwärtige Wirklichkeit‹ unter anderem auch daraufhin abprüft, ob und wie sie auf vergangene Praxis reagiert hat, ob sie also Neues zum Ausblühen gebracht hat.

Spurenermittlung bedeutet also, vorgefundene Merkmale als Reste ermittlungsrelevanter Ereignisse zu typisieren. Das ist nur zu einem geringen Teil eine arbeitsorganisatorische Frage (Sortieren der Daten), sondern sehr viel mehr die Frage, wie die unüberschaubare Mannigfaltigkeit der angetroffenen Phänomene mit (vorhandenen oder noch zu findenden) Typisierungen früherer oder möglicher Ereignisabläufe in Verbindung gebracht werden kann.

6. Arbeitslogiken: Deduktion, Induktion und Abduktion

Bei diesem Unternehmen sind, folgt man den Überlegungen des amerikanischen Logikers Charles Sanders Peirce, idealtypisch drei Verfahren zu unterscheiden, wobei das zweite Verfahren von mir im Weiteren in zwei Untergruppen geteilt wird – jedoch nicht, weil zwischen den beiden gravierende Unterschiede bestehen, sondern weil so die hier relevante Unterscheidung zwischen Abduktion und qualitativer Induktion klarer gemacht werden kann.[14]

1. Eine Art der Datenauswertung besteht in dem Verfahren der Subsumtion. Die Subsumtion geht von einem bereits bekannten Merkmalszusammenhang, also einer bekannten und vermeintlich zutreffenden Typik aus, zum Beispiel: ›Alle Mörder rauchen nach der Tat.‹, und versucht diesen allgemeinen Zusammenhang in den Daten wiederzufinden (auf dem Boden liegt eine Zigarette), um dann über den Einzelfall Kenntnisse zu erlangen (die Zigarette ist eine Spur). Die logische Form dieser gedanklichen Operation ist die der *Deduktion*: Das infrage stehende Phänomen wird einer bereits bekannten Regel untergeordnet. Hier wird eine vertraute und bewährte Ordnung auf einen neuen Fall angewendet.

13 Im Sinne von Peter Berger und Thomas Luckmann, *Die gesellschaftliche Konstruktion der Wirklichkeit.*

14 Vgl. hierzu Charles Sanders Peirce, *Schriften zum Pragmatismus und Pragmatizismus* und ausführlich Jo Reichertz, *Die Abduktion in der qualitativen Sozialforschung.*

2. a) Eine zweite Art der Auswertung besteht darin, frühere (gute wie schlechte) Erfahrungen zu ›verlängern‹, zu generalisieren. Ausgehend von früheren Fällen, in denen sich als nützlich herausgestellt hat, Reifenabdrücke als Spuren zu betrachten, wird der Schluss gezogen, auch die in diesem Fall vorfindbaren Abdrücke als Spur zu behandeln. Die logische Form dieser gedanklichen Operation ist die der *quantitativen Induktion*. Sie überträgt die quantitativen Eigenschaften einer Stichprobe auf die Gesamtheit, sie ›verlängert‹ den Einzelfall zu einer Regel.

2. b) Eine besondere Variante der induktiven Bearbeitung der Daten besteht nun darin, bestimmte Merkmale der untersuchten Mannigfaltigkeit so zusammenzustellen, dass diese Merkmalskombination einer anderen (bereits im Wissensrepertoire des Fahnders vorhandenen) in wesentlichen Punkten gleicht. In diesem Fall kann man aufgrund der Ähnlichkeit in wesentlichen Punkten von einer Spur sprechen. Die logische Form dieser Operation ist die der *qualitativen Induktion*. Sie schließt von der Existenz bestimmter qualitativer Merkmale einer Stichprobe auf das Vorhandensein anderer Merkmale: Die qualitative Induktion schließt also, und das ist hier entscheidend, von zwei bekannten Größen, nämlich Resultat und Regel, auf den Fall. Der beobachtete Fall (token) ist ein Exemplar einer bekannten Ordnung (type).

Kurz: Schließt die quantitative Induktion von den quantitativen Eigenschaften einer Stichprobe auf die Gesamtheit, so ergänzt die qualitative Induktion dagegen die wahrgenommenen Merkmale einer Stichprobe mit anderen, nicht wahrgenommenen. Nur in diesem Sinne überschreitet diese Art der Induktion die Grenzen der Erfahrung – nämlich lediglich die Erfahrung mit der infrage stehenden Stichprobe. Kenntniserweiternd ist dieser Schluss nur insofern, als er von einer begrenzten Auswahl auf eine größere Gesamtheit schließt. Neues Wissen (im strengen Sinne) wird auf diese Weise nicht gewonnen, bekanntes lediglich ausgeweitet.

3. Eine prinzipiell andere Form des geistigen Operierens ist bei der Spurenarbeit gefordert, wenn in der vorgefundenen Mannigfaltigkeit solche Phänomene vorkommen, für die sich im bereits existierenden polizeilichen Wissensvorratslager *keine* Entsprechungen finden. Dieses Unverständliche wird vorgefunden und aufgrund des geistigen Entwurfs einer neuen Falltypik wird sowohl die Typik gefunden beziehungsweise erfunden und zugleich klar, was der Fall

ist. Die logische Form dieser Operation ist die der *Abduktion.* Hier hat man sich (wie bewusst und aus welchen Motiven auch immer) entschlossen, der bewährten Sicht der Dinge nicht mehr zu folgen, also das Alte zugunsten eines Neuen aufzugeben oder dem Alten etwas Neues hinzuzufügen.

Eine solche Bildung eines neuen ›types‹, also die Zusammenstellung einer neuen typischen Merkmalskombination, ist ein kreativer Schluss, der eine neue Idee in die Welt bringt. Diese Art des Zusammenschlusses ist nicht zwingend, eher sehr waghalsig. Maßnahmen, günstige Bedingungen für Abduktionen zu schaffen, zielen neben einer sehr guten Kenntnis der Daten stets auf eins: auf die Erlangung einer Haltung, bereit zu sein, alte Überzeugungen aufzugeben und neue zu suchen. Die Abduktion sucht angesichts überraschender Fakten nach einer sinnstiftenden Regel, nach einer möglicherweise gültigen beziehungsweise passenden Erklärung, welche das Überraschende an den Fakten beseitigt.

Aus alldem folgt: Spuren werden entgegen tiefsitzenden (auf die poetische Kriminalliteratur zurückgehenden) Missverständnissen[15] von den Fahndern *nicht einfach entdeckt und gelesen,*[16] sondern sie

15 Im Übrigen können auch die privaten oder verbeamteten Ermittler der Kriminalpoesie die Spuren nicht wirklich lesen. Wenn der berühmteste und einer der ältesten von ihnen, nämlich Sherlock Holmes, nach einem kurzen Blick auf die Spurenlage seinem erstaunten Freund Watson oder den verblüfften Polizeibeamten sagt, was er den Spuren entnehmen kann, dann erweckt dies zwar den Eindruck, als habe er in den Spuren wie in einem Text gelesen, aber in Wirklichkeit spricht er nur das laut aus, was ihm sein Autor ins Ohr geflüstert hat. Und dieser weiß, was die Spuren bedeuten, hat er es doch in sie hinein geschrieben (vgl. Jo Reichertz, »›... als hätte jemand den Deckel vom Leben abgehoben.‹ Gemeinsames zwischen Sam Spade und Charles Sanders Peirce« und ders., »Folgern Sherlock Holmes und Mr. Dupin abduktiv? Zur Fehlbestimmung der Abduktion in der semiotischen Analyse von Kriminalpoesie«). Neuere Autoren der Kriminalpoesie verweigern ihren Helden, durchaus in der Absicht, die Fähigkeiten ihrer Fahnder der Wirklichkeit ein wenig anzugleichen, die Kunstfertigkeit des Spurenlesens. Jetzt müssen auch sie, ganz wie die wirklichen Polizisten und Detektive, suchen und ermitteln und können nicht mehr lesen. Beispielhaft für diese kriminalpoetische Umgehensweise mit den Spuren ist das Verhalten des Paul Hjelm in dem ausgesprochen lesenswerten Roman *Tiefer Schmerz* von Arne Dahl.

16 Ob es richtig ist, davon zu sprechen, dass eine Spur ›gelesen‹ wird, hängt natürlich davon ab, was man unter ›Lesen‹ und dem, was gelesen wird, der ›Schrift‹ also, verstehen möchte. Bei meinen Überlegungen gehe ich davon aus, dass sowohl das Lesen als auch die Schrift diskursiv sind. Etwas Nicht-Diskursives kann demnach nicht gelesen werden.

werden von ihnen *konstruiert.* Der Blick des Spurensicherungsmannes mustert am Tatort alle wahrnehmbaren Phänomene und nur mithilfe von Gedächtnis und einer ausgeprägten Vorstellungskraft *verzaubert*[17] er einige dieser Phänomene in Spuren. Ist ein Phänomen auf diese Weise zur Spur geworden, ist ihre Botschaft bereits bekannt. Die oft auftauchende Metapher, nach der Spuren eine Geheimbotschaft in sich bergen und mithilfe des richtigen Schlüssels entziffert werden könnten, führt grundsätzlich in die *Irre.*

Spuren werden – so mein widersprechender Befund – grundsätzlich nie gelesen, sondern man entwirft vor dem Hintergrund von Handlungsrelevanzen und bestimmtem (Erfahrungs-)Wissen Lesarten der vergangenen Ereignisse, trägt sie an die Wahrnehmung heran und prüft, ob sie passen.[18] Durch diesen Vorgang werden vorher bedeutungslose ›Dinge‹ zu möglicherweise bedeutungsvollen Spuren.

Von der Metapher der sprechenden Spuren abgeleitet ist die ebenfalls häufig anzutreffende Ansicht, Spuren (und insbesondere die objektiven) würden nicht lügen; sie würden lediglich manchmal von fehlbaren Menschen falsch interpretiert. Es stimmt zwar, dass Spuren nicht lügen, doch das liegt nicht an einer besonderen Aufrichtigkeit von Spuren, sondern schlicht daran, dass sie nichts sagen. Spuren sind stumm. Allein die menschliche Vorstellungskraft ist beredt – wenn auch nicht *nur* diskursiv, aber *auch* diskursiv.

7. Über den Wert von Spuren

Bei den zurückliegenden Überlegungen zu den Aufgaben des Spurensicherungsberichtes ging es vor allem um die Herausarbeitung eines Generalvorbehaltes, der strukturell für jede Spurensuche und jede Spur gilt. Ein anderes Problem ergibt sich, wenn die einzelnen Spuren gewichtet werden (sollen). Um dieses Problem zu verdeutli-

17 Der Begriff ›verzaubern‹ ist durchaus ernst gemeint, werden doch die Dinge durch die Ernennung zur Spur in ihrer Bedeutung grundsätzlich verändert. Wenn man so will, ist hier Wortmagie am Werk.

18 Siehe hierzu auch die instruktive Arbeit von Cornelius Holtdorf, der am Beispiel der scheinbar ›spurenlesenden‹ Archäologen zu sehr ähnlichen Ergebnissen kommt: Cornelius Holtorf, »Archäologie als Fiktion – Anmerkungen zum Spurenlesen«, insb. S. 538 ff.

chen, komme ich zurück zu der Erzählung vom erschlagenen Fahnder: Der dort angesprochene Parker-Füller wäre in jeder Ermittlung ganz gewiss eine Spur. Er wäre auch eine recht leicht zu findende Spur, da sie in dem vorgefundenen Setting ungewöhnlich, weil unnormal erscheint. Deshalb fällt der Füller schnell auf. Weil man sich zudem recht leicht Lesarten bilden kann, nach denen der Füller in einem Zusammenhang zu dem Täter oder der Tat steht, wird er auch schnell zu einer Spur. Heiß wäre sie allerdings nur wegen ihrer Auffälligkeit (und als solche hat sie einen sehr hohen Handlungswert), nicht weil sie besonders ›gut‹ wäre. Die Wahrscheinlichkeit, dass der Füller vom Täter verloren wurde, ist kaum gegen die anderen Wahrscheinlichkeiten, nämlich dass er von einem Besucher vergessen oder gerade erst angeschafft beziehungsweise geschenkt oder absichtlich als falscher Hinweis platziert wurde, abzugrenzen. Und überhaupt: Aufgrund welcher Erfahrungen ließe sich ein Wahrscheinlichkeitswert errechnen?[19] Würde man in der Folgezeit allein dem ›auffälligen‹ Füller nachgehen, dann würde dieses Handeln möglicherweise die Aufklärung hinausschieben oder im schlimmsten Fall sogar verhindern. Weil zu Beginn einer Ermittlung nicht zu entscheiden ist, welche Spur weiterführt und welche in einer Sackgasse endet, fehlen im Spurensicherungsbericht jegliche Wichtigkeits- oder Dringlichkeitsvermerke.[20] Im Spurenbericht ist die ›Leiche‹ (als Spur) oder gar die vermeintliche ›Tatwaffe‹ genauso wichtig oder unwichtig wie zum Beispiel eine ›Glasscherbe‹, ein ›Glas‹ oder eine ›Wanduhr‹.

Der Spurensicherungsmann einer Mordkommission hat mithin

19 Diese Ungewissheit existiert jedoch nur strukturell und in dieser Form nur für den Spurensicherungsmann als Idealtyp. Zum einen bildet sich natürlich jeder reale ›Spurenmann‹ bei seiner Arbeit seine Lesarten und Wahrscheinlichkeiten, aber entscheidend ist, dass er seinen Sinnschließungen und Wahrscheinlichkeitszumessungen bei der Arbeit nicht folgen darf. Auch gilt diese Ungewissheit nicht für die ›Fahnder at work‹. Sie sind geradezu gezwungen, die prinzipielle Ungewissheit aufzulösen und Lesarten nach Wahrscheinlichkeiten zu ordnen und entsprechend zu bearbeiten.

20 Das ist eine ›strukturelle Maßnahme‹, die stets die Gleichgewichtigkeit von Spuren in Erinnerung ruft. In der Ermittlungspraxis wird diese Maßnahme häufig kurzgeschlossen. So informiert der Spurenmann spätestens auf der ersten Mordkommissions-Sitzung mündlich darüber, welche Spuren er für sehr aufschlussreich hält. Manchmal fügen die Spurenleute auch kleine handschriftliche Notizen, mit denen sie auf besondere Spuren hinweisen, dem offiziellen Bericht bei. Diese ›privaten‹ Mitteilungen werden später aus der Akte entfernt.

die Aufgabe, *alle* am Tatort vorgefundenen Phänomene – ohne Rücksicht auf ihre Auffälligkeit und Bedeutung – zu betrachten und zu prüfen, ob sie im oben beschriebenen Sinne als Spur in Betracht kommen. Kommt er zu dem Urteil, dass etwas *möglicherweise* eine Spur (also ein Überrest einer mit der Tat in Verbindung stehenden Handlung) sein könnte, wird dieses Phänomen fotografiert, vermessen und einzeln aufbewahrt. Zudem versucht der Spurenmann durch physikalische und/oder chemische Verfahren direkt nicht sichtbare Spuren sichtbar zu machen (Fingerabdrücke, Blut, Sperma etc.). Solche Spuren werden dann fixiert, auf einen Datenträger übertragen und ebenfalls im Lagerraum der Polizeibehörde aufbewahrt. Der Tatort selbst wird versiegelt, sodass es möglich ist, aufgrund neuer Überlegungen den Tatort erneut nach Spuren abzusuchen. Alle Spuren werden in eine Liste eingetragen und durchnummeriert. In eigenen Spalten wird festgehalten, wo sich diese Spur gerade befindet und was mit ihr gemacht wurde. Jede Spur muss von der Mordkommission bearbeitet werden, das heißt, es muss geklärt werden, Überrest welcher Handlung sie war.

8. Über die Kunst, Spuren zum Sprechen zu bringen

Die abschließende Frage soll nun sein, wie die unterschiedlichen Spuren von den Polizisten genutzt werden, um ihre Arbeit weiter voranzutreiben und sie schließlich zu einem Ende zu bringen. Dazu möchte ich betrachten, wie man in der Ermittlungsarbeit mit diesen Spuren umgeht.

Spuren, die zu einer wahrscheinlichen Lesart passen, gelten als ›heiß‹, Spuren, die zu einer abgelegenen passen, gelten als ›kalt‹. Eine heiße Spur wäre zum Beispiel das bei einem tot aufgefundenen Mann am Tatort gefundene Taschentuch, das nachweislich nicht dem Opfer gehörte. In einem solchen Fall würde man versuchen zu klären, wo das Taschentuch hergestellt oder verkauft wurde und wer etwas über den Verbleib dieses oder ähnlicher Taschentücher weiß. Man versucht also Spuren dadurch zum Sprechen zu bringen, dass man sprechende Zeugen findet. Heißen Spuren geht man vorrangig nach, kalten erst dann, wenn sich die heißen als ›kalt‹ erwiesen haben. Alle Spuren werden verfolgt. Sind alle erfolglos abgegrast, werden neue gesucht und überprüft. An der Überprüfung einer sehr kalten Spur möchte ich mit dem folgenden Beispiel zeigen, wie man einzelnen Spuren nachgeht.

In E-Stadt ist vor fünf Wochen eine Bank beraubt worden. Täter (Alter: 30-40) und Täterin (Alter: 30-40; südländischer Typ) flüchten in einem grünen BMW. Bei der sofort ausgelösten Ringfahndung wird festgestellt, dass unter vielen anderen auch ein Bürger aus X-Stadt mit einem grünen BMW eine der Überwachungsstellen passiert hat. KOK Stinnes soll nun den Halter dieses BMW, Herrn Derrick, überprüfen. Nach Durchsicht der Unterlagen ist er überzeugt, dass Herr Derrick nicht als Täter in Frage kommt.

Gründe dafür: Herr Derrick ist 45 Jahre alt, nicht vorbestraft (»In dem Alter begeht man nicht sein erstes Ding.«), wohnt seit zwölf Jahren in derselben Wohnung (»Unsere Kundschaft wohnt nie so lange an einem Ort.«), die in einer bürgerlichen Umgebung liegt (»Da wohnen die nicht.«). Zu dem 18-jährigen Sohn passen die Altersangaben der Täter nicht. Ob Frau Derrick einem südländischen Typ entspricht, will KOK Stinnes durch Inaugenscheinnahme feststellen.[21]

Deshalb sucht er die Wohnung des Herrn Derrick auf, trifft niemanden an, klingelt bei Nachbarn, erfährt, dass Frau Derrick im Büro des nahen Supermarktes arbeitet. Er ruft dort an und macht, ohne den genauen Grund zu nennen, einen Termin mit ihr aus. Frau Derrick ist kein südländischer Typ, dafür aber sichtlich nervös. Auf Nachfrage erklärt sie, dass ihr Mann in S-Stadt ein Lokal führe und meist dort übernachte. Man lebe ›fast getrennt‹. Die Telefonnummer ihres Mannes kennt sie nicht auswendig, sie muss erst nachschauen. Als Frau Derrick gefragt wird, weiß sie nicht, ob ihr Mann eine Geliebte hat und wie diese gegebenenfalls aussieht.

Da Herr Derrick in S-Stadt wohnt, ist KOK Stinnes für die weitere Verfolgung der Spur nicht mehr zuständig. Er gibt die Akte auf dem Dienstweg an seine Kollegen aus S-Stadt weiter. Mittlerweile ist Herr Derrick für KOK Stinnes verdächtig(er) geworden: Er hat eine neue Wohnung und möglicherweise auch eine Geliebte. »Damit sind Lebensbrüche verbunden, und da macht man schon Dinge, die man noch nie gemacht hat.«

21 Der Verdacht richtet sich also gegen die drei Personen, die als Benutzer des grünen BMW in Frage kommen können. Vater und Sohn werden schnell (wenn auch unter Vorbehalt) ausgeklammert. Hochgerechnet wird die Möglichkeit, dass Frau Derrick mit ihrem Geliebten (oder vielleicht doch ihrem Mann) die Tat begangen hat.

Das Beispiel zeigt meines Erachtens sehr gut, dass es bei der Verfolgung der stummen Spuren – wie bereits oben gesagt – letztendlich nur um eins geht: Man sucht jemanden, der an Stelle der Spuren spricht. Das gilt zum Beispiel auch für die Mikrospuren, die zur Untersuchung an das LKA gesendet werden. Auf den Abklebefolien sagen diese Spuren nichts. Man kann mit ihnen nichts anfangen – weder kann man mit ihnen Deutungen widerlegen, noch bekräftigen. Erst der Text des wissenschaftlichen Gutachtens sagt etwas, an das man etwas anschließen kann. Pointiert gesagt: Bei der Überprüfung der ›objektiven‹ Daten geht es vorrangig darum, sie in ›subjektive‹ sprachliche Darstellungen zu überführen. Das überrascht ein wenig angesichts der Polizeipraxis, die objektiven Spuren (zunehmend) als günstig und die subjektiven als ungünstig einzustufen.[22]

Vor diesem Hintergrund ist es nun interessant, in einem zweiten Schritt zu prüfen, wie man in der Ermittlungsarbeit mit den *Zeugenaussagen* (= subjektiven Spuren) umgeht. Das allgemeine Vorgehen in einem solchen Fall beschreibt KOKin Blott so:

Erst einmal versucht man grundsätzlich festzustellen, wo könnten Differenzen sein. Man hat ja den objektiven Tatbefund, also das, was tatsächlich stattgefunden hat, und dann das, was die Zeugen gesagt haben. Dann versucht man erst einmal abzuklopfen, was könnte da nicht stimmen, was deckt sich z. B. nicht mit dem objektiven Befund. Dann macht man sich auch Vorstellungen von dem, was passiert sein könnte, und versucht dann das, was man gehört hat, damit in Einklang zu bringen. Gibt es da Widersprüche, dann fragen wir nach, aber auch, wenn einer etwas erzählt, was so nicht stimmen kann oder komisch ist.

22 Diese Wertung hängt sicherlich auch mit der hier nicht zur Diskussion stehenden Logik des Schuldbeweises zusammen. Der Sachbeweis (= objektive Spur) gilt vor Gericht zunehmend als Beweis, der ›sticht‹, da objektiv. Manchmal sticht er einfach deshalb, weil man wegen konsequenter Aussageverweigerung andere Beweise nicht hat. Über die Objektivität solcher Spuren äußern sich die sachverständigen Aus- und Bewerter meist zurückhaltend. In den entscheidenden Passagen ihrer Gutachten tauchen meist recht vorsichtige Formulierungen auf, wie: »Es kann nicht ausgeschlossen werden, dass ...« Selbst bei einem so scheinbar klaren Sachverhalt, dass Spuren von Hemd und Hose des Verdächtigen an der Leiche und Spuren von der Bekleidung der Getöteten auf der Kleidung des Verdächtigen gefunden wurden, lautet der Bescheid, dass der Träger (also nicht der Besitzer) von Hemd und Hose als Täter »in Betracht gezogen« werden muss.

Am Anfang steht also vor allem die Suche nach Widersprüchen, nach Abweichungen, nach Auffälligem, kurz: Es geht vor allem um die Suche nach Differenzen. Gesucht werden bei näherem Hinsehen Differenzen *in* und *zwischen* Texten – (1) entweder zwischen Texten zum objektiven Tatbefund und Texten von Zeugenaussagen, (2) zwischen Texten verschiedener Zeugen oder (3) innerhalb eines Textes.

Entdeckt man einen Widerspruch bzw. eine Differenz, dann wird nachermittelt. Natürlich gibt es auch hier heiße und kalte Spuren. Die Bewertung erfolgt wie bei den objektiven Spuren auf der Grundlage beruflicher Erfahrung. Den Vorgang der Prüfung und das Verfahren zur Überprüfung subjektiver Spuren beschreibt KOK Golks so: »Ist das möglich, was der erzählt? Stimmt das? Kann das stimmen? Da muss man dann andere befragen, den ersten noch einmal vorladen – auf Widersprüche hinweisen. Dann noch einmal befragen. Dieses Mal aber hinfahren zu ihm. In einer anderen Situation befragen. Andere befragen, ob das so stimmt. Wieder hinfahren und mit Aussagen der anderen konfrontieren. Und das so lange, bis man keine Widersprüche mehr sieht oder den Täter hat.« Das hier anklingende Prinzip der Widerspruchsfreiheit ist allerdings ›formal‹ gedacht. Nicht Widersprüchlichkeiten in wichtigen Dingen reizen die Nachfrage an, sondern Widersprüchlichkeiten an sich. Da man anfangs nicht wissen kann, was sich später als relevante Differenz erweisen wird, ist jede Differenz erst einmal handlungsauslösend.

In Gang gehalten wird diese *Aussagenstafette* durch einen auf den ersten Blick paradox anmutenden Umstand, der sich dennoch (oder gerade deshalb) als stark handlungsgenerierend erweist. Für das polizeiliche Ohr gibt es nämlich grundsätzlich keine widerspruchsfreien Aussagen. In jeder Aussage stecken Anknüpfungspunkte. »Wenn einer lückenlos und genau sagen kann, was er wann gemacht hat, dann stinkt das. Wenn er das aber nicht kann, dann stinkt das auch. In beiden Fällen wird nachgeforscht« (KOK Mertens).[23]

Aber man tastet sich nicht nur von Aussage zu Aussage, sondern auch von Zeuge zu Zeuge. Frau A sagt, dass die Ermordete im Kiosk

23 Auf meine Frage nach einer Aussage mit einer hohen Chance auf geringe Weiterbelästigung sagte man mir, ich müsse normal viel wissen und normal viel nicht wissen. Aber was ›normal‹ sei, hänge von der jeweiligen Situation ab. Aber selbst dann …

der Frau B regelmäßig einkaufe. Frau B erklärt, zur fraglichen Zeit habe nicht sie, sondern ihre Tochter, die Frau C, die Kunden bedient. Frau C sagt aus, dass ihr Verlobter, der Herr D, sie zur fraglichen Zeit vertreten habe, und Herr D gibt an, dass die Ermordete am Kiosk mit einem Mann gesprochen habe, den er schon einmal in Begleitung der Frau E gesehen habe. Frau E nennt dann den Namen des Herrn F, dieser wird aufgesucht und vernommen. Man nimmt von ihm Spuren (Blut etc.), das LKA erstellt zu diesen Spuren einen Text, und die Fahnder entscheiden aufgrund dieses Textes, ob Herr F etwas mit der Tötung zu tun hat.

Die Überprüfung der Zeugenaussagen erweist sich also als eine *Aussagen- und Zeugenstafette*, welche durch einen raffinierten Mechanismus lange in Gang gehalten wird. Entscheidend ist, dass anfangs überhaupt irgendwelche Spuren (objektive oder subjektive) vorliegen. Dann greift das ›formale‹ Prinzip, jede Spur so lange wie möglich zu verfolgen. Die Qualität der Spuren ist erst einmal zweitrangig. Denn selbst wenn man wollte, könnte man sie nicht genau beurteilen. Es gilt, dass man nur dann, wenn man Spuren hat, in irgendeine Richtung ermitteln kann. Polizeiliche Maßnahmen nach dem ersten Angriff richten sich also – so kann man zusammenfassend sagen – erstens zu *einem* (sehr großen) Teil auf die systematische *Ermittlung* vielfältiger Spuren: Hausdurchsuchungen, öffentliche Aufrufe, Belohnungen, Gegenüberstellungen. Post- und Telefonüberwachung, Anforderungen von Gutachten sind dabei probate Mittel. Zum Zweiten bemüht man sich, jede objektive Spur in eine sprachliche Darstellung (= subjektive Spur) zu transformieren. Dadurch kommt es drittens zu Zeugen- und Aussagenstafetten, die darauf abzielen, jede Spur sehr gründlich zu überprüfen.

Diese Ermittlung gibt den Fahndern immer wieder Ermittlungsansätze, metaphorisch ›Seilenden‹ in die Hand, die Überprüfung geht dem Seil Schritt für Schritt in der Hoffnung nach, irgendwann und irgendwo auf den Täter zu stoßen beziehungsweise auf etwas, mit dem der Täter auf sich aufmerksam macht: Aber anders als Ariadne weiß der Fahnder nicht, ob der jeweils ergriffene Faden zum Ausgang des Labyrinths führen wird oder nicht. Und wie die Praxis lehrt, führt der Ariadne-Faden ihn häufig genug in Sackgassen. Der Fahnder weiß noch nicht einmal, ob überhaupt einer der Fäden, die er im Laufe der Untersuchung in die Hand bekommt, zum Ziel führt. Deshalb ist seine Arbeit auch so heikel – nie weiß er *während* der Arbeit, was der Fall ist, stets immer nur *nachher*, und dann sind bekanntlich immer alle schlauer.

Die Aufklärung von Straftaten ergibt sich also – so das Resümee – in der Regel nicht durch eine gute und gründliche ›Lektüre‹ von Spuren, auch nicht durch ein messerscharfes, an Detektivromanen geschliffenes Kalkül, sondern ist Ergebnis einer Kombination aus Erfahrung, gutem Gedächtnis und einer weiten und ›vor-urteilsoffenen‹ Vorstellungskraft – gepaart mit viel Einsatz und Genauigkeit. Spuren geben gewiss Anlass für vielfältige Deutungen, aber diese Polysemie von Spuren (wenn man es denn so nennen will) ist nicht in den Spuren eingelassen. Spuren sind nicht polysem, sondern das Problem liegt tiefer: Was polysem ist, also die Spur, wird erst in bestimmten Handlungskontexten aufgrund bestimmter Handlungsrelevanzen mittels Gestaltschließung als Gestalt geschaffen. Für die so geschaffene Spur interessieren sich später immer nur die, für deren zukünftige Handlungspraxis die Spur bedeutsam gemacht werden kann.

Spurenlesen ist deshalb erfolgreich – oder auch nicht. Aber nie richtig. Und deshalb ist auch völlig unklar, welche Berufsgruppe mit ihrer Deutung des günstigen Abendessens Recht hatte. Und selbst die extensivste Spurenlese könnte hier nicht weiterhelfen, solange sich die Analyse nur auf die Spuren beschränken würde.

Literatur

Berger, Peter und Thomas Luckmann, *Die gesellschaftliche Konstruktion der Wirklichkeit*, Frankfurt/M. 1980.

Bundeskriminalamt (Hg.), *Der Kriminalbeamte und sein Arbeitsgebiet*, Wiesbaden 1964.

Clages, Horst und Wolfgang Steinke (Hg.), *Der rote Faden*, Heidelberg 1988.

Dahl, Arne, *Tiefer Schmerz*, München 2005.

Fischer-Lichte, Erika, Christian Horn, Sandra Umathum und Matthias Warstat (Hg.), *Performativität und Ereignis*, Tübingen, Basel 2003.

Fleck, Ludwik, *Entstehung und Entwicklung einer wissenschaftlichen Tatsache*, Frankfurt/M. 1980.

–, *Erfahrung und Tatsache*, Frankfurt/M. 1983.

Garz, Detlef und Klaus Kraimer (Hg.), *Die Welt als Text*, Frankfurt/M. 1994.

Hahn, Hans-Peter, »Dinge als Zeichen – eine unscharfe Beziehung«, in: *Spuren und Botschaften*, hg. v. Ulrich Veit, Tobias L. Kienlin, Christoph Kümmel und Sascha Schmidt, Münster 2003, S. 29-51.

Holtorf, Cornelius, »Archäologie als Fiktion – Anmerkungen zum Spurenlesen«, in: *Spuren und Botschaften*, hg. v. Ulrich Veit, Tobias L. Kienlin, Christoph Kümmel und Sascha Schmidt, Münster 2003, S. 531-544.

Innenminister (Hg.), *PDV 100 – Führung und Einsatz der Polizei*, Düsseldorf 1975.

Kriminalpolizei Zürich, *Die Spur*, Heidelberg 1979.

Mergen, Anton, *Tod in Genf*, Heidelberg 1988.

Peirce, Charles Sanders, *Schriften zum Pragmatismus und Pragmatizismus*, Frankfurt/M. 1976.

Reichertz, Jo, *Aufklärungsarbeit. Kriminalpolizisten und Feldforscher bei der Arbeit*, Stuttgart 1991.

–, »›Das stimmt doch hinten und vorne nicht!‹ Begründung und Überprüfung von Verdacht am Beispiel einer Mordermittlung«, in: *KrimJournal*, Bd. 26, 1994, S. 123-137.

–, »Spurenlese oder Konstruktion? – Über die Lesbarkeit von Tatspuren«, in: *Qualitäten polizeilichen Handelns*, hg. v. Jo Reichertz und Norbert Schröer, Opladen 1996, S. 12-34.

–, »›... als hätte jemand den Deckel vom Leben abgehoben.‹ Gemeinsames zwischen Sam Spade und Charles Sanders Peirce«, in: *Kodikas/Code*, Heft 3/4, Bd. 11, 1988, S. 345-359.

–, »Folgern Sherlock Holmes und Mr. Dupin abduktiv? Zur Fehlbestimmung der Abduktion in der semiotischen Analyse von Kriminalpoesie«, in: *Kodikas/Code*, Heft 3/4, Bd. 13, 1990, S. 307-324.

–, *Die Abduktion in der qualitativen Sozialforschung*, Opladen 2003.

–, und Norbert Schröer (Hg.), *Hermeneutische Polizeiforschung*, Opladen 2003.

Rheinberger, Hans-Jörg, Michael Hagner und Bettina Wahrig-Schmidt (Hg.), *Räume des Wissens. Repräsentationen, Codierung, Spur*, Berlin 1997.

Walder, Hans, *Kriminalistisches Denken*, Hamburg 1956.

Wirth, Uwe (Hg.), *Die Welt als Zeichen und Hypothese*, Frankfurt/M. 2000.

Cornelius Holtorf

Vom Kern der Dinge keine Spur. Spurenlesen aus archäologischer Sicht

Zusammenfassung

Dieser Beitrag versteht sich als Kritik der mit dem Indizienparadigma verbundenen archäologischen Metapher des Spurenlesens. Spuren können, sobald sie als solche gesichert sind, keineswegs die Vergangenheit quasi von selbst zum Sprechen bringen, indem sie als historische Indizien Zugang zum ›Kern der Dinge‹ erlauben. Stattdessen bedarf es eines kreativen Interpretierens, um Spuren erst bedeutungsvoll werden zu lassen. Das archäologische Umgehen mit materieller Kultur lässt sich keineswegs auf eine (Kultur-)Technik der Vergangenheitsrekonstruktion reduzieren. Trotz solcher Einwände erfreut sich derzeit der Prozess des Spurenlesens als *archäologische* Kulturtechnik und Metapher einer steigenden Beliebtheit. Dahinter steht oft eine Faszination, die von den unumstößlichen, materiellen Gewissheiten ausgeht, die Archäologen liefern zu können scheinen. Auch die Archäologie selbst profitiert von dieser Konjunktur des Spurenlesens. Ist das Teilnehmen am kollektiven Akt des Spurenlesens aber vielleicht eine wichtigere Kulturtechnik als das höchst problematische, eigentliche Lesen von Spuren? Ist es interessanter, sich mit dem Vergangenen zu beschäftigen als die Vergangenheit zu verstehen?

Die Archäologie als Bergungsverfahren materieller Gewissheiten und Produzent wahrhaftiger Geschichtlichkeit erscheint gelegentlich als eine Art Gegenmittel zum ›referenzlosen Flottieren der Zeichen‹, das gerne als Kennzeichen postmoderner Verhältnisse angeführt wird. Die handgreifliche Evidenz alter Scherben prädestiniere gleichsam zum historischen Spurenlesen, das den Schleier oberflächlicher Erscheinungen mühelos zu durchdringen scheine. Diese Ansicht ist freilich eine Außenansicht der Archäologie. Wie aber verhält es sich mit der Semantik der Dinge aus der Innenperspektive der Archäologie? Der folgende Aufsatz versucht dieser Frage nachzugehen und dabei gleichzeitig einen Beitrag zur Theorie des Spurenlesens zu leisten. Meine Argumentation beschränkt sich dabei auf Spuren, die sich auf etwas Vergangenes, also Abwesendes, beziehen, da nur sie von archäologischem Interesse sind. Es geht mir im Folgenden folglich nicht um Indices, d. h. Anzeichen von etwas Gegenwärtigem.

Jenseits des Schleiers der Erscheinungen?

Archäologie wird oft dargestellt als die Kriminalistik der menschlichen Vergangenheit.[1] Auf den ersten Blick sind tatsächlich sowohl die Archäologie wie auch die Kriminalistik darauf bedacht, in der Gegenwart zu beobachtende Resultate mithilfe von handfesten Indizien zu erklären und dadurch Vorgänge, die sich in der Vergangenheit abgespielt haben, zu verstehen. Sie stehen außerhalb des Geschehens und analysieren kleinste, oft unbeabsichtigt hinterlassene Spuren mit naturwissenschaftlichen Methoden und scharfem Verstand. Weil materielle Indizien im Unterschied zu menschlicher Erinnerung nicht tendenziös sind und sichere Urteile erlauben, können sie menschliche Zeugen manchmal sogar objektiv korrigieren – so scheint es jedenfalls in der Sichtweise des Indizienparadigmas. Die Archäologie hat sich oft auch selbst als eine Art Nachbarwissenschaft der Kriminalistik dargestellt. Anhand von kleinsten materiellen Indizien kommen Archäologen demnach der Vergangenheit auf die Spur. Archäologie ist Spurenlesen par excellence.

In diesem Aufsatz möchte ich diese weit verbreiteten Klischees etwas genauer hinterfragen und modifizieren.[2] Das archäologische Spurenlesen ist meiner Ansicht nach alles andere als eine unproblematische Kulturtechnik, die sich ohne Weiteres als metaphorischer Grundtopos der Archäologie und kulturwissenschaftliche Leitmethode verallgemeinern ließe.

In mehreren Arbeiten des Berliner Philosophen und Kulturwissenschaftlers Knut Ebeling[3] zur ›Aktualität des Archäologischen‹

1 Z. B. Achim Gründel und Helmut Ziegert, »Archäologie und Kriminalistik. Ziele und Wege der Erkenntnisgewinnung«.

2 Siehe auch Cornelius Holtorf, »Notes on the life history of a pot sherd«, und ders., »Archäologie als Spurensicherung«.

3 Vgl. Knut Ebeling, »Die Mumie kehrt zurück. Zur Aktualität des Archäologischen zwischen Philosophie, Kunst und Technik«, S. 277.

wird von einem Begriff des archäologischen Spurenlesens ausgegangen, der meines Erachtens nicht sehr tragfähig ist:

> Ganz allgemein scheint der Rekurs auf die Archäologie oder das Archäologische das Versprechen eines Kerns der Dinge in sich zu tragen, zu dem der Archäologe einen privilegierten Zugang hat; wer von Archäologie spricht, suggeriert, dass er durch den Schleier der Erscheinungen hindurchtritt, um zum Wesen, zum tatsächlichen Kern der Dinge vorzustoßen.

Nach Ebeling werde dieses Denken insbesondere in den im kulturwissenschaftlichen Trend liegenden historischen Analysen von Techniken und Medien, Speichern und Datenträgern in Archiven deutlich,[4] die dort nämlich genau als derjenige »harte Kern der Geschichtskonstruktion« – also gewissermaßen die historische *hardware* – untersucht würden, zu dem der Archäologe einen privilegierten Zugang habe. Diese *hardware* sind die Spuren der Gegenstände, die die archäologische Vergangenheit ausmachen.[5] Das Spurenlesen ist hier zumindest implizit gegenwärtig, nämlich als eine der Techniken, durch die Archäologen durch den Schleier der Erscheinungen zum Kern der Dinge selbst vorzustoßen scheinen. Nun ist sich Ebeling natürlich bewusst, dass Archäologie »eine zentrale kulturwissenschaftliche Chiffre für den konstruierten Zustand von Geschichtswissen« geworden ist, und er warnt ausdrücklich vor einer Unterwanderung der Kulturwissenschaften durch einen Archäologiebegriff, der einen versteckten positivistischen Glauben impliziere und über jede Erkenntnistheorie gänzlich erhaben zu sein scheine, weil er ja Zugang zu den ›Dingen an sich‹ verspreche.[6]

Doch bewundert Ebeling gleichzeitig die Archäologie als »eine allgemeine Kulturtechnik zur Rettung von verlorenen Zeiten, eine Maschine zur Bändigung der Furie des Verschwindens«,[7] als ob das Bergen ›der Dinge selbst‹ auch die Rettung ihrer einstmaligen Bedeutsamkeit ermöglichen würde. An Stellen wie dieser klingt immer wieder eine Faszination für den unmittelbaren, archäologischen Zugang zur dinglichen *hardware* an, der sogar verspräche, »die Grenzen zwischen Natur- und Geisteswissenschaften zu überwin-

4 Ebd., S. 280.

5 Knut Ebeling, »Die Mumie kehrt zurück II. Zur Aktualität des Archäologischen zwischen Wissenschaft, Kunst und Medien«, S. 21.

6 Ebeling, »Die Mumie kehrt zurück«, S. 276 ff.

7 Ders., »Die Mumie kehrt zurück II«, S. 27.

den«.[8] Jedenfalls stellt Ebeling diesen vermeintlichen Zugang als solchen nie mit der gleichen Hartnäckigkeit in Frage, mit der er die Begrenztheit von sprachlichen, geistesgeschichtlichen und philosophischen Bemühungen um historische *software* anprangert. Ganz im Gegenteil: Archäologie wird groß gefeiert als eine allgemeine Kulturtechnik der »Entbergung von Verborgenheiten, die sich in der Erde ebenso befinden können wie in der Seele, im Körper oder in den Medien«.[9] Und genau hier scheint mir das Grundproblem zu liegen. Keine archäologische Kulturtechnik kann sich hinsichtlich materieller Spuren zutrauen, dem Kern der Dinge näherzukommen als irgendein anderes Verfahren, wie gerne auch immer man es ihr aus der Perspektive anderer Disziplinen zutrauen mag.[10]

Auch Bodenfunde sind tendenziös

»Auch Bodenfunde sind tendenziös«, heißt es im bekanntesten deutschen Lehrbuch der ur- und frühgeschichtlichen Archäologie, Hans Jürgen Eggers' *Einführung in die Vorgeschichte*,[11] das seit 1959 (!) unverändert im Grundstudium gelesen wird. Gerade der Archäologe traut der Wahrhaftigkeit der Dinge nicht. Und das nicht erst deswegen, weil er sie im Zuge der eigenen, destruktiven Ausgrabungstätigkeit stets repräsentieren und medial übersetzen muss, so wichtig dies auch sein mag.[12] Dieser philosophischen und medientechnischen Problematik widmet sich Eggers gar nicht erst, obwohl er sich ihrer durchaus bewusst gewesen sein wird. Viel grundlegender nämlich ist die Einsicht, dass jeder Gegenstand, schon aus soliden methodologischen Überlegungen heraus, einer derart umfassen-

8 Ders., »Die Mumie kehrt zurück«, S. 282.

9 Ders., »Die Mumie kehrt zurück II«, S. 20.

10 Z. B. Günter Metken, *Spurensicherung. Kunst als Anthropologie und Selbsterforschung. Fiktive Wissenschaft in der heutigen Kunst*; Wolfgang Ernst, *Das Rumoren der Archive. Ordnung aus Unordnung*, und Jennifer Wallace, *Digging the Dirt. The Archaeological Imagination*. Vgl. Julian Thomas, *Archaeology and Modernity*, London, Kap. 7; Holtorf, »Archäologie als Spurensicherung« und ders., *From Stonehenge to Las Vegas. Archaeology as Popular Culture*.

11 Hans Jürgen Eggers, *Einführung in die Vorgeschichte*, S. 257.

12 Gavin Lucas, »Destruction and the Rhetoric of Excavation«, und Jonathan Bateman, »Pictures, ideas and things: the production and currency of archaeological images«.

den quellenkritischen Analyse bedarf, dass man sich fragen kann, ob es überhaupt irgendeinen Blickwinkel gibt, aus dem die materiellen Spuren der Vergangenheit nicht weiter hinterfragbar wären.

Dass die Spuren in ihrer harten Gegenständlichkeit und Anschaulichkeit vielleicht nicht bestritten werden können, ist banal und folgenlos, solange man aus ihnen keinen Gehalt destillieren kann. Archäologen jedenfalls sehen wenig Interessantes im Finden (oder Er-finden?) einer Spur an sich, sofern diese Spur nicht auch einen bestimmten geschichtlichen Sachverhalt anzeigt. Nicht auf die Ontologie, sondern auf die Semantik der Spuren kommt es doch an. Nicht die bloße Spuren*identifikation* bringt uns weiter, sondern das Spuren*lesen*. Freilich lässt sich fragen, ob nicht jede Identifikation (Ontologie) bereits eine bestimmte Lesart (Semantik) mit sich bringe und diese grundsätzliche Unterscheidung daher in der Praxis ohnehin nicht anwendbar sein mag. Weiter unten komme ich darauf zurück, dass auch Spuren, z. B. vom Archäologen, erst als solche konstituiert werden müssen. Abgesehen davon ist das Spurenlesen aber auch deshalb vertrackt, weil selbst Dinge trügen können. Auch mit Dingen kann man lügen.

Die Dinge selbst sprechen nicht. Was sie besagen, hängt davon ab, wie man sie gelesen hat.[13] Mit Eggers[14] und der akkumulierten Weisheit der Archäologenzunft kann man darüber räsonieren, wie viel eine archäologische Spur, also zum Beispiel ein aufgefundener Gegenstand aus einer bestimmten Zeit, denn eigentlich im besten Fall über die Vergangenheit aussagen kann. Inwiefern führt uns die Spur zurück zu einem Sachverhalt der Vergangenheit und inwiefern ist sie nicht eher ein Indikator für bestimmte Suchkriterien und Erwartungen in der Gegenwart, wie sie in der Formulierung »sie fanden, was sie kannten« zum Ausdruck kommen?[15] Ermöglicht eine archäologische Spur einen Direktkontakt mit der Vergangenheit oder nicht vielmehr einen mit dem zeitgenössischen Forschungsstand, den zugehörigen Diskursregeln samt Methodenkanon und den persönlichen Kenntnissen und Interessen des verantwortlichen Ausgräbers? Ist die Erscheinung der Spur das Resultat menschlicher Handlungen in der Vergangenheit oder nicht doch vor allem das Ergebnis

13 Vgl. Jo Reichertz, *Aufklärungsarbeit. Kriminalpolizisten und Feldforscher bei der Arbeit*, und ders. in diesem Band.

14 Eggers, *Einführung in die Vorgeschichte*, Kap. 5.

15 Joachim Rehork, *Sie fanden, was sie kannten. Archäologie als Spiegel der Neuzeit.*

spezifischer geologischer, chemischer, anthropogener und anderer Erhaltungsbedingungen am Fundort? Und selbst wenn über all dies Gewissheit zu bestehen scheint und sich die Vergangenheit selbst aus der materiellen Spur herauszuschälen beginnt, kann die Frage aufkommen, ob der fragliche Gegenstand nicht tatsächlich einem älteren oder auch jüngeren archäologischen Kontext entstammt als dem, in dem er gefunden worden zu sein schien – schließlich muss man immer mit Wiederverwendungen älterer Objekte oder Plätze rechnen, die mitunter nicht leicht als solche erkennbar sind.

Ein konkretes Beispiel soll diese Problematik etwas veranschaulichen (Abb. 1). Eggers[16] gibt in seiner Einführung eine ältere Kartierung Oscar Almgrens[17] wieder, die die Verbreitung unterschiedlicher Fibeltypen der älteren römischen Kaiserzeit im nördlichen Mitteleuropa und in Südskandinavien darstellt. Bei Almgren illustriert die Karte die geographische Differenzierung west- und ostgermanischer Fibelformen.[18] Gustav Kossinna geht in seinem Vorwort von der »völkischen Zugehörigkeit der Fibeln« aus und interpretiert Almgrens Kartierung als Spiegel der Verbreitung der West- bzw. Ostgermanen.[19] Eggers verwendet das gleiche Bild für eine Reihe komplexerer Beobachtungen.[20] Er ist sich zunächst im Klaren darüber, dass die Funddichte der Karte »deutlich die Ostgrenze des ehemaligen Deutschen Reiches (vor 1914) ablesen lässt«, sodass das Kartenbild in dieser Hinsicht lediglich den von Almgren zur Verfügung stehenden Forschungsstand widerspiegele. Darüber hinausgehend beschreibt er die von Almgren herausgearbeitete Abgrenzung der westlichen und östlichen Fibelformen als Grenzen der »toten« Kultur. Tote Kultur ist die im eigentlichen Sinne archäologische Kultur der materiellen Überreste. Im Unterschied zu einer »lebenden« Kultur kennen wir bei der toten Kultur »zunächst nichts als den Fundort und die Fundumstände, alles andere, wie Zeitstellung, Gebrauchszweck, Volkszugehörigkeit usw. muß erst mühsam erschlossen werden«.[21] Kossinnas

16 Eggers, *Einführung in die Vorgeschichte*, Abb. 28.

17 Oscar Almgren, *Studien über Nordeuropäische Fibelformen der ersten nachchristlichen Jahrhunderte mit Berücksichtigung der provinzialrömischen und südrussischen Formen*, Karte 2.

18 Ebd., S. 244.

19 Ebd., V.

20 Eggers, *Einführung in die Vorgeschichte*, S. 283 f.

21 Ebd., S. 258.

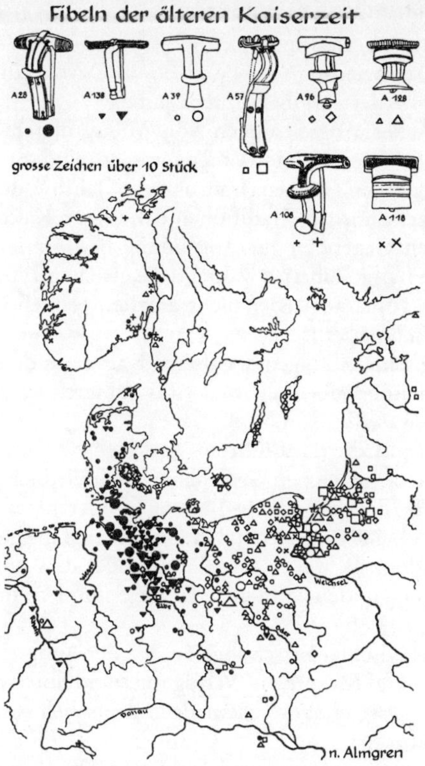

Abbildung 1: Archäologische Verbreitungskarte von Fibeln der älteren Kaiserzeit.

einfache Gleichsetzung von toter und (in der Vergangenheit) lebender Kultur befriedigt Eggers daher nicht. Stattdessen bedürfe es erst umfangreicher quellenkritischer Analysen archäologischer Quellen, um schließlich zu historischen Erkenntnissen gelangen zu können.

Die dargestellten Fibeln lassen sich auch als Spuren vergangener Wirklichkeiten beschreiben. Die Frage, die sich stellt, ist freilich: Spuren welcher vergangener Wirklichkeiten? Möglicherweise überhaupt keiner, da jede Kartierung natürlich das Resultat mehrfacher medialer Übersetzungen darstellt, die alles mögliche andere als vergangene Wirklichkeiten zum Ausdruck bringen: von den konkreten Umständen der Auffindung über die Dokumentation und Analyse bis hin zur Archivierung und Publikation. Davon einmal abgesehen, sind die kartierten Fibelformen Spuren

- geographischer Abgrenzungen von Volksgruppen der älteren Kaiserzeit (wie von Kossinna angenommen) und somit gleichzeitig des völkischen Denkens im frühen 20. Jahrhundert?
- bestimmter regionaler Traditionen der älteren Kaiserzeit, die in bestimmten Gegenden zur Auffindung bestimmter Fibeltypen führten (z. B. in Gräbern), während die gleichen Typen anderswo zwar auch vorkamen, aber nicht erhalten geblieben sind (z. B. durch Einschmelzen)?
- chronologischer Abfolgen der älteren Kaiserzeit, deren Differenziertheit methodenbedingt weder für Almgren noch für Eggers erkennbar waren?
- der Umstände, die dazu führten, dass kleine Metallgegenstände sich in unterschiedlichen Gegenden unterschiedlich gut erhalten haben (z. B. durch Bodenbedingungen oder tiefes Bepflügen), dass nicht überall im gleichen Umfang und auf die gleiche Art gesucht wurde (z. B. wegen Bewaldung) oder dass nur bestimmte Fibeltypen gefunden wurden (z. B. von Sammlern mit Spezialinteresse)?
- des archäologischen Forschungsstandes, der Almgren etwa in Bibliotheken und Museen zur Verfügung stand und wohl zur Spiegelung der Ostgrenze des ehemaligen deutschen Reiches auf der Karte geführt hat?
- Almgrens eigener Lebensumstände und Forschungsbedingungen, die ihm möglicherweise das Reisen zu bestimmten Museen oder das Lesen von bestimmter Fachliteratur (z. B. sprachbedingt) unmöglich machten?
- irgendwelcher anderer Umstände, die zu irgendeinem Zeitpunkt seit der Auffindung der Fibeln zu Verwechslungen, Auslassungen oder bewusstem Irreführen geführt haben?

Was die Fibeln als Spuren besagen, hängt davon ab, wie man sie gelesen hat. Kartierungen können trügen und alles mögliche andere widerspiegeln, als über sie behauptet wird. Wie mein Beispiel zeigt, erfordert die Kunst des Spurenlesens nicht nur umfassende Quellenkritik sowie intelligente Quellenanalyse und -interpretation, sondern gelegentlich auch ein Auge für historische, politische und andere Kontexte des Spurenlesers selbst. Eine Ideologiekritik des Spurenlesers kann das völkische Denken Kossinnas auch unabhängig von der seiner Interpretation zugrunde liegenden mangelhaften Quellenkritik als naiv und gefährlich disqualifizieren.

Interpretations- und subjektunabhängige, »harte« Bedeutungen von Gegenständen, die angeblich der Archäologie als Teil der ›Dinge an sich‹ vorausgehen und die zudem manchen Kulturwissenschaftlern heute eine für sie äußerst günstige Forschungssituation zu suggerieren scheinen,[22] kann es demnach aus der Perspektive der Archäologie nicht geben. Die Härte archäologischer Bodenfunde ist genauso der »Weichheit der Interpretation« ausgeliefert wie alle anderen möglichen Eigenschaften eines beliebigen Forschungsgegenstandes. Der britische Archäologe John Barrett formulierte entsprechend folgende Behauptungen:[23]

»Artefacts mean nothing. It is only when they are interpreted through practice that they become invested with meanings . . .«

»Our knowledge is not grounded upon the material evidence itself, but arises from the interpretive strategies which we are prepared to bring to bear upon that evidence.«

Die Darstellung amerikanischer Gerichtsprozesse in unseren Medien zeigt ganz entsprechend, dass diese Schlussfolgerung nicht nur für die Kriminalistik der Vergangenheit gilt. Hat man den richtigen Anwalt, stellen sich dort immer wieder auch vermeintlich äußerst harte, an den Tatorten selbst gesicherte Spuren als mehrdeutig heraus und erweisen sich somit für einen über alle Zweifel erhabenen Indizienbeweis als unzureichend. Jede Spur kann demzufolge immer auch anders gelesen und interpretiert werden. Nichts ist schwerer vorherzusagen als die Vergangenheit . . . Aus diesem Postulat der Mehrdeutigkeit von Spuren ergibt sich in keiner Weise, dass Spuren *beliebig* interpretiert werden könnten. Was Spuren besagen, hängt davon ab, wie man sie liest, und niemand liest sie auf *beliebige* Art.

22 Ebeling, »Die Mumie kehrt zurück II«, S. 18 f.

23 John Barrett, *Fragments from Antiquity. An Archaeology of Social Life in Britain, 2900-1200 BC*, S. 168 und 171.

Was bleibt uns da als Perspektive für die Kulturtechnik des Spurenlesens, dem Thema dieses Bandes? Meine These ist diese: Wichtiger als das erhoffte Resultat des Spurenlesens, nämlich zum Kern der Dinge vorzustoßen, ist der Prozess des Spurenlesens selbst. Ich möchte sogar behaupten, dass die eigentliche Kulturtechnik des Spurenlesens nicht in der akribischen Rekonstruktion einer Vergangenheit besteht, die sich heute in ihren dinglichen Spuren direkt zu manifestieren scheint, sondern im Prozess des Lesens materieller Kultur selbst. Nicht der Ort, zu dem man gelangen möchte, ist das Entscheidende beim Spurenlesen und in der Archäologie generell,[24] sondern der Weg eines bestimmten Begehrens, Analysierens und Erlebens.

Werfen wir zum Beispiel einen Blick auf das Einladungsfaltblatt der diesem Band zugrunde liegenden Tagung (Abb. 2). Da sieht man verschiedene Illustrationen des Tagungsthemas:

- offenbar signifikante Symptome in einem menschlichen Schädel (medizinische Spur)
- eine vermutlich den Täter überführende Schuhsohle (kriminalistische Spur)
- einige Zeichen vergangener Schriftsysteme (linguistische bzw. literarische Spur)
- und einen aus Scherben zusammengesetzten Topf, der offenbar auf archäologische Spuren verweisen soll.

Aber was genau sagt uns eigentlich dieser Topf, oder jede seiner Scherben, *als Spur*? Wirklich mehr, als dass zu irgendeiner Zeit einmal Menschen an einem bestimmten Platz gewesen sind und dort aus irgendwelchen Gründen unter anderem diese Scherben hinterlassen bzw. gefunden haben? Was genau besagt eine Ansammlung alter Schriftzeichen, bzw. wie ist eine einmal als solche erkannte Inschrift am besten zu deuten? Es ist ja in den allermeisten Fällen kaum von primärem Interesse, etwas Geschriebenes lediglich als solches zu identifizieren. Und wie signifikant kann ein Schuhabdruck für die Überführung eines Verbrechers wirklich sein, dessen Untat ja nicht darin bestand, irgendwo entlanggelaufen zu sein? Schließlich, wie aufschlussreich ist ein bestimmtes medizinisches

24 Holtorf, »Archäologie als Spurensicherung«, und ders., *From Stonehenge to Las Vegas.*

Abbildung 2: Einladungsfaltblatt »Spurenlesen. Zur Genealogie von Kulturtechniken«.

Symptom, das sich auf einem Bild abzuzeichnen scheint? Handelt es sich hier tatsächlich um die Spur von etwas Vergangenem oder nicht vielmehr um das Indiz von etwas Gegenwärtigem? All dies bleibt offen und die spezifischen Prozesse, die diese Spuren erst erschaffen haben, scheinen hier auch gar nicht wesentlich zu sein, da man sonst wohl eher einander vom Typ her ähnliche als so grundverschiedene Spuren gewählt hätte. Tatsächlich scheint mir die gewählte Darstellung von vier Motiven des Spurenlesens ihrerseits das Indiz einer Überzeugung zu sein, die – ganz im Sinne meiner These – dem Spurenlesen als Prozess und der jeweiligen archäologischen, linguistischen, literarischen, kriminologischen oder medizinischen Methode mehr Gewicht gibt als dem, was jede der dargestellten Spuren nun wirklich bezeugen mag. Dieser Prozess und diese Methoden manifestieren sich im medizinischen Durchleuchten eines Schädels, im akribischen Analysieren von Schuhabdrücken in der Kriminologie, im Bemühen um das Lesen und Verstehen alter Schriftzeichen, und im sorgfältigen Rekonstruieren und Restaurieren alter Artefakte.

Die genauen Ergebnisse, zu denen diese Methoden nun alle führen mögen, sind weder in den Spuren selbst enthalten, noch ergeben sie sich zwanglos aus den angewandten Verfahren des Spurenlesens. Ich möchte deshalb behaupten, dass das, was Spuren am Ende *wirklich* bezeugen mögen, für das Spurenlesen selbst im engeren Sinne nebensächlich ist. Spuren sind nicht ein verlässliches Mittel der Vergangenheitsrekonstruktion, sondern eher so etwas wie eine Ressource, die es erlaubt, durch den Akt des Spurenlesens, etwas Vergangenes auf eine bestimmte Art – oder auch auf mehrere Arten – zu repräsentieren. John Barrett hat diesen Gedanken mit Hinblick auf die Archäologie einmal wie folgt formuliert:[25]

> There is no actual past state of history ›out there‹ which is represented by our data and which is waiting for us to discover it. [...] All we have are the contexts of our desires to know a past, positions from which we may then examine the material conditions which others, at other times and from other perspectives, also sought to understand. We should treat this material as a medium from which it is always possible to create meaning, rather than a record which is involved in the transmission of meaning.

Spuren sind also Medien. Sie laden zu vielen unterschiedlichen Interpretationen ein, die sich jeweils aus der spezifischen Situation des Spurenlesers und seines Kontexts ergeben – also alles andere als beliebig sind. Spuren unterdeterminieren gewissermaßen ihre Signifikanz. Sie können als Anhaltspunkte für ganz unterschiedliche Rekonstruktionen der Vergangenheit gelesen werden.[26] Insofern besteht keine strenge Dichotomie zwischen Spuren als Medium

25 Barrett, *Fragments from Antiquity*, S. 169 f.

26 Gebhard Rusch, *Erkenntnis, Wissenschaft, Geschichte: von einem konstruktivistischen Standpunkt.*

und Spuren als Belege. Spuren leisten ja oft beides gleichzeitig: Gerade weil sie ein Medium sind, können sie als Belege dienen.

Das Spurenlesen ist ein handfestes Sich-Auseinandersetzen mit einer zunächst unverstandenen, dann aber zunehmend be*griffen*en Dinglichkeit. Dabei geht es vornehmlich keineswegs um die Rettung verlorener Zeiten, sondern um die eigene Positionsbestimmung des Spurenlesers in der Gegenwart. Im Spurenlesen manifestiert sich der Lernprozess, dessen es bedarf, um etwas Fremdes und Abwesendes unter Kontrolle zu bringen. Der Prozess des Spurenlesens drückt deshalb im Verweisen auf das Andere in erster Linie bestimmte eigene Denk- und Handelnsweisen des Spurenlesers aus. Spuren machen Unsichtbares vor allem in dem Sinne sichtbar, dass sie der Perspektive des Spurenlesers materiellen Ausdruck verleihen.

Sehr deutlich werden diese (und andere) Zusammenhänge auch in der künstlerischen Tradition des Spurensicherns, die der Kunsthistoriker Günter Metken so resümierte: »Die Suche nach dem scheinbar Vorgegebenen wird vor allem eine Suche nach sich selbst, nach einem Standpunkt in der rasch wechselnden Gegenwart.«[27] Ein jüngeres Beispiel des künstlerischen Spurensicherns ist das Projekt *Found* der amerikanischen Künstlerin Nigel Poor (Abb. 3). Sie schrieb darüber Folgendes:[28]

On January 1st, 1998, I began a project called FOUND. It is a journal of time, the environment, and of myself. Everyday I took a walk to collect something outside – in streets and alleys, playgrounds and fields, gutters and lawns. The objects I found varied, but they all were things that had been cast off, things that would be considered debris. I brought each piece back to my studio and then photographed it individually with a black background to induce the feeling of something hovering or floating to the surface. Through the photographs, the objects began to acquire new meanings: they were reminiscent of anatomy, they became beautiful sculptures, they were clues to hidden worlds, and so on. It is as if each object had fallen from a story, and, in its finding, was plucked out of the obscurity of some invisible narrative. In this sense, the object became ›evidence‹ which deserved closer inspection. The entire Found project relates to the entomologist's or taxonomist's process: collecting, sorting, cataloging, and assigning value to things which might be seen everyday but are often ignored, overlooked or misunderstood.

Whether strung together as weeks, coalesced as months, or combined

27 Metken, *Spurensicherung*, S. 14.

28 Nigel Poor, »Statement: ›Found‹ project«.

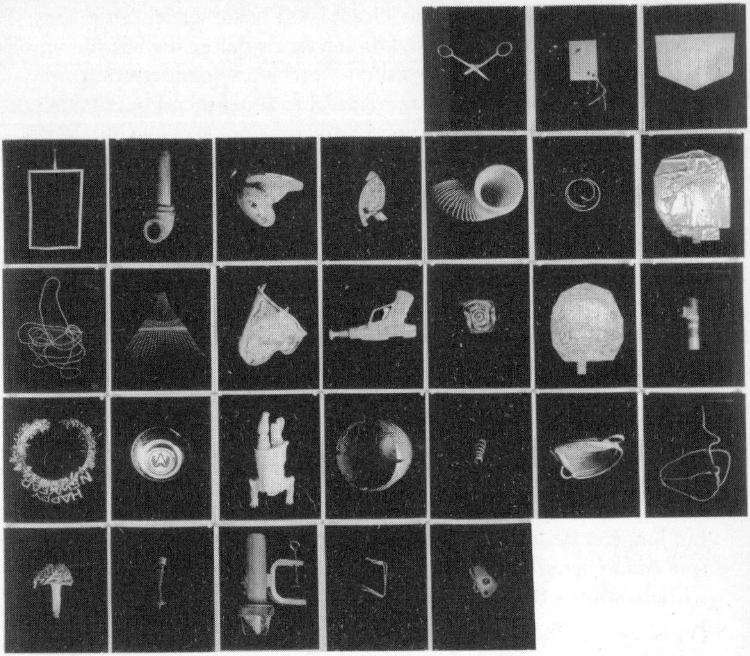

Abbildung 3: Nigel Poor, »Der Monat September«, Teil ihres Kunstprojektes *Found.*

into the entire year, in sequence these photographs stand as silent witness to the passing of time – both as a meditation on the duration of each object's existence (its joyous or dutiful making, useful heyday, fateful abandonment and inevitable decay) and as a slow, careful clock with a second hand gracing 365 faces. These lost objects – these dumb things – present a concrete if oblique account of a year's day-by-day appearance, and disappearance, and in doing so catalyze a remembrance of one's own passing of time.

Jeder Abzug der Photographien Nigel Poors trägt eine Prägung, die das Datum und die exakte Fundstelle des dargestellten Gegenstandes angibt. All diese Objekte erzählen uns zunächst einmal etwas über Nigel Poor. Man sieht sie quasi vor sich, 1998, wie sie sich durch die Stadtlandschaft bewegt und Dinge betrachtet. Jedes aufgelesene Stück wird zum Dokument, zur Spur ihres Sammelns. Man will im Grunde gar nicht wissen, was es alles außerdem noch (gewesen) sein mag. Erst die Spuren konstituieren in diesem Werk die Künstlerin – und zwar in einem solchen Maße, dass es fast bedeutungslos erscheint, dass die Künstlerin selbst die gleichen Spuren überhaupt erst als solche konstituiert hat.

Könnte man nun nicht eine archäologische Sammlung von Funden – ja vielleicht sogar jedes Spurenleseprojekt? – auf ganz ähnliche Weise auffassen, wie Nigel Poor ihr Projekt *Found* verstanden wissen möchte? Handelt es sich nicht immer um Kollektionen vermeintlichen Abfalls, um Objekte, die unsichtbaren Geschichten entfallen zu sein scheinen, die dem Sammeln, Sortieren, Katalogisieren, Bewerten und Altern ausgesetzt sind? Bezeugen nicht alle Sammlungen, was immer sonst sie repräsentieren mögen, stets auch die entschwundene Zeit des Sammlers und Sammelns?

Auch archäologische Funde werden natürlich erst von Archäologen als solche konstituiert. In einer jüngeren ethnographischen Studie über ein archäologisches Ausgrabungsprojekt hat der britische Sozialanthropologe Thomas Yarrow gezeigt,[29] wie die Ausgräber ihre Funde und Befunde dadurch in handfeste Entdeckungen über die Vergangenheit umwandeln, dass sie sich an bestimmte intellektuelle, körperliche und diskursive Konventionen der Archäologie halten. Archäologen machen in diesem Sinne ihre Spuren selbst. Funde werden erst durch die Arbeit des Archäologen zu historischen Spuren.[30] Ausgräber sind Handwerker, die mit Hilfe von besonderen Werkzeugen, körperlicher Geschicklichkeit und zunftimmanenten Idealbildern und Traditionen Spuren der Vergangenheit herstellen (Abb. 4). So wie das Werk eines Handwerkers immer auch die eigene Arbeitsweise widerspiegelt, wird die gelesene Spur zur Spur des Spurenlesers.[31]

Wie Kriminalbeamte am Tatort ›verzaubern‹ also Archäologen mithilfe ihrer Erfahrung, ihren Fertigkeiten und einer ausgeprägten Vorstellungskraft einige der Phänomene am Fundort in Spuren, und

29 Thomas Yarrow, »Artefactual Persons: The Relational Capacities of Persons and Things in the Practice of Excavation«.

30 Siehe auch Lucas, »Destruction and the Rhetoric of Excavation«; Holtorf, »Notes on the life history of a pot sherd« und Matthew Edgeworth, *Acts of Discovery. An Ethnography of Archaeological Practice.*

31 Edgeworth, *Acts of Discovery*, S. 26, S. 79 f. und S. 109.

Abbildung 4: Archäologen bei der Arbeit.

andere nicht.[32] Archäologische Spuren sind deshalb immer auch ›soziale Tatsachen‹ und nur innerhalb des archäologischen Diskurses zu denken. Ohne den Spezialisten, der sie diskursiv be- und verarbeitet hat, enthalten archäologische Spuren nämlich nichts Archäologisches. Sie besagen von sich aus genauso wenig wie andere Spuren oder Gegenstände und bedürfen erst der archäologischen ›Verzauberung‹, um überhaupt als archäologische Spuren gelesen werden zu können.

32 Reichertz, *Aufklärungsarbeit* und ders. in diesem Band.

So wie sich Nigel Poor während eines Jahres ein Stück weit durch aufgelesene Gegenstände konstituiert hat, die zu Spuren ihres Projektes und damit auch von ihr selbst werden, konstituieren sich auch Archäologen zu einem wesentlichen Teil über gemachte Funde, die ihrerseits zu Spuren ihrer Projekte werden. Heinrich Schliemann zum Beispiel ist der »Ausgräber von Troja«, und Troja ist gleichzeitig noch heute der Überrest und die Spur seiner Ausgrabungen. Aber es sind nicht nur die durch ihre ›großen‹ Entdeckungen zu ›großen‹ Archäologen gewordenen Ausgräber, die ich meine. Ganz generell gilt, dass erst das Finden und Befinden, die Funde und Befunde den Ausgräber zum Archäologen machen. Ohne die materielle Auseinandersetzung mit dem, was in Ausgrabungen zutage tritt, würden ausgrabende Menschen gar nicht erst dazu gebracht werden, überhaupt ›archäologisch‹ zu denken und zu handeln.[33] Ähnliches gilt für eine andere Klasse materieller Kultur, die ebenfalls den Archäologen zu einem wesentlichen Teil konstituiert und Spuren seiner Arbeit in sich trägt, nämlich die archäologischer Werkzeuge. Ein Archäologe zu sein, heißt archäologische Werkzeuge – vor allem die Kelle – ›richtig‹ verwenden zu können. Archäologische Werkzeuge sind dabei nicht nur symbolisch aufgeladene Verlängerungen des Körpers des Ausgräbers, sondern auch Medien, durch die tradierte Normen ihrer zünftigen Verwendung im Handeln und Wahrnehmen des Ausgräbers zum Ausdruck kommen.[34]

Der Ausgräber wird also in vielerlei Hinsicht erst dadurch zum Archäologen, dass er Funde und Befunde macht, die er auf ›archäologische‹ Art und Weise als Spuren liest. Inwieweit die Arbeit des Archäologen der vermeintlichen Aufgabe der Vergangenheitsrekonstruktion dient, ist ziemlich unerheblich im Vergleich mit der Wichtigkeit des archäologischen Arbeitens selbst.[35] Nicht auf das Ziel, sondern auf den Prozess des archäologischen Spurenlesens kommt es an. Archäologie ist ein Verb!

33 Yarrow, »Artefactual Persons«, S. 71.

34 Edgeworth, *Acts of Discovery*, S. 30-40 und S. 108.

35 Vgl. Rusch, *Erkenntnis, Wissenschaft, Geschichte: von einem konstruktivistischen Standpunkt.*

Die Aktualität des Spurenlesens

Um zum Schluss noch einmal zur Kriminalistik zurückzukehren: Es beziehen ja auch Kriminalgeschichten einen Großteil ihrer Anziehungskraft nicht aus der jeweiligen Enthüllung eines Tathergangs und der Überführung eines Täters, sondern gerade aus dem Prozess des detektivischen Interpretierens und Ermittelns. Wenn sich manche Kriminalinspektoren geradezu kultartiger Beliebtheit erfreuen (z. B. »Der Alte« und Inspektor Clouseau in Deutschland oder Inspector Morse in England), dann ist das nicht etwa darauf zurückzuführen, dass die von ihnen ermittelten Fälle selbst besonders interessant oder ihre Interpretationen des Tathergangs besonders plausibel wären, sondern vor allem darauf, dass sie selbst interessante Charaktere sind, die auf spannende Art zu ihren Erkenntnissen kommen und dabei in Wirklichkeit nur ständig sich selbst enthüllen.

Entsprechendes gilt auch für die größten Helden der modernen Archäologie. Auch Heinrich Schliemann und Indiana Jones – um nur die zwei heute in Deutschland vielleicht bekanntesten Archäologen zu nennen – sind am allermeisten als Charaktere interessant, die in den geläufigen Darstellungen auf spannende, nämlich abenteuerlich-archäologische Art zu ihren Erkenntnissen kommen und dabei in Wirklichkeit nur ständig sich selbst enthüllen. Am Ende des Films *Indiana Jones and the Last Crusade* (1989) fragt Indiana seinen Vater: »What did you find, Dad?« Und Henry antwortet, fragend: »Me?« Die Suche nach dem Kern der Dinge erweist sich am Ende auch hier als die Suche nach sich selbst.

Das Spurenlesen erscheint aus archäologischer Perspektive somit als eine Kulturtechnik, die nicht erst etwas Verborgenes enthüllen muss, sondern schon und gerade in ihrer Praktizierung Wesentliches und Interessantes (und gelegentlich Gefährliches) ausdrückt. Es ist eine Technik, deren wichtigstes Ergebnis in ihr selbst besteht und die Erkenntnisse vor allem über den Spurenleser und dessen eigene Situation verspricht. In diesem Sinne ist die Kulturtechnik des Spurenlesens – genauso wie die Archäologie – höchst relevant und aktuell. Gerade weil die Archäologie die verlorenen Zeiten nicht zu retten vermag, wird sie zur Kraft in der Gegenwart.

Literatur

Almgren, Oscar, *Studien über Nordeuropäische Fibelformen der ersten nachchristlichen Jahrhunderte mit Berücksichtigung der provinzialrömischen und südrussischen Formen*, Zweite erweiterte Auflage, Mannus-Bibliothek, Nr. 32, Leipzig 1923.

Barrett, John, *Fragments from Antiquity. An Archaeology of Social Life in Britain, 2900-1200 BC*, Oxford 1994.

Bateman, Jonathan, »Pictures, ideas and things: the production and currency of archaeological images«, in: *Ethnographies of Archaeological Practice: Cultural Encounters, Material Transformations*, hg. v. M. Edgeworth, Lanham 2006, S. 68-80.

Ebeling, Knut, »Die Mumie kehrt zurück. Zur Aktualität des Archäologischen zwischen Philosophie, Kunst und Technik«, in: *Weimarer Beiträge*, Bd. 48, 2002, S. 273-289.

–, »Die Mumie kehrt zurück II. Zur Aktualität des Archäologischen zwischen Wissenschaft, Kunst und Medien«, in: *Die Aktualität des Archäologischen in Wissenschaft, Medien und Künsten*, hg. v. K. Ebeling und S. Altekamp, Frankfurt/M. 2004, S. 9-30.

Edgeworth, Matthew, *Acts of Discovery. An Ethnography of Archaeological Practice*, BAR Int. Ser. 1131, Oxford 2003.

Eggers, Hans Jürgen, *Einführung in die Vorgeschichte*, 3. Auflage, München, Zürich 1986.

Ernst, Wolfgang, *Das Rumoren der Archive. Ordnung aus Unordnung*, Berlin 2002.

Gründel, Achim und Ziegert, Helmut, »Archäologie und Kriminalistik. Ziele und Wege der Erkenntnisgewinnung«, in: *Archäologische Informationen*, Bd. 5, 1983, S. 175-192.

Holtorf, Cornelius, »Notes on the life history of a pot sherd«, in: *Journal of Material Culture*, Heft 1, Bd. 7, 2002, S. 49-71.

–, »Archäologie als Fiktion – Anmerkungen zum Spurenlesen«, in: *Spuren und Botschaften: Interpretationen materieller Kultur*, hg. v. U. Veit, T. Kienlin, C. Kümmel und S. Schmidt, Münster 2003, S. 531-544.

–, »Archäologie als Spurensicherung«, in: *Die Aktualität des Archäologischen in Wissenschaft, Medien und Künsten*, hg. v. K. Ebeling und S. Altekamp, S. 306-324, Frankfurt/M. 2004.

–, *From Stonehenge to Las Vegas. Archaeology as Popular Culture*, Walnut Creek 2005.

Lucas, Gavin, »Destruction and the Rhetoric of Excavation«, in: *Norwegian Archaeological Review*, Heft 1, Bd. 34, 2001, S. 35-46.

Metken, Günter, *Spurensicherung. Kunst als Anthropologie und Selbsterforschung. Fiktive Wissenschaft in der heutigen Kunst*, Köln 1977.

Poor, Nigel (1998), »Statement: ›Found‹ project«, Online im Internet unter: ⟨http://web.archive.org/web/20010224003830http://www.hainesgallery.com/NP.statement.html [Stand: 27. Mai 2006]⟩.

Rehork, Joachim, *Sie fanden, was sie kannten. Archäologie als Spiegel der Neuzeit*, München 1987.

Reichertz, Jo, *Aufklärungsarbeit. Kriminalpolizisten und Feldforscher bei der Arbeit*, Stuttgart 1991.

Rusch, Gebhard, *Erkenntnis, Wissenschaft, Geschichte: von einem konstruktivistischen Standpunkt*, Frankfurt/M. 1987.

Thomas, Julian, *Archaeology and Modernity*, London, New York 2004.

Wallace, Jennifer, *Digging the Dirt. The Archaeological Imagination*, London 2004.

Yarrow, Thomas, »Artefactual Persons: The Relational Capacities of Persons and Things in the Practice of Excavation«, in: *Norwegian Archaeological Review*, Heft 1, Bd. 36, 2003, S. 65-73.

Auswahlbibliographie

1. Philosophie der Spur

Angehrn, Emil, »Schrift und Spur bei Derrida«, in: *›Wunderliche Figuren‹. Über die Lesbarkeit von Chiffrenschriften*, hg. v. Hans-Georg von Arburg, Michael Gamper und Ulrich Stadler, München 2001, S. 347-363.

Bernasconi, Robert, »The Trace of Levinas in Derrida«, in: *Derrida and Différance*, hg. v. Robert Bernasconi und David Wood, Evanston/Illionis 1988, S. 13-29.

Bloechl, Jeffrey, *The face of the Other and the trace of God. Essays on the Philosophy of Emmanuel Levinas*, New York 2000.

Casey, Edward, »Levinas on Memory and the Trace«, in: *The Collegium Phaenomenologicum. The first ten Years*, hg. v. John Sallis, Guissepina Moneta und Jacques Taminiaux, Dordrecht 1988, S. 241-255.

Chalier, Catherine, *La trace de l'infini: Emmanuel Levinas et la source hébraïque*, Paris 2002.

Derrida, Jacques, *Grammatologie*, Frankfurt/M. 1974.

–, »Die différance«, in: ders., *Randgänge der Philosophie*, Wien 1988, S. 29-52.

–, »Signatur Ereignis Kontext«, in: ders., *Randgänge der Philosophie*, Wien 1988, S. 291-314.

–, *Feuer und Asche*, Berlin 1988.

–, »Im Grenzland der Schrift. Ein Interview mit Elisabeth Weber«, in: *Spuren in Kunst und Gesellschaft*, Heft 4, Jg. 34/35, 1990, S. 58-70.

Freud, Sigmund, »Notiz über den Wunderblock«, in: ders., *Gesammelte Werke* XIV, Frankfurt/M. 1976, S. 3-8.

Heidegger, Martin, Wozu Dichter? in: ders., *Holzwege*, Frankfurt/M. 1994, S. 269-320.

–, *Hölderlins Hymnen ›Germanien‹ und ›Der Rhein‹* (Vorlesung WS 1934/35), in: ders., *Gesamtausgabe*, Bd. 39, Frankfurt/M. 1980.

Kayser, Paulette, *Emmanuel Levinas. La trace du féminin*, Paris 2000.

Krämer, Sybille, »Das Medium als Spur und als Apparat«, in: *Medien, Computer, Realität. Wirklichkeitsvorstellungen und Neue Medien*, hg. v. Sybille Krämer, Frankfurt/M. 1998, S. 73-94.

–, »Das Medium zwischen Zeichen und Spur«, in: *Spuren Lektüren. Praktiken des Symbolischen*, hg. v. Gisela Fehrmann, Erika Linz und Cornelia Epping-Jäger, München 2005, S. 153-166.

Kues, Nikolaus von, *Die belehrte Unwissenheit (De docta ignorantia)*, Lateinisch und deutsch, 2 Bde., Berlin 1967-1970.

Levinas, Emmanuel, *Die Spur des Anderen. Untersuchungen zur Phänomenologie und Sozialphilosophie*, Freiburg u. a. 1992.

MacDonald, Michael J., »›Jewgreek and Greekjew‹. The Concept of Trace in Levinas and Derrida«, in: *Philosophy Today*, Heft 3, Jg. 35, 1991, S. 215-227.
Marrati, Paola, *Genesis and Trace. Derrida reading Husserl and Heidegger*, Stanford/Ca. 2005.
Meier-Oeser, Stephan, *Die Spur des Zeichens. Das Zeichen und seine Funktion in der Philosophie des Mittelalters und der Neuzeit*, Berlin 1997.
Pöggeler, Otto, *Spur des Worts. Zur Lyrik Paul Celans*, Freiburg u. a. 1986.
–, *Neue Wege mit Heidegger*, Freiburg u. a. 1992.
Rabinovich, Silvana, *La trace dans le palimpseste. Lectures de Levinas*, Paris 2003.
Ricœur, Paul, *Zeit und Erzählung*, Bd. III: *Die erzählte Zeit*, München 1991.
Rosen, Deborah, »An Argument for the Logical Notion of a Memory Trace«, in: *Philosophy and Science*, Jg. 42, 1975, S. 1-10.
Rosenthal, Sandra, »Sign, Time and the Viability of Trace. Derrida and Peirce«, in: *International Philosophical Quarterly*, Heft 1, Jg. 36, 1996, S. 19-28.
Sommer, Manfred, *Suchen und Finden. Lebensweltliche Formen*, Frankfurt/M. 2002.
Wimmer, Michael, »Das Andere als Spur des Heiligen«, in: *Das Heilige. Seine Spur in der Moderne*, hg. v. Dietmar Kamper and Christoph Wulf, Frankfurt/M. 1987, S. 336-353.

2. Die Spur als methodologisches Konzept in den Wissenschaften

Assmann, Aleida, »Texte, Spuren, Abfall. Die wechselnden Medien des kulturellen Gedächtnisses«, in: *Literatur und Kulturwissenschaften. Positionen, Theorien, Modelle*, hg. v. Hartmut Böhme und Klaus R. Scherpe, Reinbek bei Hamburg 1996, S. 96-111.
Belgrad, Jürgen, »Detektivische Spurensuche und archäologische Sinnrekonstruktion – die tiefenhermeneutische Textinterpretation als literaturdidaktisches Verfahren«, in: *Literarisches Verstehen – Literarisches Schreiben. Positionen und Modelle der Literaturdidaktik*, hg. v. Jürgen Belgrad und Hartmut Melenk, Baltmannsweiler 1996, S. 133-148.
Caprettini, Gian Paolo, »Peirce, Holmes, Popper«, in: *Der Zirkel oder Im Zeichen der Drei. Dupin, Holmes, Peirce*, hg. v. Umberto Eco und Thomas A. Sebeok, München 1985, S. 203-231.
d'Haenens, Albert, *Théorie de la trace*, Louvain-la-Neuve 1984.
Fohrmann, Jürgen, »Spur, Spuren. Mutmaßungen über Abdrücke und Bigfoots in 13 Etappen«, in: *Spuren Lektüren. Praktiken des Symbolischen*, hg. v. Gisela Fehrmann, Erika Linz und Cornelia Epping-Jäger, München 2004, S. 13-32.

Ginzburg, Carlo, »Spurensicherung. Der Jäger entziffert die Fährte, Sherlock Holmes nimmt die Lupe, Freud liest Morelli – Die Wissenschaft auf der Suche nach sich selbst«, in: ders., *Spurensicherung. Die Wissenschaft auf der Suche nach sich selbst*, Berlin 1995, S. 7-44.

Gomulicki, Bronislaw, »The Development and Present Status of the Trace Theory of Memory«, in: *British Journal of Psychology*, Supplement Nr. 29, Cambridge 1953, S. 1-94.

Grab, Christoph, »Teilchenphysik sichtbar machen«, in: *Mit dem Auge denken. Strategien der Sichtbarmachung in wissenschaftlichen und virtuellen Welten*, hg. v. Bettina Heintz und Jörg Huber, Zürich 2001, S. 109-120.

Haferland, Harald, »Über detektivische Logik«, in: *Lektüren. Aufsätze zu Umberto Ecos ›Der Name der Rose‹*, hg. v. Hans-Jürgen Bachorski, Göppingen 1985, S. 129-164.

Hard, Gerhard, *Spuren und Spurenleser. Zur Theorie und Ästhetik des Spurenlesens in der Vegetation und anderswo*, Osnabrück 1995.

Heintz, Bettina und Jörg Huber, »Der verführerische Blick«, in: *Mit dem Auge denken. Strategien der Sichtbarmachung in wissenschaftlichen und virtuellen Welten*, hg. v. Bettina Heintz und Jörg Huber, Zürich 2001, S. 9-40.

Holtorf, Cornelius, »Archäologie als Fiktion – Anmerkungen zum Spurenlesen«, in: *Spuren und Botschaften. Interpretationen materieller Kultur*, hg. v. Ulrich Veit, Tobias L. Kienlin, Christoph Kümmel und Sascha Schmidt, Münster 2003, S. 531-544.

–, »Archäologie als Spurensicherung«, in: *Die Aktualität des Archäologischen in Wissenschaft, Medien und Künsten*, hg. v. Knut Ebeling, Frankfurt/M. 2004, S. 306-324.

Jäger, Ludwig, »Transkriptivität. Zur medialen Logik der kulturellen Semantik«, in: *Transkribieren. Medien – Lektüren*, hg. v. Ludwig Jäger und Georg Stanitzek, München 2002, S. 19-41.

Kienlin, Tobias L., Ulrich Veit und Christoph Kümmel, »›Spuren und Botschaften: Interpretationen materieller Kultur‹ – Bilanz und Perspektiven«, in: *Spuren und Botschaften. Interpretationen materieller Kultur*, hg. v. Ulrich Veit, Tobias L. Kienlin, Christoph Kümmel und Sascha Schmidt, Münster 2003, S. 545-556.

Kümmel, Christoph, »Wie weit trägt ein Indizienbeweis? Zur archäologischen Überführung von Grabräubern«, in: *Spuren und Botschaften. Interpretationen materieller Kultur*, hg. v. Ulrich Veit, Tobias L. Kienlin, Christoph Kümmel und Sascha Schmidt, Münster 2003, S. 135-156.

Linz, Erika, und Gisela Fehrmann, »Die Spur der Spur. Zur Transkriptivität von Wahrnehmung und Gedächtnis«, in: *Spuren Lektüren. Praktiken des Symbolischen*, hg. v. Gisela Fehrmann, Erika Linz und Cornelia Epping-Jäger, München 2005, S. 89-103.

Mante, Gabriele, »Spuren lesen: Die Relevanz kriminalistischer Methoden für die archäologische Wissenschaft«, in: *Spuren und Botschaften. Interpretationen materieller Kultur*, hg. v. Ulrich Veit, Tobias L. Kienlin, Christoph Kümmel und Sascha Schmidt, Münster 2003, S. 157-172.

Metken, Günter, *Spurensicherung. Kunst als Anthropologie und Selbsterforschung; fiktive Wissenschaften in der heutigen Kunst*, Köln 1977.

–, *Spurensicherung. Eine Revision; Texte 1977-1995*, Dresden 1996.

Oevermann, Ulrich, »Kriminalistische Ermittlungspraxis als naturwüchsige Form der hermeneutischen Sinnauslegung von ›Spurentexten‹. Eine soziologisch-strukturanalytische Umformung der Perseveranz-Hypothese«, in: *Symposium: Perseveranz und kriminalpolizeilicher Meldedienst*, hg. v. Leo Schuster, Wiesbaden 1984, S. 135-163.

Oevermann, Ulrich, Erwin Leidinger und Jörg Tykwer, »Kriminalistische Vertextung. Ein methodologisches Modell der Versprachlichung von Spurentexten«, in: *Qualitäten polizeilichen Handelns. Beiträge zu einer verstehenden Polizeiforschung*, hg. v. Jo Reichertz und Norbert Schröer, Opladen 1996, S. 298-324.

Reichertz, Jo, *Aufklärungsarbeit. Kriminalpolizisten und Feldforscher bei der Arbeit*, Stuttgart 1991.

–, »Spurenlese oder Konstruktion? – Über die Lesbarkeit von Tatspuren«, in: *Qualitäten polizeilichen Handelns*, hg. v. Jo Reichertz und Norbert Schröer, Opladen 1996, S. 12-34.

Reik, Theodor, *Der unbekannte Mörder. Psychoanalytische Studien*, Hamburg 1978.

Schneider, Lambert, »Spurensicherung aus der Sicht des Archäologen«, in: *Loccumer Protokolle*, Heft 55, 1984, S. 44-99.

–, »Pfade zu uns selbst? Archäologie und Spurensicherung«, in: *Kunst und Unterricht. Zeitschrift für Kunstpädagogik*, Heft 90, Februar 1985, S. 8-14.

–, »Der Vergangenheit auf der Spur? Überlegungen zur Klassischen Archäologie«, in: *Hephaistos*, Jg. 7/8, 1985/86, S. 7-37.

Sebeok, Thomas A., und Jean Umiker-Sebeok, *›Du kennst meine Methode.‹ Charles S. Peirce und Sherlock Holmes*, Frankfurt/M. 1982.

–, »›Sie kennen ja meine Methode.‹ Ein Vergleich von Charles S. Peirce und Sherlock Holmes«, in: *Der Zirkel oder Im Zeichen der Drei. Dupin, Holmes, Peirce*, hg. v. Umberto Eco und Thomas A. Sebeok, München 1985, S. 28-88.

Vec, Miloš, *Die Spur des Täters. Methoden der Identifikation in der Kriminalistik (1879-1933)*, Baden-Baden 2002.

Veit, Ulrich, »Texte und Spuren: Ur- und Frühgeschichtliche Archäologie zwischen Verstehen und Erklären«, in: *Zwischen Erklären und Verstehen? Beiträge zu den erkenntnistheoretischen Grundlagen archäologischer Inter-

pretation, hg. v. Marlies Heinz, Manfred K. H. Eggert und Ulrich Veit, Münster 2003, S. 97-111.

Weingart, Brigitte, »Bild-Spur«, in: *Spuren Lektüren. Praktiken des Symbolischen*, hg. v. Cornelia Epping-Jäger, Gisela Fehrmann und Erika Linz, München 2005, S. 227-242.

3. Semiotik der Spur

Caprettini, Gian Paolo, »Peirce, Holmes, Popper«, in: *Der Zirkel oder Im Zeichen der Drei. Dupin, Holmes, Peirce*, hg. v. Umberto Eco und Thomas A. Sebeok, München 1985, S. 203-231.

Eco, Umberto, »Hörner, Hufe, Sohlen. Einige Hypothesen zu drei Abduktionstypen«, in: *Der Zirkel oder Im Zeichen der Drei. Dupin, Holmes, Peirce*, hg. v. Umberto Eco und Thomas A. Sebeok, München 1985, S. 288-321.

Elkins, James, »Marks, Traces, Traits, Contours, Orli, and Splendores: Nonsemiotic Elements in Pictures«, in: *Critical Inquiry*, Heft 4, Jg. 21, 1995, S. 822-860.

Goudge, Thomas A., »Peirce's Index«, in: *Transactions of the Charles S. Peirce Society*, Heft 2, Jg. 1, 1965, S. 52-70.

Jäger, Ludwig, »Zeichen/Spuren. Skizzen zum Problem der Zeichenmedialität«, in: *Schnittstelle. Medien und kulturelle Kommunikation*, hg. v. Georg Stanitzek und Wilhelm Voßkamp, Köln 2001, S. 17-31.

Kettner, Matthias, »Peirce, Grünbaum und Freud«, in: *Die Welt als Zeichen und Hypothese. Perspektiven des semiotischen Pragmatismus von Charles Sanders Pierce*, hg. v. Uwe Wirth, Frankfurt/M. 2000.

–, »Zur Semiotik der Deutungsarbeit. Wie sich Freud mit Peirce gegen Grünbaum verteidigen läßt«, in: *Psyche*, Heft 7, Jg. 52, 1998, S. 619-947.

Krajewski, Markus, »Spür-Sinn. Was heißt einen Hypertext lesen?«, in: *Soziologie des Internet. Handeln im elektronischen Web-Werk*, hg. v. Lorenz Gräf und Markus Krajewski, Frankfurt/M., New York, 1997, S. 60-78.

Peirce, Charles S., *Phänomen und Logik der Zeichen*, Frankfurt/M. 1993.

Reichertz, Jo, »›... als hätte jemand den Deckel vom Leben abgehoben.‹ Gemeinsames zwischen Sam Spade und Ch. S. Peirce«, in: *Kodikas/Code*, Heft 3/4, Jg. 11, 1988, S. 345-359.

–, »Abduktives Schlußfolgern und Typen(re)konstruktion«, in: *›Wirklichkeit‹ im Deutungsprozeß*, hg. v. Thomas Jung und Stefan Müller-Doohm, Frankfurt/M. 1993, S. 258-282.

–, »Von Haaren und Nägeln. Zur impliziten Anthropologie von Ch. S. Peirce«, in: *Kodikas/Code*, Heft 3/4, Jg. 23, 1998, S. 287-304.

–, »Gültige Entdeckung des Neuen? Zur Bedeutung der Abduktion in der qualitativen Sozialforschung«, in: *Österreichische Zeitschrift für Soziologie*, Heft 4, Jg. 24, 1999, S. 47-63.

Scherner, Maximilian, »Textverstehen als ›Spurenlesen‹ – Zur texttheoretischen Tragweite dieser Metapher«, in: *Text und Grammatik*, hg. v. Peter Canisius, Clemens-Peter Herbermann und Gerhard Tschauder, Bochum 1994, S. 317-340.

Sebeok, Thomas A., »Indexikalität«, in: *Die Welt als Zeichen und Hypothese. Perspektiven des semiotischen Pragmatismus von Charles S. Peirce*, hg. v. Uwe Wirth, Frankfurt/M. 2000, S. 90-111.

Spitznagel, Albert, »Auf der Spur der Spuren«, in: *›Wunderliche Figuren‹. Über die Lesbarkeit von Chiffrenschriften*, hg. v. Hans-Georg von Arburg, Michael Gamper und Ulrich Stadler, München 2001, S. 239-259.

Wirth, Uwe, »Zwischen Zeichen und Hypothese. Für eine abduktive Wende in der Sprachphilosophie«, in: *Die Welt als Zeichen und Hypothese. Perspektiven des semiotischen Pragmatismus von Charles S. Peirce*, hg. v. Uwe Wirth, Frankfurt/M. 2000, S. 133-157.

–, »Abduktion und ihre Anwendungen. Ein Forschungsbericht«, in: *Zeitschrift für Semiotik*, Heft 3/4, Jg. 17, 1995, S. 405-424.

4. Lexikoneinträge zur Spur

Duden Herkunftswörterbuch: Etymologie der deutschen Sprache, »Spur«, 3., völlig neu bearb. u. erw. Aufl., Mannheim u. a. 2001, 12 Bde.

Gawoll, Hans-Jürgen, »Spur: Gedächtnis und Andersheit. Teil I: Geschichte des Aufbewahrens«, in: *Archiv für Begriffsgeschichte*, Jg. 30, 1986/87, S. 44-69.

–, »Spur: Gedächtnis und Andersheit. Teil II: Das Sein und die Differenzen – Heidegger, Levinas und Derrida«, in: *Archiv für Begriffsgeschichte*, Jg. 32, 1989, S. 269-296.

–, »Spur«, in: *Historisches Wörterbuch der Philosophie*, hg. v. Joachim Ritter und Karlfried Gründer, Bd. 9, Basel 1995, S. 1550-1558.

Grimm, Jacob, und Wilhelm Grimm, »Spur«, in: *Deutsches Wörterbuch*, 16 Bde. (in 32 Teilbänden), Bd. 17, Leipzig 1854-1960, Spalten 235-268.

Reichold, Anne, »Spur«, in: *Metzler-Philosophie-Lexikon*, hg. v. Peter Prechtl und Franz-Peter Burkhard, 2., erw. u. aktual. Aufl., Stuttgart, Weimar 1999, S. 566 f.

(Erstellt von Hannes Kuch)

Abbildungsnachweise

Peter Geimer »Das Bild als Spur. Mutmaßung über ein untotes Paradigma«
Abbildung 1: Abdruck mit freundlicher Genehmigung der Fondation Herzog, Basel.

Gernot Grube »›abfährten‹ – ›arbeiten‹. Investigative Erkenntnistheorie«
Abbildung 1: Brüggelmeier, Franz-Josef, Ulrich Borsdorf, Jürg Steiner (Hg.), *Der Ball ist rund. Katalog zur Fußballausstellung im Gasometer Oberhausen*, S. 285.
Abbildung 2: Bruno Latour »Der Pedologenfaden von Boa Vista. Eine photo-philosophische Montage«, S. 240.
Abbildung 3: Gerd Binnig u. a., »Surface Studies by Scanning Tunneling Microscopy«, Abb. S. 58.
Abbildung 4: Gerd Binnig u. a., »Surface Studies by Scanning Tunneling Microscopy«, Abb. S. 59.
Abbildung 5: Gerd Binnig u. a., »7 x 7 Reconstruction on Si(111) Resolved in Real Space«, S. 120.
Abbildung 6: Gerd Binnig und Heinrich Rohrer, »Scanning Tunneling Microscopy – From Birth to Adolescence«, Abb. S. 400.
Abbildung 7: Siehe Nachweis Abbildung 3.

Hans-Jörg Rheinberger »Spurenlesen im Experimentalsystem«
Abbildung 1: Mahlon Hoagland, »On an enzymatic reaction between amino acids and nucleic acid and its possible role in protein synthesis«, Abb. 1 (Abb. 9.10 in Hans-Jörg Rheinberger, *Experimentalsysteme und epistemische Dinge – Eine Geschichte der Proteinsynthese im Reagenzglas*, Frankfurt a. M. 2006).
Abbildung 2: Aus dem Laborbuch von Heinrich Matthaei, Experiment 27A, 27. Mai 1961 (Abb. 12.1 in Hans-Jörg Rheinberger, *Experimentalsysteme und epistemische Dinge – Eine Geschichte der Proteinsynthese im Reagenzglas*, Frankfurt a. M. 2006).
Abbildung 3: Aus Adriane Ficq, C. Pavan und Jean Brachet, in: *Experimental Cell Research*, Supplement 6, 1959, S. 105 (Abb. 37 in Hubert Chantrenne, *The Biosynthesis of Proteins*, Oxford 1961).
Abbildung 4: Aus Hans-Jörg Rheinberger, »Alles, was überhaupt zu einer Inskription führen kann«, in: *Im Zug der Schrift*, hg. v. Norbert Haas, Rainer Nägele und Hans-Jörg Rheinberger, München 1994, S. 304-305).

Cornelius Holtorf »Vom Kern der Dinge keine Spur. Spurenlesen aus archäologischer Sicht«

Abbildung 1: Quelle: Hans-Jürgen Eggers, *Einführung in die Vorgeschichte*, Abb. 28, nach Oscar Almgren, *Studien über Nordeuropäische Fibelformen der ersten nachchristlichen Jahrhunderte mit Berücksichtigung der provinzialrömischen und südrussischen Formen*, Karte 2.

Abbildung 2: Layout: work:at:BOOK, Martin Eberhardt.

Abbildung 3: Nigel Poor.

Abbildung 4: *Verena*, Frauenmagazin, Heft 5, 1990. Quelle: Wilfried Beege.

Zu den Autoren

Peter Geimer
Promotion in Kunstgeschichte, Oberassistent an der Professur für Wissenschaftsforschung der ETH Zürich, davor wissenschaftlicher Mitarbeiter im Sonderforschungsbereich »Literatur und Anthropologie« der Universität Konstanz und am Max-Planck-Institut für Wissenschaftsgeschichte Berlin.

Buchveröffentlichungen: zus. mit Henning Schmidgen und Sven Dierig (Hg.), *Kultur im Experiment*, Berlin 2004; (Hg.), *Ordnungen der Sichtbarkeit. Fotografie in Wissenschaft, Kunst und Technologie*, Frankfurt/M. 2002; *Die Vergangenheit der Kunst. Strategien der Nachträglichkeit im 18. Jahrhundert*, Weimar 2002; (Hg.), *UnTot. Existenzen zwischen Leben und Leblosigkeit*, Berlin 2007 (erscheint demnächst).

Carlo Ginzburg
studierte an der Universität von Pisa (*dottore in lettere* 1961) und forschte am Warburg Institute London. Er war Professor für Geschichte der Moderne an den Universitäten Lecce und Bologna und ist seit 1988 Professor of Italian Renaissance Studies an der University of California, Los Angeles. Fellowships u. a. in Princeton, Paris, Chicago, am Getty Center und am Wissenschaftskolleg zu Berlin. Ginzburg ist zudem Foreign Member of the American Academy of Arts and Sciences, Correspondent fellow of the British Academy, Socio dell' Accademia delli Arti del Disegno (Florenz), Socio dell' Accademia Raffaello (Urbino).

Buchpublikationen u. a.: *Hexensabbat. Entzifferung einer nächtlichen Geschichte*, Berlin 1990 (ital. 1989); *Die Benandanti. Feldkulte und Hexenwesen im 16. und 17. Jahrhundert*, Frankfurt/M. 1993 (ital. 1966); *Der Käse und die Würmer. Die Welt eines Müllers um 1600*, Berlin 1993 (ital. 1976); *Spurensicherung. Die Wissenschaft auf der Suche nach sich selbst*, Berlin 1995; *Das Schwert und die Glühbirne. Eine neue Lektüre von Picassos Guernica*, Frankfurt/M. 1999; *Holzaugen. Über Nähe und Distanz*, Berlin 1999 (ital. 1998); *Die Wahrheit der Geschichte. Rhetorik und Beweis*, Berlin 2001 (ital. 2000).

Gernot Grube
Studium der Philosophie (Dr. phil.) und Informatik (Dipl.-Inform.), seit 2001 wissenschaftlicher Mitarbeiter am Institut für Philosophie der Freien Universität Berlin und am Helmholtz-Zentrum für Kulturtechnik (Humboldt-Universität zu Berlin). Arbeitsschwerpunkte: Rekonstruktion der Funktionen – insbesondere der epistemischen – von Abbildungen der Rastertunnelmikroskopie; Reflexion des Spurbegriffs als ein tragendes Element

einer Theorie der Kreativität; Philosophie der Schrift; Erkenntnistheorie; Repräsentationstheorie.

Veröffentlichungen: *Repräsentation. Skizze für einen relationalen Repräsentationsbegriff unter kritischer Bezugnahme auf Ernst Cassirer und Nelson Goodman*, Berlin 2002; »Computerbilder. Bildschirminszenierungen einer Schriftmaschine«, in: *Grenzfälle: Transformationen von Bild, Schrift und Zahl*, hg. v. Pablo Schneider und Moritz Wedell, Weimar 2004.

Wolfram Hogrebe

Geb. 27. 9. 1945 in Warburg/Westfalen, seit 1980 Professor an der Universität Düsseldorf, seit 1992 an der Friedrich-Schiller-Universität Jena, seit 1996 an der Rheinischen Friedrich-Wilhelms-Universität zu Bonn, Mitglied der Sächsischen Akademie der Wissenschaften zu Leipzig, der Akademie gemeinnütziger Wissenschaften zu Erfurt, der Nordrhein-Westfälischen Akademie der Wissenschaften zu Düsseldorf sowie des Institut International de Philosophie, Paris. Vom 1. 1. 2000 bis 31. 12. 2002 Präsident der Deutschen Gesellschaft für Philosophie e. V., 1998 bis 1999 Fellow am Collegium Budapest, 2004 bis 2005 Fellow am Wissenschaftskolleg zu Berlin.

Buchpublikationen u. a.: *Kant und das Problem einer transzendentalen Semantik*, Freiburg, München 1974; *Archäologische Bedeutungspostulate*, Freiburg/Breisgau u. a. 1977; *Deutsche Philosophie im XIX. Jahrhundert*, München 1987; *Prädikation und Genesis*, Frankfurt/M. 1989; *Metaphysik und Mantik*, Frankfurt/M. 1992; *Ahnung und Erkenntnis*, Frankfurt/M. 1996; *Orphische Bezüge*, Jena 1997; *Das Absolute*, Bonn 1998; *Frege als Hermeneut*, Bonn 2001; *The Real Unknown*, Jena 2002; (Hg.), XIX. Deutscher Kongress für Philosophie, *Grenzen und Grenzüberschreitungen*, Berlin 2004.

Cornelius Holtorf

ist derzeit wissenschaftlicher Assistent am Institut für Archäologie und Alte Geschichte der Universität Lund, Schweden. Außer archäologischen Theoriefragen interessieren ihn u. a. das Verhältnis von Archäologie und Gegenwartskultur sowie die Archäologie moderner zoologischer Gärten. Er leitet zudem ein Ausgrabungsprojekt zur Lebensgeschichte eines jungsteinzeitlichen Monumentes in Südportugal.

Wichtigste Buchpublikationen: *Archaeology as a brand*, Oxford 2006; *From Stonehenge to Las Vegas. Archaeology as Popular Culture*, Walnut Creek/Calif. 2005; *Monumental Past. The Life-histories of megalithic monuments in Mecklenburg-Vorpommern, Germany*, Toronto 2005; zus. mit H. Karlsson (Hg.), *Philosophy and Archaeological Practice*, Göteborg 2000.

Werner Kogge
Geb. 1966, wissenschaftlicher Mitarbeiter am Institut für Philosophie der Freien Universität Berlin und am Helmholtz-Zentrum für Kulturtechnik der Humboldt-Universität zu Berlin; Promotion an der HU Berlin über *Die Grenzen des Verstehens: Kultur – Differenz – Diskretion* (erschienen im Verlag Velbrück-Wissenschaft, Weilerswist 2002); danach Postdoc am Institut für Wissenschafts- und Technikforschung, Universität Bielefeld, und Research Fellow am Department of Philosophy, University of California, Berkeley; aktuelles Forschungsprojekt zur Epistemologie der Genetik. Thematische Schwerpunkte: Philosophie der Biologie, Philosophie der Kulturdifferenz, Fremd- und Grenzerfahrung; Philosophie der Praktiken und Techniken; Philosophie der Sozialwissenschaften.

Publikationen u. a. zu: »Das Gesicht der Regel: Subtilität und Kreativität im Regelfolgen nach Wittgenstein«, in: *Wittgenstein-Jahrbuch 2001/2002*, Frankfurt/M. u. a. 2003; »Praxis als philosophischer Grundbegriff: Wie Materialität und Devianz handlungstheoretisch zu denken sind«, in: *Intersubjectivité et pratique. Contributions à l'étude des pragmatismes dans la philosophie contemporaine*, hg. v. Georg Bertram, Stefan Blank, David Lauer, Christophe Laudou, Paris 2005, S. 197-224; »Erschriebene Denkräume: Die Kulturtechnik Schrift in der Perspektive einer Philosophie der Praxis«, in: *Schrift. Kulturtechnik zwischen Auge, Hand und Maschine*, hg. v. Gernot Grube, Werner Kogge, Sybille Krämer, München 2005, S. 137-169.

Sybille Krämer
Professorin für Philosophie an der FU Berlin; permanent fellow am Wissenschaftskolleg Berlin. Gründungsmitglied im Helmholtz-Zentrum für Kulturtechnik an der Humboldt-Universität; Projektleiterin im Sonderforschungsbereich ›Kulturen des Performativen‹ und der Forschergruppe: Bild, Schrift, Zahl; 2000 bis 2006 Mitglied des Wissenschaftsrates. Gastprofessuren in Wien und Zürich. Arbeitsschwerpunkte: Philosophie und Mathematik in der frühen Neuzeit; Theorie des Geistes und des Bewusstseins; Zeichen- und Medientheorie; Sprachphilosophie; Grundlagenprobleme der Kulturwissenschaften.

Veröffentlichungen: *Symbolische Maschinen*, Darmstadt 1988; *Berechenbare Vernunft*, Berlin, New York 1991; (Hg.), *Bewusstsein*, Frankfurt/M. 1996; zus. mit Peter Koch (Hg.), *Schrift, Medien, Kognition. Über die Exteriorität des Geistes*, Tübingen 1997; (Hg.), *Medien Computer Realität. Wirklichkeitsvorstellungen und Neue Medien*, Frankfurt/M. 1998; *Sprache, Sprechakt, Kommunikation*, Frankfurt/M. 2001; zus. mit Ekkehard König (Hg.), *Gibt es eine Sprache hinter dem Sprechen?*, Frankfurt/M. 2002; zus. mit Horst Bredekamp (Hg.), *Bild, Schrift, Zahl*, München 2003; (Hg.), *Performativität und Medialität*, München 2004; zus. mit Gernot Grube und Werner Kogge (Hg.), *Schrift. Kulturtechnik zwischen Auge, Hand und Maschine*, München 2005; zus. mit Doris Kolesch (Hg.), *Stimme*, Frankfurt/M. 2006.

Ze'ev Levy
ist Professor emeritus für moderne Philosophie und jüdisches Denken an der Universität Haifa, Israel. Gastprofessuren an zwei amerikanischen Universitäten, der Universität Heidelberg und der ihr angeschlossenen Hochschule für jüdische Studien sowie an der Universität Kassel. Arbeitsschwerpunkte: Spinoza, Rosenzweig und Levinas, die philosophischen Implikationen des Strukturalismus und der Dekonstruktion Derridas, Ethik und philosophische Hermeneutik. Über diese Probleme hat er 17 Bücher auf hebräisch und englisch veröffentlicht.

Auf deutsch sind erschienen: *Probleme moderner jüdischer Hermeneutik und Ethik*, Cuxhaven, Dartford 1997, und *Baruch Spinoza – Seine Aufnahme durch die jüdischen Denker in Deutschland*, Stuttgart, Berlin u. a. 2001.

Helmut Pape
wurde 1981 mit einer Arbeit über die Semiotik von C. S. Peirce an der Universität Hamburg zum Doktor der Philosophie promoviert. Er habilitierte 1994 mit einer Arbeit zur Ontologie visueller Eigenschaften (*Die Unsichtbarkeit der Welt. Eine visuelle Kritik neuzeitlicher Ontologie*, Frankfurt/M. 1997) an der Universität Hannover. Seit 2001 ist er freier Philosoph und Schriftsteller und lehrt als außerplanmäßiger Professor Philosophie an der dortigen Uni. In Bamberg gründete er auch 2003 den Internetversand philosophischer Weine »Vinosophia« (⟨www.vinosophia.de⟩). Von Oktober 2004 bis Juli 2005 arbeitete er als Fellow für praktische Philosophie am Forschungsinstitut für Philosophie Hannover an einer Ethik der Mitmenschlichkeit. Neben 30 Buchveröffentlichungen, darunter vier Monographien und sechs Bände mit Übersetzungen der Schriften von C. S. Peirce, hat er über 90 Aufsätze und andere kleinere Arbeiten veröffentlicht und leitet ein DFG-Editionsprojekt, das einen Band der amerikanischen kritischen Ausgabe der Werke von C. S. Peirce herausgibt.

Jo Reichertz
studierte Mathematik, Soziologie und Kommunikationswissenschaft. Dissertation zur Entwicklung der ›Objektiven Hermeneutik‹. Habilitation mit einer soziologischen Feldstudie zur Arbeit der Kriminalpolizei. Seit 1993 Professor für Kommunikationswissenschaft an der Universität Essen – zuständig für die Bereiche ›Strategische Kommunikation‹, ›Qualitative Methoden‹, ›Kommunikation in Institutionen‹ und ›Neue Medien‹. Gastprofessuren in Wien, Lehraufträge in Hagen, Witten/Herdecke, St. Gallen und

Wien. Arbeitsschwerpunkte: qualitative Text- und Bildhermeneutik, Kultursoziologie, Religionssoziologie, Medienanalyse, Mediennutzung, empirische Polizeiforschung, Werbe- und Unternehmenskommunikation.

Neuere Publikationen: *Die Frohe Botschaft des Fernsehens. Ein Essay.* Konstanz 2000; *Die Bedeutung der Abduktion in der Sozialforschung*, Opladen 2003; zus. mit Ronald Hitzler und Norbert Schröer (Hg.), *Hermeneutische Wissenssoziologie. Standpunkte einer Verstehenden Soziologie*, Konstanz 1999; zus. mit Ronald Hitzler (Hg.), *Irritierte Ordnung. Die gesellschaftliche Verarbeitung von Terror*, Konstanz 2003; zus. mit Anne Honer und Werner Schneider (Hg.), *Hermeneutik der Kulturen – Kulturen der Hermeneutik*, Konstanz 2004.

Hans-Jörg Rheinberger
Prof. Dr. Hans-Jörg Rheinberger (*1946), Studium der Philosophie und Biologie in Tübingen und Berlin, M. A. Philosophie 1973, Dr. rer. nat. 1982, Habilitation in Molekularbiologie 1987, a. o. Prof. Universität Salzburg 1994, seit 1997 wissenschaftliches Mitglied der Max-Planck-Gesellschaft und Direktor am Max-Planck-Institut für Wissenschaftsgeschichte in Berlin.

Zahlreiche Veröffentlichungen in Molekularbiologie und Wissenschaftsgeschichte, u. a.: *Experimentalsysteme und epistemische Dinge*, Göttingen 2001; zus. mit Frederic L. Holmes und Jürgen Renn (Hg.), *Reworking the Bench. Research Notebooks in the History of Science*, Dordrecht 2003; zus. mit Jean-Paul Gaudillière (Hg.), *The Mapping Cultures of Twentieth Century Genetics*, 2 Bde., New York 2004; *Iterationen*, Berlin 2005; *Epistemologie des Konkreten*, Frankfurt/M. 2006.

Mirjam Schaub
Dr. phil., Jg. 1970. 1989-1995 Studium der Philosophie, Politikwissenschaft und Psychologie in Münster, München, Paris und Berlin. 1990-1994 parallel zum Studium Besuch der Deutschen Journalistenschule (DJS) in München. Seit 1991 Arbeit als freie Kritikerin u. a. für taz, Freitag, ZEIT, F.A.Z. und aspekte/ZDF. 1996 Besuch der Summer Session an der UCLA (Los Angeles). Nach der Promotion über Gilles Deleuze (2/2001) Koordination des Graduiertenkollegs »Körper-Inszenierungen«. Im Oktober 2003 Forschungsaufenthalt an der *Maison des Sciences de l'Homme* in Paris. Seit August 2004 Wissenschaftliche Assistentin für Ästhetik und Kunstphilosophie am Institut für Philosophie der FU Berlin.

Veröffentlichungen: *Gilles Deleuze im Wunderland: Zeit- als Ereignisphilosophie*, München 2003; *Gilles Deleuze im Kino: Das Sichtbare und das Sagbare*, München 2003 und 2006; *Bilder aus dem Off. Zum Stand der philosophischen Kinotheorie*, Weimar 2005; *Janet Cardiff: The Walk Book*, Köln 2005; zus. mit Stefanie Wenner (Hg.), *Körper-Kräfte. Diskurse der Macht über den Körper*, Bielefeld 2004; zus. mit Nicola Suthor und Erika Fischer-Lichte (Hg.), *Ansteckung. Zur Körperlichkeit eines ästhetischen Prinzips*, München 2005.

Werner Stegmaier
Geb. 1946, Professor für Philosophie mit dem Schwerpunkt Praktische Philosophie an der Universität Greifswald, Kodirektor des Nord- und osteuropäischen Forums für Philosophie, Mitherausgeber der Nietzsche-Studien und der Monographien und Texte zur Nietzsche-Forschung. Aktuelle Forschungsschwerpunkte: Philosophie der Orientierung, Philosophie des 19. und 20. Jahrhunderts, insbesondere Nietzsche, Philosophie und Systemtheorie, philosophische Aktualität der jüdischen Tradition, Formen philosophischer Schriftstellerei, philosophische Metaphorologie.

Bücher (u. a.): *Philosophie der Fluktuanz. Dilthey und Nietzsche*, Göttingen 1992; *Nietzsches ›Genealogie der Moral‹. Werkinterpretation*, Darmstadt 1994; zus. mit Daniel Krochmalnik (Hg.), *Jüdischer Nietzscheanismus*, Berlin u. a. 1997; zus. mit Hartwig Frank, *Interpretationen. Hauptwerke der Philosophie: Von Kant bis Nietzsche*, Stuttgart 1997; zus. mit Josef Simon (Hg.), *Zeichen und Interpretation IV-VI*, Frankfurt/M. 1998-2000; (Hg.), *Europa-Philosophie*, Berlin u. a. 2000; (Hg.), *Die philosophische Aktualität der jüdischen Tradition*, Frankfurt/M. 2000; *Levinas*, Freiburg/Breisgau u. a. 2002; (Hg. und komm.), *Felix Hausdorff, Philosophisches Werk*, Heidelberg 2004; (Hg.), *Orientierung. Philosophische Perspektiven*, Frankfurt/M. 2005. Veröffentlichungsverzeichnis online im Internet unter: ⟨http:/www.uni-greifswald.de/~philoso⟩.

Uwe Wirth
ist Professor für Neuere deutsche Literatur an der Justus-Liebig-Universität Gießen. Studium der Germanistik, Linguistik, Philosophie und Geschichte in Heidelberg, Frankfurt und Berkeley. Dissertation zum Thema *Diskursive Dummheit. Abduktion und Komik als Grenzphänomene des Verstehens* (Winter 1999). Habilitation zum Thema *Autorschaft als Herausgeberschaft. Theorie und Geschichte der Herausgeberfiktion um 1800*, München 2007.

Sonstige Buchveröffentlichungen: (Hg.), *Die Welt als Zeichen und Hypothese*, Frankfurt/M. 2000; (Hg.), *Performanz. Zwischen Sprachphilosophie und Kulturwissenschaft*, Frankfurt/M. 2002; (Hg.), *Kulturwissenschaft. Eine Auswahl grundlegender Texte*, Frankfurt/M. 2007.